C++
Lernen und professionell anwenden

Ulla Kirch
Peter Prinz

C++ Lernen und professionell anwenden

für Studium, Ausbildung und Beruf

mitp

Bibliografische Information der Deutschen Nationalbibliothek
Die Deutsche Nationalbibliothek verzeichnet diese Publikation in der Deutschen Nationalbibliografie; detaillierte bibliografische Daten sind im Internet über <http://dnb.d-nb.de> abrufbar.

Bei der Herstellung des Werkes haben wir uns zukunftsbewusst für umweltverträgliche und wiederverwertbare Materialien entschieden.
Der Inhalt ist auf elementar chlorfreiem Papier gedruckt.

ISBN 978-3-7475-0500-7
9., aktualisierte Auflage 2022

www.mitp.de
E-Mail: mitp-verlag@sigloch.de
Telefon: +49 7953 / 7189 - 079
Telefax: +49 7953 / 7189 - 082

Lektorat: Sabine Schulz
Sprachkorrektorat: Petra Heubach-Erdmann
Coverbild: © Gstudio / stock.adobe.com, © ylivdesign / stock.adobe.com
Satz: III-satz, Flensburg, www.drei-satz.de
Druck: Medienhaus Plump GmbH, Rheinbreitbach

Vivi und Jeany gewidmet

Inhaltsverzeichnis

Einleitung **21**

1 Grundlagen **23**

Entwicklung und Eigenschaften von C++ 24
Objektorientierte Programmierung 26
Erstellen eines C++-Programms 28
Ein erstes C++-Programm 30
Struktur einfacher C++-Programme 32

2 Elementare Datentypen, Konstanten und Variablen **35**

Elementare Datentypen 36
Konstanten 42
Escape-Sequenzen 46
Namen 48
Variablen 50
Die Schlüsselworte const und volatile 52

3 Verwenden von Funktionen und Klassen **55**

Deklaration von Funktionen 56
Aufruf von Funktionen 58
Der Typ void für Funktionen 60
Header-Dateien 62
Standard-Header-Dateien 64
Verwenden von Standardklassen 66

4 Ein- und Ausgaben mit Streams **69**

Streams 70
Formatierung und Manipulatoren 72
Formatierte Ausgabe von Ganzzahlen 74
Formatierte Ausgabe von Gleitpunktzahlen 76

Ausgabe in Felder 78
Ausgabe von Zeichen, Strings und booleschen Werten 80
Formatierte Eingabe 82
Formatierte Eingabe von Zahlen 84
Unformatierte Ein-/Ausgabe 86

5 Operatoren für elementare Datentypen 89

Binäre arithmetische Operatoren 90
Unäre arithmetische Operatoren 92
Zuweisungen 94
Vergleichsoperatoren 96
Logische Operatoren 98
Implizite Typumwandlungen 100
Implizite Typumwandlungen bei Zuweisungen 102
Weitere Typumwandlungen 104

6 Kontrollstrukturen 107

Die while-Schleife 108
Die for-Schleife 110
Die do-while-Schleife 114
Verzweigungen mit if-else 116
else-if-Ketten 118
Bedingte Bewertung 120
Auswahl mit switch 122
Sprünge mit break, continue und goto 124

7 Symbolische Konstanten und Makros 127

Makros 128
Makros mit Parametern 130
Bedingte Kompilierung 132
Standardmakros zur Behandlung von Zeichen 134
Umlenken von Standardeingabe und -ausgabe 136

8 **Die Standardklasse string** **139**

Definition und Zuweisung von Strings 140
Verketten von Strings 142
Strings vergleichen 144
Einfügen und Löschen in Strings 146
Suchen und Ersetzen in Strings 148
Zugriff auf Zeichen in Strings 150

9 **Funktionen** **153**

Bedeutung von Funktionen in C++ 154
Erstellen eigener Funktionen 156
Return-Wert von Funktionen 158
Übergabe von Argumenten 160
inline-Funktionen 162
Default-Argumente 164
Überladen von Funktionen 166
Rekursive Funktionen 168
Platzhalter auto für Return-Typen 170

10 **Speicherklassen und Namensbereiche** **173**

Speicherklasse von Objekten 174
Der Speicherklassen-Spezifizierer extern 176
Der Speicherklassen-Spezifizierer static 178
Speicherklassen-Spezifizierer von Funktionen 180
Namensbereiche 182
Das Schlüsselwort using 184

11 **Referenzen und Zeiger** **187**

Definition von Referenzen 188
Referenzen als Parameter 190
Referenzen als Return-Wert 192
Ausdrücke mit Referenztyp 194

Definition von Zeigern 196
Der Verweisoperator 198
Zeiger als Parameter 200

12 Definition von Klassen 203

Klassen-Konzept 204
Definition von Klassen 206
Definition von Methoden 208
Definition von Objekten 210
Verwendung von Objekten 212
Zeiger auf Objekte 214
Structs 216
Structured Bindings 218
Unions 220

13 Methoden 223

Konstruktoren 224
Aufruf von Konstruktoren 226
Mehr Initialisierungsmöglichkeiten 228
Destruktoren 230
Inline-Methoden 232
Zugriffsmethoden 234
const-Objekte und -Methoden 236
Standardmethoden 238
Standardmethoden kontrollieren 240
Der this-Zeiger 242
Übergabe von Objekten 244
Objekte als Return-Wert 246

14 Teilobjekte und statische Elemente 249

Klassen mit Teilobjekten 250
Elementinitialisierer 252
Konstante Teilobjekte 254

Statische Datenelemente ... 256
Zugriff auf statische Datenelemente ... 258
Aufzählungen ... 260

15 Vektoren ... 263

Vektoren definieren ... 264
Initialisierung von Vektoren ... 266
C-Strings ... 268
Die Standardklasse string_view ... 270
Klassen-Arrays ... 272
Mehrdimensionale Vektoren ... 274
Vektoren als Datenelemente ... 276

16 Zeiger und Vektoren ... 279

Vektoren und Zeiger (1) ... 280
Vektoren und Zeiger (2) ... 282
Zeigerarithmetik ... 284
Vektoren als Argumente von Funktionen ... 286
Zeigerversion von Funktionen ... 288
Read-only-Zeiger ... 290
Zeiger als Return-Wert ... 292
Zeigervektoren ... 294
Argumente aus der Kommandozeile ... 296

17 Grundlagen der Dateiverarbeitung ... 299

Dateien ... 300
File-Stream-Klassen ... 302
File-Streams anlegen ... 304
Eröffnungsmodus ... 306
Schließen von Dateien ... 308
Blockweises Schreiben und Lesen ... 310
Persistenz von Objekten ... 312

18 Operatoren überladen 315

Allgemeines 316
Operatorfunktionen (1) 318
Operatorfunktionen (2) 320
Überladene Operatoren verwenden 322
Globale Operatorfunktionen 324
friend-Funktionen. 326
friend-Klassen 328
Index-Operator überladen 330
Shift-Operatoren für die Ein-/Ausgabe überladen 332

19 Typumwandlungen für Klassen 335

Konvertierungskonstruktoren 336
Konvertierungsfunktionen. 338
Mehrdeutigkeit bei Typumwandlungen 340

20 Speicherreservierung zur Laufzeit 343

Der Operator new 344
Der Operator delete. 346
Dynamischer Speicher für Klassen 348
Dynamischer Speicher für Vektoren 350
Anwendung: Einfach verkettete Listen. 352
Darstellung einer einfach verketteten Liste 354

21 Dynamische Elemente 357

Datenfelder variabler Länge 358
Eine Klasse mit dynamischem Element 360
Auf- und Abbau eines Objekts 362
Die Implementierung der Methoden 364
Kopierkonstruktor. 366
Zuweisung 368
Verschieben von R-Werten 370
Move-Konstruktor. 372
Move-Zuweisung 374

22 Vererbung 377

Konzept der Vererbung 378
Abgeleitete Klassen 380
Elemente abgeleiteter Klassen 382
Elementzugriff 384
Redefinition von Elementen 386
Auf- und Abbau abgeleiteter Klassen 388
Objekte abgeleiteter Klassen 390
protected-Deklarationen 392
Weitere Zugriffseinschränkungen 394

23 Typumwandlung in Klassenhierarchien 397

Konvertierung in Basisklassen 398
Typumwandlung bei Zuweisungen 400
Konvertierung von Referenzen und Zeigern 402
Explizite Typumwandlungen 404

24 Polymorphe Klassen 407

Polymorphie 408
Virtuelle Methoden 410
Abbau dynamischer Objekte 412
Virtuelle Methodentabelle 414
Dynamische Casts 416

25 Abstrakte Klassen 419

Rein virtuelle Methoden 420
Abstrakte und konkrete Klassen 422
Zeiger und Referenzen auf abstrakte Klassen 424
Virtuelle Zuweisungen 426
Anwendung: Inhomogene Listen 428
Implementierung einer inhomogenen Liste 430

26 Ausnahmebehandlung 433
Traditionelle Fehlerbehandlung 434
Exception-Handling 436
Exception-Handler 438
Auslösen und Auffangen von Exceptions 440
Schachteln von Ausnahmebehandlungen 442
Definition eigener Fehlerklassen 444
Standardfehlerklassen 446

27 Mehr über Zeiger 449
Zeiger auf Zeiger 450
Variable Anzahl von Argumenten 452
Zeiger auf Funktionen 456
Komplexe Deklarationen 458
Definition von Typnamen 460
Matrizen als Argumente von Funktionen 462

28 Templates 465
Funktions- und Klassen-Templates 466
Definition von Templates 468
Instantiierung von Templates 470
Template-Parameter 472
Template-Argumente 474
Spezialisierungen 476
Default-Argumente von Templates 478
Explizite Instantiierung 480

29 Container 483
Arten von Containern 484
Sequenzielle Container-Klassen 486
Iteratoren 488
Vereinbarung sequenzieller Container 490
Initialisierungslisten und Range-for-Schleifen 492
Einfügen in sequenziellen Containern 494

Elementzugriff 496
Größe von Containern 498
Löschen in sequenziellen Containern 500
Listenoperationen. 502
Die Container-Klasse array. 504

Die folgenden Kapitel und Abschnitte finden Sie im E-Book (siehe Seite 523)

30 Mehrfachvererbung 507
Mehrfach abgeleitete Klassen. 508
Mehrfache indirekte Basisklassen 510
Virtuelle Basisklassen 512
Aufrufe von Konstruktoren 514
Initialisierung virtueller Basisklassen 516

31 Wahlfreier Dateizugriff und Dateisysteme 519
Dateien für wahlfreien Zugriff öffnen 520
Wahlfreies Positionieren. 522
Dateistatus. 526
Exception-Handling für Dateien 528
Persistenz von polymorphen Objekten 530
Anwendung: Indexdateien 534
Implementierung eines Index-Dateisystems. 536
Portabler Zugriff auf das Dateisystem 538

32 Variadische Templates 543
Variable Anzahl von Parametern. 544
Operationen mit Parameterpacks 546
Standard-Template für Tupel 548
Typsichere Varianten 550
Die Standard-Klassen optional und any 552

33 Assoziative Container und Hash-Tabellen 555
Assoziative Container 556
Sets und Multisets 558
Maps und Multimaps 560
Hash-Tabellen 562
Ungeordnete assoziative Container 564
Hash-Tabellen für selbstdefinierte Typen 566

34 Bitmanipulationen 569
Logische Bitoperatoren 570
Shift-Operatoren 572
Bitmasken 574
Verwenden von Bitmasken 576
Bitfelder 578
Standard-Templates für Bitsets 580

35 Smart Pointer 585
Grundlagen 586
Die Smart Pointer der Standardbibliothek 588
Smart Pointer vom Typ unique_ptr<T> einsetzen 590
Smart Pointer vom Typ unique_ptr<T> einsetzen (2) 592
Das Klassen-Template shared_ptr 594
Das Klassen-Template shared_ptr (2) 596
Das Klassen-Template shared_ptr (3) 598
Das Klassen-Template weak_ptr 600

36 Multithreading 603
Threads 604
Erzeugen und Ausführen von Threads 606
Initialisierung und Zuweisung 608
Konkurrierende Speicherzugriffe 610
Thread-ID 612
Locks 614
Bedingungsvariablen 616

37 Algorithmen der Standardbibliothek 621

Algorithmen: Grundlagen 622
Funktionsobjekte 624
Lambda-Funktionen 628
Algorithmen und Iteratoren 630
Vordefinierte Iteratoren 632
Nicht-modifizierende Algorithmen 634
Modifizierende Algorithmen 638
Mutierende Algorithmen 642
Sortieren und verwandte Operationen 644

38 Numerische Bibliothek 649

Komplexe Zahlen 650
Das Klassen-Template complex<T> 652
Methoden von complex<T> 654
Komplexe Funktionen 656
Das Klassen-Template valarray<T> 658
Zuweisung numerischer Vektoren 660
Arithmetische Operationen 662
Weitere Operationen 664
Selektive Indizierung 666
Verallgemeinerte selektive Indizierung 668
Indirekte und maskierte Indizierung 672

Übungsaufgaben mit Lösungen 675

Übungen zu Kapitel 1 676
Lösungen zu Kapitel 1 678
Übungen zu Kapitel 2 680
Lösungen zu Kapitel 2 682
Übungen zu Kapitel 3 684
Lösungen zu Kapitel 3 686
Übungen zu Kapitel 4 688
Lösungen zu Kapitel 4 690
Übungen zu Kapitel 5 694

Lösungen zu Kapitel 5 . . . 696
Übungen zu Kapitel 6 . . . 698
Lösungen zu Kapitel 6 . . . 700
Übungen zu Kapitel 7 . . . 704
Lösungen zu Kapitel 7 . . . 708
Übungen zu Kapitel 8 . . . 716
Lösungen zu Kapitel 8 . . . 718
Übungen zu Kapitel 9 . . . 722
Lösungen zu Kapitel 9 . . . 725
Übungen zu Kapitel 10 . . . 732
Lösungen zu Kapitel 10 . . . 736
Übungen zu Kapitel 11 . . . 742
Lösungen zu Kapitel 11 . . . 744
Übungen zu Kapitel 12 . . . 750
Lösungen zu Kapitel 12 . . . 752
Übungen zu Kapitel 13 . . . 756
Lösungen zu Kapitel 13 . . . 760
Übungen zu Kapitel 14 . . . 768
Lösungen zu Kapitel 14 . . . 772
Übungen zu Kapitel 15 . . . 780
Lösungen zu Kapitel 15 . . . 784
Übungen zu Kapitel 16 . . . 794
Lösungen zu Kapitel 16 . . . 798
Übungen zu Kapitel 17 . . . 806
Lösungen zu Kapitel 17 . . . 810
Übungen zu Kapitel 18 . . . 826
Lösungen zu Kapitel 18 . . . 829
Übungen zu Kapitel 19 . . . 840
Lösungen zu Kapitel 19 . . . 842
Übungen zu Kapitel 20 . . . 848
Lösungen zu Kapitel 20 . . . 850
Übungen zu Kapitel 21 . . . 860
Lösungen zu Kapitel 21 . . . 862

Übungen zu Kapitel 22 . . . 872
Lösungen zu Kapitel 22 . . . 876
Übungen zu Kapitel 23 . . . 886
Lösungen zu Kapitel 23 . . . 887
Übungen zu Kapitel 24 . . . 890
Lösungen zu Kapitel 24 . . . 893
Übungen zu Kapitel 25 . . . 900
Lösungen zu Kapitel 25 . . . 902
Übungen zu Kapitel 26 . . . 910
Lösungen zu Kapitel 26 . . . 913
Übungen zu Kapitel 27 . . . 924
Lösungen zu Kapitel 27 . . . 926
Übungen zu Kapitel 28 . . . 930
Lösungen zu Kapitel 28 . . . 933
Übungen zu Kapitel 29 . . . 942
Lösungen zu Kapitel 29 . . . 944
Übungen zu Kapitel 30 . . . 948
Lösungen zu Kapitel 30 . . . 952
Übungen zu Kapitel 31 . . . 958
Lösungen zu Kapitel 31 . . . 962
Übungen zu Kapitel 33 . . . 984
Lösungen zu Kapitel 33 . . . 986
Übungen zu Kapitel 34 . . . 992
Lösungen zu Kapitel 34 . . . 994
Übungen zu Kapitel 35 . . . 998
Lösungen zu Kapitel 35 . . . 1002
Übungen zu Kapitel 36 . . . 1014
Lösungen zu Kapitel 36 . . . 1018

Anhang . . . 1025

Binäre Zahlendarstellung . . . 1026
Präprozessor-Direktiven . . . 1029
Vordefinierte Standardmakros . . . 1036

E-Book

Ungepufferte Konsolen-Ein-/Ausgabe 1037
Einbinden von C-Funktionen 1039
Operatorenübersicht 1041
Vorrangtabelle für Operatoren 1043
ASCII-Code-Tabelle 1044
Bildschirmsteuerzeichen 1046
Infos zu den Beispielen, Lösungen und Compilern 1047

Glossar 1051

Stichwortverzeichnis 507

Einleitung

Dieses Buch wendet sich an jeden Leser, der die Programmiersprache C++ neu lernen oder vertiefen möchte, egal ob Anfänger oder fortgeschrittener C++-Programmierer.

C++ ist eine weitgehend plattformunabhängige Sprache. Die Sprachbeschreibung basiert auf der ISO-Norm 14882, die 1998 von der International Organization for Standardization verabschiedet wurde. In den folgenden Jahren wurde die Sprache mehrfach erweitert. Im ISO-Standard aus dem Jahr 2011, *kurz*: C++11, wurden weitreichende Neuerungen in C++ eingeführt (wie z.B. Lambdas, variadische Templates, Threads und Smart-Pointer). Dieser Standard wird inzwischen von allen gängigen C++-Compilern unterstützt. Aber auch Programme, die Sprachelemente aus den nachfolgenden Standards C++14, (wie z.B. generische Lambdas) und C++17, (wie z.B. die Filesystem-Bibliothek) verwenden, können von den aktuellen Compilern übersetzt werden, wenn die entsprechende Compiler-Option gesetzt ist.

Die Standards bis einschließlich C++17 werden im Buch der Einfachheit halber mit „C++-Standard" bezeichnet. Neue Sprachelemente aus dem Standard C++20 (wie z.B. Drei-Wege-Vergleich, Concepts und transaktionaler Speicher) werden noch nicht von allen C++-Compilern unterstützt. Sie werden im Buch deshalb mit C++20 gekennzeichnet.

Das Buch besteht aus einer Print-Ausgabe und einem E-Book (siehe Seite 523). In der Print-Ausgabe sind die Grundlagen der objektorientierten Programmierung mit C++ beschrieben, wie Funktionen, Zeiger und Referenzen, Klassen und Methoden, Vererbung, Dateiverarbeitung, Templates und Container. Im E-Book sind zusätzlich weiterführende Themen dargestellt, beispielsweise mehr zu Templates und Containern, sowie Bitmanipulationen, Smart-Pointer, Multithreading und Algorithmen der Standardbibliothek.

Die ***Kapitel*** sind so angeordnet, dass der Leser von elementaren Sprachkonzepten bis hin zur professionellen Software-Entwicklung geführt wird. Hierbei werden alle Sprachelemente umfassend behandelt. Die Reihenfolge der Darstellung orientiert sich am Ziel, von Anfang an sinnvolle Programme schreiben zu können.

Jede ***Doppelseite*** im Buch ist wie folgt gegliedert: Auf der rechten Seite sind die Sprachelemente beschrieben, die durch Grafiken und C++-Programme auf der linken Seite illustriert werden. Die Beispielprogramme sind so ausgewählt, dass sie eine typische Anwendung für das jeweilige Sprachelement zeigen. Darüber hinaus machen Filterprogramme und Fallstudien den Leser mit einem breiten Anwendungsspektrum vertraut.

Um eine leistungsfähige Programmiersprache zu beherrschen, ist viel eigene Erfahrung durch selbstständiges Entwickeln von Programmen erforderlich. Zu den einzelnen Kapiteln sind deshalb im E-Book ***Übungen*** formuliert, zu denen auch ***Musterlösungen*** gegeben sind. Der Leser kann damit seine erreichten Fähigkeiten testen und das Verständnis von C++ vertiefen.

Im ***Anhang*** des E-Books sind nützliche Informationen, wie z.B. die binäre Zahlendarstellung, Präprozessor-Direktiven und die Vorrangtabelle für Operatoren zusammengestellt. Das Buch soll damit auch den geübten C++-Programmierer begleiten, der ein gut strukturiertes und verständliches Nachschlagewerk zur Hand haben will.

Die Entwicklungsumgebung Visual Studio Community von Microsoft ist unter

www.visualstudio.microsoft.com

zum Download kostenlos verfügbar. Damit können Sie auf einem Windows-System Ihre Programme erstellen und testen. Hinweise zur Installation und Verwendung des Compilers finden Sie im Anhang des E-Books.

Es kann aber auch jeder andere C++-Compiler verwendet werden, beispielsweise der GNU-Compiler, der auch unter Linux verfügbar ist.

Die Programmbeispiele und Lösungen zu den Aufgaben stehen für Sie beim mitp-Verlag unter

www.mitp.de/0500

zum Download bereit.

Wir bedanken uns bei allen, die an der Entstehung des Buches mitgewirkt haben, insbesondere bei Frau Schulz vom mitp-Verlag für die konstruktive Zusammenarbeit und bei unseren Kindern, die uns oft genug in Ruhe lassen konnten.

Dem Leser wünschen wir **viel Spaß mit C++**!

Ulla Kirch
kirch@hm.edu

Peter Prinz
prinz_peter@t-online.de

Kapitel 1

Grundlagen

Dieses Kapitel beschreibt die grundlegenden Eigenschaften der objektorientierten Programmiersprache C++. Außerdem werden die Schritte vorgestellt, die zur Erstellung eines lauffähigen C++-Programms erforderlich sind. Diese Schritte können Sie auf Ihrem System anhand von einführenden Beispielen nachvollziehen. Die Beispiele dienen auch dazu, die grundlegende Struktur eines C++-Programms darzustellen.

Entwicklung und Eigenschaften von C++

Charakteristische Eigenschaften

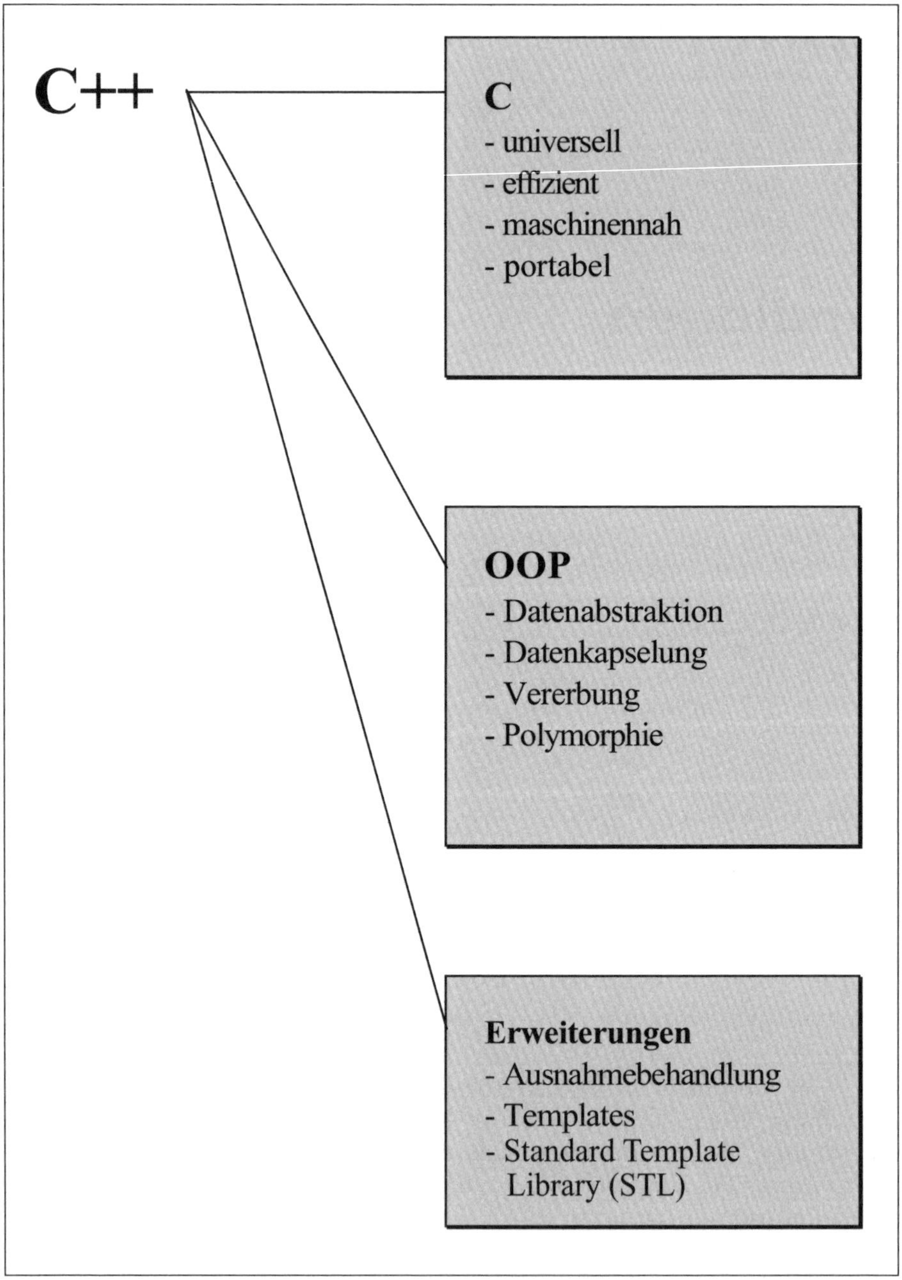

Historisches

Die Programmiersprache C++ wurde von Bjarne Stroustrup und seinen Mitarbeitern in den Bell Laboratories (AT&T, USA) entwickelt, um Simulationsprojekte objektorientiert und effizient implementieren zu können. Frühe Versionen, die zunächst als „C mit Klassen" bezeichnet wurden, gibt es seit 1980. Der Name C++ weist darauf hin, dass C++ aus der Programmiersprache C hervorgegangen ist: ++ ist der Inkrementoperator von C.

Schon 1989 wurde ein ANSI-Komitee (**A**merican **N**ational **S**tandards **I**nstitute) gebildet, um die Programmiersprache C++ zu standardisieren. Hierbei geht es darum, dass möglichst viele Compilerbauer und Software-Entwickler sich auf eine einheitliche Sprachbeschreibung einigen, um die Bildung von Dialekten und „Sprachverwirrungen" zu vermeiden.

Anfang 1998 wurde von der ISO (International Organization for Standardization) der Standard für C++ (14882) verabschiedet, und in den Folgejahren mehrfach erweitert, zuletzt 2020. Der aktuelle Standard von 2020 wird auch kurz mit C++20 bezeichnet.

Eigenschaften von C++

C++ ist keine rein objektorientierte Sprache, sondern eine Hybridsprache (= „Mischsprache"): Sie enthält die Programmiersprache C als Teilmenge. Damit hat man zunächst alle Möglichkeiten, die auch C bietet:

- universell einsetzbare, modulare Programme
- effiziente, maschinennahe Programmierung
- Portabilität, d.h. Übertragbarkeit von Programmen auf verschiedene Rechner

Insbesondere kann die umfangreiche in C entwickelte Software auch in C++-Programmen verwendet werden.

C++ unterstützt die Konzepte der objektorientierten Programmierung, nämlich:

- *Datenabstraktion*, d.h. Bildung von Klassen zur Beschreibung von Objekten
- *Datenkapselung* für den kontrollierten Zugriff auf die Daten von Objekten
- *Vererbung* durch Bildung abgeleiteter Klassen (auch mehrfach)
- *Polymorphie* (griech. „Vielgestaltigkeit"), d.h. die Implementierung von Anweisungen, die zur Laufzeit verschiedene Wirkungen haben können

C++ wurde um zusätzliche Sprachelemente erweitert, wie z.B. Referenzen, Templates und Ausnahmebehandlung (engl. Exception Handling). Auch wenn diese Sprachelemente keinen direkten Bezug zur Objektorientierung haben, sind sie für deren effiziente Implementierung wichtig.

Objektorientierte Programmierung

Traditionelles Konzept

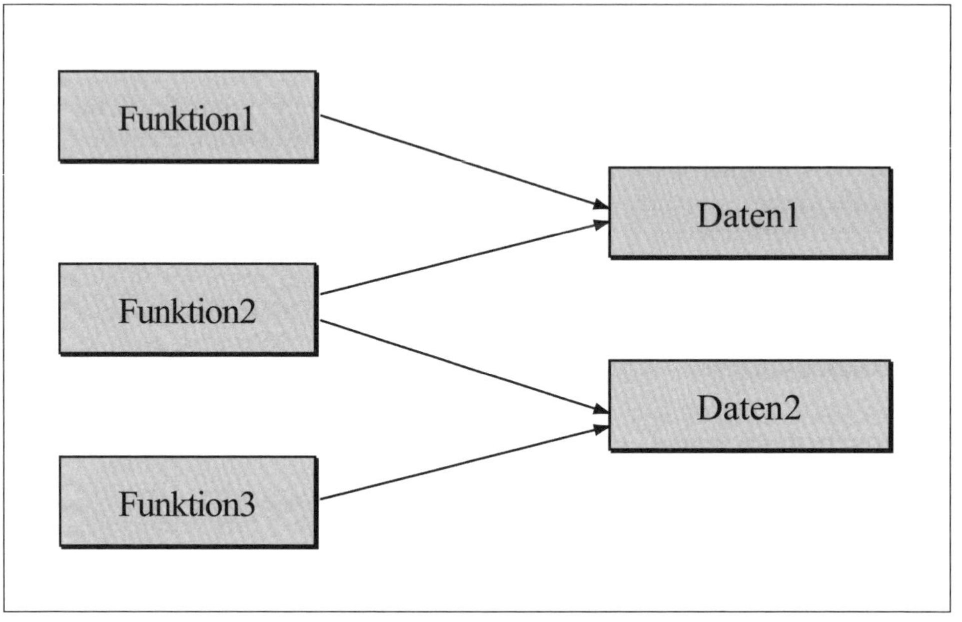

Objektorientiertes Konzept

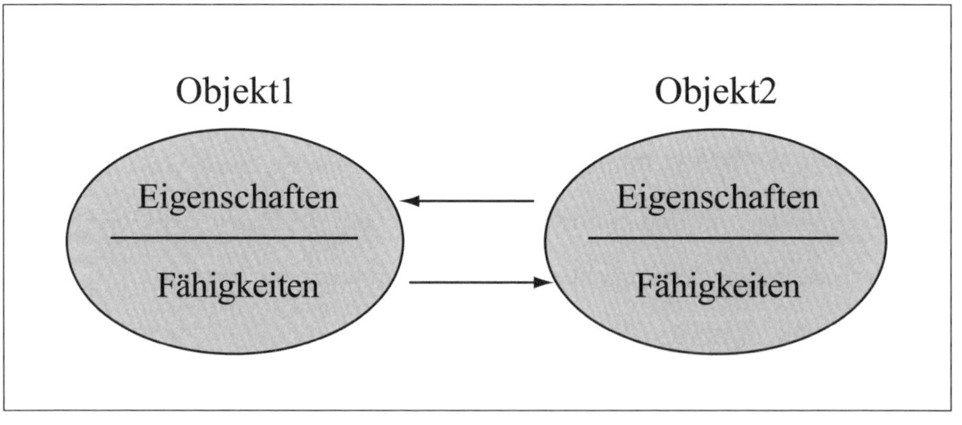

Klassische, prozedurale Programmierung

Die traditionelle, prozedurale Programmierung trennt Daten und Funktionen (= Unterprogramme, Prozeduren), die diese Daten bearbeiten. Dies hat wichtige Konsequenzen für den Umgang mit den Daten in einem Programm:

- Der Programmierer muss selbst dafür sorgen, dass Daten vor ihrer Verwendung mit geeigneten Anfangswerten versehen sind und dass beim Aufruf einer Funktion korrekte Daten übergeben werden.

- Wird die Darstellung der Daten geändert, z.B. ein Datensatz erweitert, so müssen auch die zugehörigen Funktionen entsprechend angepasst werden.

Beides ist natürlich fehleranfällig und nicht besonders wartungsfreundlich.

Objekte

Die objektorientierte Programmierung (OOP) stellt die *Objekte* in den Mittelpunkt, d.h. die Dinge, um die es bei der jeweiligen Problemstellung geht. Ein Programm zur Verwaltung von Konten beispielsweise arbeitet mit Kontoständen, Kreditlimits, Überweisungen, Zinsberechnungen usw. Ein Objekt, das ein Konto in einem Programm darstellt, besitzt dann die Eigenschaften und Fähigkeiten, die für die Kontoverwaltung wichtig sind.

Die Objekte in der OOP bilden eine Einheit aus Daten (= Eigenschaften) und Funktionen (= Fähigkeiten). Mit einer Klasse wird ein Objekt-Typ definiert, der sowohl die Eigenschaften als auch die Fähigkeiten von Objekten dieses Typs festlegt. Die Kommunikation zwischen Objekten erfolgt dann durch „Nachrichten“, die die Fähigkeiten von Objekten aktivieren.

Vorteile der OOP

Für die Software-Entwicklung hat die objektorientierte Programmierung wesentliche Vorteile:

- **geringere Fehleranfälligkeit:** Ein Objekt kontrolliert den Zugriff auf seine Daten selbst. Insbesondere kann es fehlerhafte Zugriffe abwehren.

- **gute Wiederverwendbarkeit**: Ein Objekt verwaltet sich selbst. Es kann deshalb wie ein Baustein in beliebigen Programmen eingesetzt werden.

- **geringer Wartungsaufwand:** Ein Objekt kann die interne Darstellung seiner Daten an neue Anforderungen anpassen, ohne dass ein Anwendungsprogramm etwas davon merkt.

Erstellen eines C++-Programms

Übersetzen eines C++-Programms

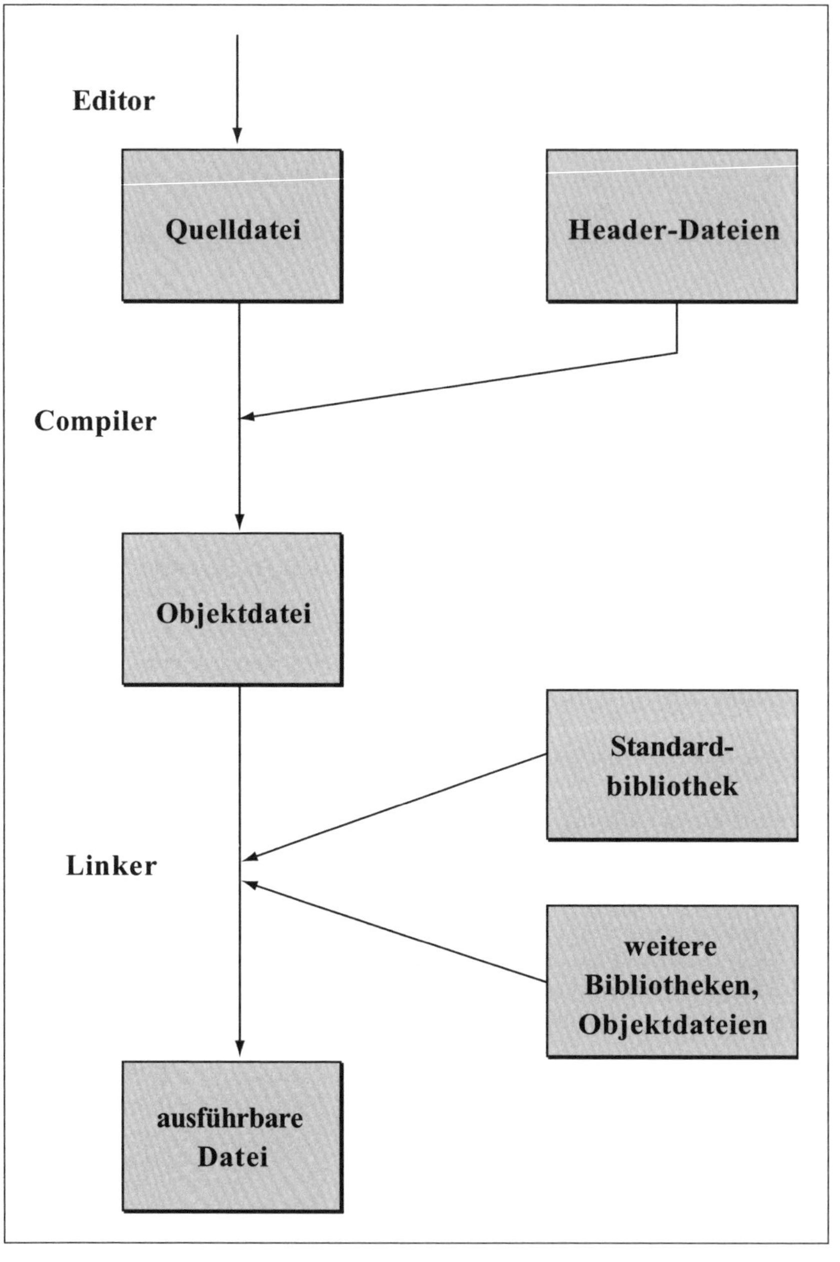

Zum Erstellen und Übersetzen eines C++-Programms sind folgende drei Schritte notwendig:

1. Das C++-Programm wird mit einem Texteditor in eine Datei eingegeben. Anders gesagt: Der *Quellcode* wird in einer *Quelldatei* abgelegt.

   Bei größeren Projekten ist es üblich, *modular* zu programmieren. Dabei wird der Quellcode auf mehrere Quelldateien verteilt, die getrennt bearbeitet und übersetzt werden.

2. Die Quelldatei wird dem *Compiler* zur Übersetzung gegeben. Geht alles gut, so erhält man eine Objektdatei, die den *Maschinencode* enthält. Eine Objektdatei heißt auch *Modul*.

3. Schließlich bindet der *Linker* die Objektdatei mit anderen Modulen zu einer *ausführbaren Datei*. Die Module bestehen aus Funktionen der Standardbibliothek oder selbsterstellten, schon früher übersetzten Programmteilen.

Im *Namen* der Quelldateien muss die richtige Endung angegeben werden. Diese hängt vom jeweiligen Compiler ab. Die gebräuchlichsten Endungen sind `.cpp` und `.cc`.

Vor dem eigentlichen Kompiliervorgang können *Header-Dateien*, auch Include-Dateien genannt, in die Quelldatei kopiert werden. Header-Dateien sind Textdateien mit Informationen, die in verschiedenen Quelldateien gebraucht werden, wie z.B. Typdefinitionen oder die Deklaration von Variablen und Funktionen. Die Namen von Header-Dateien enden entweder mit `.h` oder haben keine Endung.

Die *C++-Standardbibliothek* enthält fertige Funktionen und Klassen, die standardisiert sind und die jeder Compiler zur Verfügung stellt.

Moderne Compiler bieten eine *integrierte Entwicklungsumgebung*, die die obigen drei Schritte zusammenfasst. Von einer einheitlichen Benutzeroberfläche aus wird das Programm editiert, kompiliert, gelinkt und ausgeführt. Außerdem können weitere Tools, wie z.B. ein Debugger, gestartet werden.

Wichtig: Enthält die Quelldatei auch nur einen *Syntaxfehler*, so zeigt dies der Compiler mit einer *Fehlermeldung* an. Darüber hinaus können weitere Fehlermeldungen ausgegeben werden, die darauf beruhen, dass der Compiler versucht, trotz des Fehlers weiter zu übersetzen. Beginnen Sie also immer mit der Korrektur des ersten Fehlers in einem Programm.

Neben den eigentlichen Fehlermeldungen gibt der Compiler auch *Warnungen* aus. Eine Warnung zeigt keinen Syntaxfehler an, sondern ist lediglich ein Hinweis auf einen möglichen logischen Fehler, wie beispielsweise die Verwendung einer nicht initialisierten Variablen.

Ein erstes C++-Programm

Beispielprogramm

```
#include <iostream>
using namespace std;

int main()
{
   cout  <<  "Viel Spaß mit C++!"  <<  endl;
   return 0;
}
```

Bildschirmausgabe

```
Viel Spaß mit C++!
```

Die Struktur der Funktion main()

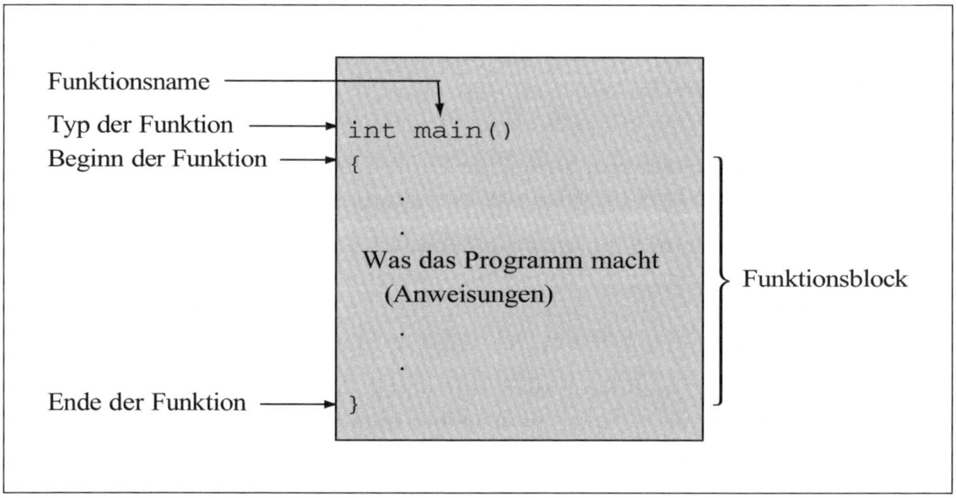

Ein C++-Programm besteht aus Objekten mit ihren *Elementfunktionen* und aus *globalen Funktionen*, die zu keiner Klasse gehören. Jede Funktion löst eine bestimmte Aufgabe und kann andere Funktionen aufrufen. Sie ist entweder selbsterstellt oder eine fertige Routine aus der Standardbibliothek. Die globale Funktion `main()` muss immer selbst geschrieben werden und hat eine besondere Rolle: Sie bildet das Hauptprogramm.

Anhand des nebenstehenden kurzen Beispielprogramms lassen sich bereits die wichtigsten Elemente eines C++-Programms erkennen. Das Programm enthält nur die Funktion `main()` und gibt eine Meldung auf dem Bildschirm aus.

Die erste Zeile beginnt mit einem Doppelkreuz # und ist daher für den *Präprozessor* bestimmt. Der Präprozessor ist Teil der ersten Übersetzungsphase, in der noch kein Objektcode erzeugt wird. Mit

```
#include <dateiname>
```

kopiert der Präprozessor die genannte Datei an diese Stelle in den Quellcode. Dadurch stehen dem Programm alle Informationen zur Verfügung, die in dieser Datei enthalten sind.

Die Header-Datei `iostream` enthält Vereinbarungen für die Ein-/Ausgabe mit Streams. Der Begriff *Stream* (dt. Strom) spiegelt die Situation wider, dass Zeichenfolgen wie ein Datenstrom behandelt werden.

Die in C++ vordefinierten Namen befinden sich im Namensbereich `std` (standard). Die anschließende `using`-Direktive erlaubt, die Namen aus dem Namensbereich *(Namespace)* `std` direkt zu verwenden.

Die Programmausführung beginnt mit der ersten Anweisung in der Funktion `main()`, die daher in jedem C++-Programm vorhanden sein muss. Nebenstehend ist die Struktur der Funktion dargestellt. Sie unterscheidet sich, abgesehen vom feststehenden Namen, nicht von der Struktur anderer Funktionen.

In unserem Beispiel enthält die Funktion `main()` zwei *Anweisungen*. Die erste

```
cout << "Viel Spaß mit C++!" << endl;
```

gibt den Text `Viel Spaß mit C++!` auf dem Bildschirm aus. Der Name `cout` (console output) bezeichnet ein Objekt, das die Ausgabe durchführt.

Die beiden Kleiner-Zeichen << deuten an, dass die Zeichen in den Ausgabestrom „geschoben" werden. Mit `endl` (end of line) wird anschließend ein Zeilenvorschub ausgelöst. Die zweite Anweisung

```
return 0;
```

beendet die Funktion `main()` und damit das Programm. Dabei wird der Wert `0` dem aufrufenden Programm als Exit-Code zurückgegeben. Es ist üblich, den Exit-Code `0` zu verwenden, wenn das Programm korrekt abgelaufen ist.

Beachten Sie, dass die Anweisungen mit einem Semikolon enden. Die kürzeste Anweisung besteht übrigens nur aus einem Semikolon und bewirkt nichts.

Struktur einfacher C++-Programme

Ein C++-Programm mit mehreren Funktionen

```
/*******************************************************
  Ein Programm mit mehreren Funktionen und Kommentaren
 ******************************************************/

#include <iostream>
using namespace std;

void linie(), meldung();              // Prototypen

int main()
{
   cout << "Hallo! Das Programm startet in main()."
        << endl;
   linie();
   meldung();
   linie();
   cout << "Jetzt am Ende von main()." << endl;

   return 0;
}

void linie()                  // Eine Linie ausgeben.
{
   cout << "--------------------------------" << endl;
}

void meldung()                  // Eine Meldung ausgeben.
{
   cout << "In der Funktion meldung()." << endl;
}
```

Bildschirmausgabe

```
Hallo! Das Programm startet in main().
------------------------------
In der Funktion meldung().
------------------------------
Jetzt am Ende von main().
```

Das nebenstehende Beispiel zeigt, wie ein C++-Programm strukturiert ist, das aus mehreren Funktionen besteht. Die Reihenfolge, in der Funktionen definiert werden, ist in C++ nicht vorgeschrieben. Zum Beispiel könnte auch zuerst die Funktion `meldung()`, dann die Funktion `linie()` und schließlich die `main`-Funktion geschrieben werden.

Üblicherweise wird die Funktion `main()` zuerst angegeben, da sie den Programmablauf steuert. Es werden also Funktionen aufgerufen, die erst später definiert werden. Dies ist möglich, da der Compiler mit dem *Prototyp* einer Funktion die notwendigen Informationen erhält.

Neu in diesem Beispiel sind die *Kommentare*. Jede Zeichenfolge, die durch `/* . . . */` eingeschlossen ist oder mit `//` beginnt, ist ein Kommentar.

Beispiele:

```
/* Ich darf mehrere Zeilen lang sein */
// Ich bin ein Einzeilen-Kommentar
```

Beim Einzeilen-Kommentar ignoriert der Compiler ab den Zeichen `//` alle Zeichen bis zum Zeilenende. Kommentare, die sich über mehrere Zeilen erstrecken, sind bei der Fehlersuche nützlich, um ganze Programmteile auszublenden. Jede der beiden Kommentarformen kann auch benutzt werden, um die andere auszukommentieren.

Zum *Layout* einer Quelldatei: Der Compiler bearbeitet jede Quelldatei sequenziell und zerlegt den Inhalt in „Token" (kleinste Bestandteile), wie z.B. Funktionsnamen und Operatoren. Token können durch beliebig viele Zwischenraumzeichen getrennt sein, also durch Leer-, Tabulator- oder Newline-Zeichen. Es kommt daher nur auf die Reihenfolge des Quellcodes an, nicht auf ein bestimmtes Layout, wie etwa die Aufteilung in Zeilen und Spalten. Beispielsweise ist

```
void meldung
     (    ){ cout <<
     "In der Funktion meldung()." <<
endl;}
```

zwar eine schlecht lesbare, aber korrekte Definition der Funktion `meldung()`.

Eine Ausnahme hinsichtlich des Layouts bilden die Präprozessor-Direktiven, die stets eine eigene Zeile einnehmen. Dem Doppelkreuz # zu Beginn einer Zeile dürfen nur Leer- und Tabulatorzeichen vorangehen.

Zur besseren Lesbarkeit von C++-Programmen ist es von Vorteil, einen einheitlichen Stil in der Darstellung beizubehalten. Dabei sollten Einrückungen und Leerzeilen gemäß der Programmstruktur eingefügt werden. Außerdem ist eine großzügige Kommentierung wichtig.

Kapitel 2

Elementare Datentypen, Konstanten und Variablen

In diesem Kapitel werden Sie die grundlegenden Typen und Objekte kennenlernen, mit denen ein Programm arbeitet.

Elementare Datentypen

Übersicht *)

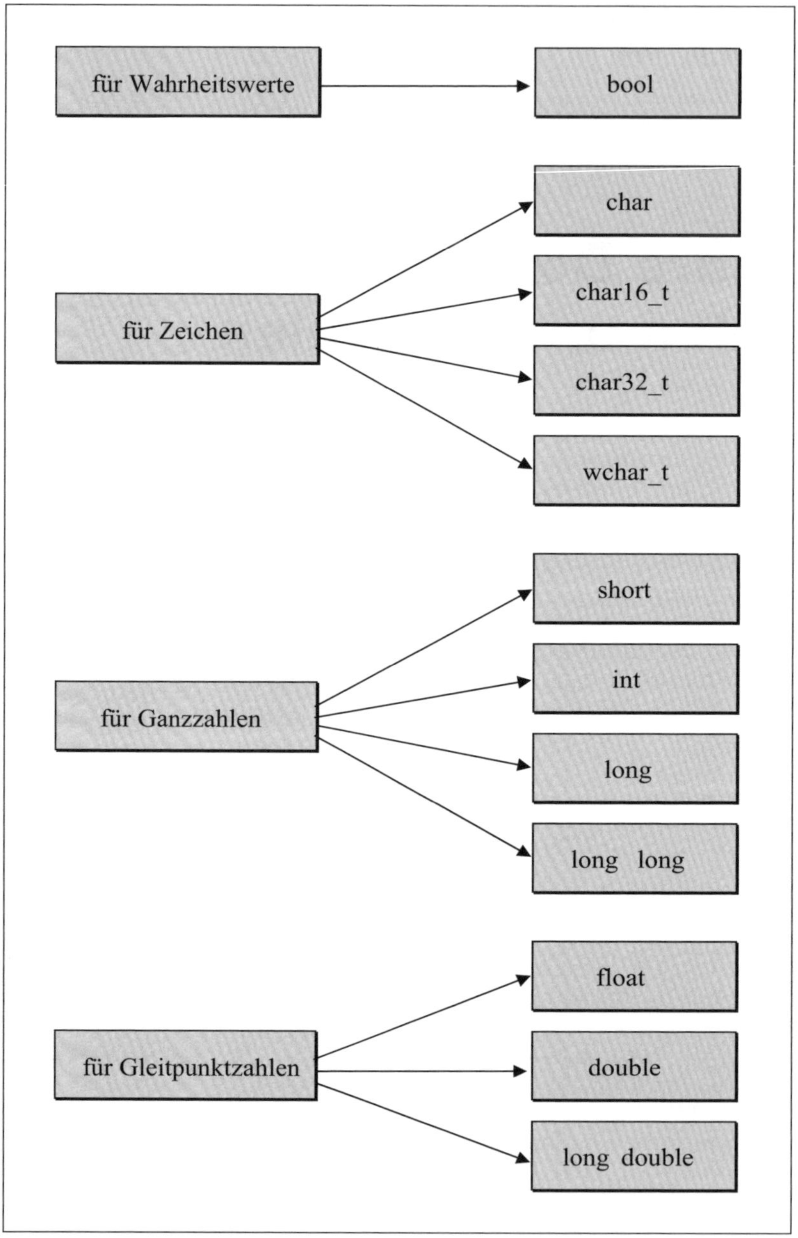

*) Ohne den Datentyp void, der später behandelt wird.

Ein Programm benutzt zur Lösung einer Aufgabe verschiedenartige Daten, z.B. Zeichen, Ganzzahlen oder Gleitpunktzahlen. Da diese vom Computer unterschiedlich bearbeitet und gespeichert werden, muss der *Typ* der Daten bekannt sein. Ein Datentyp bestimmt:

1. die Art der internen Darstellung der Daten
2. die Größe des dazu benötigten Speicherplatzes

Beispielsweise kann eine ganze Zahl wie `-1000` in zwei oder vier Bytes gespeichert werden. Wenn diese Speicherstelle wieder gelesen wird, ist es wichtig, die richtige Anzahl an Bytes zu lesen. Außerdem muss der Inhalt, also das gelesene Bitmuster, richtig interpretiert werden, nämlich als ganze Zahl mit Vorzeichen.

Der C++-Compiler kennt die nebenstehend aufgeführten elementaren Datentypen, auf denen alle weiteren Datentypen (Vektoren, Zeiger, Klassen, ...) aufbauen.

Der Datentyp bool

Das Ergebnis eines Vergleichs oder einer logischen Verknüpfung mit UND bzw. ODER ist ein Wahrheitswert (*boolescher Wert*), der wahr oder falsch sein kann. Zur Darstellung boolescher Werte gibt es in C++ den Typ `bool`. Ein Ausdruck vom Typ `bool` besitzt entweder den Wert `true` (wahr) oder `false` (falsch). Dabei wird `true` intern durch den numerischen Wert 1 und `false` durch 0 repräsentiert.

Die Datentypen für Zeichen

Jedem Zeichen ist eine ganze Zahl, der so genannte *Zeichencode*, zugeordnet, beispielsweise dem Zeichen A der Code 65. Die Zuordnung ist durch den verwendeten Zeichensatz definiert.

In C++ ist nicht festgelegt, welcher Zeichensatz zu verwenden ist. Üblich ist ein Zeichensatz, der den *ASCII-Code* (American Standard Code for Information Interchange) enthält. Dieser 7-Bit-Code definiert die Codes von 33 Steuerzeichen (Codes 0-31 u. 127) und 95 druckbaren Zeichen (Codes 32-126).

Mit dem Typ `char` („character") werden Zeichencodes in einem Byte (= 8 Bits) gespeichert. Das genügt für einen erweiterten Zeichensatz, z.B. für den ANSI-Zeichensatz, der außer den Zeichen des ASCII-Codes weitere Zeichen, wie etwa deutsche Umlaute, enthält.

Der Typ `wchar_t` („wide character type") ist mindestens 2 Bytes (= 16 Bits) groß. Dieser Typ ist geeignet, die Codes aller Zeichen zu speichern, die bei der Ausführung des Programms vorkommen können.

Mit den Typen `char8_t` (seit C++20), `char16_t` und `char32_t` unterstützt C++ die *Unicode-Standards* UTF-8, UTF-16 und UTF-32 („**U**nicode **T**ransformation **F**ormats"). Unicode ist eine Zeichenkodierung, die von allen modernen Systemen verwendet wird und die Zeichen aus nahezu allen Sprachen der Welt umfasst.

Elementare Datentypen (Fortsetzung)

Die ganzzahligen Datentypen

Typ	Speicherplatz	Wertebereich (dezimal)
char	1 Byte	-128 bis +127 bzw. 0 bis 255
unsigned char	1 Byte	0 bis 255
signed char	1 Byte	-128 bis +127
int	2 Byte bzw. 4 Byte	-32768 bis +32767 bzw. -2147483648 bis +2147483647
unsigned int	2 Byte bzw. 4 Byte	0 bis 65535 bzw. 0 bis 4294967295
short	2 Byte	-32768 bis +32767
unsigned short	2 Byte	0 bis 65535
long	4 Byte	-2147483648 bis +2147483647
unsigned long	4 Byte	0 bis 4294967295
long long	8 Byte	-9223372036854775808 bis +9223372036854775807
unsigned long long	8 Byte	0 bis 18446744073709551615

Beispielprogramm

```
#include <iostream>
#include <climits>        // Definition von INT_MIN, ...
using namespace std;

int main()
{
  cout << "Wertebereiche der Typen int und unsigned int"
       << endl << endl;
  cout << "Typ                Minimum              Maximum"
       << endl
       << "--------------------------------------------"
       << endl;

  cout << "int               " <<  INT_MIN << "          "
                               <<  INT_MAX << endl;

  cout << "unsigned int      " <<  "          0          "
                               << UINT_MAX << endl;
  return 0;
}
```

Ganzzahlige Datentypen

Für das Arbeiten mit ganzen Zahlen stehen die Datentypen `short`, `int`, `long` und `long long` zur Verfügung. Sie unterscheiden sich durch ihre Wertebereiche. In der nebenstehenden Tabelle sind die ganzzahligen Datentypen mit dem üblichen Speicherbedarf und dem entsprechenden Wertebereich zusammengestellt.

Der Datentyp `int` „integer" ist bestmöglich an den Rechner angepasst, da seine Länge der eines Maschinenregisters entspricht. Auf 16-Bit-Rechnern ist also `int` gleichwertig mit `short`, auf 32-Bit-Rechnern ist `int` gleichwertig mit `long`.

In C++ werden Zeichencodes wie gewöhnliche Ganzzahlen behandelt. Daher kann auch mit Variablen vom Typ `char` wie mit Variablen vom Typ `int` gerechnet werden. `char` ist ein ganzzahliger Datentyp mit der Größe 1 Byte. Daraus ergibt sich ein Wertebereich von -128 bis +127 bzw. von 0 bis 255, je nachdem, ob der Compiler den Typ `char` mit oder ohne Vorzeichen interpretiert. Dies ist in C++ nicht festgelegt.

Die Zeichentypen `char8_t`, `char16_t`, `char32_t` und `wchar_t` entsprechen jeweils einem anderen ganzzahligen Typ. So ist `wchar_t` gewöhnlich als `unsigned short` definiert.

Die Modifizierer signed und unsigned

Die Datentypen `short`, `int` und `long` werden standardmäßig mit Vorzeichen interpretiert, wobei intern das höchstwertige Bit das Vorzeichen bestimmt. Diesen ganzzahligen Datentypen kann das Schlüsselwort `unsigned` vorangestellt werden. Die Größe des benötigten Speicherplatzes bleibt dabei erhalten. Nur der Wertebereich ändert sich, da das höchstwertige Bit nicht mehr als Vorzeichen-Bit fungiert. Das Schlüsselwort `unsigned` allein kann als Abkürzung für `unsigned int` verwendet werden.

Auch der Datentyp `char` wird normalerweise mit Vorzeichen interpretiert. Da dies aber nicht festgelegt ist, steht zusätzlich das Schlüsselwort `signed` zur Verfügung. Man unterscheidet also die drei Datentypen `char`, `signed char` und `unsigned char`.

In C++ ist die Größe der ganzzahligen Datentypen nicht festgelegt. Es gilt aber die Reihenfolge

```
char <= short <= int <= long <= long long
```

Außerdem ist der Typ `short` mindestens 2 Byte und der Typ `long` mindestens 4 Byte lang.

Die aktuellen Wertebereiche können der Header-Datei `climits` entnommen werden. In dieser Datei sind Konstanten wie `CHAR_MIN`, `CHAR_MAX`, `INT_MIN`, `INT_MAX` usw. definiert, die den kleinsten bzw. größten Wert beinhalten. Das nebenstehende Programm gibt den Wert dieser Konstanten für die Datentypen `int` und `unsigned int` aus.

Elementare Datentypen (Fortsetzung)

Die Datentypen für Gleitpunktzahlen

Typ	Speicherplatz	Wertebereich	kleinste positive Zahl	Genauigkeit (dezimal)
float	4 Bytes	± 3.4E+38	1.2E-38	6 Stellen
double	8 Bytes	± 1.7E+308	2.3E-308	15 Stellen
long double	10 Bytes	± 1.1E+4932	3.4E-4932	19 Stellen

☞ Zur Darstellung der Gleitpunktzahlen wird üblicherweise das IEEE-Format (IEEE = **I**nstitute of **E**lectrical and **E**lectronical **E**ngineers) verwendet. Von dieser Darstellung wird in der obigen Tabelle ausgegangen.

Die arithmetischen Typen

Arithmetic types

Integral types

```
bool,
char, signed char, unsigned char,
wchar_t, char16_t, char32_t
short, unsigned short,
int, unsigned int,
long, unsigned long, long long, unsigned long long
```

Floating point types

```
float,
double
long double
```

☞ Für die arithmetischen Typen sind die arithmetischen Operatoren definiert, das heißt, mit Variablen dieses Typs kann gerechnet werden.

Typen für Gleitpunktzahlen

Zahlen mit gebrochenem Anteil werden in C++ mit einem Dezimalpunkt geschrieben und daher Gleitpunktzahlen genannt. Im Unterschied zu den ganzen Zahlen können Gleitpunktzahlen nur mit einer bestimmten Genauigkeit gespeichert werden. Zum Arbeiten mit Gleitpunktzahlen stehen die drei folgenden Typen zur Verfügung:

`float`	für einfache Genauigkeit
`double`	für doppelte Genauigkeit
`long double`	für sehr hohe Genauigkeit

Der Wertebereich und die Genauigkeit dieser Datentypen ergeben sich aus der Größe des Speicherplatzes und aus der internen Darstellung.

Die Genauigkeit wird in „Anzahl der Dezimalziffern" angegeben. So bedeutet „6 Stellen genau", dass zwei Gleitpunktzahlen, die sich innerhalb der ersten sechs Dezimalziffern unterscheiden, auch verschieden gespeichert werden können. Umgekehrt ist beispielsweise bei einer Genauigkeit von sechs Stellen nicht garantiert, dass die Zahlen 12.3456 und 12.34561 unterscheidbar sind. Dabei kommt es nur auf die Ziffernfolge an, nicht aber auf die Position des Punktes.

Sollten maschinenabhängige Größen der Gleitpunktdarstellung in einem Programm wichtig sein, so können die entsprechenden Werte der Header-Datei `cfloat` entnommen werden.

Für den interessierten Leser ist im Anhang dieses Buches ein Abschnitt enthalten, der die binäre Zahlendarstellung im Rechner beschreibt, und zwar sowohl für ganze Zahlen als auch für Gleitpunktzahlen.

Der Operator sizeof

Der benötigte Speicherplatz für Objekte eines bestimmten Datentyps kann mit dem `sizeof`-Operator ermittelt werden:

```
sizeof(name)
```

gibt die Größe eines Objekts mit der Anzahl der Bytes an, wobei `name` den Typ oder das Objekt bezeichnet. Beispielsweise hat `sizeof(int)` je nach Rechner den Wert 2 oder 4. Der vom sizeof-Operator gelieferte Wert hat den Typ `size_t`, der gewöhnlich als unsigned long definiert ist.

Klassifizierung

Die elementaren Datentypen in C++ bestehen aus den ganzzahligen Typen (engl. *integral types*), den Gleitpunkttypen (engl. *floating point types*) und dem Typ `void`. Die Typen für Ganzzahlen und Gleitpunktzahlen werden zusammen auch als arithmetische Typen (engl. *arithmetic types*) bezeichnet, da für diese Datentypen die arithmetischen Operatoren definiert sind.

Der Typ `void` wird unter anderem für Ausdrücke benötigt, die keinen Wert darstellen. So kann z.B. ein Funktionsaufruf den Typ `void` besitzen.

Konstanten

Beispiele für ganzzahlige Konstanten

In jeder Zeile dieser Tabelle ist derselbe Wert verschieden dargestellt.

Dezimal	oktal	hexadezimal	Datentyp
16	020	0x10	int
255	0377	0Xff	int
32767	077777	0x7FFF	int
32768U	0100000U	0x8000U	unsigned int
100000	0303240	0x186A0	int (auf 32/64-Bit-) long (auf 16-Bit-Rechnern)
10L	012L	0xAL	long
27UL	033ul	0x1bUL	unsigned long
2147483648	020000000000	0x80000000	unsigned long

1. In C++ kann das Hochkomma `'` als Trenner von Ziffern verwendet werden. Beispielsweise ist 1 Million als `1'000'000` darstellbar.
2. Mit dem Präfix `0b` oder `0B` kann in C++ eine Zahl auch binär (Basis 2) geschrieben werden. Beispielsweise stellt `0B101` die Zahl 5 dar.

Beispielprogramm

```
// Hexadezimale Zahl dezimal ausgeben und umgekehrt.
//
#include <iostream>
using namespace std;

int main()
{
  // cout gibt ganze Zahlen standardmäßig dezimal aus:
  cout << "Wert von 0xFF = " << 0xFF << " dezimal"
       << endl;                     // Ausgabe: 255 dezimal
  // Der Manipulator hex stellt die Ausgabe auf
  // hexadezimal um (dec wieder auf dezimal):
  cout << "Wert von 27 = " << hex << 27 <<" hexadezimal"
       << endl;                   // Ausgabe: 1b hexadezimal

  return 0;
}
```

Eine Konstante, auch *Literal* genannt, ist eines der booleschen Schlüsselworte `true` oder `false`, eine Zahl, ein Zeichen oder eine Zeichenkette. Zeichenketten heißen auch Strings. Entsprechend unterscheidet man:

- *boolesche Konstanten*
- *numerische Konstanten*
- *Zeichenkonstanten*
- *String-Konstanten*

Jede Konstante repräsentiert einen Wert und besitzt deshalb – wie jeder Ausdruck in C++ – einen Typ. Um welchen Typ es sich dabei handelt, ergibt sich aus der Schreibweise der Konstanten.

Boolesche Konstanten

Für die beiden möglichen Werte eines booleschen Ausdrucks sind die Schlüsselworte `true` („wahr") und `false` („falsch") definiert. Beide Konstanten haben den Datentyp `bool`. Sie können z.B. benutzt werden, um Flags (= Schalter) zu setzen, die nur zwei Zustände darstellen.

Ganzzahlige Konstanten

Ganzzahlige numerische Konstanten können als gewöhnliche Dezimalzahlen, Oktalzahlen oder Hexadezimalzahlen dargestellt werden:

- Eine *dezimale Konstante* (Basis 10) beginnt mit einer von 0 verschiedenen, dezimalen Ziffer, z.B. 109 oder 987650.
- Eine *oktale Konstante* (Basis 8) beginnt mit einer führenden 0, z.B. 077 oder 01234567.
- Eine *hexadezimale Konstante* (Basis 16) beginnt mit den beiden Zeichen 0x oder 0X, z.B. 0x2A0 oder 0X4b1C. Die hexadezimalen Ziffern können groß- oder kleingeschrieben werden.

Ganzzahlige Konstanten sind in der Regel vom Typ `int`. Nur wenn der Wert der Konstanten für den Typ `int` zu groß ist, bekommt sie den nächst „größeren" Datentyp, der den Wert repräsentieren kann. Für dezimale Konstanten gilt die Abstufung:

```
int, long, unsigned long, long long, unsigned long long
```

Der Datentyp einer Konstanten kann auch direkt durch Anhängen der Buchstaben `L` oder `l` (für `long`), `LL` oder `ll` (für `long long`) und `U` oder `u` (für `unsigned`) festgelegt werden. So besitzen beispielsweise

`12L`	und	`12l`	den Typ `long`
`12LL`	und	`12ll`	den Typ `long long`
`12U`	und	`12u`	den Typ `unsigned int`
`12UL`	und	`12ul`	den Typ `unsigned long`

Konstanten (Fortsetzung)

Beispiele für Gleitpunktkonstanten

In jeder Spalte der folgenden Tabelle ist derselbe Wert verschieden dargestellt.

`5.19`	`12.`	`0.75`	`0.00004`
`0.519E1`	`12.0`	`.75`	`0.4e-4`
`0.0519e2`	`.12E+2`	`7.5e-1`	`.4E-4`
`519.0E-2`	`12e0`	`75E-2`	`4E-5`

Der C++-Standard erlaubt das Trennzeichen `'` auch in Gleitpunktkonstanten. So kann die Zahl `0.00004` auch als `0.000'04` oder `0.00'00'4` geschrieben werden.

Beispiele für Zeichenkonstanten

Konstante	Zeichen	Wert der Konstanten (ASCII-Code dezimal)
`'A'`	Großbuchstabe A	65
`'a'`	Kleinbuchstabe a	97
`' '`	Leerzeichen	32
`'.'`	Punkt	46
`'0'`	Ziffer 0	48
`'\0'`	Stringende-Zeichen	0

Interne Darstellung einer String-Konstanten

String-Konstante: `"Hallo!"`

Im Speicher abgelegt als Byte-Folge:

`'H'`	`'a'`	`'l'`	`'l'`	`'o'`	`'!'`	`'\0'`

Gleitpunktkonstanten

Gleitpunktzahlen werden immer dezimal dargestellt, wobei der gebrochene Anteil durch einen Punkt vom ganzzahligen Anteil getrennt ist. Es ist auch die exponentielle Schreibweise möglich.

Beispiele: `27.1` `1.8E-2` `// Typ: double`

Hierbei stellt `1.8E-2` den Wert $1.8*10^{-2}$ dar. Für `E` darf auch `e` geschrieben werden. Zur Unterscheidung von Gleitpunktzahlen und ganzzahligen Konstanten ist der Dezimalpunkt oder die Angabe von `E` bzw. `e` stets notwendig.

Jede Gleitpunktkonstante besitzt den Typ `double`. Der Typ kann aber durch Anhängen von `F` oder `f` als `float`, durch Anhängen von `L` oder `l` als `long double` festgelegt werden.

Zeichenkonstanten

Eine Zeichenkonstante ist ein Zeichen, das in *einfachen* Anführungszeichen eingeschlossen ist. Zeichenkonstanten haben den Typ `char`.

Beispiel: `'A'` `// Typ: char`

Der numerische Wert ist der Zeichencode, durch den das Zeichen repräsentiert wird. Im ASCII-Code besitzt beispielsweise die Konstante `'A'` den Wert `65`.

String-Konstanten

Im Zusammenhang mit dem Stream `cout` haben Sie bereits String-Konstanten kennengelernt. String-Konstanten bestehen aus einer Folge von Zeichen, die in *doppelten* Anführungszeichen eingeschlossen sind.

Beispiel: `"Heute ist ein schöner Tag!"`

Intern wird die Zeichenfolge ohne Anführungszeichen, aber mit einem *Stringende-Zeichen* `\0` gespeichert. Dabei steht `\0` für ein Byte mit dem numerischen Wert `0`, das heißt, alle Bits sind im Byte auf `0` gesetzt. Ein String benötigt deshalb ein Byte mehr Speicherplatz als die Anzahl der Zeichen, die er enthält. Der *leere String* `""` belegt genau ein Byte.

Das Stringende-Zeichen `\0` ist von der Ziffer `0` zu unterscheiden, die einen von null verschiedenen Zeichencode besitzt. So besteht der String

Beispiel: `"0"`

aus zwei Bytes: Das erste Byte enthält den Code für das Zeichen `0` (im ASCII-Code: 48) und das zweite Byte den Wert `0`.

Das Stringende-Zeichen `\0` ist ein Beispiel für eine Escape-Sequenz. Escape-Sequenzen werden im Folgenden besprochen.

Escape-Sequenzen

Einzelzeichen	Bedeutung	ASCII-Wert (dezimal)
`\a`	alert (BEL)	7
`\b`	backspace (BS)	8
`\t`	horizontal tab (HT)	9
`\n`	line feed (LF)	10
`\v`	vertical tab (VT)	11
`\f`	form feed (FF)	12
`\r`	carriage return (CR)	13
`\"`	"	34
`\'`	'	39
`\?`	?	63
`\\`	\	92
`\0`	Stringende-Zeichen	0
`\ooo` (bis zu drei Oktalziffern)	numerischer Wert eines Zeichens	ooo (oktal!)
`\xhh` (Folge von Hex-Ziffern)	numerischer Wert eines Zeichens	hh (hexadezimal!)

Beispielprogramm

```
#include <iostream>
using namespace std;

int main()
{
   cout << "\nDies ist\t ein String\n\t\t"
           " mit \"vielen\" Escape-Sequenzen!\n";
   return 0;
}
```

Ausgabe des Programms:

```
Dies ist        ein String
mit             "vielen" Escape-Sequenzen!
```

Verwendung von Steuerzeichen und Sonderzeichen

Grafisch nicht darstellbare Zeichen können als *Escape-Sequenzen* angegeben werden, z.B. `\t` für das Tabulatorzeichen.

Die Wirkung der Steuerzeichen ist geräteabhängig. Zum Beispiel ist die Wirkung von `\t` abhängig von der Einstellung für die Tabulatorbreite. Diese ist gewöhnlich 8. Sie kann aber auch einen anderen Wert haben.

Eine Escape-Sequenz beginnt stets mit \ (Backslash) und repräsentiert ein Einzelzeichen. Die standardisierten Escape-Sequenzen, ihre Bedeutung und ihr dezimaler Wert sind nebenstehend aufgelistet.

Mit den oktalen und hexadezimalen Escape-Sequenzen kann ein beliebiger Zeichencode erzeugt werden. So könnte z.B. im ASCII-Code das Zeichen `A` (dezimal 65) auch durch `\101` (drei Oktalziffern) oder `\x41` (zwei Hex-Ziffern) dargestellt werden. Üblicherweise werden Escape-Sequenzen nur für nicht druckbare Zeichen und Sonderzeichen benutzt. Beispielsweise beginnen die Steuerkommandos für den Bildschirmtreiber und den Drucker mit dem Zeichen ESC (dezimal 27), das durch `\33` oder `\x1b` dargestellt wird.

Escape-Sequenzen werden in Zeichen- und in String-Konstanten verwendet.

Beispiele: `'\t'` `"\tHallo\n\tAnton!"`

Die Zeichen `'`, `"` und `\` verlieren ihre Sonderbedeutung durch einen vorangestellten Backslash, das heißt, sie sind durch `\'`, `\"` bzw. `\\` darstellbar.

In Strings sollten bei oktalen Escape-Sequenzen stets drei Oktalziffern angegeben werden, z.B. `\033` statt `\33`. Dadurch wird vermieden, dass eine eventuell nachfolgende Ziffer zur Escape-Sequenz gerechnet wird. Bei einer hexadezimalen Escape-Sequenz gibt es keine maximale Anzahl von Ziffern. Die Folge von Hex-Ziffern endet mit dem ersten Zeichen, das keine Hex-Ziffer ist.

Das nebenstehende Beispielprogramm demonstriert die Verwendung von Escape-Sequenzen in einem String. Neu ist außerdem, dass der String sich über zwei Zeilen erstreckt: String-Konstanten, die nur durch Zwischenraumzeichen getrennt sind, werden zu *einem* String zusammengezogen.

Eine andere Möglichkeit, einen String in der nächsten Zeile fortzusetzen, besteht darin, als letztes Zeichen \ (Backslash) in der Zeile einzugeben, die Return-Taste zu drücken und in der nächsten Zeile den String weiterzuschreiben.

Beispiel:

```
"Ich bin ein sooooo\
langer String"
```

Hierbei ist zu beachten, dass in der zweiten Zeile die führenden Leerzeichen auch zum String gehören. Daher ist im Allgemeinen die erste Methode vorzuziehen, nämlich den String mit `"` zu schließen und mit `"` wieder zu öffnen.

Namen

Schlüsselworte in C++

alignas	compl	export	or_eq	thread_local
alignof	concept	extern	private	throw
and	const	false	protected	true
and_eq	consteval	float	public	try
asm	constexpr	for	reflexpr	typedef
atomic_cancel	constinit	friend	register	typeid
atomic_commit	const_cast	goto	reinterpret_cast	typename
atomic_noexcept	continue	if	requires	union
auto	co_await	inline	return	unsigned
bitand	co_return	int	short	using
bitor	co_yield	long	signed	virtual
bool	decltype	mutable	sizeof	void
break	default	namespace	static	volatile
case	delete	new	static_assert	wchar_t
catch	do	noexcept	static_cast	while
char	double	not	struct	xor
char8_t	dynamic_cast	not_eq	switch	xor_eq
char16_t	else	nullptr	synchronized	
char32_t	enum	operator	template	
class	explicit	or	this	

Beispiele für Namen

gültig:	`a`	`DM`	`dm`	`VOID`
	`_var`	`SetTextColor`		
	`B12`	`top_of_window`		
	`ein_sehr_langer_name123467890`			
ungültig:	`goto`	`586_cpu`	`Hans-Otto`	
	`zähler`	`true`	`US$`	

Zulässige Namen

In einem Programm werden z.B. Variablen und Funktionen über *Namen* angesprochen. Für die Bildung von Namen, auch Bezeichner (engl. identifier) genannt, gelten folgende Regeln:

- Ein Name besteht aus einer Folge von Buchstaben, Ziffern oder Unterstrichen (_). Deutsche Umlaute und der Buchstabe ß sind nicht zulässig. Groß- und Kleinbuchstaben werden unterschieden.
- Das erste Zeichen muss ein Buchstabe oder Unterstrich sein.
- Ein Name kann beliebig lang sein. Alle Zeichen sind signifikant.
- Jedes Schlüsselwort in C++ ist reserviert und darf nicht als Name benutzt werden.

Die C++-Schlüsselworte sowie Beispiele für gültige und ungültige Namen sind nebenstehend aufgelistet.

Der C++-Compiler benutzt systemintern Namen, die mit zwei Unterstrichen oder mit einem Unterstrich und einem nachfolgenden Großbuchstaben beginnen. Um Verwechslungen mit diesen Namen zu vermeiden, sollte der Unterstrich nicht als erstes Zeichen verwendet werden.

Der Linker beachtet in der Regel nur eine begrenzte Anzahl von Zeichen, beispielsweise nur die ersten acht Zeichen eines Namens. Aus diesem Grund sollten Namen für globale Objekte, wie z.B. Funktionsnamen, so gewählt werden, dass die ersten acht Zeichen signifikant sind.

Konventionen

In C++ ist es üblich, für die Namen von Variablen und Funktionen kleine Buchstaben zu benutzen. Mit einigen Variablennamen wird eine bestimmte Verwendung assoziiert.

Beispiele:	`c, ch`	für Zeichen
	`i, j, k, l, m, n`	für ganze Zahlen, besonders Indizes
	`x, y, z`	für Gleitpunktzahlen

Zur besseren Lesbarkeit von Programmen sollten im Allgemeinen aber längere „sprechende“ Namen gewählt werden, wie beispielsweise `start_index` oder `startIndex` für den ersten Index aus einem Bereich.

Bei Software-Projekten sind gewöhnlich bestimmte Namenskonventionen einzuhalten. Beispielsweise werden für Namen von Variablen bestimmte Präfixe vorgegeben, aus denen der Typ der Variablen hervorgeht.

Variablen

Beispielprogramm

```
// Definition und Verwendung von Variablen
#include <iostream>
using namespace std;

int gVar1;                    // globale Variablen,
int gVar2 = 2;                // explizite Initialisierung

int main()
{
   char ch('A');  // lokale Variable mit Initialisierung
                  // oder:  char ch = 'A';

   cout << "Wert von gVar1:  " << gVar1  << endl;
   cout << "Wert von gVar2:  " << gVar2  << endl;
   cout << "Zeichen in ch :  " << ch     << endl;

   int summe, zahl = 3;     // lokale Variablen mit
                            // und ohne Initialisierung
   summe = zahl + 5;
   cout << "Wert von summe:  " << summe  << endl;

   return 0;
}
```

Bildschirmausgabe

```
Wert von gVar1:  0
Wert von gVar2:  2
Zeichen in ch :  A
Wert von summe:  8
```

☞ Über `cout` können außer Strings alle Werte mit einem elementaren Datentyp ausgegeben werden. Die Ausgabe von ganzen Zahlen erfolgt standardmäßig dezimal.

☞ C++ ermöglicht die „automatische“ Typableitung: Wird eine Variable in der Definition initialisiert, so kann der Compiler den Typ der Variablen automatisch aus dem Typ des Initialisierungswertes ableiten. Statt des Typs wird dann das Schlüsselwort `auto` angegeben. Ein Beispiel:
`auto z = 1.0;    // double-Variable, da 1.0 double.`

Daten wie Zahlen, Zeichen oder ganze Datensätze werden in *Variablen* gespeichert, damit sie in einem Programm verarbeitet werden können. Variablen heißen auch *Objekte*, insbesondere dann, wenn sie vom Typ einer Klasse sind.

Definition von Variablen

Bevor eine Variable in einem Programm benutzt werden kann, muss sie definiert werden. Bei der *Definition*, auch *Vereinbarung* genannt, wird der Datentyp der Variablen festgelegt und der entsprechende Speicherplatz reserviert. Mit dem Namen der Variablen wird dieser Speicherplatz angesprochen. Eine einfache Definition hat folgende

Syntax:
```
typ name1 [, name2 ... ];
```

Dadurch werden die in der Liste `name1 [, name2 ...]` angegebenen Namen als Variablen mit dem Datentyp `typ` vereinbart. In einer Syntaxbeschreibung bedeuten die Klammern `[ ... ]`, dass dieser Teil optional ist, d.h. fehlen kann. In einer Definition können also eine oder mehrere Variablen angegeben werden.

Beispiele:
```
char c;
int i, zaehler;
double x, y, size;
```

Variablen dürfen in einem Programm außerhalb oder innerhalb von Funktionen definiert werden. Der Unterschied ist folgender:

- Eine außerhalb jeder Funktion definierte Variable ist *global,* d.h. in allen Funktionen verwendbar.
- Eine innerhalb einer Funktion definierte Variable ist *lokal,* d.h. nur in derselben Funktion verwendbar.

Lokale Variablen werden normalerweise unmittelbar hinter einer sich öffnenden geschweiften Klammer – etwa am Beginn einer Funktion – definiert. Sie können aber überall da stehen, wo eine Anweisung erlaubt ist. So lassen sich Variablen an der Stelle vereinbaren, an der sie direkt verwendet werden.

Initialisierung

Bei der Definition kann eine Variable initialisiert werden, d.h. einen Anfangswert erhalten. Die Initialisierung erfolgt, indem hinter dem Variablennamen

- ein Gleichheitszeichen (=) und ein Anfangswert angegeben werden oder
- der Anfangswert in runde oder geschweifte Klammern eingeschlossen wird.

Beispiele:
```
char c = 'a';
double x(1.75), y{-2.5};
```

Nicht explizit initialisierte *globale* Variablen werden mit `0` vorbelegt. Dagegen haben nicht initialisierte *lokale* Variablen einen undefinierten Anfangswert.

Die Schlüsselworte const und volatile

Beispielprogramm

```
// Umfang und Fläche eines Kreises mit Radius 1.5

#include <iostream>
using namespace std;

const double pi = 3.141593;

int main()
{
   double flaeche, umfang, radius = 1.5;

   flaeche = pi * radius * radius;
   umfang = 2 * pi * radius;

   cout << "\nKreisberechnung\n" << endl;

   cout << "Radius:     " << radius   << endl
        << "Umfang:     " << umfang   << endl
        << "Flaeche:     " << flaeche  << endl;

   return 0;
}
```

☞ Eine Gleitpunktzahl wird über `cout` standardmäßig mit maximal sechs Ziffern ohne abschließende 0-Ziffern ausgegeben.

Bildschirmausgabe

```
Kreisberechnung

Radius:         1.5
Umfang:     9.42478
Flaeche:    7.06858
```

Ein Datentyp kann mit den Schlüsselworten `const` und `volatile` modifiziert werden.

Konstante Objekte

Das Schlüsselwort `const` wird verwendet, um ein „Read-only"-Objekt anzulegen. Da ein solches Objekt konstant ist, also nachträglich nicht mehr geändert werden kann, muss es bei der Definition initialisiert werden.

Beispiel: `const double pi = 3.1415947;`

Damit kann der Wert von `pi` durch das Programm nicht mehr verändert werden. Auch versehentlich gesetzte Anweisungen wie

```
pi = pi + 2.0;                                    // unzulässig
```

erzeugen eine Fehlermeldung.

Volatile-Objekte

Mit dem selten benutzten Schlüsselwort `volatile` werden Variablen definiert, die nicht nur durch das Programm selbst, sondern auch durch andere Programme und Ereignisse von außerhalb veränderbar sind. Solche Ereignisse können etwa durch Interrupts einer Hardware-Uhr hervorgerufen werden.

Beispiel: `volatile unsigned long  clock_ticks;`

Auch wenn das Programm selbst die Variable nicht verändert, muss der Compiler davon ausgehen, dass sich der Wert der Variablen seit dem letzten Zugriff verändert haben kann. Der Compiler erzeugt daher einen Maschinencode, der bei jedem lesenden Zugriff auf die Variable den Wert erneut einliest (und nicht mit dem zuvor gelesenen Wert weiterarbeitet.)

Es ist auch möglich, in einer Variablendefinition die Schlüsselworte `const` und `volatile` zu kombinieren.

Beispiel: `volatile const unsigned time_to_live;`

Nach dieser Definition kann die Variable `time_to_live` zwar nicht durch das Programm, jedoch durch ein Ereignis von außerhalb verändert werden.

Kapitel 3

Verwenden von Funktionen und Klassen

Dieses Kapitel beschreibt, wie

- Standardfunktionen deklariert und aufgerufen sowie
- Standardklassen eingesetzt

werden können. Hierbei wird auch die Verwendung der Standard-Header-Dateien beschrieben. Außerdem wird zum erstenmal mit String-Variablen gearbeitet, d.h. mit Objekten der Standardklasse `string`.

Die Definition eigener Funktionen und Klassen wird in einem späteren Kapitel vorgestellt.

Deklaration von Funktionen

Beispiel für den Prototyp einer Funktion

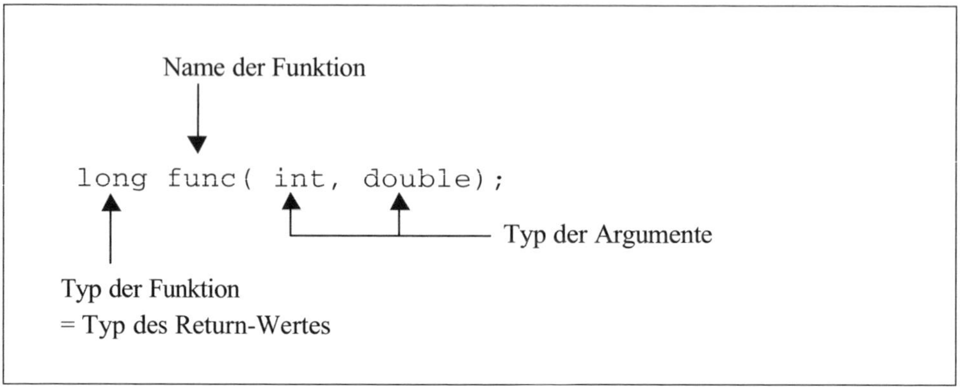

Der vorstehende Prototyp liefert dem Compiler folgende Informationen:

- `func` ist der Name einer Funktion.
- Die Funktion wird mit zwei Argumenten aufgerufen:
  Das erste Argument besitzt den Typ `int`, das zweite den Typ `double`.
- Der Return-Wert der Funktion ist vom Typ `long`.

Prototypen mathematischer Standardfunktionen

```
double sin( double);                 // Sinus
double cos( double);                 // Cosinus
double tan( double);                 // Tangens
double atan( double);                // Arcustangens
double atan2( double, double);       // Arcustangens
double sqrt( double);                // Wurzel
double pow( double, double);         // Potenzieren
double exp( double);                 // Exponentialfunktion
double ldexp( double, double);       // Exponentialfunktion
double log( double);                 // Logarithmus
double log10( double);               // Logarithmus
```

Deklarationen

Alle Namen (= Bezeichner, engl. *identifier*), die in einem Programm vorkommen, müssen dem Compiler bekannt sein. Andernfalls erzeugt er eine Fehlermeldung. Das bedeutet, dass alle Namen, die keine Schlüsselworte sind, vor ihrer Verwendung *deklariert*, d.h. dem Compiler bekannt gemacht werden müssen.

Jede Definition einer Variablen oder einer Funktion stellt auch eine Deklaration dar. Umgekehrt ist aber nicht jede Deklaration auch eine Definition. Will man beispielsweise eine schon vorhandene Funktion aus einer Bibliothek verwenden, so muss die Funktion zwar deklariert, aber nicht neu definiert werden.

Deklaration von Funktionen

Eine Funktion besitzt wie eine Variable einen Namen und einen Datentyp. Der Typ der Funktion ist der Typ des *Return-Wertes*, also des Wertes, den die Funktion zurückgibt. Außerdem ist wichtig, welchen Typ die Argumente der Funktion haben müssen. In einer *Funktionsdeklaration* wird daher dem Compiler

- der Name und Typ der Funktion und
- der Datentyp jedes Arguments

bekannt gemacht. Man nennt dies auch den *Prototyp* einer Funktion.

Beispiele:

```
int toupper(int);
double pow(double, double);
```

Damit erhält der Compiler die Information, dass die Funktion `toupper()` vom Typ `int` ist, also einen Return-Wert vom Typ `int` liefert, und ein Argument vom Typ `int` erwartet. Die zweite Funktion `pow()` ist vom Typ `double` und wird mit zwei Argumenten vom Typ `double` aufgerufen. Den Datentypen der Argumente dürfen Namen folgen, die jedoch nur die Bedeutung eines Kommentars haben.

Beispiele:

```
int toupper(int zeichen);
double pow(double base, double exponent);
```

Für den Compiler sind diese Prototypen gleichbedeutend mit denen im vorangegangenen Beispiel. Beide Funktionen sind Standardfunktionen.

Die Prototypen der Standardfunktionen müssen nicht – und sollten auch nicht – selbst angegeben werden. Sie sind bereits in Standard-Header-Dateien enthalten. Wird die entsprechende Header-Datei mit der `#include`-Direktive in eine Quelldatei kopiert, so kann die Funktion sofort verwendet werden.

Beispiel:

```
#include <cmath>
```

Anschließend stehen in der Quelldatei alle mathematischen Standardfunktionen wie `sin()`, `cos()`, `pow()` usw. zur Verfügung. Weitere Details zu Header-Dateien finden Sie später in diesem Kapitel.

Aufruf von Funktionen

Beispielprogramm

```
// Berechnung von Potenzwerten
// mit der Standardfunktion pow()

#include <iostream>      // Deklaration von cout
#include <cmath>         // Prototyp von pow(), also
                         // double pow( double, double);
using namespace std;

int main()
{
  double x = 2.5, y;

  // Anhand des Prototyps erzeugt der Compiler den
  // richtigen Aufruf bzw. eine Fehlermeldung!

  // Berechnung von x hoch 3:
  y = pow("x", 3.0);    // Fehler! String ist keine Zahl.
  y = pow(x + 3.0);     // Fehler! Nur ein Argument
  y = pow(x, 3.0);      // ok! Return-Wert an y zuweisen.
  y = pow(x, 3);        // Auch ok! Compiler wandelt den
                        // int-Wert 3 in double um.

  cout << "2.5 hoch 3 ergibt:        "
       << y << endl;

  // Mit der Funktion pow() kann gerechnet werden:
  cout << "2 + (5 hoch 2.5) ergibt: "
       <<  2.0 + pow(5.0, x) << endl;

  return 0;
}
```

Bildschirmausgabe

```
2.5 hoch 3 ergibt:          15.625
2 + (5 hoch 2.5) ergibt:    57.9017
```

Funktionsaufruf

Ein *Funktionsaufruf* ist ein Ausdruck vom Typ der Funktion, dessen Wert der Return-Wert ist. Häufig wird der Return-Wert nur an eine passende Variable zugewiesen.

Beispiel: `y = pow( x, 3.0);`

Hier wird zunächst die Funktion `pow()` mit den Argumenten `x` und `3.0` aufgerufen und das Ergebnis, also die Potenz x^3, an `y` zugewiesen.

Da der Funktionsaufruf einen Wert darstellt, sind auch andere Operationen möglich. So kann z.B. mit dem Funktionsaufruf von `pow()` wie mit einem `double`-Wert gerechnet werden.

Beispiel: `cout << 2.0 + pow( 5.0, x);`

In dieser Anweisung wird zuerst die Zahl `2.0` zum Return-Wert von `pow(5.0,x)` hinzuaddiert und dann das Ergebnis mit `cout` ausgegeben.

Als *Argument* darf einer Funktion ein beliebiger Ausdruck übergeben werden, beispielsweise auch eine Konstante oder ein arithmetischer Ausdruck. Wichtig ist, dass die Datentypen der Argumente mit denen übereinstimmen, die die Funktion erwartet.

Anhand des Prototyps überprüft der Compiler den korrekten Aufruf der Funktion. Stimmt der Typ eines Arguments nicht exakt mit dem entsprechenden Typ im Prototyp überein, so nimmt der Compiler eine Typkonvertierung vor, sofern diese möglich ist.

Beispiel: `y = pow( x, 3);          // auch ok`

Als zweites Argument wird der Wert 3 vom Typ `int` übergeben. Da die Funktion aber einen `double`-Wert erwartet, nimmt der Compiler die Konvertierung von `int` nach `double` vor.

Wird eine Funktion mit einer falschen Anzahl von Argumenten aufgerufen oder ist die Konvertierung eines Arguments nicht möglich, so erzeugt der Compiler eine Fehlermeldung. Dadurch können Fehler beim Funktionsaufruf schon während der Erstellung erkannt und beseitigt werden und führen nicht zu Laufzeitfehlern.

Beispiel: `float x = pow(3.0 + 4.7);     // Fehler!`

Der Compiler wird hier die falsche Anzahl Argumente melden. Außerdem gibt der Compiler eine Warnung aus, da ein `double`, nämlich der Return-Wert von `pow()`, an eine `float`-Variable zugewiesen wird.

Der Typ void für Funktionen

Beispielprogramm

```
// Es werden drei Zufallszahlen ausgegeben

#include <iostream>  // Deklaration von cin und cout
#include <cstdlib>   // Prototypen von srand(), rand():
                     // void srand( unsigned int seed );
                     // int rand( void );
using namespace std;
int main()
{
   unsigned int keim;
   int z1, z2, z3;

   cout << "    --- Zufallszahlen   --- \n" << endl;
   cout << "Initialisierung des Zufallszahlengenerators\n"
        << "Geben Sie eine ganze Zahl ein: ";
   cin  >> keim;        // Eine ganze Zahl einlesen

   srand( keim);        // und damit den Zufallszahlen-
                        // generator initialisieren.

   z1 = rand();         // Drei Zufallszahlen erzeugen.
   z2 = rand();
   z3 = rand();

   cout << "\nDrei Zufallszahlen: "
        << z1 << "   " << z2 << "   " << z3 << endl;

   return 0;
}
```

Mit der Anweisung `cin >> keim;` wird von der Tastatur eine ganze Zahl eingelesen, da `keim` vom Typ `unsigned int` ist.

Beispiel für eine Bildschirmausgabe

```
--- Zufallszahlen  ---

Initialisierung des Zufallszahlengenerators
Geben Sie eine ganze Zahl ein: 7777

Drei Zufallszahlen: 25435   6908   14579
```

Funktionen ohne Return-Wert

Es können auch Funktionen geschrieben werden, die eine bestimmte Aktion ausführen, aber keinen Wert an die aufrufende Funktion zurückgeben. Für derartige Funktionen, die in anderen Programmiersprachen auch Prozeduren heißen, gibt es den Typ `void`.

Beispiel: `void srand( unsigned int seed );`

Die Standardfunktion `srand()` initialisiert einen Algorithmus zur Erzeugung von „Zufallszahlen". Da die Funktion keinen Wert zurückgibt, hat sie den Typ `void`. Die Funktion erhält als Argument einen `unsigned`-Wert, den „Keim" (engl. *seed*) des Zufallszahlengenerators. Dieser wird als Parameter benutzt, um eine neue Folge von Zufallszahlen zu generieren.

Funktionen ohne Argumente

Erwartet eine Funktion kein Argument, so wird dies im Prototyp mit `void` deklariert oder die Klammern bleiben leer.

Beispiel: `int rand( void );    // oder:    int rand();`

Die Standardfunktion `rand()` wird ohne Argument aufgerufen und liefert eine Zufallszahl zwischen 0 und `RAND_MAX`. Die ganzzahlige Konstante `RAND_MAX` hat mindestens den Wert `32767`. Durch wiederholten Aufruf der Funktion erhält man eine Folge von Zufallszahlen.

Zur Verwendung von srand() und rand()

Die Prototypen der Funktionen `srand()` und `rand()` befinden sich sowohl in der Header-Datei `cstdlib`, als auch in `stdlib.h`.

Aufrufe der Funktion `rand()` ohne einen vorhergehenden Aufruf von `srand()` erzeugen dieselbe Zahlenfolge, als ob zuvor die Anweisung

```
srand(1);
```

ausgeführt worden wäre. Soll nicht bei jedem Programmstart dieselbe Folge von „Zufallszahlen" erzeugt werden, muss die oben beschriebene Funktion `srand()` bei jedem Programmstart mit einem anderen Argumentwert aufgerufen werden.

Üblicherweise wird die aktuelle Zeit zur Initialisierung des Zufallszahlengenerators verwendet. Ein entsprechendes Beispiel finden Sie bei den Übungen des 6. Kapitels.

Header-Dateien

Verwendung von Header-Dateien

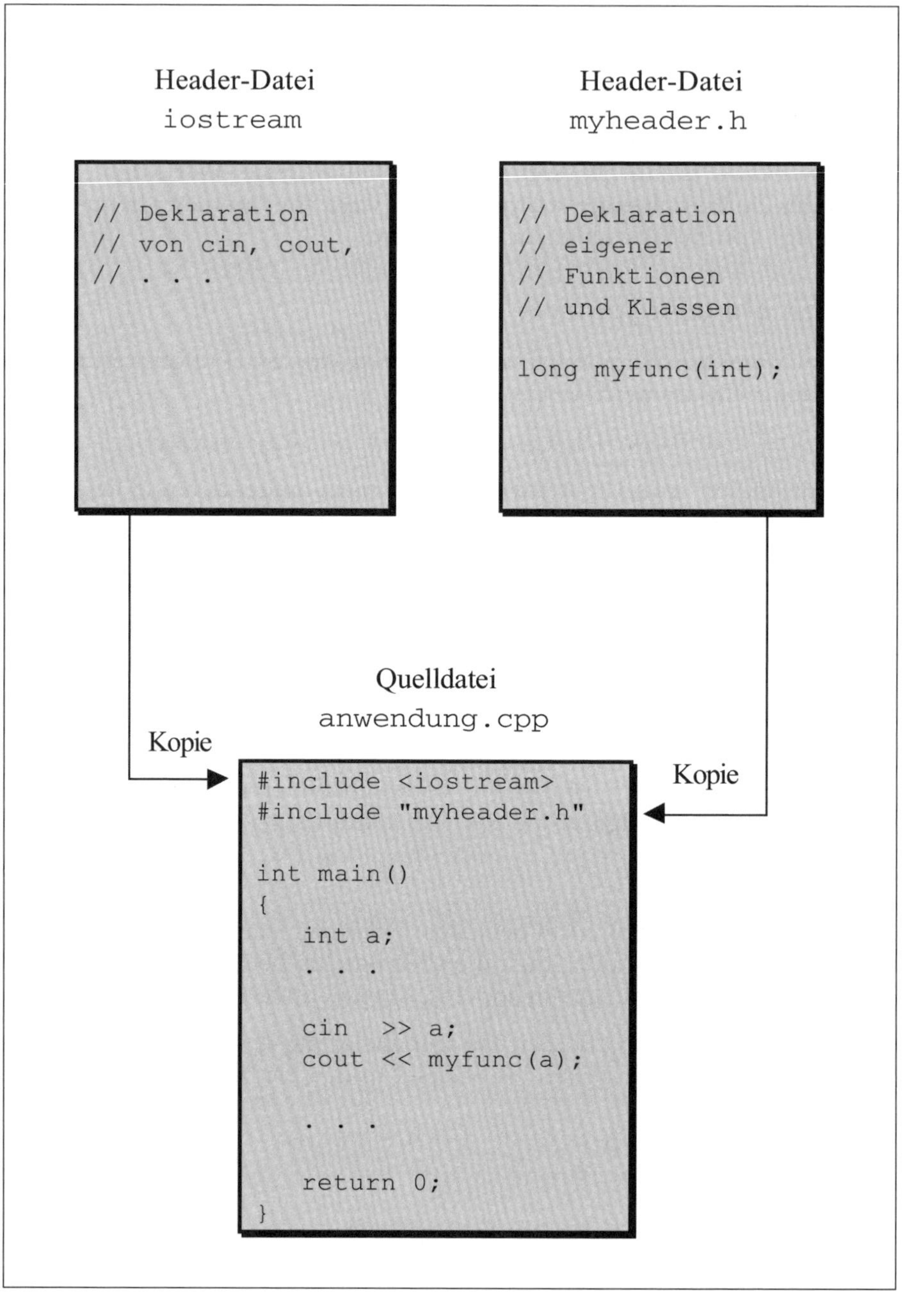

Arbeiten mit Header-Dateien

Header-Dateien sind Textdateien, die Deklarationen und Makros enthalten. Nach einer entsprechenden `#include`-Direktive stehen diese dann in jeder anderen Quelldatei, auch in einer anderen Header-Datei, zur Verfügung.

Bei der Verwendung von Header-Dateien ist Folgendes zu beachten:

- Header-Dateien sollten generell am Anfang eines Programms inkludiert werden, noch vor jeder anderen Deklaration.
- In einer `#include`-Direktive darf nur *eine* Header-Datei angegeben werden.
- Der Dateiname muss in spitzen Klammern `< ... >` oder in doppelten Hochkommas `" ... "` eingeschlossen sein.

Suche nach Header-Dateien

Die mit der Compilersoftware ausgelieferten Header-Dateien sind gewöhnlich in einem eigenen Verzeichnis, meist mit dem Namen `include`, abgelegt. Ist der Name einer Header-Datei innerhalb von spitzen Klammern `< ... >` angegeben, so wird üblicherweise nur dieses Verzeichnis nach der Header-Datei durchsucht, aber nicht das aktuelle Verzeichnis. Das beschleunigt die Suche nach den Header-Dateien.

Bei der Entwicklung eines C++-Programms werden gewöhnlich auch eigene Header-Dateien erstellt, und zwar im aktuellen Projekt-Verzeichnis. Damit der Compiler auch diese Dateien findet, muss in der `#include`-Direktive der Name der Header-Datei in doppelte Anführungszeichen eingeschlossen werden.

Beispiel:

```
#include "project.h"
```

Der Compiler durchsucht dann zusätzlich das aktuelle Directory. Für selbsterstellte Header-Dateien wird in der Regel die Endung `.h` verwendet.

Definition der Standardklassen

Wie die Prototypen der Standardfunktionen sind auch die Definitionen der Standardklassen in Header-Dateien enthalten. Wird eine Header-Datei inkludiert, stehen die darin definierten Klassen und die evtl. deklarierten Objekte im Programm zur Verfügung.

Beispiel:

```
#include <iostream>
using namespace std;
```

Nach dieser Anweisung kann mit den Klassen `istream` und `ostream` sowie mit den schon definierten Streams `cin` und `cout` gearbeitet werden. Dabei ist `cin` ein Objekt der Klasse `istream`, `cout` ein Objekt der Klasse `ostream`.

Standard-Header-Dateien

Die Header-Dateien der C++-Standardbibliothek

algorithm	forward_list	numbers(*)	stoptoken(*)
any	fstream	numeric	streambuf
array	functional	optional	string
atomic	future	ostream	string_view
barrier(*)	initializer_list	queue	syncstream(*)
bit(*)	iomanip	random	system_error
bitset	ios	ranges(*)	thread
charconv	iosfwd	ratio	tuple
chrono	iostream	regex	type_traits
compare(*)	istream	scoped_allocator	typeindex
complex	iterator	semaphore(*)	typeinfo
concepts(*)	latch(*)	set	unordered_map
condition_variable	limits	shared_mutex	unordered_set
	list	source_location(*)	utility
coroutine(*)	locale	span(*)	valarray
dequeue	map	spanstream(*)	variant
exception	memory	sstream	vector
execution	memory_resource	stack	version(*)
filesystem	mutex	stacktrace(*)	
format(*)	new	stdexcept	

Hinweis: Die mit (*) gekennzeichneten Header wurden mit C++20 eingeführt.

Header-Dateien der C-Standardbibliothek

assert.h	iso646.h	stdarg.h	tgmath.h
complex.h	limits.h	stdbool.h	time.h
ctype.h	locale.h	stddef.h	uchar.h
errno.h	math.h	stdint.h	wchar.h
fenv.h	setjmp.h	stdio.h	wctype.h
float.h	signal.h	stdlib.h	
inttypes.h	stdalign.h	string.h	

Die Header-Dateien der C++-Standardbibliothek sind nebenstehend zusammengestellt. Sie besitzen keine Kennung `.h` und nehmen sämtliche Deklarationen im eigenen Namensbereich `std` vor. Namensbereiche werden Sie in einem späteren Kapitel kennenlernen. Hier genügt es zu wissen, dass Bezeichner aus einem anderen Namensbereich nicht direkt angesprochen werden können. Nach der Direktive

Beispiel:
```
#include <iostream>
```

würde der Compiler die Streams `cin` und `cout` also nicht kennen. Damit die Bezeichner aus dem Namensbereich `std` global verfügbar sind, muss eine *using*-Direktive angegeben werden.

Beispiel:
```
#include <iostream>
#include <string>
using namespace std;
```

Anschließend können `cin` und `cout` ohne weitere Angaben wie gewohnt verwendet werden. Außerdem wurde noch die Header-Datei `string` inkludiert. Dadurch steht die Klasse `string` zur Verfügung, die in C++ zum komfortablen Umgang mit Strings definiert ist. Weitere Informationen dazu folgen auf den nächsten Seiten.

Die Header-Dateien der Programmiersprache C

Auch die Header-Dateien der Programmiersprache C sind in den C++-Standard übernommen worden. Damit stehen einem C++-Programm alle Funktionen der C-Standardbibliothek zur Verfügung.

Beispiel:
```
#include <math.h>
```

Anschließend können die mathematischen Funktionen aufgerufen werden.

Alle in einer C-Header-Datei deklarierten Bezeichner sind global verfügbar. Das kann bei großen Programmen zu Namenskonflikten führen. Daher gibt es in C++ zu jeder C-Header-Datei `name.h` eine entsprechende Header-Datei `cname`, die dieselben Bezeichner in Namensbereich `std` deklariert. So ist Beispielsweise das inkludieren der Datei `math.h` äquivalent mit:

Beispiel:
```
#include <cmath>
using namespace std;
```

Werden in einem Programm die elementaren Funktionen zur Manipulation von C-Strings aufgerufen, so muss die Datei `string.h` oder `cstring` inkludiert werden. Diese Header-Dateien stellen die Funktionalitäten der C-String-Bibliothek bereit. Sie ist unbedingt von der Header-Datei `string` zu unterscheiden, in der die Klasse `string` definiert ist.

Jeder Compiler bietet darüber hinaus weitere Header-Dateien für plattformabhängige Funktionalitäten. Hierzu gehören beispielsweise Grafikbibliotheken und Schnittstellen zur Datenbankanbindung.

Verwenden von Standardklassen

Beispielprogramm mit der Klasse string

```
// Mit Strings arbeiten.

#include <iostream>     // Deklaration von cin, cout
#include <string>       // Deklaration der Klasse string
using namespace std;

int main()
{
   // Vier Strings definieren:
   string prompt("Wie lautet Ihr Name:  "),
          name,                    // leer
          linie( 40, '-'),         // String mit 40 '-'
          gesamt = "Hallo ";       // auch möglich!

   cout << prompt;          // Eingabe-Aufforderung
   getline( cin, name);     // Name (eine Zeile) einlesen

   gesamt = gesamt + name;       // Strings verketten
                                 // und zuweisen.

   cout << linie << endl         // Linie u. Name ausgeben
        << gesamt << endl;
   cout << "Ihr Name ist "       // Länge ausgeben
        << name.length() << " Zeichen lang!" << endl;
   cout << linie << endl;
   return 0;
}
```

Für Objekte der Klasse `string` sind neben den Operatoren `+`, `+=` für die Verkettung auch die Vergleichsoperatoren `<`, `<=`, `>`, `>=`, `==`, `!=` definiert. Strings können mit `cout` und dem Operator << ausgegeben werden.
Die Klasse `string` wird in einem späteren Kapitel noch im Detail behandelt.

Beispiel für eine Bildschirmausgabe

```
Wie lautet Ihr Name:  Peter Lustig
----------------------------------------
Hallo Peter Lustig
Ihr Name ist 12 Zeichen lang!
----------------------------------------
```

Die C++-Standardbibliothek definiert zahlreiche Klassen. Hierzu gehören beispielsweise die Stream-Klassen für die Ein-/Ausgabe, aber auch Klassen zur Darstellung von Strings oder zur Behandlung von Fehlersituationen.

Jede Klasse ist ein Datentyp mit bestimmten Eigenschaften und Fähigkeiten. Wie bereits erwähnt, werden die Eigenschaften der Klasse durch ihre *Datenelemente*, die Fähigkeiten durch *Methoden* dargestellt. Methoden sind Funktionen, die zu einer Klasse gehören und mit den Datenelementen bestimmte Operationen ausführen. Methoden werden auch *Elementfunktionen* genannnt.

Anlegen von Objekten

Ein *Objekt* ist eine Variable vom Typ einer Klasse. Man spricht auch von einer *Instanz* der Klasse. Beim Anlegen eines Objekts wird der Speicher für die Datenelemente bereitgestellt und mit geeigneten Anfangswerten versehen.

Beispiel: `string s("Ich bin ein String");`

Hier wird ein Objekt `s` vom Typ der Standardklasse `string` – kurz: ein *String* – definiert und mit der angegebenen String-Konstanten initialisiert. Ein Objekt der Klasse `string` verwaltet den erforderlichen Speicherplatz für die Zeichenfolge selbständig.

Es gibt im Allgemeinen verschiedene Möglichkeiten, ein Objekt einer Klasse zu initialisieren. So kann ein String auch mit einer bestimmten Anzahl eines Zeichens initialisiert werden. Dies zeigt auch das nebenstehende Beispiel.

Aufruf von Methoden

Für ein Objekt können alle Methoden aufgerufen werden, die in der entsprechenden Klasse „öffentlich" (engl. *public*) deklariert sind. Im Gegensatz zum Aufruf einer globalen Funktion erfolgt der Aufruf einer Methode immer für *ein bestimmtes Objekt*. Der Name des Objekts ist vor dem Namen der Methode, durch einen Punkt getrennt, anzugeben.

Beispiel: `s.length();          // objekt.methode();`

Die Methode `length()` liefert die Länge eines Strings, d.h. die Anzahl der Zeichen in einem String. Für den oben definierten String `s` ist das der Wert 18.

Klassen und globale Funktionen

Für einige Standardklassen gibt es auch *global definierte Funktionen*, die bestimmte Operationen für ein *übergebenes* Objekt ausführen. So liest die globale Funktion `getline()` eine Textzeile von der Tastatur in einen String.

Beispiel: `getline(cin, s);`

Die Textzeile wird mit der Return-Taste abgeschlossen, das entsprechende Newline-Zeichen `'\n'` gelesen, aber nicht im String gespeichert.

Kapitel 4

Ein- und Ausgaben mit Streams

Dieses Kapitel beschreibt den Einsatz der Streams für die Ein- und Ausgabe. Der Schwerpunkt liegt dabei auf den Möglichkeiten zur Formatierung.

Streams

Stream-Klassen für die Ein- und Ausgabe

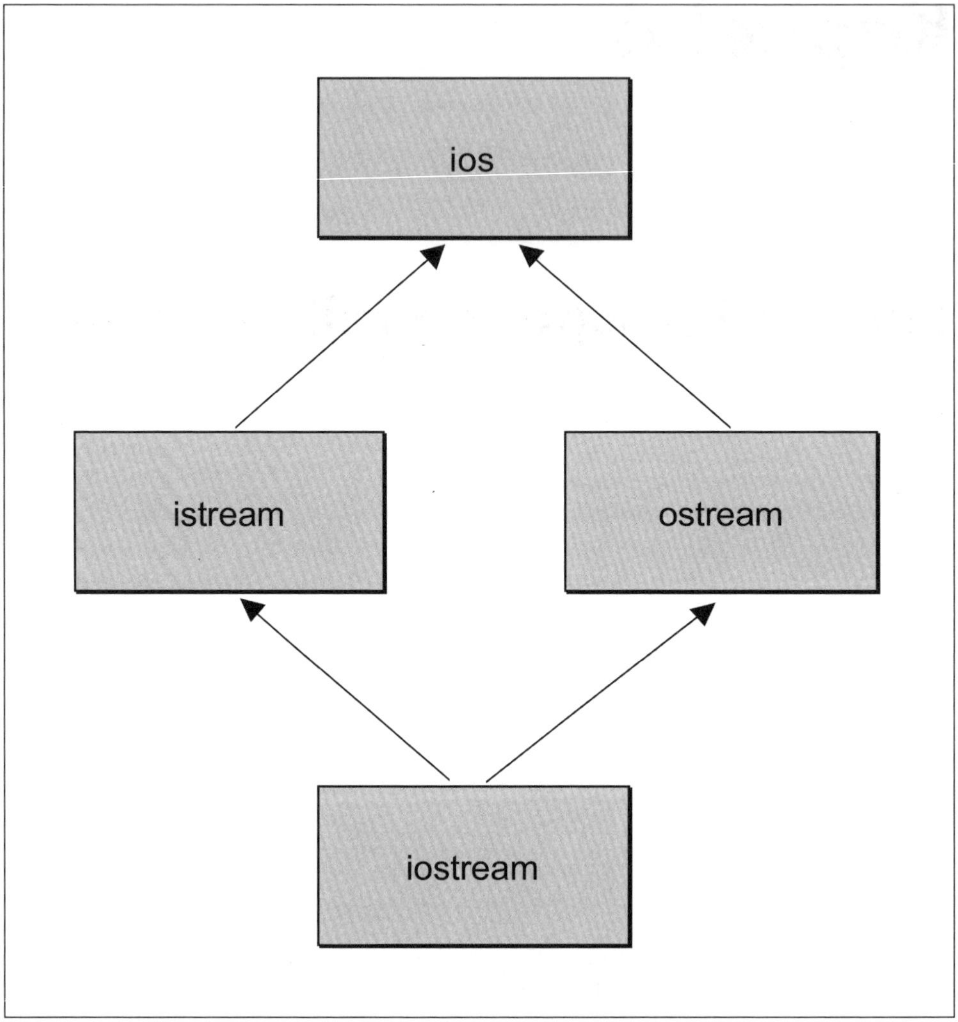

Die vier Standard-Streams

- **`cin`** Objekt der Klasse `istream` für die Standardeingabe
- **`cout`** Objekt der Klasse `ostream` für die Standardausgabe
- **`cerr`** Objekt der Klasse `ostream` zur ungepufferten Fehlerausgabe
- **`clog`** Objekt der Klasse `ostream` zur gepufferten Fehlerausgabe

I/O-Stream-Klassen

Mit der Entwicklung von C++ wurde ein neues Ein-/Ausgabe-System auf der Basis von Klassen implementiert. Es entstanden die *I/O-Stream-Klassen*, die in einer eigenen Bibliothek, der sog. *iostream-Bibliothek*, zur Verfügung stehen.

Das nebenstehende Diagramm zeigt eine sog. Klassenhierarchie, die durch Vererbung entsteht. Die Klasse `ios` ist die Basisklasse aller Stream-Klassen: Sie stellt die Eigenschaften und Fähigkeiten dar, die allen Streams gemeinsam sind. Dazu gehören im Wesentlichen die folgenden Aufgaben:

- Die Klasse `ios` verwaltet die Verbindung zum eigentlichen Datenstrom, der z.B. die Daten Ihres Programms in eine Datei oder auf dem Bildschirm ausgibt.
- Die Klasse `ios` stellt die grundlegende Funktionalität für die Formatierung der Daten zur Verfügung. Dazu werden eine Reihe von Flags definiert, die festlegen, wie z.B. Zeichen bei der Eingabe interpretiert werden.

Eine komfortable Schnittstelle für das Arbeiten mit Streams bieten die von `ios` abgeleiteten Klassen `istream` und `ostream`. Die Klasse `istream` ist für das Lesen und `ostream` ist für das Schreiben in Streams konzipiert. Hier sind beispielsweise die Operatoren `>>` und `<<` definiert.

Die Klasse `iostream` entsteht durch Mehrfachvererbung aus `istream` und `ostream`. Sie stellt damit die Funktionalität beider Klassen zur Verfügung.

Von den genannten Klassen sind weitere Stream-Klassen abgeleitet, beispielsweise für die Dateiverarbeitung. Das bedeutet, dass die hier beschriebenen Techniken auch beim Lesen und Schreiben in Dateien eingesetzt werden können. Diese Klassen, die z.B. auch Methoden für das Öffnen und Schließen von Dateien enthalten, werden in einem späteren Kapitel vorgestellt.

Standard-Streams

Die bereits bekannten Streams `cin` und `cout` sind Objekte vom Typ der Klasse `istream` bzw. `ostream`. Beim Programmstart werden diese beiden Objekte automatisch für das Lesen von der *Standardeingabe* bzw. für das Schreiben auf die *Standardausgabe* angelegt.

Die Standardeingabe ist normalerweise die Tastatur, die Standardausgabe der Bildschirm. Standardein- und -ausgabe können aber auch in Dateien umgelenkt werden. Dann werden Daten nicht von der Tastatur, sondern aus einer Datei eingelesen bzw. Daten nicht am Bildschirm angezeigt, sondern in eine Datei geschrieben.

Die zwei weiteren Standard-Streams `cerr` und `clog` werden dazu benutzt, um beim Auftreten eines Fehlers eine Meldung anzuzeigen. Die Anzeige erfolgt auch dann auf dem Bildschirm, wenn die Standardausgabe in eine Datei umgelenkt worden ist.

Formatierung und Manipulatoren

Beispiel für einen Manipulator-Aufruf

Hier wird der Manipulator `showpos` aufgerufen.

```
cout << showpos << 123;     // Ausgabe:  +123
```

Die vorstehende Anweisung ist äquivalent zu:

```
cout.setf( ios::showpos);
cout << 123;
```

Alle weiteren Ausgaben positiver Zahlen ebenfalls mit Vorzeichen:

```
cout << 22;                 // Ausgabe:  +22
```

Die Anzeige des positiven Vorzeichens kann durch den Manipulator `noshowpos` wieder rückgängig gemacht werden:

```
cout << noshowpos << 123;   // Ausgabe:  123
```

Die letzte Anweisung ist äquivalent zu:

```
cout.unsetf( ios::showpos);
cout << 123;
```

Hinweise:

- Die Operatoren >> und << formatieren ihre Ein- bzw. Ausgabe gemäß den Einstellungen der Flags in der Basisklasse `ios`.
- Der Manipulator `showpos` ist eine Funktion, die ihrerseits die Methode `cout.setf(ios::showpos);` aufruft. Dabei ist `ios::showpos` das Flag `showpos` in der Klasse `ios`.
- Der Einsatz von Manipulatoren ist deutlich einfacher als die direkte Veränderung der Flags. Daher werden im folgenden die Manipulatoren beschrieben und nur in Ausnahmefällen die Methoden `setf()` und `unsetf()` verwendet.
- Die ganzzahlige Variable, die alle Flags eines Streams speichert, hat den Typ `ios::fmtflags`. Mit der Methode `flags()` kann ihr Wert abgefragt bzw. neu gesetzt werden.

Formatierungen

Beim Einlesen von der Tastatur muss festgelegt sein, wie die Eingabe zu interpretieren ist und welche Formate zulässig sind. Umgekehrt erfolgt die Ausgabe auf dem Bildschirm nach bestimmten Regeln, die die Darstellung z.B. von Gleitpunktzahl bestimmen.

Für derartige Formatierungen stellen die Stream-Klassen `istream` und `ostream` verschiedene Möglichkeiten zur Verfügung. So können beispielsweise Zahlen in einfacher Weise tabellarisch angezeigt werden.

In den vorhergehenden Kapiteln haben Sie die Streams `cin` und `cout` bereits in Anweisungen wie

```
cout << "Bitte eine Zahl eingeben: ";
cin  >> x;
```

kennengelernt. Im folgenden werden die wichtigsten Fähigkeiten der Streams systematisch beschrieben. Hierzu gehören:

- Die Operatoren >> und << für die formatierte Ein- und Ausgabe.

  Diese Operatoren sind für Ausdrücke mit einem elementaren Datentyp also für Zeichen, boolesche Werte und Zahlen sowie für Strings definiert.

- Manipulatoren, die in den Ein- bzw. Ausgabestrom „eingefügt“ werden.

  Mit Manipulatoren können z.B. auf einfache Weise neue Formatierungen für nachfolgende Ein-/Ausgaben festgelegt werden. Ein bereits bekannter Manipulator ist `endl`, der bei der Ausgabe einen Zeilenvorschub auslöst.

- Weitere Methoden, z.B. um den Status des Streams abzufragen oder zu ändern sowie für die unformatierte Ein- und Ausgabe.

Flags und Manipulatoren

In welcher Form Zeichen ein- bzw. ausgegeben werden, wird auch durch so genannte *Flags* (dt. Schalter) in der Basisklasse `ios` gesteuert. Flags werden durch einzelne Bits innerhalb einer ganzzahligen Variablen repräsentiert, die eine spezielle Bedeutung haben. Ein gesetztes oder nicht gesetztes Bit legt z.B. fest, ob positive Zahlen mit oder ohne ein führendes Plus-Zeichen ausgegeben werden.

Jedes Flag besitzt eine *Standardeinstellung*. Damit ist z.B. von vornherein festgelegt, dass ganze Zahlen dezimal ausgegeben und positive Zahlen ohne Plus-Zeichen dargestellt werden.

Es ist möglich, einzelne Format-Flags zu verändern. Dafür gibt es z.B. die Methoden `setf()` und `unsetf()`. Auf einfachere Weise kann dies jedoch mit Hilfe von sog. *Manipulatoren* geschehen, die für alle wichtigen Flags definiert sind. Manipulatoren sind Funktionen, die in den Ein- bzw. Ausgabestrom „eingefügt“ und dadurch aufgerufen werden.

Formatierte Ausgabe von Ganzzahlen

Manipulatoren zur Formatierung von Ganzzahlen

Manipulator	Wirkung
oct	Oktale Darstellung
hex	Hexadezimale Darstellung
dec	Dezimale Darstellung (Standard)
showpos	Positive Zahlen werden mit Vorzeichen ausgegeben.
noshowpos	Positive Zahlen werden ohne Vorzeichen ausgegeben (Standard).
uppercase	Bei der Ausgabe von Hexadezimalzahlen werden Großbuchstaben verwendet.
nouppercase	Bei der Ausgabe von Hexadezimalzahlen werden Kleinbuchstaben verwendet (Standard).

Beispielprogramm

```
// Ganze Zahl dezimal einlesen und
// oktal, dezimal und hexadezimal ausgeben.

#include <iostream>      // Deklaration von cin, cout und
using namespace std;     // den Manipulatoren oct, ...

int main()
{
   int zahl;
   cout << "Eine ganze Zahl eingeben: ";
   cin >> zahl;

   cout << uppercase              // für Hex-Ziffern
        << " oktal  \t dezimal  \t hexadezimal\n "
        << oct << zahl << "        \t "
        << dec << zahl << "        \t "
        << hex << zahl << endl;

   return 0;
}
```

Formatierungsmöglichkeiten

Der Operator **<<** kann ganze Zahlen vom Typ `short`, `int`, `long` oder einem entsprechenden `unsigned`-Typ ausgeben. Dabei sind u.a. folgende Formatierungen möglich:

- Festlegung des Zahlensystems, in dem die Zahl dargestellt wird: dezimal, oktal oder hexadezimal
- Die Verwendung von Groß- statt Kleinbuchstaben für hexadezimale Ziffern
- Anzeige des Vorzeichens bei positiven dezimalen Zahlen

Außerdem kann eine Feldbreite festgelegt werden. Die Angabe einer Feldbreite ist auch bei der Ausgabe von Zeichen, Strings und Gleitpunktzahlen möglich und wird anschließend behandelt.

Zahlensystem

Standardmäßig werden ganze Zahlen dezimal dargestellt. Für den Wechsel in die oktale oder hexadezimale bzw. zurück in die dezimale Darstellung gibt es die Manipulatoren `oct`, `hex` und `dec`.

Beispiel: `cout << hex << 11;                    // Ausgabe: b`

Die hexadezimalen Ziffern werden standardmäßig mit Kleinbuchstaben angezeigt, also mit `a`, `b`, ..., `f`. Sollen Großbuchstaben verwendet werden, so ermöglicht dies der Manipulator `uppercase`.

Beispiel: `cout << hex << uppercase << 11; // Ausgabe: B`

Der Manipulator `nouppercase` stellt die Ausgabe wieder auf Kleinbuchstaben um.

Negative Zahlen

Bei der Ausgabe von negativen Zahlen in *dezimaler* Darstellung wird deren Vorzeichen immer ausgegeben. Um auch positive Zahlen mit Vorzeichen zu versehen, kann der Manipulator `showpos` verwendet werden.

Beispiel: `cout << dec << showpos << 11; // Ausgabe: +11`

Mit `noshowpos` kann die ursprüngliche Einstellung wiederhergestellt werden.

Bei *oktaler* oder *hexadezimaler* Ausgabe wird das Bitmuster der angebenen Zahl stets *ohne Vorzeichen* interpretiert! Es wird also das Bitmuster der Zahl in oktaler bzw. hexadezimaler Form angezeigt.

Beispiel: `cout << dec << -1 << "    " << hex << -1;`

Auf einem 32-Bit-System erzeugt diese Anweisung die Ausgabe:

```
-1   ffffffff
```

Formatierte Ausgabe von Gleitpunktzahlen

Manipulatoren zur Formatierung von Gleitpunktzahlen

Manipulator	Wirkung
`showpoint`	Der Dezimalpunkt wird stets angezeigt. Es werden so viele Ziffern angezeigt, wie es der eingestellten Genauigkeit entspricht.
`noshowpoint`	Abschließende Nullen hinter dem Dezimalpunkt werden nicht angezeigt. Folgt dem Dezimalpunkt keine Ziffer, wird der Dezimalpunkt nicht angezeigt. (Standardeinstellung)
`fixed`	Darstellung als Festpunktzahl
`scientific`	Darstellung in exponentieller Notation
`setprecision(int n)`	Setzt die Genauigkeit auf `n`

Methoden für die Genauigkeit

Methode	Wirkung
`int precision(int n);`	Setzt die Genauigkeit auf `n`
`int precision() const;`	Liefert den aktuellen Wert für die Genauigkeit zurück.

Das Schlüsselwort `const` im Prototyp von `precision()` bedeutet, dass die Methode nur lesende Operationen ausführt.

Beispielprogramm

```
#include <iostream>
using namespace std;
int main()
{
   double x = 12.0;
   cout.precision(2);                 // Genauigkeit 2
   cout << " Standard:   " << x << endl;
   cout << " showpoint:  " << showpoint  << x << endl;
   cout << " fixed:      " << fixed      << x << endl;
   cout << " scientific: " << scientific << x << endl;
   return 0;
}
```

Standardeinstellungen

Gleitpunktzahlen werden standardmäßig mit einer Genauigkeit von sechs Dezimalziffern ausgegeben. Hierbei wird ein Dezimalpunkt, also kein Komma, verwendet. Abschließende Nullen nach dem Dezimalpunkt werden nicht angezeigt. Folgt dem Dezimalpunkt keine Ziffer, so wird auch kein Dezimalpunkt angezeigt.

Beispiele:
```
cout << 1.0;                // Ausgabe: 1
cout << 1.234;              // Ausgabe: 1.234
cout << 1.234567;           // Ausgabe: 1.23457
```

Die letzte Anweisung zeigt, dass die siebte Ziffer nicht abgeschnitten wird, sondern dass gerundet wird. Bei sehr großen und sehr kleinen Zahlen wird die *exponentielle Darstellung* verwendet.

Beispiel:
```
cout << 1234567.8;          // Ausgabe: 1.23457e+06
```

Formatierungsmöglichkeiten

Die Standardeinstellungen können weitgehend angepasst werden. So kann

- der Wert für die Genauigkeit geändert,
- die Ausgabe des Dezimalpunkts mit abschließenden Nullen erzwungen und
- die Art der Darstellung (Festpunkt oder exponentiell) festgelegt werden.

Sowohl der Manipulator `setprecision()` als auch die Methode `precision()` setzen den Wert der Genauigkeit neu.

Beispiel:
```
cout << setprecision(3);     // Genauigkeit: 3
// oder:  cout.precision(3);
cout  << 12.34;              // Ausgabe: 12.3
```

Dabei ist zu beachten, dass für den Manipulator `setprecision()` die Header-Datei `iomanip` zu inkludieren ist. Das gilt für alle Standardmanipulatoren, die mit mindestens einem Argument aufgerufen werden.

Der Manipulator `showpoint` bewirkt, dass stets der Dezimalpunkt und abschließende Nullen angezeigt werden. Die Gesamtzahl der ausgegebenen Ziffern entspricht dann der aktuell eingestellten Genauigkeit (z.B. 6).

Beispiel:
```
cout << showpoint << 1.0; // Ausgabe: 1.00000
```

Oft ist jedoch die *Festpunktdarstellung* mit einer festgelegten Anzahl von Nachpunktstellen zweckmäßiger. Diese Darstellung wird mit dem Manipulator `fixed` erreicht. Dabei bestimmt die Genauigkeit die Anzahl der Nachpunktstellen. Im folgenden Beispiel wird der Standardwert 6 angenommen.

Beispiel:
```
cout << fixed << 66.0;       // Ausgabe: 66.000000
```

Der Manipulator `scientific` hingegen bestimmt, dass jede Gleitpunktzahl in exponentieller Schreibweise ausgegeben wird.

Ausgabe in Felder

Elementfunktionen zur Feldausgabe

Methode	Wirkung
`int width() const;`	Liefert die aktuelle Feldbreite
`int width(int n);`	Setzt die Feldbreite auf `n`
`int fill() const;`	Liefert das aktuell gesetzte Füllzeichen
`int fill( int ch);`	Setzt das Füllzeichen auf `ch`

Manipulatoren zur Feldausgabe

Manipulator	Wirkung
`setw(int n)`	Setzt die Feldbreite auf `n`
`setfill(int ch)`	Setzt das Füllzeichen auf `ch`
`left`	Linksbündige Ausgabe im Feld
`right`	Rechtsbündige Ausgabe im Feld
`internal`	Vorzeichen linksbündig, Wert rechtsbündig im Feld

☞ Die Manipulatoren `setw()` und `setfill()` sind in der Header-Datei `iomanip` deklariert.

Beispiele

```
#include <iostream>          // die notwendigen
#include <iomanip>           // Deklarationen
using namespace std;
```

1. Beispiel: `cout << '|' << setw(6) << 'X' << '|';`

Ausgabe:

```
|     X|       // X im Feld der Breite 6
```

2. Beispiel:

```
cout << fixed << setprecision(2)
     << setw(10) << 123.4 << endl
     << "1234567890" << endl;
```

Ausgabe:

```
    123.40                  // Feldbreite 10
1234567890
```

Der Operator << kann seine Ausgabe in *Ausgabefeldern* positionieren. Hierbei ist es möglich

- eine *Feldbreite* vorzugeben
- die *Ausrichtung* im Feld, z.B. rechtsbündig oder linksbündig, zu bestimmen
- ein *Füllzeichen* anzugeben, mit dem das Feld aufgefüllt wird

Feldbreite

Die Feldbreite ist die Anzahl der Zeichen, die ein Feld aufnehmen kann. Ist die auszugebende Zeichenfolge größer als die Feldbreite, wird die Ausgabe nicht abgeschnitten, sondern das Feld vergrößert. Es werden also mindestens so viele Zeichen ausgegeben, wie die Feldbreite vorgibt.

Die Feldbreite kann entweder mit der Methode `width()` oder mit dem Manipulator `setw()` gesetzt werden.

Beispiel:
```
cout.width(6);       // oder:  cout << setw(6);
```

Eine Besonderheit der Feldbreite ist, dass sie nicht permanent ist: Die angegebene Feldbreite gilt stets nur für die nächste Ausgabe! Dies zeigen auch die nebenstehenden Beispiele. Im 1. Beispiel wird nur das Zeichen `'X'` in einem Feld der Breite 6 ausgegeben, nicht aber das Zeichen `'|'`.

Der Standardwert für die Feldbreite ist 0. Die aktuell gesetzte Feldbreite kann mit der Methode `width()` auch abgefragt werden. In diesem Fall wird `width()` ohne Argument aufgerufen.

Beispiel:
```
int feldbreite = cout.width();
```

Füllzeichen und Ausrichtung

Ist das Feld größer als die auszugebende Zeichenfolge, so wird standardmäßig mit Blanks aufgefüllt. Ein neues Füllzeichen kann entweder mit der Methode `fill()` oder mit dem Manipulator `setfill()` festgelegt werden.

Beispiel:
```
cout << setfill('*') << setw(5) << 12;
// Ausgabe: ***12
```

Das Füllzeichen bleibt so lange gültig, bis ein anderes Zeichen neu gesetzt wird.

Wie das vorhergehende Beispiel schon zeigt, erfolgt die Ausgabe in einem Feld standardmäßig „rechtsbündig". Weitere Möglichkeiten sind „linksbündig" und „intern". Hierfür gibt es die Manipulatoren `left` und `internal`. Der Manipulator `internal` setzt das Vorzeichen einer Zahl linksbündig und die Zahl rechtsbündig in ein Feld.

Beispiel:
```
cout.width(6); cout.fill('0');
cout << internal << -123; // Ausgabe: -00123
```

Ausgabe von Zeichen, Strings und booleschen Werten

Beispielprogramm

```
// Ein Zeichen einlesen und den Zeichencode
// oktal, dezimal und hexadezimal ausgeben.

#include <iostream>       // Deklaration von cin, cout
#include <iomanip>        // Für Manipulatoren, die mit
                          // Argumenten aufgerufen werden.
#include <string>
using namespace std;

int main()

{
   int zahl = ' ';

   cout << "Das Leerzeichen hat den Zeichencode: "
        << zahl << endl;

   char ch;
   string prompt =
          "\nGeben Sie ein Zeichen und <Return> ein: ";

   cout << prompt;

   cin >> ch;                      // Zeichen einlesen
   zahl = ch;

   cout << "Das Zeichen " << ch
        << " hat den Zeichencode" << endl;

   cout << uppercase               // für Hex-Ziffern
        << "     oktal   dezimal  hexadezimal\n "
        << oct << setw(8) << zahl
        << dec << setw(8) << zahl
        << hex << setw(8) << zahl << endl;

   return 0;
}
```

Ausgabe von Zeichen und Zeichencodes

Der Operator << interpretiert eine Zahl mit dem Datentyp `char` als Zeichencode eines Zeichens und gibt das entprechende Zeichen aus:

Beispiel:
```
char ch = '0';
cout << ch << ' ' << 'A';
// Ausgabe der drei Zeichen: 0 A
```

Es ist auch möglich, den Zeichencode eines Zeichens auszugeben. Dazu wird der Zeichencode in einer `int`-Variablen gespeichert und diese ausgegeben.

Beispiel:
```
int code = '0';
cout << code;          // Ausgabe: 48
```

Das Zeichen `'0'` wird durch den ASCII-Code `48` repräsentiert. Weitere Beispiele enthält das nebenstehende Programm.

Ausgabe von Strings

Mit dem Operator << können sowohl String-Literale wie `"Hallo"` als auch String-Variablen ausgegeben werden. Dies wurde auch schon in früheren Beispielen verwendet. Wie bei den anderen Datentypen können auch Strings in Ausgabefelder positioniert werden.

Beispiel:
```
string s("Donau so blau");
cout << left                // linksbündig
     << setfill('?')        // Füllzeichen ?
     << setw(20) << s ;     // Feldbreite 20
```

Hier wird also die Zeichenfolge `"Donau so blau???????"` ausgegeben. Mit dem Manipulator `right` kann wieder die rechtsbündige Ausrichtung im Feld eingestellt werden.

Ausgabe von booleschen Werten

Boolesche Werte gibt der Operator << standardmäßig ganzzahlig aus. Dabei steht der Wert `0` für `false` und der Wert `1` für `true`. Sollen statt dessen die Zeichenfolgen `false` bzw. `true` angezeigt werden, so muss das Flag `ios::boolalpha` gesetzt werden. Dies kann direkt mit der Methode `setf()` geschehen oder mit dem Manipulator `boolalpha`.

Beispiel:
```
bool ok = true;
cout << ok << endl                    // 1
     << boolalpha << ok << endl;      // true
```

Diese Einstellung kann mit dem Manipulator `noboolalpha` wieder rückgängig gemacht werden.

Formatierte Eingabe

Beispielprogramm

```
// Eine Artikelbezeichnung und einen Preis einlesen

#include <iostream>      // Deklaration von cin, cout,...
#include <iomanip>       // Für den Manipulator setw()
#include <string>
using namespace std;

int main()
{
   string bezeichnung;
   double preis;

   cout << "\nGeben Sie die Artikelbezeichnung ein: ";

   // höchstens 16 Zeichen für die Bezeichnung einlesen:
   cin >> setw(16);          // oder:  cin.width(16);
   cin >> bezeichnung;

   // Den Rest der Zeile überlesen. Mindestens das
   // Newline-Zeichen \n ist noch im Eingabepuffer.
   cin.ignore( LLONG_MAX, '\n');     // Puffer leeren.
   cout << "\nGeben Sie den Artikelpreis ein: ";
   cin >> preis;             // Preis einlesen

   // Kontrollausgabe:
   cout << fixed << setprecision(2)
        << "\nArtikel:"
        << "\n  Bezeichnung:  " << bezeichnung
        << "\n  Preis:        " << preis << endl;

   // ... und weiter im Programm
   return 0;
}
```

Die Methode `ignore(anzahl,z)` entfernt maximal `anzahl` Zeichen aus dem Eingabepuffer bis einschließlich dem Zeichen `z`.
Da nach dem Einlesen mit dem Operator `>>` das abschließende Newline-Zeichen `\n` noch im Eingabepuffer steht, leert die Anweisung `cin.ignore(LLONG_MAX,'\n');` den Eingabepuffer. Dabei ist `LLONG_MAX`, der maximale Wert für `anzahl`, in der Header-Datei `climits` definiert. Diese Datei wird schon von `iostream` inkludiert.
Im obigen Beispiel ist durch Leeren des Puffers sichergestellt, dass beim Einlesen des Preises stets auf eine neue Eingabe gewartet wird.

Der Operator >> der Klasse `istream` berücksichtigt bei der Eingabe die aktuell gesetzten Flags für die Zahlenbasis und die Feldbreite.

- Die Basis des Zahlensystems bestimmt, ob eine Ganzzahl dezimal, oktal oder hexadezimal eingelesen wird.
- Die Feldbreite legt für Strings die Anzahl der Zeichen fest, die maximal eingelesen werden.

Das Lesen von der Standardeingabe `cin` ist *zeilenweise gepuffert*. Die Eingabe von der Tastatur wird also erst durch das abschließende Return [↵] „abgeschickt". Das hat zur Folge, dass Fehler bei der Eingabe noch mit der Backspace-Taste korrigiert werden können, solange nicht die Return-Taste gedrückt wurde. Die Eingabe wird auf dem Bildschirm angezeigt.

Eingabefelder

Generell liest der Operator >> das nächste *Eingabefeld*, konvertiert die Eingabe anhand des Typs der angegebenen Variablen und legt das Ergebnis in der Variablen ab. Dabei werden führende Zwischenraumzeichen (Leer-, Tabulator- und Newline-Zeichen) überlesen.

Beispiel:

```
char ch;
cin >> ch;          // Ein Zeichen einlesen
```

Bei Eingabe von

```
<Return> <Tab> <Leertaste> <X> <Return>
```

wird das Zeichen `'X'` an die Variable `ch` zugewiesen.

Ein Eingabefeld endet mit dem ersten Zwischenraumzeichen bzw. mit dem ersten Zeichen, das nicht mehr verarbeitet werden kann.

Beispiel:

```
int i;
cin >> i;
```

Bei der Eingabe von `123 Euro`[↵] wird der dezimale Wert `123` an `i` zugewiesen. Die übrigen Zeichen, `Euro` und das Newline-Zeichen, verbleiben im Eingabepuffer. Sie werden bei der nächsten Leseoperation als erstes gelesen.

Beim Einlesen von Strings wird jeweils nur ein Wort gelesen, da ja mit einem Zwischenraumzeichen das nächste Eingabefeld beginnt.

Beispiel:

```
string ort;
cin >> ort;       // Liest nur ein Wort!
```

Bei der Eingabe `Bad Tölz` wird also nur `Bad` in den String `ort` eingelesen. Durch die Angabe einer Feldbreite kann zusätzlich die Anzahl der einzulesenden Zeichen begrenzt werden. Bei einer Feldbreite `n` werden höchstens `n` Zeichen gelesen. Dabei zählen führende Zwischenraumzeichen nicht mit. Ein Beispiel enthält das nebenstehende Programm. Es zeigt auch, wie der Eingabepuffer gelöscht werden kann.

Formatierte Eingabe von Zahlen

Beispielprogramm

```
// Hex-Zahl und Gleitpunktzahlen einlesen
//
#include <iostream>
#include <iomanip>
using namespace std;

int main()
{
   int zahl = 0;

   cout << "\nGeben Sie eine Zahl hexadezimal ein: "
        << endl;
   cin >> hex >> zahl;              // Hex-Zahl einlesen

   cout << "Ihre Eingabe dezimal: " << zahl << endl;

   // Falls eine fehlerhafte Eingabe gemacht wurde:
   cin.clear();    // evtl. gesetzte Fehlerflags löschen.
   cin.ignore(LLONG_MAX,'\n');   // Eingabepuffer leeren.

   double x1 = 0.0, x2 = 0.0;

   cout << "\nGeben Sie nun zwei Gleitpunktzahlen ein: "
        << endl;
   cout << "1. Zahl: ";
   cin  >> x1;                      // 1. Zahl einlesen
   cout << "2. Zahl: ";
   cin  >> x2;                      // 2. Zahl einlesen

   cout << fixed << setprecision(2)
        << "\nDie Summe der beiden Zahlen:   "
        << setw(10) << x1 + x2 << endl;

   cout << "\nDas Produkt der beiden Zahlen: "
        << setw(10) << x1 * x2 << endl;

   return 0;
}
```

Einlesen von Ganzzahlen

Mit den Manipulatoren `hex`, `oct` und `dec` kann festgelegt werden, dass eine eingegebene Zeichenfolge als Hexadezimal-, Oktal- oder Dezimalzahl interpretiert wird.

Beispiel:

```
int n;
cin >> oct >> n;
```

Bei der Eingabe von `10` wird die Zahl oktal interpretiert, was dem dezimalen Wert `8` entspricht. Mit

Beispiel:

```
cin >> hex >> n;
```

wird die Eingabe als Hexadezimalzahl interpretiert. Eingaben wie `f0a` oder `-F7` sind dann möglich.

Einlesen von Gleitpunktzahlen

Der Operator `>>` interpretiert die Eingabe als dezimale Gleitpunktzahl, wenn der Typ der Variablen ein Gleitpunkttyp ist, also `float`, `double` oder `long double`. Die Gleitpunktzahl kann als Festpunktzahl oder in exponentieller Form eingegeben werden.

Beispiel:

```
double x;
cin >> x;
```

Hier wird die eingegebene Zeichenfolge in einen `double`-Wert konvertiert. Eingaben wie `123` oder `-22.0` oder `3e10` sind zulässig.

Fehlerhafte Eingaben

Was geschieht nun, wenn die Eingabe nicht zum Typ der entsprechenden Variablen passt?

Beispiel:

```
int i, j;      cin >> i >> j;
```

Bei Eingabe von `1A5` beispielsweise wird `1` an die Variable `i` zugewiesen. Mit `A` beginnt das nächste Eingabefeld. Da aber wieder dezimale Ziffern erwartet werden, bleibt die Zeichenfolge ab `A` unverarbeitet. Findet, wie in diesem Fall, keine Konvertierung statt, so wird der entsprechenden Variablen – hier `j` – kein Wert zugewiesen und intern ein Fehlerflag gesetzt.

Im Allgemeinen ist es sinnvoll, Zahlenwerte einzeln einzulesen. Nach jeder Eingabe sollten mit der Methode `clear()` eventuell gesetzte Fehlerflags gelöscht und zusätzlich der Eingabepuffer geleert werden.

Wie ein Programm auf einen Fehler bei der Eingabe reagieren kann, wird in Kapitel 6, *Kontrollstrukturen*, und später in Kapitel 26, *Ausnahmebehandlung*, gezeigt.

Unformatierte Ein-/Ausgabe

Beispielprogramm

```
//  Text mit dem Operator >> und
//  mit der Funktion getline() einlesen.

#include <iostream>
#include <string>
using namespace std;

string header =
"   --- Beispielprogramm für unformatierte Eingabe ---";

int main()
{
   string wort, rest;

   cout << header
        << "\n\nWeiter mit <Return>" << endl;
   cin.get();                       // Newline einlesen,
                                    // aber nicht speichern.

   cout << "\nBitte Text mit mehreren Worten eingeben!"
        << "\nMit <!> und <Return> abschließen."
        << endl;

   cin >> wort;                     // 1. Wort einlesen und
   getline( cin, rest, '!');        // den Rest der Eingabe
                                    // bis zum Zeichen !

   cout << "\nDas erste Wort:   " << wort
        << "\nRest der Eingabe: " << rest << endl;

   return 0;
}
```

1. Es kann auch ein mehrzeiliger Text eingegeben werden.
2. Das Beispielprogramm geht davon aus, dass wenigstens ein Wort (mit nachfolgendem Zwischenraumzeichen) eingegeben wird.

Die unformatierte Ein- und Ausgabe benutzt keine Felder und intern gesetzte Formatierungsflags bleiben unberücksichtigt. Die aus einem Stream gelesenen „Bytes" werden unverändert an das Programm übergeben. Insbesondere werden führende Zwischenraumzeichen nicht überlesen.

Zeichen lesen und schreiben

Einzelne Zeichen können mit den Methoden `get()` und `put()` gelesen bzw. geschrieben werden. Die Methode `get()` liest das nächste Zeichen aus dem Stream und überträgt es in die angegebene `char`-Variable.

Beispiel:
```
char ch;
cin.get(ch);
```

Ist das gelesene Zeichen ein Zwischenraumzeichen, z.B. ein Newline-Zeichen, so wird dieses in die Variable `ch` übertragen. Dagegen würde mit der Anweisung

```
cin >> ch;
```

das erste Zeichen gelesen, das kein Zwischenraumzeichen ist.

Die Methode `get()` kann auch ohne ein Argument aufgerufen werden. In diesem Fall liefert `get()` den Zeichencode als Return-Wert vom Typ `int`.

Beispiel: `int c = cin.get();`

Für die unformatierte Ausgabe eines Zeichens steht die Methode `put()` zur Verfügung. Als Argument erhält `put()` das auszugebende Zeichen.

Beispiel: `cout.put('A');`

Diese Anweisung ist äquivalent zu `cout << 'A';` , falls keine Feldbreite angegeben oder die Feldbreite auf 1 gesetzt ist.

Eine Zeile einlesen

Mit dem Operator >> kann immer nur ein Wort in einen String eingelesen werden. Soll eine ganze Textzeile eingelesen werden, so kann die schon vorgestellte globale Funktion `getline()` aufgerufen werden.

Beispiel: `getline(cin, text);`

Hier werden so lange Zeichen von `cin` gelesen und in der Stringvariablen `text` abgespeichert, bis das Newline-Zeichen auftritt. Als Begrenzungszeichen kann auch ein anderes Zeichen bestimmt werden. Dieses Zeichen wird der Funktion `getline()` als drittes Argument übergeben.

Beispiel: `getline(cin, s, '.');`

Das Begrenzungszeichen wird zwar gelesen, aber nicht im String abgespeichert. Zeichen, die in diesem Beispiel nach dem ersten Punkt eingegeben werden, befinden sich noch im Eingabepuffer des Streams.

Kapitel 5

Operatoren für elementare Datentypen

In diesem Kapitel lernen Sie Operatoren kennen, die für Rechenoperationen und Programmverzweigungen benötigt werden. Weitere Operatoren, z.B. für Bitmanipulationen, und die Überladung von Operatoren werden in späteren Kapiteln behandelt.

Binäre arithmetische Operatoren

Binärer Operator und Operanden

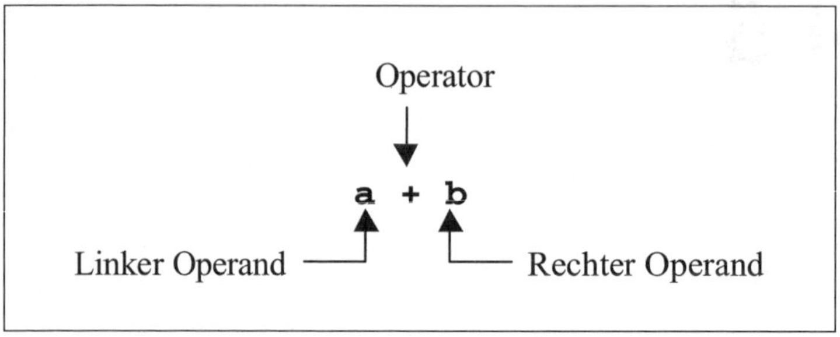

Die binären arithmetischen Operatoren

Operator	Bedeutung
+	Addition
-	Subtraktion
*	Multiplikation
/	Division
%	Modulodivision

Beispielprogramm

```
#include <iostream>
using namespace std;
int main()
{
   double x, y;
   cout << "\nGeben Sie zwei Zahlen ein: ";
   cin >> x >> y;
   cout << "Der Durchschnitt beider Zahlen ist: "
        << (x + y)/2.0 << endl;
   return 0;
}
```

Beispiel für einen Programmablauf

```
Geben Sie zwei Zahlen ein:  4.75   12.3456
Der Durchschnitt beider Zahlen ist: 8.5478
```

Für Daten, die ein Programm verarbeitet, müssen entsprechende Operationen definiert sein. Dabei hängt es von der Art der Daten ab, welche Operationen möglich sind. Beispielsweise können Zahlen addiert, multipliziert oder verglichen werden. Dagegen ist die Multiplikation von Strings nicht sinnvoll.

Im folgenden werden die wichtigsten Operatoren vorgestellt, die auf Daten mit einem arithmetischen Datentyp angewendet werden können. Man unterscheidet generell *unäre* und *binäre* Operatoren: Ein unärer Operator besitzt nur *einen* Operanden, ein binärer Operator *zwei*.

Binäre arithmetische Operatoren

Mit den *arithmetischen Operatoren* werden Berechnungen durchgeführt. Nebenstehend sind die binären arithmetischen Operatoren zusammengestellt. Hierbei ist folgendes zu beachten:

- Bei der *Division* mit ganzzahligen Operanden ist das Ergebnis wieder ganzzahlig. Beispielsweise ergibt `7/2` die Zahl `3`. Hat mindestens einer der Operanden den Typ einer Gleitpunktzahl, ist das Ergebnis auch eine Gleitpunktzahl: So liefert die Division `7.0/2` das exakte Ergebnis `3.5`.
- Die *Modulodivision* ist nur auf ganzzahlige Operanden anwendbar. Sie liefert den Rest der ganzzahligen Division. So ergibt z.B. `7%2` die Zahl `1`.

Ausdrücke

Im einfachsten Fall besteht ein Ausdruck nur aus einer Konstanten, einer Variablen oder einem Funktionsaufruf. Ausdrücke können als Operanden von Operatoren zu komplexeren Ausdrücken verknüpft werden. Im Allgemeinen ist also ein Ausdruck eine Kombination von Operatoren und Operanden.

Jeder Ausdruck, der nicht vom Typ `void` ist, liefert einen Wert. Der Typ eines arithmetischen Ausdrucks ergibt sich aus dem Typ der Operanden.

Beispiele:

```
int a(4);   double x(7.9);
a * 512              // Typ int
1.0 + sin(x)         // Typ double
x - 3                // Typ double, da ein
                     // Operand vom Typ double
```

Ein Ausdruck kann wieder als Operand in einem Ausdruck eingesetzt werden.

Beispiel:

```
2 + 7 * 3          // 2 und 21 addieren.
```

Bei der Auswertung gelten die üblichen *Rechenregeln* („Punktrechnung vor Strichrechnung"), d.h. die Operatoren `*`, `/` und `%` haben einen höheren Vorrang als `+` und `-`. Im Beispiel wird daher zuerst `7*3` berechnet und dann `2` hinzuaddiert. Soll eine andere Reihenfolge gelten, müssen Klammern gesetzt werden.

Beispiel:

```
(2 + 7) * 3        // 9 mit 3 multiplizieren.
```

Unäre arithmetische Operatoren

Die unären arithmetischen Operatoren

Operator	Bedeutung
+ -	Vorzeichenoperatoren
++	Inkrement-Operator
--	Dekrement-Operator

Vorrang der arithmetischen Operatoren

Priorität	Operator	Zusammenfassung
hoch	++ -- (Postfix)	von links
↕	++ -- (Präfix) + - (Vorzeichen)	von rechts
	* / %	von links
niedrig	+ (Addition) - (Subtraktion)	von links

Wirkung der Präfix- und Postfix-Notation

```
#include <iostream>
using namespace std;

int main()
{
   int i(2), j(8);

   cout << i++ << endl;          // Ausgabe:  2
   cout << i   << endl;          // Ausgabe:  3
   cout << j-- << endl;          // Ausgabe:  8
   cout << --j << endl;          // Ausgabe:  6

   return 0;
}
```

Es gibt vier unäre arithmetische Operatoren, nämlich die Vorzeichenoperatoren **+** und -, den Inkrement-Operator **++** und den Dekrement-Operator **--**.

Vorzeichenoperatoren

Mit dem *Vorzeichenoperator* - erhält man den Wert des Operanden mit umgekehrtem Vorzeichen.

Beispiel: `int n = -5;   cout << -n;     // Ausgabe: 5`

Der *Vorzeichenoperator* + wird nicht benötigt. Er liefert lediglich den Wert seines Operanden.

Inkrement- und Dekrement-Operatoren

Der Inkrement-Operator **++** verändert seinen Operanden, indem er 1 hinzuaddiert. Er kann also nicht auf Konstanten angewendet werden.

Ist `i` eine Variable, so bewirken sowohl **`i++`** (*Postfix-Notation*) als auch **`++i`** (*Präfix-Notation*), dass i um 1 erhöht wird. Es wird also in jedem Fall `i = i + 1` ausgeführt.

Präfix-++ und Postfix-++ sind aber zwei verschiedene Operatoren. Der Unterschied liegt im Wert des Ausdrucks: `++i` hat bereits den um 1 erhöhten Wert, der Ausdruck `i++` hat den ursprünglichen Wert von i. Dieser Unterschied ist wesentlich, wenn `++i` oder `i++` Teil eines komplexeren Ausdrucks ist:

`++i` `i` wird zunächst inkrementiert, und dann wird der neue Wert von `i` verwendet.

`i++` es wird der alte Wert von `i` verwendet, dann wird `i` inkrementiert.

Der Dekrement-Operator **--** verändert seinen Operanden, indem er ihn um `1` vermindert. Wie das Beispielprogramm links zeigt, kann auch für **--** die Präfix- oder Postfix-Notation verwendet werden.

Vorrang

Wie wird nun ein Ausdruck mit mehreren Operatoren berechnet?

Beispiel: `float zahl(5.0);   cout << zahl++ - 7.0/2.0;`

Der *Vorrang* (Priorität) der Operatoren bestimmt die Zuordnung der Operanden zu den Operatoren. Gemäß der nebenstehenden Vorrangtabelle hat `++` den höchsten Vorrang und `/` einen höheren als `-`. Das ergibt im Beispiel folgende Zuordnung: `(zahl++) - (7.0/2.0)`. Das Ergebnis ist `1.5`, da `zahl` erst anschließend inkrementiert wird.

Haben zwei Operatoren den gleichen Vorrang, so wird der Ausdruck gemäß der dritten Spalte der Vorrangtabelle zusammengefasst:

Beispiel: `3 * 5 % 2`   ist äquivalent zu   `(3 * 5) % 2`

Zuweisungen

Beispielprogramm

```
// Demonstration von zusammengesetzten Zuweisungen

#include <iostream>
#include <iomanip>
using namespace std;

int main()
{
   float x, y;

   cout << "\n Bitte Startwert eingeben: ";
   cin >> x;

   cout << "\n Um wie viel erhöhen Sie? ";
   cin >> y;

   x += y;

   cout << "\n Jetzt wird vervielfacht! ";
   cout << "\n Bitte Faktor eingeben: ";
   cin >> y;

   x *= y;

   cout << "\n Schließlich dividieren wir noch.";
   cout << "\n Bitte Divisor eingeben: ";
   cin >> y;

   x /= y;

   cout << "\n Und hier ist "
        << "Ihre heutige Glückszahl: "
                          // ohne Nachpunktstellen:
        << fixed << setprecision(0)
        << x << endl;

   return 0;
}
```

Einfache Zuweisung

Eine *einfache Zuweisung* ordnet einer Variablen mit Hilfe des Zuweisungsoperators = den Wert eines Ausdrucks zu. Hierbei steht die Variable immer links und der zugewiesene Wert immer rechts vom Zuweisungsoperator.

Beispiele:
```
z = 7.5;
y = z;
x = 2.0 + 4.2 * z;
```

Der Zuweisungsoperator hat einen sehr niedrigen Vorrang. Im letzten Beispiel wird deshalb zuerst die rechte Seite berechnet und das Ergebnis dann der links stehenden Variablen zugeordnet.

Jede Zuweisung ist selbst ein Ausdruck, dessen Wert der zugewiesene Wert ist.

Beispiel: `sin(x = 2.5);`

In dieser Anweisung wird die Zahl `2.5` an `x` zugewiesen und dann der Funktion als Argument übergeben.

Es sind auch *Mehrfachzuweisungen* möglich, die stets von rechts nach links bearbeitet werden.

Beispiel: `i = j = 9;`

Hier erhält zunächst `j` und dann `i` den Wert `9`.

Zusammengesetzte Zuweisungen

Neben dem einfachen Zuweisungsoperator gibt es die zusammengesetzten Zuweisungsoperatoren. Sie führen z.B. eine arithmetische Operation und eine Zuweisung aus.

Beispiele:

`i += 3;`	ist äquivalent zu	`i = i + 3;`
`i *= j + 2;`	ist äquivalent zu	`i = i * (j+2);`

Das zweite Beispiel zeigt, dass bei einer zusammengesetzten Zuweisung implizit geklammert wird. Dies ergibt sich aus der Tatsache, dass der Vorrang der zusammengesetzten Zuweisung ebenso niedrig ist wie bei der einfachen Zuweisung.

Mit jedem binären arithmetischen Operator (und, wie wir später sehen werden, auch mit Bitoperatoren) kann ein zusammengesetzter Zuweisungsoperator gebildet werden. Es gibt also die Operatoren `+=`, `-=`, `*=`, `/=` und `%=`.

Durch eine Zuweisung oder durch die Operatoren `++`, `--` kann eine Variable während der Auswertung eines komplexen Ausdrucks verändert werden. Dies nennt man *Seiteneffekt*. Seiteneffekte sollten sparsam eingesetzt werden, da sie leicht zu Fehlern führen und die Lesbarkeit eines Programms beeinträchtigen.

Vergleichsoperatoren

Die klassischen Vergleichsoperatoren

Operator	Bedeutung	Beispiel	Ergebnis
<	kleiner	`5 < 6`	`true`
<=	kleiner gleich	`6 <= 5`	`false`
>	größer	`1.8 > 1.9`	`false`
>=	größer gleich	`2+4 >= 6`	`true`
==	gleich	`2 == 1+2`	`false`
!=	ungleich	`2*4 != 7`	`true`

Vorrang der Vergleichsoperatoren

Priorität	Operator
hoch	arithmetische Operatoren
	<=>
	< <= > >=
	== !=
niedrig	Zuweisungsoperatoren

Beispiele für Vergleiche:

Vergleich	Ergebnis
5 >= 6	false
1.7 < 1.8	true
4 + 2 == 5	false
2 * 4 != 7	true

Der Drei-Wege-Vergleichsoperator <=>

Ein Ausdruck mit dem *Drei-Wege-Vergleichsoperator* (C++20), auch *Spaceship-Operator* genannt, hat die Form

```
a <=> b
```

Dieser Ausdruck liefert ein Objekt, das mit 0 vergleichbar ist, wobei gilt:

```
(a <=> b) < 0   falls  a < b
(a <=> b) > 0   falls  a > b
(a <=> b) == 0  falls  a und b gleich sind.
```

Beispielsweise liefert der folgende Vergleich das Ergebnis `false`.

```
(2+3 <=> 4) < 0     // false (da 5 nicht kleiner 4)
```

Der Typ der Ausdrucks `a <=> b` ist in der Header-Datei `compare` definiert.

Für mathematisch Interessierte: Der Vergleichsoperator <=> ermöglicht es auch, für die Objekte einer Klasse eine teilweise Ordnung zu definieren.

Ergebnis von Vergleichen

Jeder Vergleich mit einem der nebenstehenden Operatoren ist ein Ausdruck vom Typ `bool`, der den Wert `true` oder `false` besitzt. Dabei bedeutet `true` („wahr"), dass der Vergleich zutrifft, und `false` („falsch"), dass der Vergleich nicht zutrifft.

Beispiel: `laenge == umfang            // false oder true`

Enthalten die Variablen `laenge` und `umfang` die gleiche Zahl, so ist der Vergleich „wahr" und der Ausdruck hat den Wert `true`. Enthalten sie dagegen verschiedene Zahlen, so liefert der Ausdruck den Wert `false`.

Beim Vergleich einzelner Zeichen werden stets die Zeichencodes miteinander verglichen. Das Ergebnis hängt also vom verwendeten Zeichensatz ab. Im ASCII-Zeichensatz liefert daher der folgende Ausdruck den Wert `true`:

Beispiel: `'A' < 'a'            // true, da 65 < 97`

Vorrang von Vergleichsoperatoren

Vergleichsoperatoren haben einen niedrigeren Vorrang als arithmetische Operatoren, jedoch einen höheren als Zuweisungsoperatoren. Deshalb wird im

Beispiel: `bool flag = index < max - 1;`

zuerst `max - 1` berechnet, dann das Ergebnis mit `index` verglichen und der Wert des Vergleichsausdrucks (`false` oder `true`) an die Variable `flag` zugewiesen. Aus demselben Grund wird im

Beispiel:

```
int result;
result = lenght + 1 == limit;
```

zuerst `length + 1` berechnet, dann das Ergebnis mit `limit` verglichen und der Wert des Vergleichsausdrucks an die Variable `result` zugewiesen. Da `result` vom Typ `int` ist, wird hier statt `false` oder `true` der entsprechende numerische Wert zugewiesen, also `0` für `false` und `1` für `true`.

Oft soll aber zuerst zugewiesen und dann verglichen werden. In einem solchen Fall sind stets Klammern zu setzen.

Beispiel: `(result = lenght + 1) == limit`

Hier wird das Ergebnis von `length + 1` in der Variablen `result` abgelegt und dann erst mit `limit` verglichen.

Verwenden Sie nicht den Zuweisungsoperator `=`, wenn Sie zwei Ausdrücke vergleichen wollen. Der Compiler erzeugt keine Fehlermeldung, wenn der linke Ausdruck eine Variable ist. Dies hat schon manchem Anfänger viel Zeit und Nerven bei der Fehlersuche gekostet.

Logische Operatoren

Die logischen Operatoren

<table>
<tr><th>Operator</th><th>Bedeutung</th></tr>
<tr><td>&&</td><td>UND</td></tr>
<tr><td>||</td><td>ODER</td></tr>
<tr><td>!</td><td>NICHT</td></tr>
</table>

Wahrheitstafel für logische Operatoren

<table>
<tr><th>A</th><th>B</th><th>A && B</th><th>A || B</th></tr>
<tr><td>true</td><td>true</td><td>true</td><td>true</td></tr>
<tr><td>true</td><td>false</td><td>false</td><td>true</td></tr>
<tr><td>false</td><td>true</td><td>false</td><td>true</td></tr>
<tr><td>false</td><td>false</td><td>false</td><td>false</td></tr>
</table>

A	!A
true	false
false	true

Beispiele für logische Ausdrücke

<table>
<tr><th>x</th><th>y</th><th>logischer Ausdruck</th><th>Ergebnis</th></tr>
<tr><td>1</td><td>-1</td><td>x <= y || y >= 0</td><td>false</td></tr>
<tr><td>0</td><td>0</td><td>x > -2 && y == 0</td><td>true</td></tr>
<tr><td>-1</td><td>0</td><td>x && !y</td><td>true</td></tr>
<tr><td>0</td><td>1</td><td>!(x+1) || y - 1 > 0</td><td>false</td></tr>
</table>

Ein numerischer Wert wie `x` oder `x+1` wird als „falsch" interpretiert, wenn sein Wert `0` ist. Jeder von `0` verschiedene Wert wird als „wahr" interpretiert.

Die logischen Operatoren sind die *booleschen Operatoren* && (UND), `||` (ODER) und `!` (NICHT). Mit ihnen werden zusammengesetzte Bedingungen formuliert. Auf diese Weise können Programmverzweigungen von mehreren Bedingungen abhängig gemacht werden.

Wie ein Vergleichsausdruck liefert auch ein logischer Ausdruck das Ergebnis `false` oder `true` – je nachdem, ob der logische Ausdruck falsch oder wahr ist.

Operanden und Bewertungsreihenfolge

Die Operanden der booleschen Operatoren sind vom Typ `bool`. Als Operanden sind aber auch beliebige Ausdrücke zulässig, deren Typ in den Typ `bool` konvertiert werden kann. Dazu gehören alle arithmetischen Typen. In diesem Fall wird ein Operand als „falsch" interpretiert, also in `false` konvertiert, wenn sein Wert `0` ist. Jeder von `0` verschiedene Wert wird als „wahr" interpretiert.

Der **ODER-Operator** `||` liefert genau dann `true`, wenn mindestens ein Operand „wahr" ist. Demnach ist der Wert des Ausdrucks

Beispiel: `(laenge < 0.2) || (laenge > 9.8)`

`true`, wenn `laenge` kleiner als `0.2` oder größer als `9.8` ist.

Der **UND-Operator** `&&` liefert genau dann `true`, wenn beide Operanden „wahr" sind. So ist der logische Ausdruck

Beispiel: `(index < max) && (cin >> zahl)`

`true`, solange `index` kleiner als `max` ist und eine Zahl erfolgreich eingelesen werden kann. Ist bereits `index < max` nicht erfüllt, so wird auch keine Zahl mehr eingelesen! Eine wichtige Besonderheit der logischen Operatoren `&&` und `||` ist nämlich, dass die Bewertungsreihenfolge festgelegt ist: Zuerst wird der linke Operand bewertet. Steht dann das Ergebnis schon fest, so wird der rechte Operand nicht mehr bewertet!

Der **NICHT-Operator** `!` liefert genau dann `true`, wenn sein Operand „falsch" ist. Enthält die Variable `flag` etwa den Wert `false` (bzw. den Wert `0`), so liefert `!flag` den booleschen Wert `true`.

Vorrang boolescher Operatoren

Der Operator && hat einen höheren Vorrang als `||`. Der Vorrang beider Operatoren ist zwar höher als der von Zuweisungen, aber niedriger als der Vorrang aller übrigen bisher verwendeten Operatoren. In den obigen Beispielen dürfen deshalb die Klammern weggelassen werden.

Der Operator `!` hat als unärer Operator einen hohen Vorrang. Vergleichen Sie hierzu auch die Vorrangtabelle im Anhang.

Implizite Typumwandlungen

Ganzzahl-Erweiterung

bool
char, **signed char**, **unsigned char**
short
→ **int**

unsigned short → **int** falls `int` gleich `long`
unsigned short → **unsigned int** falls `int` gleich `short`

Hierarchie der Datentypen

long double
↑
double
↑
float
↑
unsigned long
↑
long
↑
unsigned int
↑
int

(**unsigned int** ↑ **int**: entfällt, falls `int` äquivalent zu `long`)

Beispiel:

```
short size(512);  double erg, x = 1.5;
erg = size / 10 * x;     // short -> int -> double
      \_______/
         int
```

In C++ ist es möglich, in einem Ausdruck arithmetische Datentypen zu mischen. Das bedeutet, dass die Operanden eines Operators verschiedene Datentypen haben können. Der Compiler nimmt dann automatisch eine *implizite Typanpassung* vor. Hierbei erhalten die Werte der Operanden einen gemeinsamen Datentyp, mit dem die Operation durchgeführt werden kann. Generell gilt, dass der „kleinere" Datentyp in den „größeren" umgewandelt wird. Eine Ausnahme bildet hier die Zuweisung, die noch gesondert behandelt wird.

Das Ergebnis einer arithmetischen Operation besitzt den gemeinsamen Datentyp, mit dem „gerechnet" wurde. Dagegen hat ein Vergleichsausdruck immer den Typ `bool`, unabhängig vom Typ der Operanden.

Ganzzahl-Erweiterung

In jedem Ausdruck wird zunächst die *Ganzzahl-Erweiterung* (engl. *integral promotion*) durchgeführt:

- `bool, char, signed char, unsigned char` und `short` werden zu `int` konvertiert.
- `unsigned short` wird ebenfalls zu `int` konvertiert, wenn der Datentyp `int` größer als `short` ist, andernfalls zu `unsigned int`.

Diese Typumwandlung wird so vorgenommen, dass die Werte erhalten bleiben. Bei booleschen Werten wird `false` in `0` und `true` in `1` umgewandelt.

In C++ wird also immer mit Werten „gerechnet", die mindestens den Datentyp `int` besitzen. Ist etwa `c` eine `char`-Variable, so werden im Ausdruck

Beispiel: `c < 'a'`

vor dem Vergleich die Werte von `c` und `'a'` zu `int` erweitert.

Übliche arithmetische Typumwandlungen

Treten nach der Ganzzahl-Erweiterung noch Operanden mit verschiedenen arithmetischen Datentypen auf, so sind weitere implizite Typanpassungen notwendig. Diese erfolgen gemäß der nebenstehenden Hierarchie. Dabei ist der Datentyp des Operanden maßgebend, der in dieser Hierarchie am weitesten oben steht. Diese Typumwandlungen zusammen mit der Ganzzahl-Erweiterung heißen *übliche arithmetische Typumwandlungen*.

Im Beispiel `size/10 * x` wird zunächst der Wert von `size` zu `int` erweitert und die Ganzzahldivision `size/10` durchgeführt. Dann wird das Zwischenergebnis `51` in `double` konvertiert und mit `x` multipliziert.

Die üblichen arithmetischen Typumwandlungen werden bei allen binären Operatoren und dem Auswahloperator `?:` durchgeführt, sofern die Operanden einen arithmetischen Datentyp besitzen. Davon ausgenommen sind nur der Zuweisungsoperator sowie die logischen Operatoren `&&` und `||`.

Implizite Typumwandlungen bei Zuweisungen

1. Beispiel:

```
int i = 100;
long lg = i + 50;                    // Ergebnis vom Typ int wird
                                        // in long umgewandelt.
```

2. Beispiel:

```
long lg = 0x654321;  short st;
st = lg;                      //0x4321 wird an st zugewiesen.
```

3. Beispiel:

```
int i = -2;  unsigned int ui = 2;
i = i * ui;
// Zunächst wird der Wert von i in unsigned int
// umgewandelt (Erhaltung des Bitmusters) und
// mit 2 multipliziert (Überlauf!).
// Das Bitmuster des Ergebnisses wird bei der
// Zuweisung wieder als int-Wert interpretiert,
// d.h. -4 wird in i abgespeichert.
```

4. Beispiel:

```
double db = -4.567;
int i;  unsigned int ui;
i = db;                                 //  Zuweisung von -4.
i = db - 0.5;                           //  Zuweisung von -5.
ui = db;                           // -4 nicht in ui darstellbar.
```

5. Beispiel:

```
double d = 1.23456789012345;

float f;

f = d;                        // 1.234568 wird an f zugewiesen.
```

In einer *Zuweisung* können ebenfalls arithmetische Datentypen gemischt werden. Der Compiler passt den Typ des Wertes rechts vom Zuweisungsoperator dem Typ der Variablen auf der linken Seite an.

Bei einer *zusammengesetzten Zuweisung* wird zunächst die Berechnung mit den üblichen arithmetischen Typumwandlungen durchgeführt. Erst anschließend erfolgt eine Typanpassung wie bei der einfachen Zuweisung.

Bei einer Zuweisung sind zwei Fälle zu unterscheiden:

1. Ist der Typ der Variablen „größer" als der Typ des zuzuweisenden Wertes, muss der Typ des Wertes erweitert werden. Dabei kommen die Regeln zur Anwendung, die für die üblichen arithmetischen Typumwandlungen gelten (siehe 1. Beispiel).
2. Im umgekehrten Fall ergibt sich die Notwendigkeit, den Datentyp des zuzuweisenden Wertes zu „verkleinern". Im einzelnen werden folgende Verfahren angewendet:

a) Umwandlung eines ganzzahligen Typs in einen kleineren Typ

- Die Umwandlung in einen kleineren Typ erfolgt durch Abschneiden des/der höherwertigen Bytes. Das verbleibende Bitmuster wird ohne Vorzeichen interpretiert, falls der neue Typ `unsigned` ist, andernfalls mit Vorzeichen. Der Wert bleibt nur dann erhalten, wenn er mit dem neuen Typ darstellbar ist (siehe 2. Beispiel).
- Ist ein `unsigned`-Typ in den `signed`-Typ gleicher Größe zu konvertieren, so bleibt das Bitmuster erhalten. Dieses wird dann mit Vorzeichen interpretiert (siehe 3. Beispiel).

b) Umwandlung eines Gleitpunkt-Typs in einen ganzzahligen Typ

Der gebrochene Anteil der Gleitpunktzahl wird abgeschnitten. Zum Beispiel ergibt `1.9` die ganze Zahl `1`. Eine Rundung kann durch Addition von `0.5` zu einer positiven Gleitpunktzahl bzw. Subtraktion von `0.5` von einer negativen Gleitpunktzahl erreicht werden. So wird `(1.9 + 0.5)` in `2` konvertiert.

Ist die entstehende Ganzzahl zu groß oder zu klein für den neuen Datentyp, so ist das Ergebnis undefiniert. Insbesondere ist nicht festgelegt, wie eine negative Gleitpunktzahl in eine Ganzzahl vom Typ `unsigned` konvertiert wird (siehe 4. Beispiel).

c) Umwandlung eines Gleitpunkt-Typs in einen kleineren Typ

Liegt die Gleitpunktzahl im Wertebereich des neuen Datentyps, so bleibt der Wert erhalten, eventuell mit einer geringeren Genauigkeit. Ist der Wert zu groß für die Darstellung im neuen Typ, so ist das Ergebnis undefiniert (siehe 5. Beispiel).

Weitere Typumwandlungen

Beispielprogramm

```
//----------------------------------------------------------
// Ellipse.cpp
// Dieses Programm zeichnet eine Ellipse.
// Für die Punkte (x,y) einer Ellipse mit dem
// Mittelpunkt (0,0) und den Achsen A und B gilt:
//   x = A*cos(t), y = B*sint(t)  für 0 <= t <= 2*PI .
// ---------------------------------------------------------
//  Für die Bildschirmsteuerung werden die Makros
//  der Datei myMakros.h aus Kapitel 7 verwendet.
// ---------------------------------------------------------

#include <iostream>
#include <cmath>            // Prototypen von sin() und cos()
#include "myMakros.h"       // Definition der Makros
                            // CLS: Bildschirm löschen,
                            // LOCATE(z,s): Cursor in Zeile z
                            // und Spalte s positionieren.
using namespace std;

const double PI = 3.1416;
const int Mx = 40,              // Der Punkt (Mx, My) ist der
          My = 12,              // Mittelpunkt der Ellipse.
          A  = 25,              // Länge der Hauptachse,
          B  = 10;              // Länge der Nebenachse.

int main()
{
    int x, y; // ganzzahlige Bildschirmkoordinaten.
              // x-Kordinate = Spalte, y-Kordinate = Zeile.
    CLS;
    // 0 <= t <= PI/2 ist ein 1/4-Kreis:
    for( double t = 0.0 ; t <= PI/2 ; t += PI/80)
    {
       // Berechnung der Punktkoordinaten.
       // Konvertierung in int notwendig (x, y ganzzahlig).
       x = (int) (A * cos(t) + 0.5);
       y = (int) (B * sin(t) + 0.5);

       LOCATE( y+My, x+Mx);  cout << '*';
       LOCATE( y+My,-x+Mx);  cout << '*';
       LOCATE(-y+My, x+Mx);  cout << '*';
       LOCATE(-y+My,-x+Mx);  cout << '*';
    }
    LOCATE(24,1);
    return 0;
}
```

Implizite Typumwandlungen bei Funktionsaufrufen

Bei *Funktionsaufrufen* werden Argumente mit einem arithmetischen Datentyp wie bei der Zuweisung in den Typ des entsprechenden Parameters konvertiert.

Beispiel:

```
void func( short, double);        // Prototyp
int size = 1000;
// . . .
func( size, 77);                  // Aufruf
```

Die Funktion `func()` besitzt zwei Parameter mit den Typen `short` und `double`. Die Funktion wird aber mit zwei `int`-Argumenten aufgerufen. Daher wird implizit der Wert von `size` in `short` und die ganze Zahl `77` in `double` konvertiert.

Bei der Konvertierung von `int` in `short` wird der Compiler eine Warnung ausgeben, da es zum Datenverlust kommen kann. Um Warnungen bei Konvertierungen zu vermeiden, kann die explizite Typumwandlung eingesetzt werden.

Explizite Typumwandlungen

Es ist auch möglich, explizit den Typ eines Ausdrucks zu ändern. Dazu dient der *Cast-Operator* `(typ)`.

Syntax: `(typ) Ausdruck`

Hierbei wird der *Wert* des Ausdrucks in den angegebenen Typ konvertiert. Eine explizite Typumwandlung wird auch *Cast* genannt. Falls der Typ nur aus einem Wort besteht, ist auch die funktionale Schreibweise möglich: `typ(Ausdruck)`

Der Cast-Operator `(typ)` ist ein unärer Operator und hat demzufolge eine höhere Priorität als die arithmetischen Operatoren.

Beispiel:

```
int a = 1, b = 4;
double x;
x = (double)a/b;
```

Hier wird der Wert von `a` explizit zu `double` konvertiert. Wegen der üblichen impliziten Typanpassung wird dann auch `b` in `double` konvertiert und die Gleitpunkt-Division durchgeführt. Der Variablen `x` wird also das genaue Ergebnis `0.25` zugewiesen. Ohne den Cast würde die Ganzzahl-Division mit dem Ergebnis `0` durchgeführt.

Für die explizite Typumwandlung existieren in C++ noch weitere Operatoren, wie z.B. der Cast-Operator `dynamic_cast<>`. Diese Operatoren werden für besondere Anforderungen benötigt, z.B. für die Konvertierung von Klassen mit Laufzeitüberprüfung. Sie werden in späteren Kapiteln beschrieben.

Kapitel 6

Kontrollstrukturen

In diesem Kapitel lernen Sie die Anweisungen zur Kontrolle des Programmflusses kennen. Das sind:

- Schleifen mit `while`, `do-while` und `for`
- Verzweigungen mit `if-else`, `switch` und dem Auswahloperator
- bedingungsfreie Sprünge mit `goto`, `continue` und `break`

Die while-Schleife

Struktogramm zu while

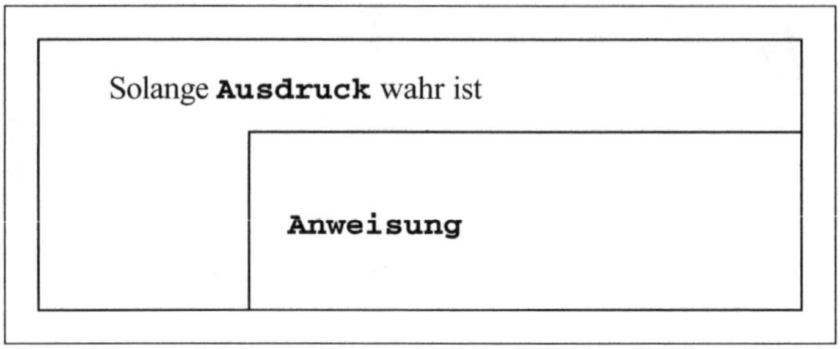

Beispielprogramm

```
// schnitt.cpp
// Berechnung des Durchschnitts ganzer Zahlen

#include <iostream>
using namespace std;
int main()
{
   int x, anzahl = 0;
   float summe = 0.0;

   cout << "Bitte geben Sie ganze Zahlen ein:\n"
           "(Abbruch mit beliebigem Buchstaben)"
        << endl;
   while( cin >> x )
   {
      summe += x;
      ++anzahl;
   }
   cout << "Der Durchschnitt der Zahlen: "
        << summe / anzahl << endl;

   return 0;
}
```

Beispiel für einen Programmablauf

```
Bitte geben Sie ganze Zahlen ein:
(Abbruch mit beliebigem Buchstaben)
9  10  12q

Der Durchschnitt der Zahlen: 10.3333
```

Schleifen werden gebildet, um eine Gruppe von Anweisungen mehrfach auszuführen. C++ bietet drei Sprachelemente zur Bildung von Schleifen: `while`, `do-while` und `for`. Die Anzahl der Schleifendurchläufe wird durch eine *Laufbedingung* festgelegt. Bei der `while`- und `for`-Anweisung wird die Laufbedingung zu Beginn eines Durchlaufs getestet, bei der `do-while`-Anweisung am Ende eines Durchlaufs.

Die `while` -Schleife hat folgende

Syntax:

```
while(Ausdruck)
   Anweisung                   //abhängige Anweisung
```

Zu Beginn der Schleife wird die Laufbedingung geprüft, d.h. der Wert von `Ausdruck` bestimmt. Ist dieser `true`, so wird die abhängige Anweisung ausgeführt. Anschließend wird die Laufbedingung erneut überprüft.

Ist die Laufbedingung „falsch", d.h. hat `Ausdruck` den Wert `false`, so wird das Programm mit der Anweisung fortgesetzt, die der `while`-Schleife folgt.

Üblicherweise wird die abhängige Anweisung im Quelltext in einer neuen Zeile eingerückt dargestellt, was die Lesbarkeit des Programms verbessert.

Beispiel:

```
int anzahl = 0;
while( anzahl < 10)
   cout << ++anzahl << endl;
```

Wie in diesem Beispiel ist die Laufbedingung typischerweise ein boolescher Ausdruck. Die Laufbedingung darf aber ein beliebiger Ausdruck sein, der in den Typ `bool` konvertiert werden kann. Dazu gehören alle Ausdrücke mit einem arithmetischen Typ. Wie schon von den booleschen Operatoren her bekannt ist, wird dabei der Wert `0` in `false` konvertiert, jeder andere Wert in `true`.

Blockbildung

Sollen in einer Schleife mehr als nur eine Anweisung wiederholt ausgeführt werden, so müssen die Anweisungen zu einem *Block* zusammengefasst, d.h. in geschweifte Klammern `{ }` eingeschlossen werden. Syntaktisch ist ein Block äquivalent zu einer Anweisung. Es kann also immer dort ein Block verwendet werden, wo in einer Syntaxbeschreibung eine Anweisung gefordert ist.

Das nebenstehende Programm berechnet den Durchschnitt von Ganzzahlen, die über die Tastatur eingegeben werden. Da die Schleife zwei Anweisungen umfasst, müssen diese zu einem Block zusammengefasst werden.

Die Laufbedingung `cin >> x` ist erfüllt, solange der Anwender eine ganze Zahl eingibt. Die Konvertierung des Ausdrucks `cin >> x` in den Typ `bool` liefert nämlich `true`, wenn die Eingabe erfolgreich war, andernfalls `false`. Damit wird die Schleife beendet und die nachfolgende Ausgabeanweisung ausgeführt, sobald der Anwender keine Zahl, sondern einen Buchstaben eingibt.

Die for-Schleife

Struktogramm zu for

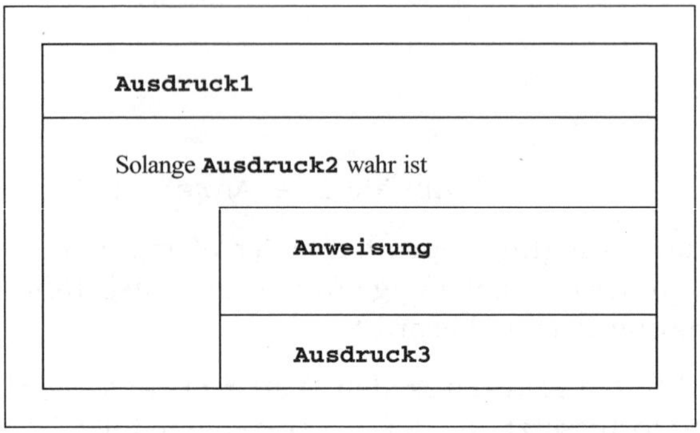

Beispielprogramm

```
// Euro1.cpp
#include <iostream>
#include <iomanip>
using namespace std;

int main()
{
   double kurs = 0.95;      // Preis von einem Euro
                            // in Dollar
   cout << fixed << setprecision(2);

   cout << "\tEuro \tDollar\n";

   for( int euro = 1; euro <= 5; ++euro)
     cout << "\t " << euro
          << "\t " << euro*kurs << endl;

   return 0;
}
```

Bildschirmausgabe

```
Euro     Dollar
 1       0.95
 2       1.90
 3       2.85
 4       3.80
 5       4.75
```

Initialisierung und Reinitialisierung

Eine typische Schleife benutzt einen *Zähler*, der – einmal initialisiert – in der Laufbedingung überprüft und am Ende eines Durchlaufs reinitialisiert wird.

Beispiel:

```
int zaehler = 1;                      // Initialisierung
while( zaehler <= 10)                   // Laufbedingung
{
  cout << zaehler
       << ". Schleifendurchlauf" << endl;
  ++zaehler;                          // Reinitialisierung
}
```

Bei der `for`-Anweisung werden die Elemente zur Kontrolle der Schleife im Schleifenkopf zusammengefasst. Das obige Beispiel lautet als `for`-Schleife:

Beispiel:

```
int zaehler;
for( zaehler = 1; zaehler <= 10; ++zaehler)
   cout << zaehler
        << ". Schleifendurchlauf" << endl;
```

Für die Initialisierung und Reinitialisierung der Schleife sind beliebige Ausdrücke zulässig. Somit hat die `for`-Schleife die folgende

Syntax:

```
for( Ausdruck1; Ausdruck2; Ausdruck3 )
   Anweisung
```

Als erstes – und nur einmal – wird `Ausdruck1` ausgeführt und damit die Initialisierung vorgenommen. `Ausdruck2` ist die Laufbedingung. Diese wird zu Beginn jedes Schleifendurchlaufs bewertet:

- Ergibt `Ausdruck2` den Wert `false`, so wird die Schleife beendet.
- Ergibt `Ausdruck2` den Wert `true`, so wird die abhängige Anweisung ausgeführt. Anschließend wird die Reinitialisierung `Ausdruck3` durchgeführt und `Ausdruck2` erneut geprüft.

Der Schleifenzähler darf auch direkt im `Ausdruck1` definiert werden. Er kann dann innerhalb der Schleife benutzt werden, allerdings nicht mehr nach dem Verlassen der Schleife.

Beispiel:

```
for( int i = 0; i < 10; cout << i++ )
   ;
```

Wie dieses Beispiel zeigt, kann die abhängige Anweisung auch eine leere Anweisung sein. Das ist immer dann der Fall, wenn alle nötigen Anweisungen im Schleifenkopf enthalten sind. Der besseren Übersicht wegen sollte auch die leere Anweisung in einer eigenen Zeile stehen.

Die for-Schleife (Fortsetzung)

Beispielprogramm

```
// EuroDoll.cpp
// Ausgabe einer Kurstabelle:  Euro und US-$

#include <iostream>
#include <iomanip>
using namespace std;

int main()
{
   long   euro, maxEuro;         // Euro-Beträge
   double kurs;                  // Euro/$-Kurs

   cout << "\n* * * KURSTABELLE Euro - US-$ * * *\n\n";
   cout << "\nBitte den Preis von einem Euro in US-$"
           " eingeben: ";
   cin >> kurs;
   cout << "\nBitte die Obergrenze für Euro eingeben: ";
   cin >> maxEuro;

   //  ---  Ausgabe der Tabelle  ---

                                // Spaltenüberschriften:
   cout << '\n'
        << setw(12) << "Euro" << setw(20) << "US-$"
        << "\t\tKurs: " << kurs << endl;

                                // Ausgabeformat für $:
   cout << fixed << setprecision(2) << endl;

   long lower, upper,           // Unter-/Obergrenze
        step;                   // Schrittweite

         // Die äußere Schleife bestimmt die aktuelle
         // Untergrenze und die Schrittweite:
   for( lower=1, step=1; lower <= maxEuro;
                         step*= 10, lower = 2*step)
         // Die innere Schleife gibt einen "Block" aus:
     for( euro = lower, upper = step*10;
          euro <= upper && euro <= maxEuro; euro+=step)
       cout << setw(12) << euro
            << setw(20) << euro*kurs << endl;

   return 0;
}
```

Jeder der drei Ausdrücke in der `for`-Anweisung kann weggelassen werden. Es müssen jedoch stets zwei Semikolons ausgegeben werden. Der kürzeste Schleifenkopf ist daher:

Beispiel: `for(;;)`

Er bewirkt eine Endlosschleife, da bei fehlendem `Ausdruck2` die Laufbedingung als „wahr“ angenommen wird. Im folgenden

Beispiel: `for( ; Ausdruck; )`

ist der Schleifenkopf äquivalent zu `while(Ausdruck)`. Solange der Ausdruck wahr ist, wird die abhängige Anweisung ausgeführt.

Der Kommaoperator

Mit dem Kommaoperator können dort mehrere Ausdrücke angegeben werden, wo syntaktisch nur ein Ausdruck stehen darf. Beispielsweise können im Schleifenkopf einer `for`-Anweisung auch mehrere Variablen initialisiert werden. Der Kommaoperator hat folgende

Syntax: `Ausdruck1, Ausdruck2 [, Ausdruck3 ...]`

Die durch Komma getrennten Ausdrücke werden von links nach rechts der Reihe nach bewertet.

Beispiel:

```
int x, i, grenze;
for( i=0, grenze=8;  i < grenze;  i += 2)
   x = i * i,  cout << setw(10) << x;
```

Der Kommaoperator trennt die Zuweisungen an die Variablen `i` und `grenze`. Anschließend wird er benutzt, um in *einer* Anweisung den Wert von `x` zu berechnen und auszugeben.

Der Kommaoperator hat von allen Operatoren den niedrigsten Vorrang, auch niedriger als der von Zuweisungsoperatoren. Daher brauchen im obigen Beispiel keine Klammern gesetzt werden.

Ein Ausdruck mit dem Kommaoperator hat wie jeder Ausdruck in C++ einen Typ und einen Wert. Dies ist der Typ und Wert des letzten, durch Komma getrennten Ausdrucks.

Beispiel: `x = (a = 3, b = 5, a * b);`

Hier werden zunächst die Zuweisungen in der Klammer ausgeführt, und dann wird der Wert des Produkts `a * b` an `x` zugewiesen.

Die do-while-Schleife

Struktogramm zu do-while

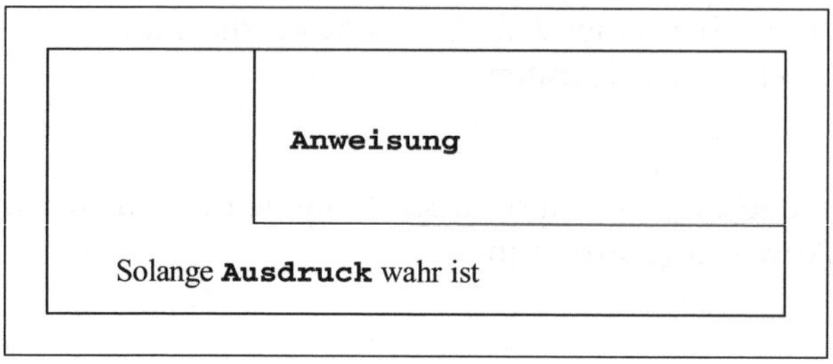

Beispielprogramm

```
// ton.cpp
#include <iostream>
using namespace std;

const long delay = 10000000L;

int main()
{
   int tic;
   cout << "\nWie oft soll ein Ton ausgegeben werden? ";
   cin >> tic;

   do
   {
     for( long i = 0; i < delay; ++i )
        ;
     cout << "Jetzt kommt der Ton!\a" << endl;
   }
   while( --tic > 0 );

   cout << "Ende der akustischen Einlage!\n";

   return 0;
}
```

Im Gegensatz zu den „kopfgesteuerten" `while`- und `for`-Schleifen ist die `do-while`-Schleife eine „fußgesteuerte" Schleife, d.h. die Laufbedingung wird erst am Ende eines Schleifendurchlaufs getestet. Das hat zur Folge, dass die abhängige Anweisung in jedem Fall mindestens *einmal* ausgeführt wird.

Syntax:

```
do
   Anweisung
while( Ausdruck);
```

Bei der Ausführung von `do-while` wird zunächst die abhängige Anweisung bearbeitet. Dann wird die Laufbedingung `Ausdruck` bewertet. Ist das Ergebnis `true`, beginnt ein neuer Schleifendurchlauf. Andernfalls wird die Schleife beendet.

Zu beachten ist, dass eine `do-while`-Schleife mit einem Semikolon abzuschließen ist.

Schachteln von Schleifen

Schleifen dürfen geschachtelt werden, d.h. die abhängige Anweisung in einer Schleife darf wieder eine Schleife enthalten. Gemäß dem ANSI-Standard ist eine Verschachtelungstiefe von mindestens 256 Kontrollanweisungen zulässig.

Das nebenstehende Programm gibt eine bestimmte Anzahl von Tönen aus. Die Anzahl gibt der Anwender über die Tastatur ein.

Das Programm enthält zwei ineinander geschachtelte Schleifen. Bei jedem Durchlauf der äußeren `do-while`-Schleife wird zunächst eine kurze Pause erzeugt. Dies geschieht mit der inneren `for`-Schleife, in der die Variable `i` von `0` auf den Wert von `delay` hochgezählt wird.

Anschließend werden ein Text und ein Ton ausgegeben. Der Ton entsteht durch die Ausgabe des Steuerzeichens BELL (ASCII-Code 7), das durch die Escape-Sequenz `\a` dargestellt wird.

Die Verwendung der `do-while`-Anweisung bewirkt, dass auch dann ein Ton ausgegeben wird, wenn der Anwender `0` oder eine negative Zahl eingibt.

Verzweigungen mit if-else

Struktogramm zur if-else-Anweisung

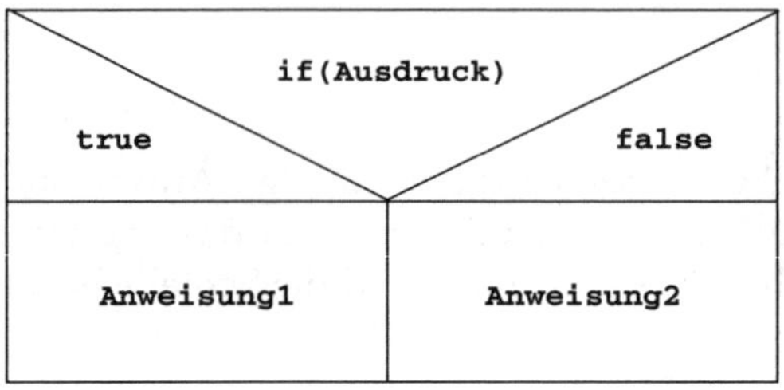

Beispielprogramm

```
// if_else.cpp
// Demo zur Verwendung der if-else-Anweisung

#include <iostream>
using namespace std;
int main()
{
   float x, y, min;

   cout << "Geben Sie zwei verschiedene Zahlen ein:\n";

   if( cin >> x && cin >> y)   // Falls beide Eingaben
   {                           // erfolgreich sind,
     if( x < y )               // das Minimum ermitteln.
        min = x;
     else
       min = y;
     cout << "\nDie kleinere Zahl ist: " << min << endl;
   }
   else
     cout << "\nFehlerhafte Eingabe!" << endl;

   return 0;
}
```

Beispiel für einen Programmablauf

```
Geben Sie zwei verschiedene Zahlen ein:
7.5  5.7
Die kleinere Zahl ist: 5.7
```

Mit der Anweisung `if-else` kann eine Auswahl zwischen zwei verschiedenen Anweisungen getroffen werden.

Syntax:
```
if( Ausdruck )
   Anweisung1
[ else
   Anweisung2 ]
```

Bei der Programmausführung wird zunächst der `Ausdruck` bewertet und entsprechend verzweigt: Ist das Ergebnis `true`, so wird die `Anweisung1` ausgeführt, andernfalls die `Anweisung2`, sofern der `else`-Zweig vorhanden ist. Gibt es keinen `else`-Zweig und liefert der `Ausdruck` den Wert `false`, so wird direkt zur nächsten Anweisung nach der `if`-Anweisung verzweigt.

Verschachtelte if-else-Anweisungen

Wie das nebenstehende Programm zeigt, können mehrere `if-else`-Anweisungen geschachtelt werden. Nicht jede `if`-Anweisung muss aber einen `else`-Zweig besitzen. Das daraus entstehende Problem ist so gelöst, dass ein `else`-Zweig immer zum letzten `if` gehört, dem noch kein `else` zugeordnet ist.

Beispiel:
```
if( n > 0 )
   if( n%2 == 1 )
      cout << "Positive und ungerade Zahl";
   else
      cout << "Positive und gerade Zahl";
```

Hier gehört der `else`-Zweig zum zweiten `if`, was durch das Einrücken auch sichtbar gemacht ist. Um eine andere Zugehörigkeit eines `else`-Zweiges zu erreichen, kann ein Block gebildet werden.

Beispiel:
```
if( n > 0 )
{  if( n%2 == 1 )
      cout << "Positive und ungerade Zahl\n";
}
else
   cout << "Zahl negativ oder null\n";
```

Variablen-Definition im if-Ausdruck

Im `if`-Ausdruck kann eine Variable mit Initialisierung definiert werden. Der Ausdruck ist wahr, wenn die Konvertierung des Variablen-Wertes in den Typ `bool` das Ergebnis `true` liefert. Die Variable steht dann innerhalb der `if`-Anweisungen zur Verfügung.

Beispiel:
```
if( int x = func() )
{ . . . }              // Hier mit x arbeiten.
```

Die Variable `x` wird mit dem Return-Wert der Funktion `func()` initialisiert. Ist dieser nicht `0`, werden die Anweisungen im anschließenden Block ausgeführt. Nach dem Verlassen der `if`-Anweisung existiert die Variable `x` nicht mehr.

else-if-Ketten

Struktogramm zur else-if-Kette

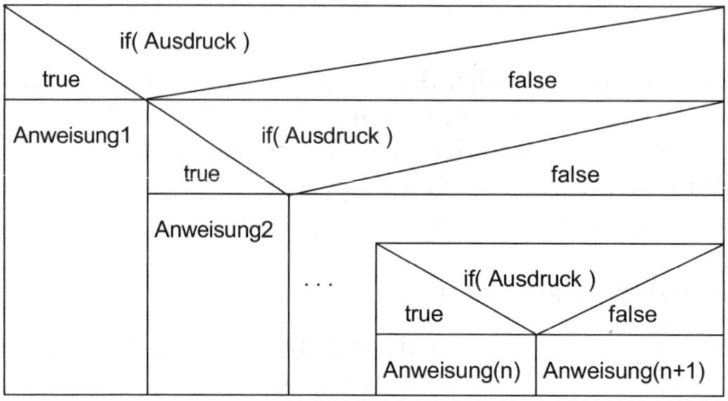

Beispielprogramm

```
// geschw.cpp
// Bußgeld für zu schnelles Fahren ausgeben.

#include <iostream>
using namespace std;

int main()
{
   float grenze, geschw, zuviel;
   cout << "\nGeschwindigkeitsgrenze: ";
   cin >> grenze;
   cout << "\nGeschwindigkeit: ";
   cin >> geschw;

   if( (zuviel = geschw - grenze ) < 10)
     cout << "Sie haben nochmal Glück gehabt!" << endl;
   else if( zuviel < 20)
     cout << "Bußgeld fällig: 40,-. Euro" << endl;
   else if( zuviel < 30)
     cout << "Bußgeld fällig: 80,-. Euro" << endl;
   else
     cout << "Führerschein abgeben!" << endl;

   return 0;
}
```

Layout und Ablauf

Mit einer else-if-Kette kann die Auswahl einer von mehreren Alternativen programmiert werden. Eine else-if-Kette ist nichts anderes als eine Folge ineinander geschachtelter if-else-Anweisungen, deren Layout üblicherweise diese Form hat:

```
if ( Ausdruck1 )
   Anweisung1
else if( Ausdruck2 )
   Anweisung2
       .
       .
       .
else if( Ausdruck(n) )
   Anweisung(n)
[ else Anweisung(n+1)]
```

Bei Ausführung der else-if-Kette werden Ausdruck1, Ausdruck2, ... der Reihe nach bewertet. Beim ersten Ausdruck, der „wahr" ist, wird die abhängige Anweisung bearbeitet. Dann ist die gesamte else-if-Kette beendet! Trifft keiner der Ausdrücke Ausdruck1, ..., Ausdruck(n) zu, so wird der else-Zweig der letzten if-Anweisung ausgeführt. Fehlt dieser else-Zweig, so wird das Programm direkt mit der Anweisung fortgesetzt, die der else-if-Kette folgt.

Zum Beispielprogramm

Das nebenstehende Programm verwendet eine else-if-Kette, um die „Konsequenzen" einer Geschwindigkeitsüberschreitung zu bestimmen und auf dem Bildschirm auszugeben. Die Geschwindigkeitsgrenze und die tatsächliche Geschwindigkeit werden von der Tastatur eingelesen. Gibt der Anwender beispielsweise 60 als Geschwindigkeitsgrenze und 97.5 als tatsächliche Geschwindigkeit ein, so treffen die ersten drei Ausdrücke nicht zu. Daher wird der letzte else-Zweig ausgeführt. Damit wird in einer neuen Zeile die Meldung Führerschein abgeben! angezeigt.

Initialisierte Bedingungen

Es ist möglich, im Kopf einer if-Anweisung vor dem Bedingungsausdruck eine Initialisierung vorzunehmen. Die Initialisierung schließt stets mit einem Semikolon ab.

Beispiel: `if (int x = result(); x >0) return -x;`
ist bis auf den Geltungsbereich von x äquivalent zu:

```
int x = result();
if( x > 0) return -x;
```

Eine im Anweisungskopf deklarierte Variable existiert nur innerhalb der Anweisung.

Bedingte Bewertung

Struktogramm zur bedingten Bewertung

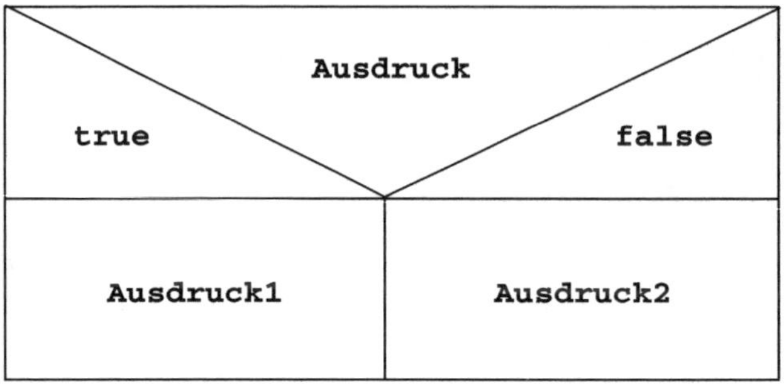

Beispielprogramm

```
// groesser.cpp
#include <iostream>
using namespace std;

int main()
{
   float x, y;

   cout << "Geben Sie zwei verschiedene Zahlen ein:\n";
   if( !(cin >> x && cin >> y) ) // Falls eine Eingabe
   {                             // nicht erfolgreich.
      cout << "\nFehlerhafte Eingabe!" << endl;
   }
   else
   {
      cout << "\nDie größere Zahl ist: "
           << (x > y ? x : y)  << endl;
   }

   return 0;
}
```

Beispiel für einen Programmablauf

```
Geben Sie zwei verschiedene Zahlen ein:
173.2
216.7
Die größere Zahl ist: 216.7
```

Auswahloperator

In einer bedingten Bewertung wird mit Hilfe des Auswahloperators `?:` eine einfache Verzweigung gebildet. Im Gegensatz zur `if-else`-Anweisung beruht die Verzweigung auf der Basis von Ausdrücken: Es wird ein Ausdruck von möglichen Ausdrücken ausgewählt. Die bedingte Bewertung ist oft eine prägnante Alternative zur if-else-Anweisung.

Syntax: `Ausdruck ? Ausdruck1 : Ausdruck2`

Zunächst wird `Ausdruck` bewertet. Ist das Ergebnis `true`, so wird `Ausdruck1`, andernfalls `Ausdruck2` ausgeführt. Das Ergebnis der bedingten Bewertung ist also der Wert von `Ausdruck1` oder `Ausdruck2`.

Beispiel: `z = (a >= 0) ? a : -a;`

Hier wird der Absolutwert von `a` in die Variable `z` gespeichert. Enthält `a` etwa den positiven Wert `12`, so wird die Zahl `12` an `z` zugewiesen. Ist der Wert von `a` jedoch negativ, z.B. `-8`, so wird die Zahl `8` an `z` zugewiesen.

Da in diesem Beispiel das Ergebnis der bedingten Bewertung an die Variable `z` zugewiesen wird, ist die Anweisung äquivalent zu:

```
if( a >= 0 )
   z = a;
else
   z = -a;
```

Vorrang

Der Auswahloperator ist der einzige Operator in C++ mit drei Operanden. Sein Vorrang ist höher als der des Kommaoperators und der Zuweisungsoperatoren, jedoch niedriger als der aller anderen Operatoren. Daher könnten im ersten Beispiel auch die Klammern weggelassen werden.

Das Ergebnis einer bedingten Bewertung kann auch ohne Zuweisung weiterverwendet werden, wie das nebenstehende Beispielprogramm zeigt. Hier wird `x` auf dem Bildschirm ausgegeben, wenn `x` größer als `y` ist, andernfalls wird `y` `ausgegeben`.

Bei komplexen Ausdrücken sollte jedoch das Ergebnis einer Variablen zugewiesen werden, damit das Programm lesbar bleibt.

Auswahl mit switch

Struktogramm zur switch-Anweisung

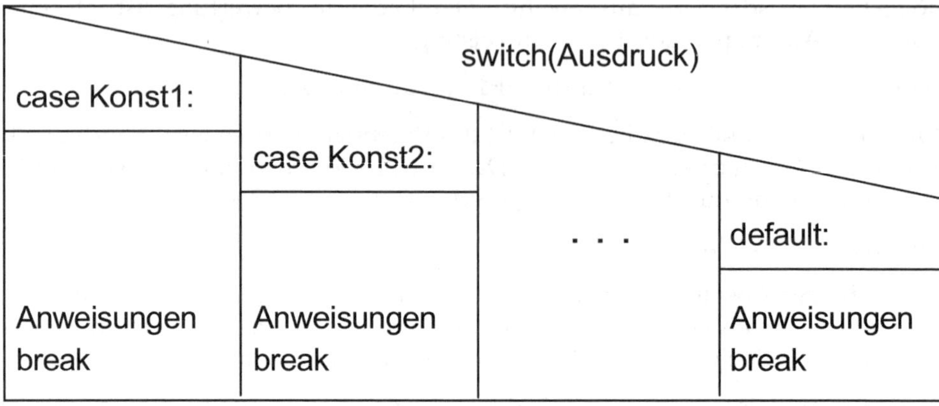

Beispielprogramm

```
// Ein in einem Menü eingegebenes Kommando abfragen.

int kommando = menu();       // Die Funktion menu() liest
                             // ein Kommando ein.
switch( kommando)            // Kommando auswerten.
{
  case 'a':
  case 'A': action1();         // 1. Aktion ausführen.
            break;
  case 'b':
  case 'B': action2();         // 2. Aktion ausführen.
            break;
  default:  cout << '\a' << flush; // Ton für falsches
}                                  // Kommando ausgeben.
```

Es ist auch möglich, im Kopf der `switch`-Anweisung dem Ausdruck eine Initialisierung voranzustellen. Diese wird mit einem Semikolon abgeschlossen.

Beispiel: `switch( int choice = menu(); choice)`
`{. . .}`
ist bis auf den Geltungsbereich von `choice` äquivalent zu:
`int choice = menu();`
`switch(choice){. . .}`

Die switch-Anweisung

Die `switch`-Anweisung (switch = Schalter) bietet wie eine `else-if`-Kette die Möglichkeit, eine von mehreren Alternativen auszuwählen. In einem `switch` wird der Wert *eines* Ausdrucks mit mehreren Konstanten verglichen.

```
switch( Ausdruck )
{
   case Konst1: [ Anweisungen ]
                [ break; ]
   case Konst2: [ Anweisungen ]
                [ break; ]
     .
     .
     .
   [default:  Anweisungen ]
}
```

Zunächst wird der `Ausdruck` im `switch` bewertet. Er muss einen ganzzahligen Typ haben. Das Ergebnis wird dann mit den Konstanten `Konst1`, `Konst2`, ... in den `case`-Marken verglichen. Die Konstanten müssen alle verschieden sein und ebenfalls einen ganzzahligen Typ haben (boolesche Werte und Zeichenkonstanten haben auch einen ganzzahligen Typ).

Stimmt der Wert des Ausdrucks mit einer `case`-Konstanten überein, so wird zu dieser `case`-Marke verzweigt. Danach wird das Programm sequenziell fortgesetzt, wobei die `case`-Marken keine Bedeutung mehr haben.

Mit der `break`-Anweisung kann der `switch` unmittelbar verlassen werden. Sie ist notwendig, wenn die Anweisungen der folgenden `case`-Marken nicht ausgeführt werden sollen.

Stimmt der Wert des Ausdrucks mit keiner der `case`-Konstanten überein, so wird zur `default`-Marke verzweigt, sofern diese vorhanden ist. Ohne `default`-Marke findet in diesem Fall keine Aktion statt. Die `default`-Marke muss nicht die letzte Marke sein, ihr können noch weitere `case`-Marken folgen.

Unterschied zur else-if-Kette

Die `else-if`-Kette ist im Vergleich zur `switch`-Anweisung die universellere Anweisung: Jede Auswahl kann mit einer `else-if`-Kette programmiert werden. Häufig ist es jedoch notwendig, dass der Wert eines ganzzahligen Ausdrucks mit einer Reihe von möglichen Werten verglichen werden muss. In diesen (und nur in diesen) Fällen kann die `switch`-Anweisung eingesetzt werden.

Wie das nebenstehende Beispielprogramm „Menüauswahl" zeigt, ist eine `switch`-Anweisung übersichtlicher als eine entsprechende `else-if`-Kette. Deshalb sollte der `switch` -Anweisung, falls möglich, der Vorzug gegeben werden.

Sprünge mit break, continue und goto

Struktogramm zur break-Anweisung in einer while-Schleife

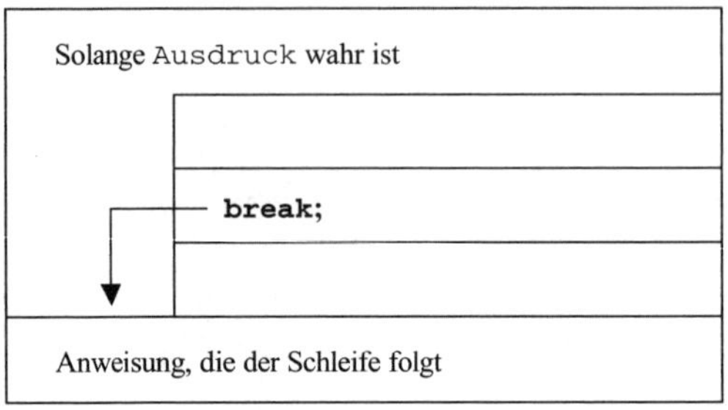

Beispielprogramm zu break

```
// ascii.cpp : Ausgabe einer ASCII-Code-Tabelle
#include <iostream>
#include <iomanip>
using namespace std;
int main()
{
   int ac = 32;                    // Ab ASCII-Code 32
                                   // ohne Steuerzeichen.
   while(true)
   {
     cout << "\n  Zeichen   Dezimal   Hexadezimal\n\n";
     int upper;
     for( upper = ac+20; ac < upper && ac < 256; ++ac)
        cout <<"       " << (char)ac      // als Zeichen
             << setw(10) << dec << ac
             << setw(10) << hex << ac << endl;

     if( upper >= 256)   break;

     cout <<"\nWeiter -> <Return>,  Ende -> <q>+<Return>";
     char answer;
     cin.get(answer);
     while (answer != '\n' && answer != 'q')
     {   cin.ignore(LLONG_MAX, '\n');  cin.get(answer);  }
     if( answer == 'q')
        break;
   }
   return 0;
}
```

Der Ausdruck `(char)ac` liefert den Wert von `ac` als `char`.

break

Die break-Anweisung veranlasst, dass ein switch oder eine Schleife unmittelbar verlassen wird. Mit break wird zur ersten Anweisung hinter dem switch bzw. der Schleife verzweigt.

Im nebenstehenden Programm, das jeweils 20 ASCII-Zeichen zusammen mit ihrem Code ausgibt, wird break an zwei Stellen benutzt: Mit dem ersten break wird die Endlos-Schleife while(true) { ... } verlassen, sobald die Obergrenze 256 erreicht ist. Andernfalls entscheidet der Anwender, ob das Programm fortgesetzt werden soll. Zur Beendigung der while-Schleife – und damit des Programms – dient hier die zweite break-Anweisung.

continue

Die Anweisung continue kann in Schleifen verwendet werden und bewirkt das Gegenteil von break: Es wird unmittelbar die nächste Wiederholung begonnen. In einer while- oder do-while-Schleife wird zur Laufbedingung, in einer for-Schleife zur Reinitialisierung verzweigt.

Beispiel:

```
for( int i = 0; i < 100; i++ )
{
   . . .      // Hier alle Zahlen bearbeiten.
   if( i % 2 == 1)
     continue;
   . . .      // Jetzt nur noch gerade Zahlen
              // bearbeiten.
}
```

goto und Marken

C++ bietet auch eine goto-Anweisung und Marken als mögliche Sprungziele. Damit kann ein beliebiger Sprung innerhalb derselben Funktion programmiert werden. Beispielsweise kann eine tief verschachtelte Schleifenkonstruktion sofort verlassen werden.

Beispiel:

```
for( . . . )
   for( . . . )
     if (error) goto errorcheck;
  . . .
errorcheck: . . .         // Fehlerbehandlung
```

Eine *Marke* ist ein Name, gefolgt von einem Doppelpunkt. Marken können vor jeder Anweisung stehen.

Jedes Programm kann auch ohne goto-Anweisung formuliert werden. Wenn trotzdem ein goto verwendet wird, sollte nur aus Blöcken herausgesprungen werden, niemals in einen Block hinein.

Kapitel 7

Symbolische Konstanten und Makros

Sie werden in diesem Kapitel die Definition symbolischer Konstanten und Makros kennenlernen. Deren Bedeutung und Einsatzmöglichkeiten werden aufgezeigt. Außerdem werden Standardmakros zur Behandlung von Zeichen vorgestellt.

Makros

```
// sintab.cpp
// Ausgabe einer Tabelle für die Sinus-Funktion

#include <iostream>
#include <iomanip>
#include <cmath>
using namespace std;

#define PI          3.1415926536
#define START        0.0              // Untergrenze
#define ENDE        (2.0 * PI)        // Obergrenze
#define SCHRITT     (PI / 8.0)        // Schrittweite
#define HEADER      (cout << \
  "  *****  Tabelle für die Sinus-Funktion  *****\n\n")

int main()
{
  HEADER;                             // Überschrift
                                      // Tabellenkopf:
  cout << setw(16) << "x" << setw(20) << "sin(x)\n"
       << "   -----------------------------------------"
       << fixed << endl;

  double x;
  for( x = START; x < ENDE + SCHRITT/2; x += SCHRITT)
     cout << setw(20) << x << setw(16) << sin(x)
          << endl;

  cout << endl << endl;
  return 0;
}
```

Bildschirmausgabe:

```
  ******  Tabelle für die Sinus-Funktion  ******

               x                  sin(x)
   -----------------------------------------
         0.000000             0.000000
         0.392699             0.382683
         0.785398             0.707107
            .                    .
            .                    .
            .                    .
```

C++ bietet einen einfachen Mechanismus, um Konstanten oder Befehlsfolgen einen Namen zu geben, d.h. *Makros* zu definieren. Dies geschieht mit der `#define`-Direktive des Präprozessors.

Syntax: `#define name Ersatztext`

Hiermit wird ein Makro `name` definiert. Der Präprozessor ersetzt dann überall im nachfolgenden Programmtext `name` durch `Ersatztext`. Zum Beispiel wird im nebenstehenden Programm in der ersten Übersetzungsphase überall der Name `PI` durch die Zahl `3.1415926536` ersetzt.

Es gibt eine Ausnahme von dieser allgemeinen Regel: Innerhalb von Zeichenketten findet keine Textersetzung statt. Zum Beispiel wird mit

```
cout << "PI";
```

nur `PI` und nicht der Zahlenwert von `PI` ausgegeben.

Symbolische Konstanten

Makros, deren Ersatztext eine Konstante ist, wie beispielsweise beim Makro `PI`, werden auch *symbolische Konstanten* genannt. Zu beachten ist, dass kein Gleichheitszeichen und kein Semikolon verwendet wird. Diese wären Teil des Ersatztextes.

Bereits definierte Makros können in nachfolgenden `#define`-Direktiven verwendet werden. So benutzt das nebenstehende Programm die symbolische Konstante `PI` zur Definition weiterer Konstanten.

Mehr zum Arbeiten mit Makros

Wie jede Präprozessor-Direktive muss auch die `#define`-Direktive in einer *eigenen* Zeile stehen. Ist der Ersatztext länger als eine Zeile, so kann die Zeile mit dem Backslash \ abgeschlossen und der Ersatztext in der folgenden Zeile fortgesetzt werden. Dies zeigt das nebenstehende Makro `HEADER`.

Für die Bildung von Makro-Namen gelten dieselben Regeln wie für die Namen von Variablen. Üblicherweise werden die Namen symbolischer Konstanten jedoch groß geschrieben, um sie im Programm besser von Variablennamen unterscheiden zu können.

Durch die Verwendung von Makros werden C++-Programme transparenter und flexibler. Es ergeben sich nämlich zwei wesentliche Vorteile:

1. ***Gute Lesbarkeit:*** Der Name eines Makros kann so gebildet werden, dass er einen Hinweis auf die Bedeutung enthält.
2. ***Änderungsfreundlichkeit:*** Soll z.B. der Wert einer Konstanten überall im Programm geändert werden, so muss bei einer symbolischen Konstanten nur der Wert in der `#define`-Direktive ersetzt werden.

Makros mit Parametern

Beispielprogramm

```
// printMakro.cpp : Wert in einer Feldbreite ausgeben.
// -----------------------------------------------------
#include <iostream>
using namespace std;

// Ausgabe von wert mit Feldbreite fb
#define printW(wert, fb) (cout.width(fb), cout << (wert))

int main()
{
   double x = 3.33;
   printW(1, 10); printW(2, 10) << endl;
   printW(x, 20) << endl;
   printW("Feldbreite 20", 20) << endl;
   return 0;
}
```

Verwendung von Makros in mehreren Quelldateien

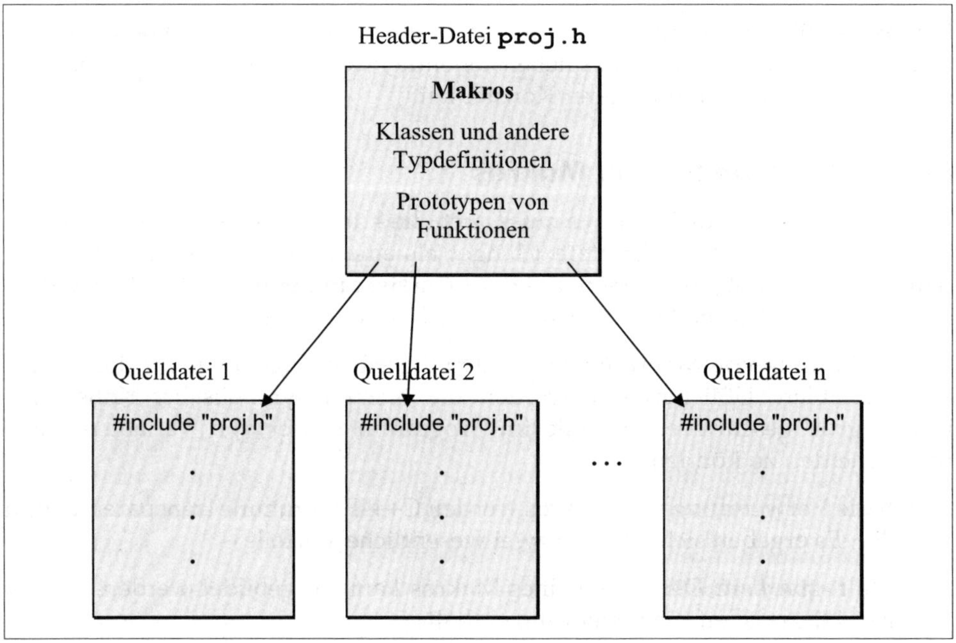

Es ist möglich, Makros mit Argumenten aufzurufen. Dazu müssen bei der Definition entsprechende Parameter angegeben werden. Das sind Platzhalter, die beim Aufruf des Makros durch die aktuellen Argumente ersetzt werden.

Beispiel: `#define QUADRAT(a)   ((a) * (a))`

Hier wird das Makro `QUADRAT()` mit einem Parameter `a` definiert. Dem Namen des Makros muss unmittelbar die sich öffnende Klammer folgen. Bei einem *Aufruf*, wie etwa

Beispiel: `z = QUADRAT(x+1);`

setzt der Präprozessor den Ersatztext mit den aktuellen Argumenten ein. Dies führt hier zur *Erweiterung*

```
z = ((x+1) * (x+1));
```

Dieses Beispiel zeigt auch, dass in einer Makro-Definition die Parameter sorgfältig geklammert werden müssen. Ohne die Klammern ergäbe der obige Aufruf von QUADRAT die Erweiterung `z = x + 1 * x + 1`.

Das nebenstehende Programm definiert das Makro `printW` mit zwei Parametern, das einen Wert in einem Feld bestimmter Größe ausgibt. Das Makro wird mehrfach aufgerufen, wobei die Werte einen unterschiedlichen Typ haben.

Mit Makros arbeiten

Sollen die gleichen Makros in verschiedenen Quelldateien verwendet werden, so ist es sinnvoll, sie in eine Header-Datei zu schreiben. Diese kann dann von jeder Quelldatei inkludiert werden. Bei einem größeren Software-Projekt benutzt dann jeder Mitarbeiter den gleichen Satz von Makro-Definitionen. Nebenstehend ist dieses Konzept am Beispiel der Header-Datei `proj.h` graphisch dargestellt.

Makros mit Parametern können wie Funktionen aufgerufen werden. Hierbei sind jedoch folgende wichtige Unterschiede zu beachten:

- **Makros:** Die Definition eines Makros muss dem Compiler *sichtbar* sein. Mit jedem Aufruf wird die entsprechende Erweiterung eingefügt. Es erfolgen keine Unterprogrammsprünge wie bei normalen Funktionsaufrufen.

  Bei Makros sind *Seiteneffekte* möglich, wenn im Ersatztext ein Parameter mehrfach erscheint. So führt der Aufruf `QUADRAT(++x)` zur Erweiterung `((++x) * (++x))`. Die Variable `x` wird also zweimal inkrementiert.

- **Funktionen:** Mit jedem Aufruf wird zur Funktion *verzweigt*, wodurch sich die Programmausführung gegenüber einem Makro verlangsamt. Die ausführbare Datei ist jedoch kürzer, da sie den Code der Funktion nur *einmal* enthält. Der Compiler überprüft den Typ der Argumente und Seiteneffekte wie bei Makros können nicht auftreten.

Eine Alternative zu den Makros sind `inline`-Funktionen und Funktions-Templates, die Sie in späteren Kapiteln kennenlernen werden.

Bedingte Kompilierung

Mehrfach-Inkludierung von Header-Dateien

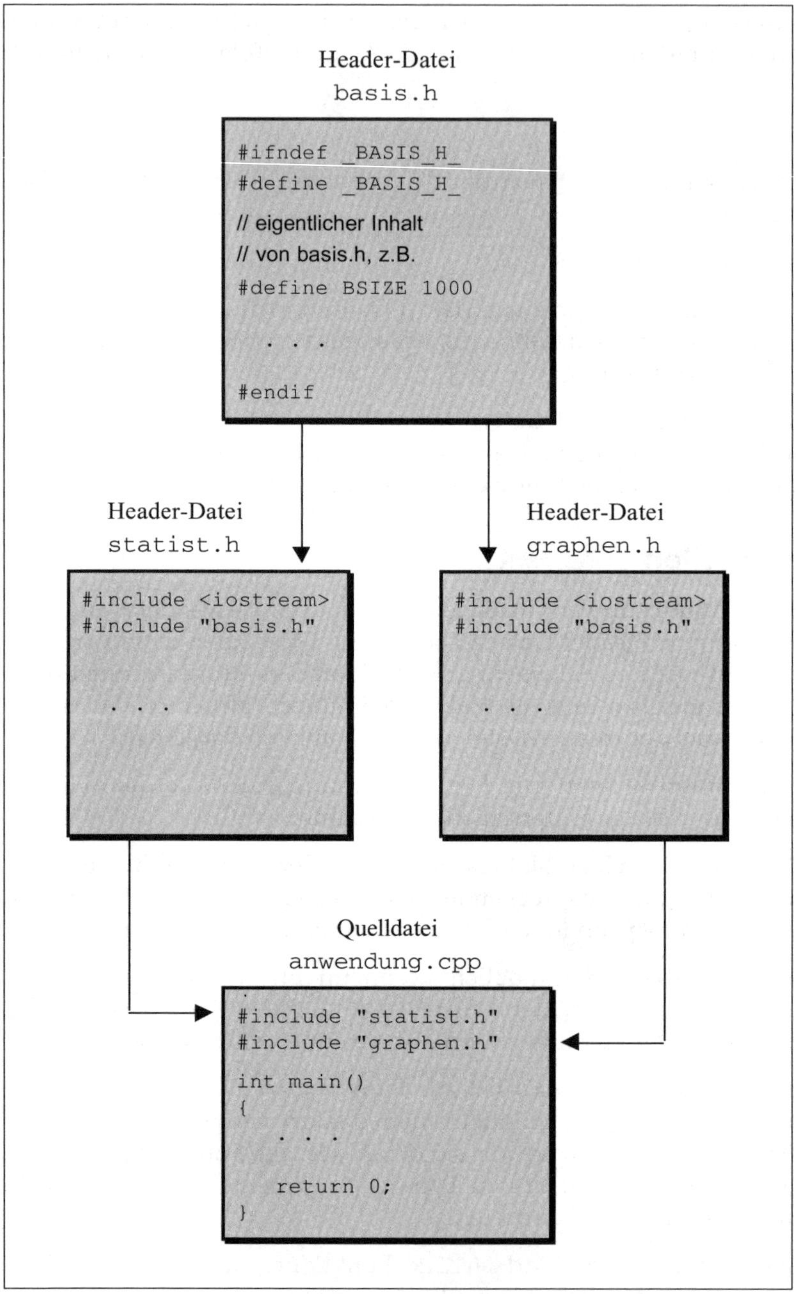

Neudefinition von Makros

Ein Makro kann nicht einfach neu definiert werden. Die Definition eines Makros ist so lange gültig, bis sie mit einer `#undef`-Direktive entfernt wird. Bei parametrisierten Makros muss hierbei die Parameterliste nicht angegeben werden.

Beispiel:

```
#define MIN(a,b)   ((a)<(b)? (a) : (b))
  . . .            // Hier kann MIN aufgerufen werden
#undef MIN
```

Anschließend ist das Makro `MIN` nicht mehr verwendbar. Es kann jedoch mit einer `#define`-Direktive neu definiert werden, möglicherweise mit einer anderen Bedeutung.

Bedingte Kompilierung

Damit der Compiler überprüfen kann, ob ein Makro definiert ist, stehen die Präprozessor-Direktiven `#ifdef` und `#ifndef` zur Verfügung.

Syntax:

```
#ifdef name
  . . .  // Block, der kompiliert wird,
         // falls name definiert ist.
#endif
```

Entsprechend wird bei der `#ifndef`-Direktive der Anweisungsblock bis zum nächsten `#endif` kompiliert, falls das Makro `name` **nicht** definiert ist.

Bei der bedingten Kompilierung sind auch `else`-Zweige und Verschachtelungen möglich. Die detaillierte Beschreibung finden Sie im Anhang des E-Books unter *Präprozessor-Direktiven*.

Wurde in der Definition eines Makros kein Ersatztext angegeben, so handelt es sich trotzdem um eine gültige Definition.

Beispiel:

```
#define MYHEADER
```

Die Definition eines Symbols ohne Ersatztext wird oft eingesetzt, um Header-Dateien zu identifizieren und ihre Mehrfach-Inkludierung zu vermeiden.

Ist beispielsweise `"artikel.h"` eine Header-Datei, so kann sie dadurch identifiziert werden, dass innerhalb der Header-Datei ein bestimmtes Symbol, z.B. ARTIKEL_H, definiert ist.

Beispiel:

```
#ifndef ARTIKEL_H
#define ARTIKEL_H
  . . .                    // Inhalt der Header-Datei
#endif
```

Wurde die Header-Datei bereits inkludiert, so ist das Symbol `ARTIKEL_H` schon definiert und der Inhalt der Header-Datei wird nicht erneut kompiliert. Von dieser Technik machen auch die Standard-Header-Dateien Gebrauch.

Standardmakros zur Behandlung von Zeichen

Beispielprogramm

```
//  toupper.cpp
//  Filter zur Umwandlung in Großbuchstaben
#include <iostream>
#include <cctype>
using namespace std;
int main()
{
   char c;
   while ( cin.get(c) )          // Solange ein Zeichen
   {                             // gelesen werden kann.
      switch( c )
      {  case 'ä':  c = 'Ä';        // deutsche Umlaute
                    break;
         case 'ö':  c = 'Ö';
                    break;
         case 'ü':  c = 'Ü';
                    break;
         case 'ß':  cout.put('S'); c = 'S';
                    break;
         default:   c = toupper(c);  // andere Zeichen
       }
       cout.put(c);   // Umgewandeltes Zeichen ausgeben.
   }
   return 0;
}
```

☞ Das Programm liest alle Zeichen bis zum Erreichen des Dateiendes. Beim Lesen von der Tastatur wird das „Dateiende“ durch die Tastenkombination Strg+Z (DOS/Windows) bzw. Strg+D (Unix) simuliert.

Makros zur Klassifizierung von Zeichen

Makro	Rückgabewert true bedeutet
isalpha(c)	c ist ein Buchstabe
islower(c)	c ist ein Kleinbuchstabe
isupper(c)	c ist ein Großbuchstabe
isdigit(c)	c ist eine dezimale Ziffer
isalnum(c)	c ist ein Buchstabe oder eine Ziffer
isspace(c)	c ist ein Zwischenraumzeichen
isprint(c)	c ist ein druckbares Zeichen

Im Folgenden werden verschiedene Makros vorgestellt, die einzelne Zeichen klassifizieren oder umwandeln. Die Makros sind in der Header-Datei `ctype.h` und `cctype` enthalten.

Buchstaben umwandeln

Mit dem Makro `toupper` können Kleinbuchstaben in Großbuchstaben umgewandelt werden. Sind beispielsweise `c1` und `c2` Variablen vom Typ `char` oder `int`, wobei `c1` den Code eines Kleinbuchstabens enthält, so wird mit

Beispiel:
```
c2 = toupper(c1);
```

der Variablen `c2` der entsprechende Großbuchstabe zugewiesen. Liegt in `c1` kein Kleinbuchstabe vor, so gibt `toupper(c1)` das Zeichen unverändert zurück.

Für die Umwandlung von Großbuchstaben in Kleinbuchstaben steht das entsprechende Makro `tolower` zur Verfügung.

Das nebenstehende Beispielprogramm liest Zeichen von der Standardeingabe, wandelt alle Kleinbuchstaben in Großbuchstaben um und gibt die Zeichen wieder aus. Da `toupper` standardmäßig nur die Buchstaben des englischen Alphabets berücksichtigt, werden deutsche Umlaute und der Buchstabe `ß` separat behandelt.

Ein derartiges Programm wird *Filterprogramm* genannt und kann auch auf Dateien angewendet werden. Mehr dazu erfahren Sie auf der nächsten Doppelseite.

Zeichen überprüfen

Zur Klassifizierung von Zeichen gibt es eine Reihe von Makros, deren Namen mit `is`... beginnen. So prüft beispielsweise das Makro `islower(c)`, ob `c` einen Kleinbuchstaben enthält. Trifft dies zu, so liefert `islower(c)` den Wert `true`, andernfalls `false`.

Beispiel:
```
char c;  cin >> c;       // Zeichen einlesen
if( !isdigit(c) )        // und überprüfen.
  cout << "Das Zeichen ist keine Ziffer\n";
```

Die folgende Anwendung von `islower()` zeigt eine mögliche Definition des Makros `toupper()`:

Beispiel:
```
#define toupper(c) \
        (islower(c) ? ((c)-'a'+'A') : (c))
```

Hierbei wird ausgenutzt, dass sich die Codes von Groß- und Kleinbuchstaben durch einen konstanten Wert unterscheiden. Das ist bei allen gängigen Zeichensätzen der Fall, z.B. im ASCII- und EBCDIC-Zeichensatz.

Zur Übersicht sind nebenstehend die wichtigsten Makros zur Klassifizierung von Zeichen zusammengestellt.

Umlenken von Standardeingabe und -ausgabe

Beispielprogramm

```
// zeilen.cpp
// Filterprogramm zur Numerierung von Zeilen.

#include <iostream>
#include <iomanip>
#include <string>
using namespace std;

int main()
{
   string zeile;
   int nummer = 0;

   while( getline( cin, zeile))  // Solange eine Zeile
   {                             // gelesen werden kann.
     cout << setw(5) << ++nummer << ": "
          << zeile << endl;
   }
   return 0;
}
```

Beispielaufrufe des Programms

1. Die Standardeingabe umlenken:

   ```
   zeilen < text.dat | more
   ```

   Dadurch wird die Textdatei `text.dat` mit Zeilennummern angezeigt. Zusätzlich wird der Datenstrom durch den Standardfilter `more` geschickt, der die Ausgabe nach jeder vollen Bildschirmseite anhält.

2. Die Standardausgabe umlenken:

   ```
   zeilen > neu.dat
   ```

   Hier liest das Programm von der Tastatur, schreibt die Ausgabe in die neue Datei `neu.dat`. Achtung! Existiert die Datei schon, wird sie überschrieben! Mit der Umlenkung

   ```
   zeilen >> text.dat
   ```

   wird die Ausgabe des Programms an die Datei `text.dat` *angehängt*. Falls die Datei `text.dat` noch nicht existiert, wird sie erzeugt.

Die Tastatureingabe ist mit [Strg]+[Z] (DOS) bzw. [Strg]+[D] (Unix) zu beenden.

Filterprogramme

Das vorhergehende Programm `toupper.cpp` liest Zeichen von der Standardeingabe, verarbeitet diese und schickt sie zur Standardausgabe. Derartige Programme heißen *Filter*.

Im Programm `toupper.cpp` wird die Schleife

```
while( cin.get(c)) { ... }
```

ausgeführt, solange die Laufbedingung `cin.get(c)` den Wert `true` liefert, d.h. solange erfolgreich ein Zeichen in die Variable c eingelesen werden kann. Die Schleife wird beendet, falls das Dateiende erreicht ist oder ein Fehler auftritt. Dann liefert nämlich die Laufbedingung `cin.get(c)` den Wert `false`.

Auch das nebenstehende Programm `zeilen.cpp` ist ein Filterprogramm. Es liest einen Text und gibt ihn mit Zeilennummern versehen wieder aus. Die Standardeingabe wird jedoch diesmal zeilenweise gelesen.

```
while( getline(cin,zeile)) { ... }
```

Auch die Laufbedingung `getline(cin,zeile)` ist so lange `true`, solange eine Zeile erfolgreich eingelesen werden kann.

Verwendung von Filterprogrammen

Die Nützlichkeit von Filterprogrammen ergibt sich aus der Tatsache, dass unter verschiedenen Betriebssystemen, wie z.B. unter DOS, Win9*, WinNT und UNIX, die Standardein- bzw. -ausgabe umgeleitet werden kann. Damit können auf einfache Weise Dateien manipuliert werden.

Soll beispielsweise die Datei `text.dat` mit Zeilennummern auf dem Bildschirm ausgegeben werden, so kann das Programm `zeilen` mit folgendem Kommando ausgeführt werden:

Beispiel: `zeilen < text.dat`

Dies bewirkt, dass das Programm nicht mehr von der Tastatur, sondern aus der Datei liest. Das heißt, die Standardeingabe wird umgelenkt.

Weitere Beispiele sind nebenstehend angegeben. Ein- und Ausgabe können auch beide gleichzeitig umgelenkt werden:

Beispiel: `zeilen < text.dat > neu.dat`

Hier wird der Inhalt von `text.dat` mit Zeilennummern in die Datei `neu.dat` geschrieben. Am Bildschirm erzeugt das Programm keine Ausgaben.

☞ Für diese Beispiele muss sich das übersetzte Programm `zeilen.exe` entweder im aktuellen Verzeichnis befinden oder in einem Verzeichnis, das in der PATH-Variablen des Systems aufgeführt ist.

Kapitel 8

Die Standardklasse string

In diesem Kapitel wird die Standardklasse `string` zur Darstellung von Strings vorgestellt. Neben der Definition von Strings werden auch die verschiedenen Möglichkeiten beschrieben, Strings zu manipulieren. Dazu gehört das Einfügen und Löschen, das Suchen und Ersetzen, das Vergleichen und Verketten von Strings.

Definition und Zuweisung von Strings

Initialisierung

```
string meldung = "Guten Morgen!";
```

Der String meldung im Speicher:

Zeichen-kette:	'G'	'u'	't'	'e'	'n'	' '	'M'	'o'	'r'	'g'	'e'	'n'	'!'
Länge:	13												

Objekte der Klasse `string` speichern nicht unbedingt das Stringende-Zeichen `'\0'`, wie dies bei C-Strings der Fall ist.

Beispielprogramm

```
// string1.cpp
#include <iostream>
#include <string>
using namespace std;
string prompt("Eine Zeile Text eingeben: "), // globale
       linie( 50, '*');                      // Strings
int main()
{
   string text;                     // leerer String
   cout << linie << endl << prompt << endl;
   getline( cin, text);             // Eine Zeile Text
                                    // von der Tastatur
   cout << linie << endl << "Ihr Text ist " << text.size()
        << " Zeichen lang!" << endl;

                                    // Zwei neue Strings:
   string kopie(text),              // eine Kopie und
          anfang(text,0,10);        // ab Position 0 die
                                    // ersten 10 Zeichen.
   cout << "Ihr Text:\n" << kopie << endl;
   text = "1234567890";             // Zuweisung
   cout << linie << endl
        << "Die ersten 10 Zeichen:\n" << anfang << endl
        << text << endl;
   return 0;
}
```

Zur Darstellung und Verarbeitung von Zeichenketten besitzt C++ die Standardklasse `string`. Sie erlaubt eine komfortable und sichere Handhabung von Zeichenketten. Bei Operationen mit Strings wird der erforderliche Speicherplatz automatisch reserviert bzw. angepasst. Der Programmierer braucht sich deshalb nicht um die interne Speicherreservierung zu kümmern.

Die Klasse `string` ist in der Header-Datei `string` deklariert. Sie wurde bereits in Kapitel 3 als Beispiel für die Verwendung von Klassen kurz vorgestellt. Für Strings sind verschiedene Operatoren überladen, d.h. auch für die Klasse `string` definiert worden. Damit können Strings auf einfache Weise kopiert, aneinandergehängt und verglichen werden. Darüber hinaus ermöglichen Methoden die Manipulation von Strings, wie beispielsweise das Einfügen, Löschen, Suchen oder Ersetzen in Strings.

Initialisierung von Strings

Ein String, also ein Objekt der Klasse `string`, kann bei der Definition initialisiert werden, und zwar mit

- einer vorgegebenen String-Konstanten
- einer bestimmten Anzahl eines Zeichens
- einem bereits definierten String oder einem Teil davon

Ohne explizite Initialisierung wird ein leerer String mit der Länge `0` erzeugt. Die Länge eines Strings, also die aktuelle Anzahl der Zeichen im String, wird intern mitgespeichert. Sie kann mit der Methode `length()` oder mit der äquivalenten Methode `size()` abgefragt werden.

Beispiel:
```
string meldung("Guten Morgen!");
cout << meldung.length();    // Ausgabe: 13
```

Zuweisen von Strings

Bei einer Zuweisung an einen String wird der aktuelle Inhalt durch eine neue Zeichenkette ersetzt. Es ist möglich, einem Objekt der Klasse `string`

- einen anderen String,
- eine String-Konstante oder
- ein einzelnes Zeichen

zuzuweisen. Dabei erfolgt die Anpassung der Speicherplatzerfordernisse wieder automatisch.

Das nebenstehende Programm verwendet die schon früher vorgestellte Funktion `getline()`, um eine Zeile Text von der Tastatur in einen String einzulesen. Im Gegensatz dazu liest der Operator >> immer nur ein Wort, wobei führende Zwischenraumzeichen ignoriert werden. In jedem Fall geht der alte Inhalt des Strings verloren.

Verketten von Strings

Beispielprogramm

```
// string2.cpp Textzeilen einlesen und in umgekehrter
//             Reihenfolge wieder ausgeben.

#include <iostream>
#include <string>
using namespace std;
string prompt("Geben Sie einen Text ein!\n"),
       linie( 50, '-');
int main()
{
   prompt += "Beenden Sie die Eingabe "
             "mit einer leeren Zeile.\n";
   cout << linie << '\n' << prompt << linie << endl;
   string text, zeile;          // leere Strings
   while( true)
   {
      getline( cin, zeile);     // Eine Zeile Text
                                // von der Tastatur
      if( zeile.length() == 0)  // Leere Zeile?
        break;                  // Ja ->Ende der Schleife
      text = zeile + '\n' + text;  // Neue Zeile vorn
                                   // einfügen.
   }
                                   // Ausgabe:
   cout << linie << '\n'
        << "Ihre Textzeilen in umgekehrter Reihenfolge:"
        << '\n' << linie << endl;
   cout << text << endl;
   return 0;
}
```

Beispielablauf

```
--------------------------------------------------
Geben Sie einen Text ein!
Beenden Sie die Eingabe mit einer leeren Zeile.
--------------------------------------------------
Babara, Bernhard und Susanne
gehen heute ins Kino
--------------------------------------------------
Ihre Textzeilen in umgekehrter Reihenfolge:
--------------------------------------------------
gehen heute ins Kino
Babara, Bernhard und Susanne
```

Für die Klasse `string` sind die Operatoren `+` und `+=` zur Verkettung und die Operatoren `==`, `!=`, `<`, `<=`, `>` und `>=` zum Vergleichen von Strings definiert. Auch wenn diese Operatoren auf Strings angewendet werden, gelten die bekannten Regeln: Der Operator `+` hat einen höheren Vorrang als die Vergleichsoperatoren, und diese haben wiederum einen höheren Vorrang als die Zuweisungsoperatoren `=` und `+=`.

Strings mit + verketten

Mit dem Operator + können Strings verkettet, d.h. aneinandergehängt werden.

Beispiel:
```
string summe, s1("Sonnen"), s2("blumen");
summe = s2 + s2;
```

Hier werden die beiden Strings `s1` und `s2` verkettet. Anschließend wird das Ergebnis `"Sonnenblumen"` dem String `summe` zugewiesen.

Zwei mit dem Operator + verkettete Strings bilden einen Ausdruck, der selbst den Datentyp `string` hat. Dieser kann wieder als Operand in einem komplexeren Ausdruck eingesetzt werden.

Beispiel:
```
string s1("Sonnen"),s2("blumen"),s3("kerne");
cout << s1 + s2 + s3;
```

Da der Operator + einen höheren Vorrang als der Operator << besitzt, wird zunächst die Verkettung ausgeführt und dann die „Summe" ausgegeben. Die Verkettung selbst erfolgt von links nach rechts. In Ausdrücken mit Strings sind als Operanden stets auch String-Konstanten oder einzelne Zeichen zulässig:

Beispiel:
```
string s("Guten Tag ");
cout << s + "Mister X" + '!';
```

Achtung! Mindestens ein Operand muss ein Objekt der Klasse `string` sein. Der Ausdruck `"Guten Tag" + "Mister X"` wäre nicht zulässig!

Strings mit += anhängen

Das Anhängen von Strings kann durch eine Verkettung mit anschließender Zuweisung erreicht werden.

Beispiel:
```
string s1("Mal wieder "),s2("Glück gehabt!");
s1 = s1 + s2;           // s2 an s1 anhängen
```

Hier wird ein temporäres Objekt mit dem Ergebnis von `s1 + s2` erzeugt und an `s1` zugewiesen. Zum gleichen Ergebnis führt die Verwendung des Zuweisungsoperators +=, der jedoch sehr viel effizienter ist.

Beispiel:
```
s1 += s2;               // s2 an s1 anhängen
s1 += "Glück gehabt!"; // auch möglich
```

Hier wird direkt im String `s1` der Inhalt des zweiten Strings angehängt. Daher ist der Operator `+=` der Kombination der Operatoren `+` und `=` vorzuziehen.

Strings vergleichen

Beispielprogramm

```
// string3.cpp Textzeilen einlesen und vergleichen.

#include <iostream>
#include <string>
using namespace std;
string prompt = "Geben Sie zwei Zeilen Text ein!\n",
       linie( 50, '-');
int main()
{
   string zeile1, zeile2, taste = "j";
   while( taste == "j" || taste == "J")
   {
     cout << linie << '\n' << prompt << linie << endl;
     getline( cin, zeile1);        // Erste Zeile,
     getline( cin, zeile2);        // zweite Zeile
                                   // von der Tastatur
     if( zeile1 == zeile2)
       cout << "Beide Zeilen sind gleich!" << endl;
     else
     {
       cout << "Die kleinere Zeile ist:\n\t";
       cout << (zeile1 < zeile2 ? zeile1 : zeile2)
            << endl;
       int len1 = zeile1.length(),
           len2 = zeile2.length();
       if( len1 == len2)
         cout << "Beide Zeilen sind gleich lang!\n";
       else
       { cout << "Die kürzere Zeile ist:\n\t";
         cout << (len1 < len2 ? zeile1 : zeile2)
              << endl;
       }
     }
     cout << "\nWiederholen? (j/n) ";
     do
       getline( cin, taste);
     while(    taste != "j" && taste != "J"
            && taste != "n" && taste != "N");
   }
   return 0;
}
```

Die Vergleichsoperatoren liefern für Strings nur dann das gewünschte Ergebnis, wenn mindestens ein Operand ein Objekt der Klasse `string` ist.

Um Zeichenfolgen in einfacher Weise vergleichen zu können, wurden in der Klasse `string` die Vergleichsoperatoren

```
==    !=    <    <=    >    >=    <=>
```

überladen. Damit können Strings zur Formulierung von Bedingungen in Verzweigungen und Schleifen eingesetzt werden.

Beispiel:

```
// str1 und str2 sind Objekte vom Typ string
if( str1 < str2)   // Falls str1 kleiner str2
  . . .
```

Ergebnis eines Vergleichs

Der Vergleich von Strings erfolgt lexikografisch, d.h. *zeichenweise*, beginnend beim ersten Zeichen. Um zu entscheiden, ob ein einzelnes Zeichen kleiner, größer oder gleich einem anderen Zeichen ist, werden die Zeichencodes des verwendeten Zeichensatzes verglichen. Im ASCII-Zeichensatz ist demnach das Zeichen `'A'` (ASCII-Wert `65`) kleiner als das Zeichen `'a'` (ASCII-Wert `97`).

Ein Vergleich liefert einen Wert vom Typ `bool`. Ausgenommen davon ist der mit C++20 eingeführte Spaceship-Operator <=>. Für zwei Strings `s1`, `s2` gilt:

`s1 == s2` hat genau dann den Wert `true`, wenn die beiden Zeichenfolgen identisch sind. Insbesondere sind dann beide String-Längen gleich.

`s1 < s2` hat genau dann den Wert `true`, wenn das erste unterschiedliche Zeichen von `s1` „kleiner“ als das von `s2` ist oder wenn `s2` eine „Verlängerung“ von `s1` ist.

Der Operator <=> liefert ein Objekt, das mit 0 vergleichbar ist, wobei gilt:

```
(s1 <=> s2) < 0    falls  s1 < s2
(s1 <=> s2) > 0    falls  s1 > s2
(s1 <=> s2) == 0   falls  s1 und s2 gleich sind.
```

Daraus folgt, dass alle anderen Vergleiche auf den Spaceship-Operator <=> rückführbar sind.

In einem Vergleichsausdruck mit Strings darf ein Operand wieder eine String-Konstante oder ein einzelnes Zeichen sein.

Beispiel:

```
while( taste == 'j' ) { . . . }
```

Hier wird der String `taste` mit dem einzelnen Zeichen `'j'` verglichen. Das ist eine gleichwertige Alternative zum Vergleich `taste == "j"`.

Auch String-Vergleiche können zu komplexeren Ausdrücken verknüpft werden.

Beispiel:

```
while( taste == "j" || taste == "J")
{ . . . }
```

Die Laufbedingung trifft zu, wenn der String `taste` genau einen Buchstaben `'J'` oder `'j'` enthält. Auf Grund des höheren Vorrangs der Vergleichsoperatoren gegenüber dem Operator || sind im Beispiel keine weiteren Klammern notwendig.

Einfügen und Löschen in Strings

Einfügen eines Strings

```
string s1("Frau Sommer");
s1.insert(5, "Sabine ");  // Einfügeposition: 5
```

Die Wirkung der Anweisung:

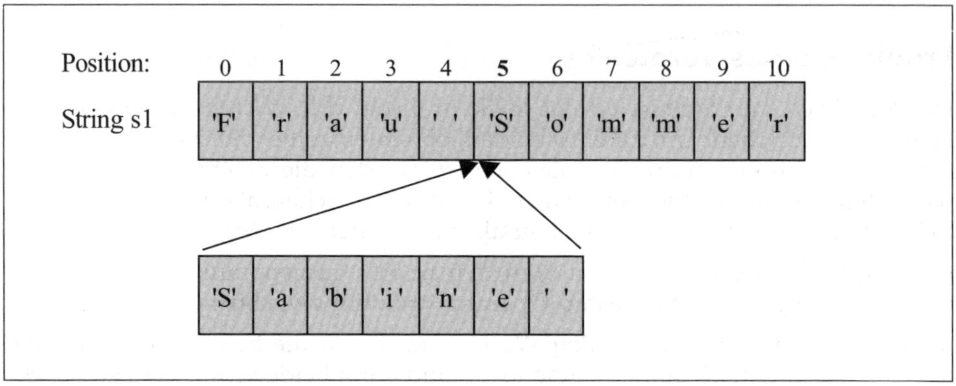

Löschen eines Teilstrings

```
string s("ein Sommertraum");
s.erase(4,6);     // Startposition: 4,  Anzahl: 6
```

Die Wirkung der Anweisung:

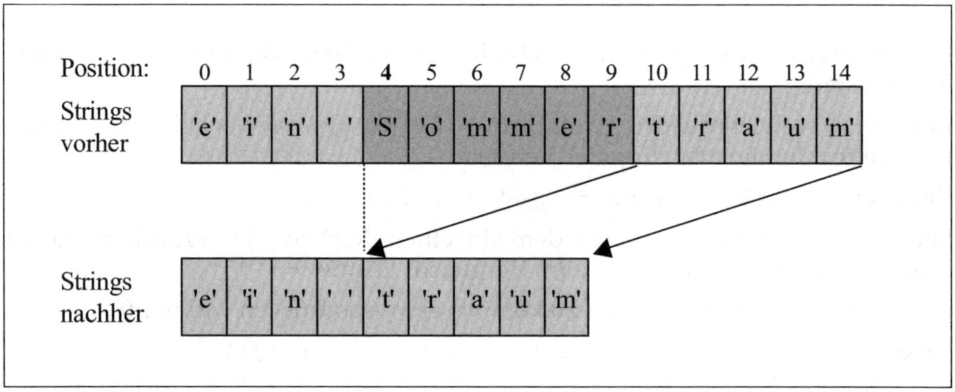

Die Klasse `string` besitzt zahlreiche Methoden, mit denen Strings manipuliert werden können. Für jede Operation, wie z.B. das Einfügen, Löschen, Suchen oder Ersetzen, steht eine eigene Methode zur Verfügung. Die Methoden sind generell so geschrieben, dass als Argument statt eines zweiten Strings immer auch eine String-Konstante übergeben werden kann. Sofern es sinnvoll ist, kann auch ein einzelnes Zeichen eingesetzt werden.

Einfügen

Die Methode `insert()` fügt eine Zeichenfolge an einer bestimmten Position in einen String ein. Die Position ist als erstes Argument anzugeben. Sie legt das Zeichen fest, vor dem eingefügt wird. Dabei hat das erste Zeichen in einem String die Position 0, das zweite Zeichen die Position 1 usw.

Beispiel:

```
string s1("Frau Sommer");
s1.insert(5, "Sabine ");
```

Die Zeichenfolge `"Sabine "` wird hier an der Position 5 in den String `s1` eingefügt, also vor dem Zeichen `'S'` von `"Sommer"`. Anschließend enthält `s1` die Zeichenfolge `"Frau Sabine Sommer"`.

Soll nur ein Teil einer Zeichenfolge in einen String eingefügt werden, so geschieht dies mit zwei zusätzlichen Argumenten, die der Methode `insert()` übergeben werden können: mit der Startposition und der Länge des Teilstrings.

Beispiel:

```
string s1("Sabine ist Maus"),
       s2("'ne süsse Nuss");
s1.insert(11, s2, 0, 10);
```

Hier werden die ersten zehn Zeichen aus dem String `s2` in den String `s1` an der Position 11 eingefügt. Der String `s1` enthält dann die Zeichenfolge `"Sabine ist 'ne süsse Maus"`.

Löschen

Mit der Methode `erase()` kann eine vorgegebene Anzahl von Zeichen in einem String gelöscht werden. Die Startposition wird mit dem ersten Argument und die Anzahl der zu löschenden Zeichen wird mit dem zweiten Argument übergeben.

Beispiel:

```
string s("ein Sommertraum");
s.erase(4,6);        // Ergebnis: "ein traum"
```

Diese Anweisung löscht im String `s` ab der vierten Position sechs Zeichen. Die Methode `erase()` kann auch ohne eine Längenangabe aufgerufen werden. Dann werden alle Zeichen bis zum Stringende gelöscht.

Beispiel:

```
string s("Wintermärchen");
s.erase(6);         // s enthält dann "Winter"
```

Ein Aufruf von `erase()` ohne Argument löscht alle Zeichen im String.

Suchen und Ersetzen in Strings

Ersetzen von Teilstrings

a) Beispiel „Klara und Klärchen"

```
string s1("Hier kommen wir!"),
       s2("Klara und Klärchen");
s1.replace(12, 3, s2);
```

Die Wirkung der Anweisung:

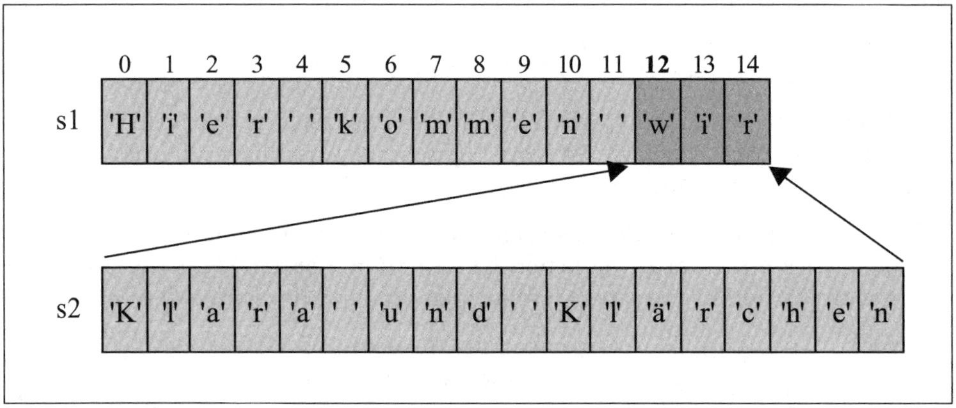

b) Beispiel „Meine Maus"

```
string s1("Da kommt Klaus!"), s2("Meine Maus?");
s1.replace(9, 5, s2, 1, 9);
```

Die Wirkung der Anweisung:

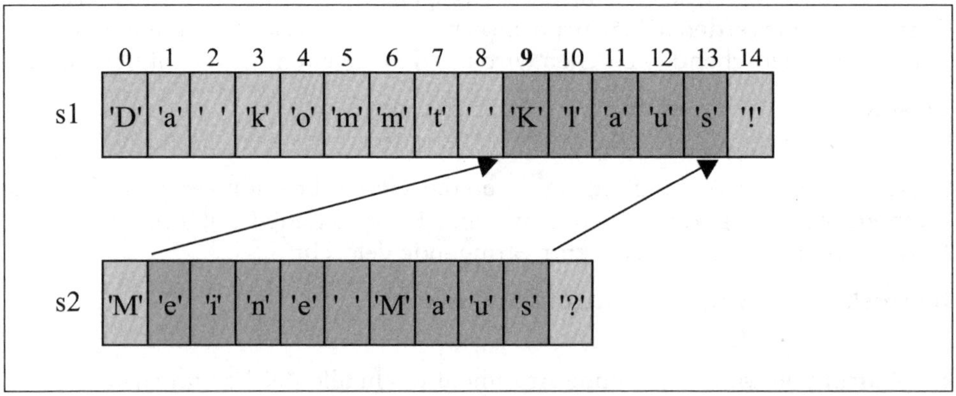

Suchen

Bei der Suche in Strings kann das erste oder letzte Vorkommen einer Zeichenfolge in einem String ermittelt werden. Enthält der String die gesuchte Zeichenfolge als Teilstring, so ist das Suchergebnis die Position des gefundenen Teilstrings. Andernfalls wird eine Pseudoposition npos zurückgegeben, nämlich `-1` konvertiert in den Typ `size_t`. Da die Konstante `npos` in der Klasse `string` definiert ist, wird sie mit `string::npos` angesprochen.

Die Methode `find()` liefert die Position, an der ein Teilstring zum erstenmal in einem String vorkommt. Sie erhält als Argument den gesuchten Teilstring.

Beispiel:
```
string donau("Donau so blau, so blau");
size_t first = donau.find("blau");
```

Die Variable `first` erhält hier den Wert `9`.

Um das letzte Auftreten einer Zeichenfolge in einem String zu bestimmen, kann die Methode `rfind()` *„right find"* verwendet werden. So wird im folgenden Beispiel die Variable `last` mit `18` initialisiert.

Beispiel:
```
size_t last = donau.rfind("blau");
```

Ersetzen

Beim Ersetzen in Strings wird ein Teilstring durch einen anderen String überschrieben. Dabei dürfen die Stringlängen unterschiedlich sein.

Diese Operation wird mit der Methode `replace()` durchgeführt. Mit den ersten beiden Argumenten werden die Startposition und die Länge des zu ersetzenden Teilstrings festgelegt. Das dritte Argument ist der Ersatz-String.

Beispiel:
```
string s1("Hier kommen wir!"),
       s2("Klara und Klärchen");
size_t pos = s1.find("wir");        // pos == 12
if( pos != string::npos )
   s1.replace(pos, 3, s2);
```

Hier werden ab der Position 12 in `s1` insgesamt drei Zeichen, nämlich `"wir"`, durch den String `s2` ersetzt. Anschließend enthält `s1` die Zeichenfolge `"Hier kommen Klara und Klärchen!"`.

Soll nur ein Teil eines Strings eingefügt werden, so kann mit dem vierten Argument die Startposition und mit dem fünften die Länge übergeben werden.

Beispiel:
```
string s1("Da kommt Klaus!"),
       s2("Meine Maus?");
s1.replace(9, 5, s2, 1, 9);
```

Anschließend enthält `s1` die Zeichenkette `"Da kommt eine Maus!"`.

Zugriff auf Zeichen in Strings

Beispielprogramm

```
//  string4.cpp
//  Das Programm zählt Wörter und Zwischenraumzeichen.
// (Ein Wort ist hier als maximale Folge von Zeichen
//  definiert, die kein Zwischenraumzeichen enthält.)
//---------------------------------------------------
#include <iostream>
#include <string>
#include <cctype>              // für das Makro isspace()
using namespace std;

int main()
{
   string header("      ****   Wörter zählen    ****\n"),
          prompt("Text eingeben und "
                 "mit Punkt und Return abschließen:"),
          line( 60, '-'),
          text;                   // leerer String

   cout << header << endl << prompt << endl
        << line  << endl;
   getline( cin, text, '.');      // Eine Text bis zum
                                  // ersten '.' einlesen

   // Wörter und Zwischenraumzeichen im Text zählen
   unsigned int  i,                    // Index
                 nSpace = 0,           // Anzahl Zwischenraumzeichen
                 nWord  = 0;           // Anzahl Wörter
   bool fSpace  = true;         // Flag für Zwischenraumzeichen

   for( i = 0; i < text.length(); ++i)
   {
      if( isspace( text[i]) )  // Zwischenraumzeichen?
      {
         ++nSpace;  fSpace = true;
      }
      else if( fSpace)         // Am Anfang eines Wortes?
      {
         ++nWord;   fSpace = false;
      }
   }
   // Ergebnis ausgeben:
   cout << line
        << "\nIhr Text enthält (ohne den Punkt)"
        << "\n              Zeichen: " << text.length()
        << "\n               Wörter: " << nWord
        << "\n  Zwischenraumzeichen: " << nSpace
        << endl;
   return 0;
}
```

Bei der String-Verarbeitung ist es oft wichtig, auf die einzelnen Zeichen im String zugreifen zu können. Hierfür stehen in C++ der Index-Operator `[]` und die Methode `at()` zur Verfügung. Ein einzelnes Zeichen wird dabei immer durch seinen *Index* identifiziert, das ist seine Position im String. Das erste Zeichen hat also den Index `0`, das zweite den Index `1` usw.

Index-Operator

Auf ein einzelnes Zeichen im String kann am einfachsten mit dem Index-Operator `[]` zugegriffen werden. Nach der Definition

Beispiel: `string s = "Los";`

sind dann die einzelnen Zeichen im String:

```
s[0] == 'L',   s[1] == 'o',   s[2] == 's'
```

Das letzte Zeichen im String hat stets den Index `s.length() - 1`. Mit dem Index-Operator kann jedes Zeichen eines Strings gelesen und, sofern der String nicht als konstant deklariert wurde, auch überschrieben werden.

Beispiel: `char c = s[0];`

Mit dieser Anweisung wird das erste Zeichen von `s` in die Variable `c` kopiert. Dagegen wird mit

Beispiel: `s[s.length() -1] = 't';`

das letzte Zeichen im String `s` überschrieben. Anschließend enthält `s` die Zeichenkette `"Lot"`.

Unzulässige Indizes

Als Index ist jeder Integer-Ausdruck zulässig. Es wird jedoch keine Fehlermeldung ausgegeben, wenn der zulässige Bereich überschritten wird.

Beispiel: `cout << s[5];                    // Fehler`

Bei einem unzulässigen Index ist das Verhalten des Programms nicht definiert. Hier ist die besondere Sorgfalt des Programmierers gefordert! Soll eine Index-Überprüfung stattfinden, kann die Methode `at()` aufgerufen werden.

Die Methode at()

Der Zugriff auf ein einzelnes Zeichen kann auch mit der Methode `at()` erfolgen.

Beispiel: `s.at(i) = 'X';` ist gleichbedeutend mit `s[i] = 'X';`

Im Gegensatz zum Index-Operator führt die Methode `at()` eine Bereichsprüfung durch: Bei einem unzulässigen Index löst sie eine *Exception* aus. Standardmäßig wird dadurch das Programm beendet. Vom Programmierer kann aber auch eine eigene Reaktion auf eine Exception festgelegt werden.

Kapitel 9

Funktionen

Dieses Kapitel beschreibt, wie Sie Funktionen selbst erstellen. Neben den grundlegenden Regeln werden auch

- die Übergabe von Argumenten als „Call by Value“,
- die Definition von `inline`-Funktionen,
- das Überladen von Funktionen, Default-Argumente sowie
- das Prinzip der Rekursion

vorgestellt.

Bedeutung von Funktionen in C++

Bestandteile eines C++-Programms

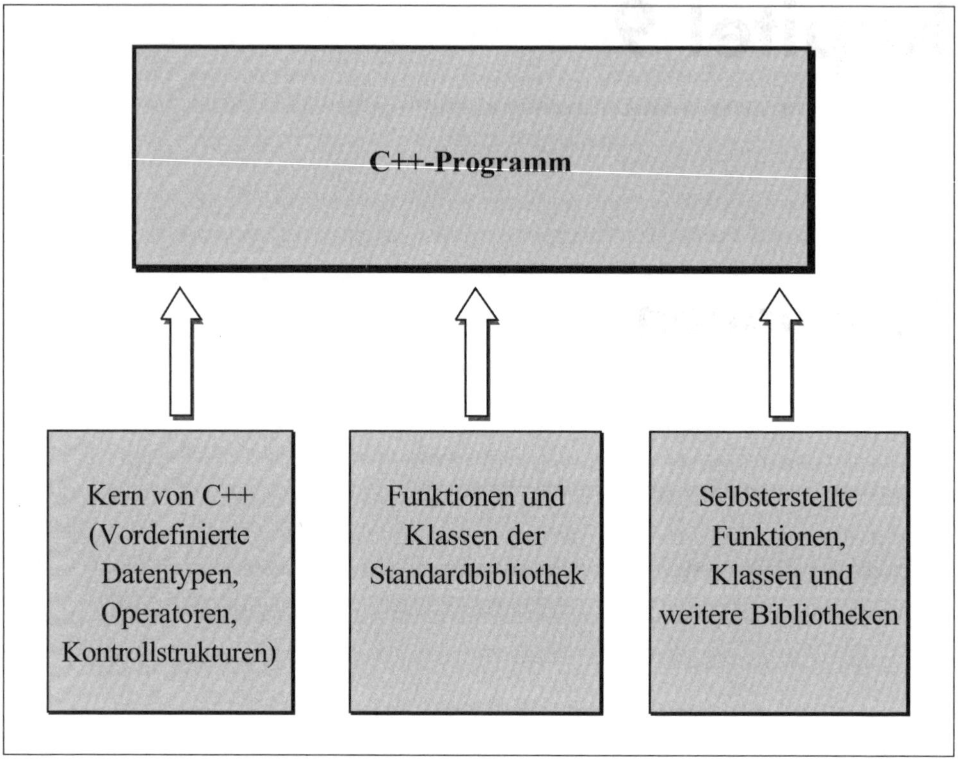

C++ unterstützt eine effiziente Software-Entwicklung nach dem Top-Down-Prinzip. Zur Lösung von größeren Problemstellungen ist es notwendig, diese in kleinere zu zerlegen. Nach der Identifizierung von Objekten müssen Klassen definiert werden, die die Objekte beschreiben. Dabei kann auf schon definierten Klassen und Funktionen aufgebaut werden. Außerdem ist mit Hilfe der Vererbung jederzeit eine weitere Spezialisierung der Klassen möglich, ohne vorhandene Klassen verändern zu müssen.

Bei der Implementierung von Klassen müssen vor allem die Fähigkeiten der Objekte, d.h. die Elementfunktionen, codiert werden. Nicht jede Funktion ist jedoch eine Elementfunktion.

Funktionen können auch global definiert sein, wie beispielsweise die Funktion `main()`. Solche Funktionen gehören nicht zu einer Klasse. Sie stellen im Allgemeinen generell anwendbare Algorithmen zur Verfügung, wie z.B. die mathematischen Funktionen der Standardbibliothek.

Bibliotheken

Nicht jeder „Baustein" muss neu programmiert werden. Viele nützliche globale Funktionen und Klassen stehen bereits in der C++-Standardbibliothek zur Verfügung. Außerdem können für die verschiedenen Anwendungsgebiete weitere Bibliotheken benutzt werden. So enthält die Compilersoftware oft schon kommerzielle Klassenbibliotheken, z.B. für grafische Benutzeroberflächen. Ein C++-Programm besteht also aus:

- Sprachelementen, die der Kern von C++ zur Verfügung stellt
- globalen Funktionen und Klassen der C++-Standardbibliothek
- selbsterstellten Funktionen und Klassen sowie anderen Bibliotheken

Klassen und Funktionen, die logisch zusammengehören, werden zu separaten Quelldateien zusammengefasst und können getrennt übersetzt und ausgetestet werden. Die Verwendung bereits getesteter Software-Komponenten erleichtert wesentlich die Entwicklung der Gesamtlösung und verbessert ihre Zuverlässigkeit. Die Wiederverwendung selbsterstellter Software kann dadurch erleichtert werden, dass man sie in einer eigenen Bibliothek zusammenfasst und natürlich entsprechend dokumentiert.

Die übersetzten Quelldateien, auch *Module* genannt, werden vom Linker unter Einbeziehung der verwendeten Bibliotheken zu einer ausführbaren Datei gebunden. Wird eine Quelldatei geändert, so müssen ggf. auch andere Dateien neu übersetzt werden. Bei großen Projekten ist es daher ratsam, zur Verwaltung der Programmteile das *MAKE*-Utility zu verwenden. Deren Funktionalität ist in einer Entwicklungsumgebung automatisch integriert, sobald ein *Projekt* angelegt wird. Dazu gehören die eigenen Quelldateien, die verwendeten Bibliotheken und die Compiler/Linker-Einstellungen für die Übersetzung.

Erstellen eigener Funktionen

Beispiel für eine Funktion

```
//func1.cpp
#include <iostream>
using namespace std;

void test( int, double );                    // Prototyp

int main()
{
   cout << "\nJetzt folgt der Aufruf von test().\n";
   test( 10, -7.5);                          // Aufruf
   cout << "\nUnd jetzt wieder in main()." << endl;
   return 0;
}

void test(int arg1, double arg2 )            // Definition
{
   cout << "\nIn der Funktion test()."
        << "\n  1. Argument: " << arg1
        << "\n  2. Argument: " << arg2 << endl;
}
```

Allgemeine Form einer Funktion

```
[typ] name([deklarationsliste]) // Funktionskopf
{                               // Beginn
   .
   .
   was die Funktion tut         // Funktionsblock
   .
   .
}                               // Ende
```

Im folgenden wird beschrieben, wie globale Funktionen zu erstellen sind. Das Kapitel „Klassen" enthält die Besonderheiten, die für Elementfunktionen zu beachten sind.

Definition

Funktionen können in beliebiger Reihenfolge definiert werden. Die erste Funktion ist jedoch in der Regel die `main`-Funktion. Dadurch wird das Verstehen des Programms erleichtert, da man an der Stelle zu lesen beginnt, an der auch die Programmausführung beginnt.

Als Beispiel für eine Definition ist nebenstehend die Funktion `test()` angegeben. Anschließend sehen Sie die allgemeine Form einer Funktion. Dabei gilt:

`typ`	ist der Typ der Funktion, also der Typ des Return-Wertes.
`name`	ist der Funktionsname, der wie ein Variablenname gebildet wird. Er sollte auf den Zweck der Funktion hinweisen.
`deklarationsliste`	enthält die Namen der Parameter und deklariert ihren Typ. Die Liste kann auch leer sein, wie z.B. bei der Funktion `main()`. Gleichbedeutend mit einer leeren Liste ist eine Deklarationsliste, die nur aus dem Wort `void` besteht.

Die in einer Deklarationsliste deklarierten *Parameter* sind ganz gewöhnliche lokale Variablen. Sie werden beim Aufruf der Funktion erzeugt und mit den Werten der Argumente initialisiert.

Beispiel: Beim Aufruf `test( 10, -7.5);` werden die Parameter `arg1` mit `10` und `arg2` mit `-7.5` initialisiert.

Mit der sich öffnenden geschweiften Klammer beginnt der *Funktionsblock*. Dieser enthält die Anweisungen, die festlegen, was die Funktion tut.

Prototyp und Definition

In der Definition einer Funktion ist der Funktionskopf formal dem Prototyp einer Funktion ähnlich. Der Unterschied ist nur, dass bei einer Definition dem Namen mit der Deklarationsliste *nicht* das Semikolon, sondern der Funktionsblock folgt.

Der Prototyp ist die Deklaration der Funktion. Er beschreibt also nur die formale Schnittstelle der Funktion. Deshalb dürfen im Prototyp auch die Parameternamen fehlen. Dagegen wird bei der Übersetzung einer Funktionsdefinition Maschinencode erzeugt.

Return-Wert von Funktionen

Definition und Aufruf der Funktion flaeche():

```
// flaeche.cpp
// Beispiel für eine einfache Funktion mit Return-Wert.
//---------------------------------------------------
#include <iostream>
#include <iomanip>
using namespace std;

double flaeche(double, double);         // Prototyp

int main()
{
   double  x = 3.5, y = 7.2,  erg;

   erg = flaeche( x, y+1);              // Aufruf

   // Ausgabe mit zwei Stellen nach dem Punkt.
   cout << fixed << setprecision(2);

   cout << "\n Die Fläche des Rechtecks"
        << "\n mit der Breite " << setw(5) << x
        << "\n und der Länge  " << setw(5) << y+1
        << "\n beträgt        " << setw(5) << erg
        << endl;

   return 0;
}

// Definition der Funktion flaeche()
// Berechnet die Fläche eines Rechtecks.
double flaeche( double breite, double laenge)
{
   return (breite * laenge);    // Ergebnis zurückgeben.
}
```

Bildschirmausgabe:

```
Die Fläche des Rechtecks
mit der Breite  3.50
und der Länge   8.20
beträgt        28.70
```

Das nebenstehende Programm zeigt die Definition und den Aufruf der Funktion `flaeche()`. Wie bereits früher erwähnt, muss die Funktion vor ihrem Aufruf deklariert werden: Durch den *Prototyp* erhält der Compiler alle notwendigen Informationen, um bei einem Aufruf der Funktion

- die Anzahl und die Datentypen der Argumente zu überprüfen und
- den Return-Wert der Funktion richtig zu übernehmen.

Die Deklaration einer Funktion kann nur dann entfallen, falls sie in derselben Quelldatei vor ihrem ersten Aufruf definiert wird. Auch wenn in einfachen Beispielen der Aufruf und die Definition einer Funktion oft in einer Quelldatei stehen, ist dies eher die Ausnahme. In der Regel „sieht" der Compiler die Definition einer Funktion nicht, da sie sich in einer anderen Quelldatei befindet.

Beim Aufruf muss der Funktion für jeden Parameter ein Argument vom Typ des Parameters übergeben werden. Die Argumente können beliebige Ausdrücke sein, wie das nebenstehende Beispiel mit dem Argument `y+1` zeigt. Es wird immer der Wert des Ausdrucks in den entsprechenden Parameter kopiert.

return-Anweisung

Erreicht die Programmausführung eine *return-Anweisung* oder das Ende des Funktionsblocks, so verzweigt sie in die aufrufende Funktion zurück. Sofern die Funktion nicht vom Typ `void` ist, wird mit der `return`-Anweisung auch ein Wert an die aufrufende Funktion zurückgegeben.

Syntax: `return [ausdruck];`

Falls `ausdruck` angegeben ist, wird der Wert des Ausdrucks als Return-Wert zurückgegeben. Stimmt der Typ des Wertes nicht mit dem Typ der Funktion überein, so wird in den Typ der Funktion konvertiert, falls dies möglich ist. Funktionen sollten jedoch immer so geschrieben sein, dass der Typ des `return`-Ausdrucks mit dem Typ der Funktion übereinstimmt.

In der Funktion `flaeche()` wird ausgenutzt, dass die `return`-Anweisung einen beliebigen Ausdruck enthalten darf. Gewöhnlich wird der `return`-Ausdruck geklammert, wenn er Operatoren enthält.

Fehlt der Ausdruck in der `return`-Anweisung oder die `return`-Anweisung selbst, so ist der Return-Wert der Funktion undefiniert. In diesem Fall muss der Funktionstyp `void` sein. Funktionen vom Typ `void`, wie z.B. die Standardfunktion `srand()`, führen zwar eine Aktion aus, liefern aber keinen Return-Wert.

Übergabe von Argumenten

Aufrufende und aufgerufene Funktion

```
long func2(int, double);          // Prototyp
//  . . .
void func1()
{
   int x = 1;
   double y = 2.2;
   . . .

   long a = func2(x,y);           // Aufruf von func2().
   . . .
}                                 // Wertübergabe

               long func2(int a, double b) // Definition
               {
                  double x = 2.2;
                  long ergebnis;
                     .        // Hier folgt die
                     .        // Berechnung von ergebnis
                     .
                  return ergebnis;
               }
```

Stack-Inhalt nach dem Aufruf einer Funktion

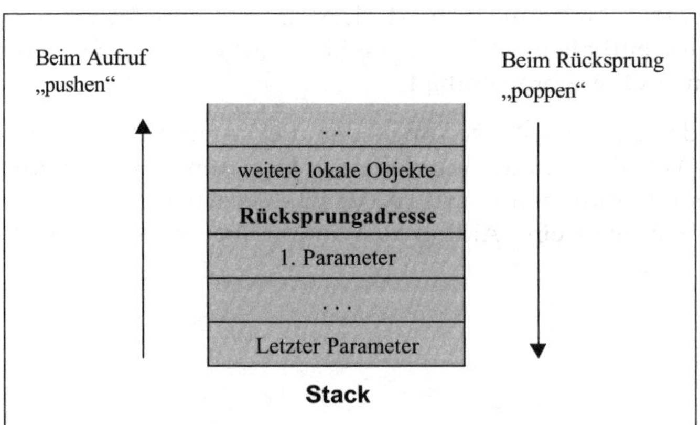

Call by Value

Die Übergabe von Werten beim Aufruf einer Funktion wird auch *„Call by Value"* genannt. Die aufgerufene Funktion kann dabei natürlich nicht den Wert der Argumente in der aufrufenden Funktion verändern, da mit Kopien der Argumente gearbeitet wird.

Es ist aber auch ein *„Call by Reference"* möglich. In diesem Fall erhält die Funktion einen Verweis auf das Objekt, das als Argument angegeben wird. Dadurch kann die Funktion direkt auf das Objekt zugreifen und es verändern.

Ein Beispiel für „Call by Reference" haben Sie bereits mit der Funktion `time()` kennengelernt: Beim Aufruf `time(&sek);` wird als Argument die Adresse der Variablen `sek` übergeben, so dass die Funktion das Ergebnis in die Variable zurückschreiben kann. Wir werden später sehen, wie derartige Funktionen zu erstellen sind.

Ein „Call by Value" bietet jedoch entscheidende Vorteile:

- Argumente von Funktionen können beliebige Ausdrücke sein, z.B. auch Konstanten.
- Die aufgerufene Funktion kann keine unbeabsichtigten Veränderungen von Argumenten in der aufrufenden Funktion bewirken.
- Innerhalb von Funktionen sind die Parameter schon als geeignet initialisierte Variablen verwendbar. Zusätzliche indirekte Speicherzugriffe entfallen.

Ein wesentlicher Nachteil ist jedoch, dass das Kopieren von größeren Objekten aufwendig ist. Deshalb werden beispielsweise Vektoren per Anfangsadresse übergeben.

Lokale Objekte

Die Parameter einer Funktion und die Objekte, die innerhalb einer Funktion definiert werden, sind *lokal*, d.h. nur in dieser Funktion gültig und unabhängig von Objekten bzw. Parametern gleichen Namens in anderen Funktionen.

Beispielsweise enthält die nebenstehende Programmstruktur sowohl eine Variable a in der Funktion `func1()` als auch in der Funktion `func2()`. Beide Variablen kollidieren nicht miteinander. Sie sprechen verschiedene Speicherplätze an. Dasselbe gilt für die Variablen x in `func1()` und in `func2()`.

Die lokalen Objekte einer Funktion werden auf dem *Stack* (dt. *Stapel*) angelegt, und zwar zuerst die Parameter der Funktion in umgekehrter Reihenfolge. Der Stack ist ein Speicherbereich, der nach dem LIFO-Prinzip (*Last In, First Out*) verwaltet wird. Ein guter Vergleich ist ein Tellerstapel: Der zuletzt aufgelegte Teller wird als erster wieder heruntergenommen. Das LIFO-Prinzip bewirkt, dass die zuletzt erzeugten lokalen Objekte zuerst wieder zerstört werden.

inline-Funktionen

Aufruf einer Funktion, die nicht inline ist

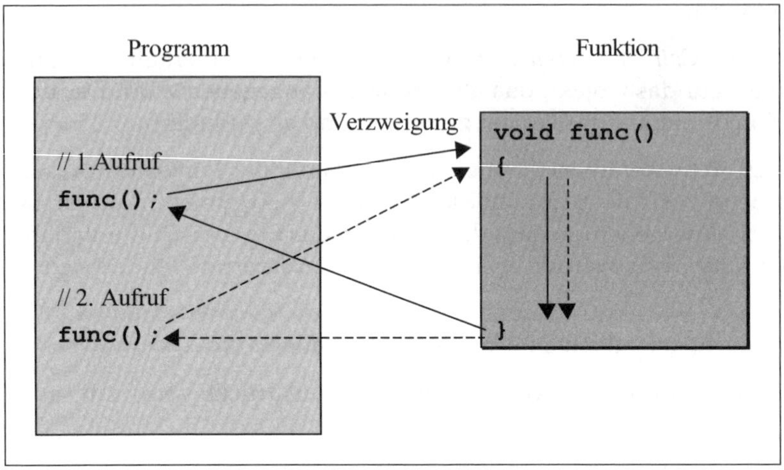

Der Maschinencode der Funktion ist nur einmal in der ausführbaren Datei enthalten.

Aufruf einer inline-Funktion

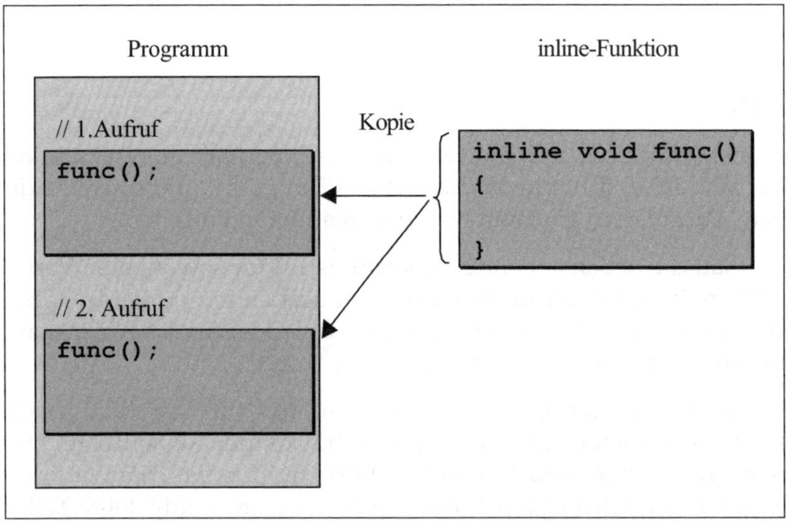

Der Maschinencode der `inline`-Funktion ist an jeder Stelle in der ausführbaren Datei enthalten, an der diese Funktion aufgerufen wird.

Unterprogrammsprung

Beim Aufruf einer Funktion erfolgt ein *Unterprogrammsprung*. Dieser wird folgendermaßen ausgeführt:

- Die Parameter der Funktion werden auf dem Stack erzeugt und mit den entsprechenden Argumenten initialisiert.
- Die sog. *Rücksprungadresse*, das ist die Stelle des Funktionsaufrufs, wird im Stack gesichert, und die Programmausführung verzweigt in die Funktion.
- Nach Ausführung der Funktion verzweigt das Programm mit Hilfe der gesicherten Rücksprungadresse wieder zurück in die aufrufende Funktion. Der im Stack von der Funktion belegte Speicher wird freigegeben.

Der Hin- und Rücksprung beeinträchtigt das Laufzeitverhalten des Programms vor allem dann, wenn eine Funktion nur wenige Anweisungen umfasst und häufig aufgerufen wird. Bei einer „kleinen" Funktion kann nämlich der Zeitaufwand für die Verzweigung größer sein als der Aufwand für die Ausführung der Funktion selbst. Um diesen Nachteil zu vermeiden, können Funktionen `inline` definiert werden.

inline-Definition

Der Compiler fügt den Maschinencode einer inline-Funktion direkt an die Stelle ihres Aufrufs ein. Damit findet kein Unterprogrammsprung statt. Die *Definition* einer inline-Funktion geschieht mit dem Schlüsselwort `inline`, das dem Funktionskopf vorangestellt wird.

Beispiel:

```
inline int max( int x, int y)
{  return  (x >= y ? x : y );  }
```

Bei jedem Aufruf einer `inline`-Funktion wird der Programmcode länger. Deshalb sollten `inline`-Funktionen nur aus wenigen Anweisungen bestehen. Enthält eine inline-Funktion zu viele Anweisungen, so kann der Compiler das Schlüsselwort `inline` ignorieren und eine Warnung ausgeben.

Eine `inline`-Funktion muss in der Quelldatei definiert sein, in der sie später aufgerufen wird. Hierbei genügt es nicht, den Prototyp der Funktion anzugeben. Der Compiler muss auch den Anweisungsblock kennen. Im Gegensatz zu einer „normalen" Funktion ist es deshalb möglich und sinnvoll, eine `inline`-Funktion in einer Header-Datei zu definieren. Damit ist dann die Funktion in mehreren Quelldateien verfügbar.

Unterschied zu Makros

Inline-Funktionen sind eine Alternative zu Makros mit Parametern. Beim Aufruf eines Makros nimmt der Präprozessor lediglich einen Textersatz vor. Dagegen verhält sich eine `inline`-Funktion wie eine normale Funktion, allerdings ohne den Hin- und Rücksprung. So überprüft der Compiler z.B. den korrekten Aufruf.

Default-Argumente

Definition der Funktion endkapital()

```
// Das Endkapital mit Zinsen und Zinseszins berechnen.
// Formel:  endkapital = k0 * (1.0 + p/100)^n
// wobei  k0 = Startkapital, p = Zinssatz, n = Laufzeit
// ------------------------------------------------------
 #include <math.h>
 double endkapital( double k0, double p, double n)
 {
    return (k0 * pow(1.0+p/100, n));
 }
```

Aufrufmöglichkeiten

```
// Funktion endkapital() mit zwei Default-Argumenten
// Prototyp:
double endkapital( double k0,
                   double p=3.5, double n=1.0);

double endkap;

endkap = endkapital( 100.0, 3.5, 2.5);   // ok
endkap = endkapital( 2222.20, 4.8);      // ok
endkap = endkapital( 3030.00);           // ok

endkap = endkapital( );                  // nicht ok
// Das erste Argument hat keinen Default-Wert.

endkap = endkapital( 100.0, , 3.0);      // nicht ok
// Keine Lücken möglich

endkap = endkapital( , 5.0);             // nicht ok
// Ebenso
```

Eine Funktion mit Default-Argumenten wird stets mit der vollen Anzahl von Argumenten aufgerufen. Aus Effizienzgründen kann es daher sinnvoll sein, mehrere Versionen einer Funktion zu schreiben.

Für die Argumente einer Funktion können Standardwerte, so genannte *Default-Argumente*, vorgegeben werden. Beim Aufruf der Funktion müssen dann nicht alle Argumente angegeben werden. Für fehlende Argumente setzt der Compiler die Standardwerte ein.

Default-Argumente festlegen

Die Default-Werte für die Argumente müssen beim Aufruf bekannt sein. Daher sind sie in der Deklaration der Funktion anzugeben.

Beispiel: `void moveTo( int x = 0, int y = 0);`

Die Namen von Parametern können wie üblich auch weggelassen werden.

Beispiel: `void moveTo( int = 0, int = 0);`

Die Funktion `moveTo()` kann dann ohne, mit einem oder mit zwei Argumenten aufgerufen werden.

Beispiel: `moveTo ();` `moveTo (24);` `moveTo(24, 50);`

Die ersten beiden Aufrufe sind gleichwertig mit `moveTo(0,0);` bzw. `moveTo(24,0);`.

Es ist auch möglich, nur für einen Teil der Parameter Default-Argumente vorzugeben. Im einzelnen gelten die folgenden Regeln:

- Die Default-Argumente werden im Prototyp der Funktion festgelegt. Sie können auch bei der Definition der Funktion angegeben werden, wenn die Definition in derselben Quelldatei vor dem ersten Aufruf der Funktion erfolgt.
- Wird für einen Parameter ein Default-Argument festgelegt, so müssen auch alle nachfolgenden Parameter Default-Argumente besitzen.
- Default-Argumente dürfen im *Geltungsbereich* des Prototyps nicht neu festgelegt werden. (Mehr zum Geltungsbereich finden Sie im nächsten Kapitel.)

Mögliche Aufrufe

Beim *Aufruf* einer Funktion mit Default-Argumenten ist folgendes zu beachten:

- Zunächst sind die Argumente anzugeben, für die keine Default-Werte existieren.
- Anstelle der Default-Argumente können eigene Argumente angegeben werden, die die Default-Werte ersetzen.
- Wird ein Argument weggelassen, so müssen auch alle folgenden Argumente weggelassen werden.

Mit Hilfe von Default-Argumenten kann eine Funktion mit unterschiedlich vielen Argumenten aufgerufen werden, ohne dass der Programmierer mehrere Versionen einer Funktion schreiben muss.

Überladen von Funktionen

Beispielprogramm

```
// random.cpp
// Zufallszahlen in einem Bereich erzeugen u. ausgeben.
//-------------------------------------------------------
#include <iostream>
#include <iomanip>
#include <cstdlib>      // Für rand(), srand()
#include <ctime>        // Für time()
using namespace std;

bool setrand = false;
inline void init_random()   // Zufallszahlengenerator mit
{                           // akt. Zeit initialisieren
   if( !setrand )
   {  srand((unsigned int)time(NULL));
      setrand = true;
   }
}

inline double myRandom()    // Liefert Zufallszahl x
{                           // mit  0.0 <= x <= 1.0
   init_random();
   return  (double)rand() / (double)RAND_MAX;
}
inline int myRandom(int start, int ende)  // Liefert
{                                 // Zufallszahl n mit
   init_random();                 // start <= n <= ende
   return (rand() % (ende+1 - start) + start);
}

// Funktionen myRandom() und myRandom(int,int) testen:
int main()
{
   int i;
   cout << "5 Zufallszahlen zwischen 0.0 und 1.0 :"
        << endl;
   for( i = 0; i < 5; ++i)
      cout << setw(10) << myRandom();
   cout << endl;
   cout << "\nUnd jetzt 5 ganze Zufallszahlen "
           "zwischen -100 und +100 :" << endl;
   for( i = 0; i < 5; ++i)
      cout << setw(10) << myRandom(-100, +100);
   cout << endl;
   return 0;
}
```

Wenn Funktionen mit unterschiedlichen Argumenten das „gleiche" tun, so sind in traditionellen Programmiersprachen, wie z.B C, Funktionen mit verschiedenen Namen zu definieren. Soll beispielsweise das Maximum von zwei ganzen Zahlen und von zwei Gleitpunktzahlen gebildet werden, so müssen zwei Funktionen mit verschiedenen Namen definiert werden.

Beispiel:
```
int    int_max( int x, int y);
double dbl_max( double x, double y);
```

Dies ist in Hinblick auf die Vergabe von Namen, die Handhabung und die Lesbarkeit recht umständlich. Diese Einschränkung besteht dagegen in C++ nicht.

Überladung

In C++ können Funktionen überladen werden, d.h. verschiedene Funktionen dürfen denselben Namen haben.

Beispiel:
```
int    max( int x, int y);
double max( double x, double y);
```

Hier werden zwei verschiedene Funktionen mit dem gleichen Namen `max` deklariert: Die Funktion `max()` ist für Argumente vom Typ `int` und vom Typ `double` überladen. Der Compiler unterscheidet überladene Funktionen an Hand ihrer Signatur.

Signatur einer Funktion

Die Signatur einer Funktion besteht aus der Anzahl und dem Typ der Parameter. Beim Aufruf einer Funktion vergleicht der Compiler die Argumente mit den Signaturen der überladenen Funktionen und ruft die „passende" Funktion auf.

Beispiel:
```
double maxvalue, value = 7.9;
maxvalue = max( 1.0, value);
```

In diesem Fall wird die `double`-Version der Funktion `max()` aufgerufen.

Beim Aufruf überladener Funktionen werden wie üblich implizite Typumwandlungen durchgeführt. Dabei kann es jedoch zu Mehrdeutigkeiten kommen, die der Compiler mit einer Fehlermeldung quittiert.

Beispiel:
```
maxvalue = max( 1, value);    // Fehler!
```

Der Typ einer Funktion gehört nicht zur Signatur, da er nicht dem Aufruf einer Funktion zu entnehmen ist. Eine Unterscheidung überladener Funktionen anhand ihres Typs ist also nicht möglich.

Beispiel:
```
int    search(string key);
string search(string name);
```

Da beide Funktionen die gleiche Signatur haben, ist die Überladung unzulässig.

Rekursive Funktionen

Verwendung einer rekursiven Funktion

```
// rekursiv.cpp
// Demonstriert das Prinzip der Rekursion anhand
// einer Funktion, die eine Zeile von der Tastatur
// liest und umgekehrt wieder ausgibt.
// -----------------------------------------------------
#include <iostream>
using namespace std;

void getput(void);

int main()
{
   cout << "Bitte geben Sie eine Textzeile ein:\n";
   getput();
   cout << "\nBye Bye!" << endl;
   return 0;
}

void getput()
{
   char c;
   if( cin.get(c)  &&  c != '\n')
      getput();
   cout.put(c);
}
```

Ablauf des Programms bei Eingabe von ok [↵]

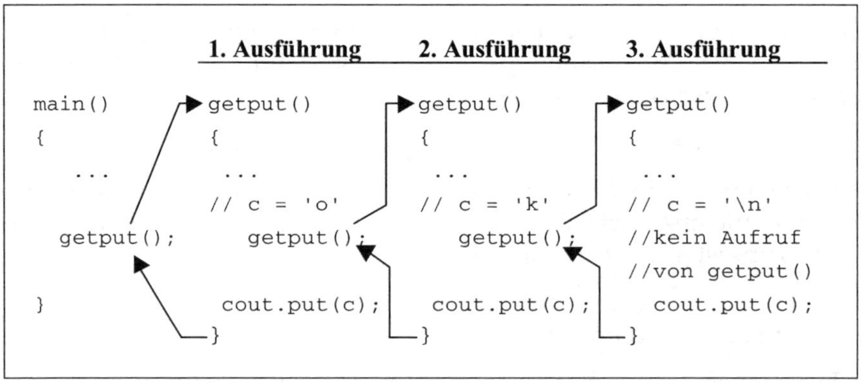

Rekursion

Eine Funktion ist *rekursiv*, wenn sie sich selbst aufruft. Ein Selbstaufruf kann auch indirekt erfolgen, wenn die Funktion zunächst eine andere Funktion bzw. eine Reihe anderer Funktionen aufruft, bevor sie selbst wieder aufgerufen wird. In jedem Fall ist ein Abbruchkriterium notwendig, damit die Funktion sich nicht endlos oft selbst aufruft.

Die Definition rekursiver Funktionen in C++ wird durch das Konzept der lokalen Objekte ermöglicht. Für die Rekursion ist nämlich wesentlich, dass lokale Objekte bei jedem Funktionsaufruf neu erzeugt werden und nichts von anderen lokalen Objekten aus anderen Funktionsaufrufen „wissen". Tatsächlich werden die lokalen Objekte auf dem Stack angelegt, so dass die zuletzt erzeugten Objekte zuerst wieder zerstört werden.

Zum Beispielprogramm

Wir wollen das Prinzip der Rekursion anhand des nebenstehenden Programms beschreiben. Das Programm enthält die rekursive Funktion `getput()`, die eine Textzeile von der Tastatur liest und umgekehrt wieder ausgibt.

In `main()` wird die Funktion `getput()` zum erstenmal aufgerufen. Diese liest ein Zeichen von der Tastatur in die lokale Variable `c`. Falls das Zeichen verschieden von `'\n'` ist, ruft sich die Funktion `getput()` erneut auf. Damit wird ein weiteres Zeichen von der Tastatur in eine neue lokale Variable `c` gelesen.

Die Kette der rekursiven Aufrufe ist beendet, sobald der Anwender die Return-Taste drückt: Das zuletzt eingelesene Zeichen `'\n'` (Zeilenvorschub) wird ausgegeben, und die Programmausführung verzweigt zum vorhergehenden Aufruf von `getput()` zurück. Hier wird das vorletzte Zeichen ausgegeben usw. Ist schließlich auch das zuerst eingelesene Zeichen ausgegeben, so erfolgt der Rücksprung zu `main()`.

Anwendungsbereiche

Die Logik vieler Problemlösungen besitzt eine rekursive Struktur, wie z.B. das Durchlaufen von Verzeichnisbäumen, die Verwaltung von Daten mit Hilfe von binären Bäumen oder bestimmte Sortieralgorithmen, wie der Quick-Sort-Algorithmus. Rekursive Funktionen bieten die Möglichkeit, derartige Logiken knapp und elegant in ein Programm umzusetzen. Dabei ist jedoch dafür zu sorgen, dass der Speicherbereich für den Stack groß genug ist. Kann dies nicht garantiert werden, so ist die Gefahr eines Stack-Overflows nur dadurch vermeidbar, dass die rekursive Funktion durch eine iterative Funktion ersetzt wird.

☞ Jede rekursive Funktion kann durch eine iterative Funktion ersetzt werden.

Platzhalter auto für Return-Typen

Beispielprogramm

```
// returntype.cpp
// Nachgestellte und abgeleitete Return-Typen.
//-------------------------------------------------------
#include <iostream>
using namespace std;

auto add(float, float) -> double;           // Prototyp
// oder auch:
// double add(float, float);

// Definition der Funktion sub()
auto sub(float x, float y)
{
   return x - y;          // Return-Typ ist double, da der
}                         // Ausdruck x-y den Typ double hat.

// Definition der rekursiven Funktion powerOf2()
auto powerOf2(unsigned n)
{
   if (n == 0)
       return 1LL;        // Return-Typ ist long long
   else
       return 2 * powerOf2(n - 1);
}

int main()
{
   float  a = 1.2F, b = 3.4F;
   double sum = add(a, b);
   cout << "Die Summe von " << a << " und " << b << " ist "
        << sum << endl;                                // 4.6

   cout << "Die Differenz von " << a << " und " << b
        << " ist " << sub(a, b) << endl;               // -2.2

   cout << "2 hoch 5 ergibt " << powerOf2(5) << endl; // 32
   return 0;
}

auto add( float x, float y) -> double       // Definition
{
   return x + y;
}
```

Der C++-Standard hat das Schlüsselwort `auto` als Platzhalter für einen Typ eingeführt. Bei der Definition einer Variablen kann so der Typ der Variablen aus dem Typ des Initialisierungswertes abgeleitet werden (s. Kapitel 2, Doppelseite „Variablen"). Das Schlüsselwort `auto` kann aber auch als Platzhalter für den Return-Typ einer Funktion eingesetzt werden. Dies ist vor allem beim Umgang mit komplexen Typen und bei der Definition von Funktions-Templates nützlich.

Nachgestellter Return-Typ

Die allgemeine Form einer Funktionsdefinition wurde so erweitert, dass der Return-Typ einer Funktion am Ende des Funktionskopfes angegeben werden kann.

Syntax:

```
auto funktionsname([deklarationsliste]) -> typ
{   /* Funktionsblock*/   }
```

Dabei ist für *typ* der konkrete Return-Typ der Funktion anzugeben.

Beispiel: `auto add(float, float) -> double { . . . }`

Hier wird der Return-Typ als `double` festgelegt. Wie das nebenstehende Beispiel zeigt, kann die Syntax für nachgestellte Return-Typen auch im Prototyp einer Funktion angegeben werden.

Return-Typ-Ableitung

Der nachgestellte Return-Typ kann entfallen, wenn der Return-Typ aus dem Ausdruck der `return`-Anweisung abgeleitet werden kann. Im nebenstehenden Beispiel machen die Funktionen `sub()` und `powerOf2()` davon Gebrauch.

Der Compiler muss beim Aufruf einer Funktion Ihren Typ kennen. Daher sind bei der Return-Typ-Ableitung folgende Einschränkungen zu beachten:

- Wenn die Definition der Funktion mehrere `return`-Anweisungen enthält, müssen die `return`-Ausdrücke exakt den gleichen Typ haben. Eine implizite Typkonvertierung ist nicht mehr möglich.
- Die Definition der Funktion muss vor dem Aufruf der Funktion für den Compiler sichtbar sein. Beispielsweise kann die Definition in einer inkludierten Header-Datei stehen.
- Die Funktion darf rekursiv sein. Dann muss in der Definition der rekursiven Funktion dem Selbstaufruf mindestens eine `return`-Anweisung vorangehen, damit der Typ des Return-Wertes abgeleitet werden kann. Ein Beispiel dafür ist die nebenstehende Funktion `powerOf2()`.

Kapitel 10

Speicherklassen und Namensbereiche

Dieses Kapitel beschreibt zunächst Speicherklassen von Objekten und Funktionen. Die Speicherklasse legt insbesondere fest, in welchen Teilen eines Programms ein Objekt bzw. eine Funktion verwendet werden kann. Mit Namensbereichen können Konflikte bei der Namensvergabe für globale Bezeichner vermieden werden.

Speicherklasse von Objekten

Verfügbarkeit von Objekten

C++-Programm

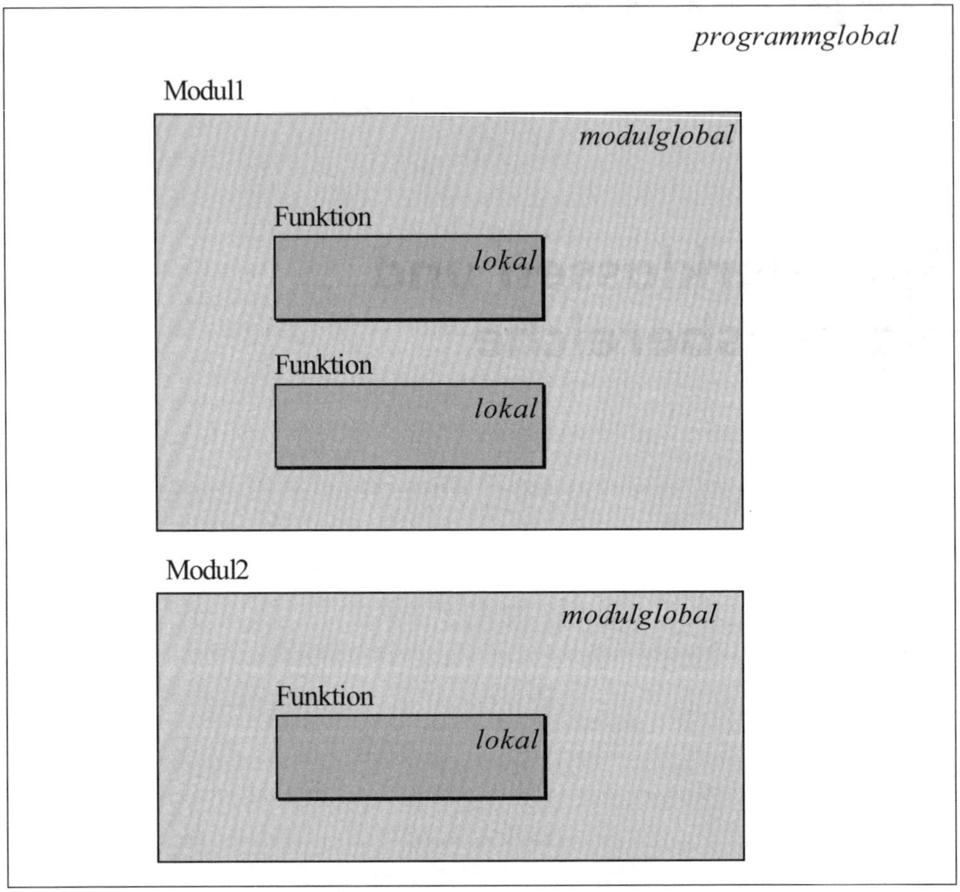

Speicherklassen-Spezifizierer

Die Speicherklasse eines Objekts ist festgelegt durch

- die Position der Deklaration innerhalb der Quelldatei und
- den Speicherklassen-Spezifizierer, der optional angegeben werden kann.

Die möglichen Speicherklassen-Spezifizierer sind:

```
extern        static        mutable        thread_local
```

Die Deklaration eines Objekts legt neben dem Typ und dem Namen auch seine *Speicherklasse* fest. Diese bestimmt die Lebensdauer (engl. *storage duration*) des Objekts und den Geltungsbereich (engl. *scope*). Das ist der Bereich, in dem das Objekt direkt mit seinem Namen angesprochen werden kann.

Grundsätzlich ist ein Name innerhalb einer *Übersetzungseinheit* immer nur nach seiner Deklaration bekannt. Eine Übersetzungseinheit, auch Modul genannt, ist die zu übersetzende Quelldatei zusammen mit den inkludierten Header-Dateien.

Der Programmierer kann den Zugriff auf ein Objekt wie folgt festlegen:

- lokal — Das Objekt ist nur innerhalb des Blocks bekannt, in dem es definiert ist. Nach dem Verlassen des Blocks ist das Objekt nicht mehr „sichtbar".
- modulglobal — Das Objekt kann innerhalb *eines* Moduls verwendet werden: Nur die Funktionen dieses Moduls können mit dem Objekt arbeiten. Andere Module haben keinen direkten Zugriff auf das Objekt.
- programmglobal — Das Objekt steht im gesamten Programm zur Verfügung. Es stellt insbesondere eine gemeinsame Speicherfläche dar, auf die alle Funktionen Zugriff haben.

Statt programmglobal wird allgemein auch der Begriff *global* verwendet. Der globale Geltungsbereich kann mit Hilfe von Namensbereichen weiter unterteilt werden.

Der durch die Speicherklasse festgelegte Zugriff auf ein Objekt ist unabhängig vom Konzept der Zugriffskontrolle für die Elemente einer Klasse. Namensbereiche und Klassen werden später vorgestellt.

Lebensdauer

Lokale Objekte werden gewöhnlich in dem Block „automatisch" neu erzeugt, in dem sie definiert sind. Nach Verlassen des Blocks wird der Speicherplatz wieder freigegeben. Man sagt, die Lebensdauer der Objekte ist *automatisch*.

Es ist auch möglich, lokale Objekte zu definieren, die einmal erzeugt werden und dann während der gesamten Programmausführung vorhanden sind. Sie haben also eine *statische* (= permanente) **Lebensdauer**. Beim Wiedereintritt in den Block kann mit ihrem alten Zustand weitergearbeitet werden.

Programm- und modulglobale Objekte haben immer eine statische Lebensdauer: Sie werden beim Start des Programms erzeugt und bleiben bis zum Programmende bestehen. Um ein Objekt mit den gewünschten Eigenschaften zu definieren, stehen vier Speicherklassen-Spezifizierer zur Verfügung. Die Spezifizierer `static` und `extern` werden nachfolgend im Einzelnen behandelt. Die Spezifizierer `mutable` und `thread_local` werden erst später im Kontext ihrer Verwendung vorgestellt.

Der Speicherklassen-Spezifizierer extern

1. Quelldatei

```
// Cutline1.cpp
// Ein Filter, der überflüssige Zwischenraumzeichen
// am Ende von Zeilen entfernt.
// --------------------------------------------------
#include <iostream>
#include <string>
using namespace std;

void cutline( void );           // Prototyp
string line;                    // Globaler String

int main()
{
   while( getline(cin, line)) // Solange eine Zeile
   {                          // eingelesen werden kann.
     cutline();               // Zeile kürzen.
     cout << line << endl;    // Zeile ausgeben.
   }
   return 0;
}
```

2. Quelldatei

```
// Cutline2.cpp
// Enthält die Funktion cutline(), die Blanks und
// Tabulatorzeichen am Ende des Strings line entfernt.
// Der String line muss in einer anderen Quelldatei
// global definiert sein.
// --------------------------------------------------

#include <string>
using namespace std;

extern string line;               // extern-Deklaration

void cutline()
{
   int i = line.size();           // Position hinter
                                  // dem letzten Zeichen.
   while( --i >= 0 )
     if(   line[i] != ' '         // Falls kein Blank
        && line[i] != '\t' )      // und kein Tab,
       break;                     // -> Schleife beenden.

   line.resize(++i);              // Neue Länge festlegen.
}
```

Definition globaler Objekte

Steht die Definition eines Objekts außerhalb jeder Funktion, so wird ein globales Objekt vereinbart. Solche Objekte sind programmglobal: Sie können überall im Programm gelesen und, sofern sie nicht als `const` deklariert sind, auch geändert werden. Somit bieten globale Objekte die Möglichkeit, Informationen zwischen beliebigen Funktionen auszutauschen, ohne Argumente zu übergeben. Um dies zu demonstrieren, ist das nebenstehende Programm in zwei verschiedene Quelldateien aufgeteilt. Für den Datenaustausch wird hier der global definierte String `line` benutzt.

Globale Objekte, die bei der Definition nicht explizit initialisiert werden, erhalten den Startwert `0` (d.h. alle Bits = `0`). Das gilt auch für Objekte vom Typ einer Klasse, wenn dies in der Klasse nicht anders festlegt ist.

Verwendung globaler Objekte

Ein globales Objekt ist zunächst nur in der Quelldatei verfügbar, in der es definiert wurde. Soll das Objekt vor seiner Definition oder in einem anderen Modul benutzt werden, so ist eine *Deklaration* des Objekts nötig. Andernfalls würde der Compiler melden, dass er dieses Objekt nicht kennt. Mit der Deklaration wird dem Compiler der *Name* und der *Typ* des Objekts bekannt gegeben.

Im Unterschied zur Definition wird bei der Deklaration der Speicherklassen-Spezifizierer `extern` vorangestellt.

Beispiel: `extern long position;      // Deklaration`

Hiermit wird `position` als externes Objekt vom Typ `long` deklariert. Durch die `extern`-Deklaration kann also ein Objekt aus einer anderen Quelldatei „importiert“ werden.

Ein globales Objekt muss genau einmal im Programm definiert sein. Es kann aber beliebig oft deklariert werden, und zwar an einer beliebigen Stelle im Programm. Gewöhnlich erfolgt die Deklaration vor der ersten Funktion in einer Quelldatei oder in einer Header-Datei, die dann nach Bedarf inkludiert werden kann.

Damit steht das Objekt allen Funktionen der Datei zur Verfügung. Durch eine Deklaration innerhalb eines Blocks ist das Objekt nur in diesem Block verwendbar.

Eine extern-Deklaration ist lediglich ein Verweis auf ein Objekt und sollte daher keine Initialisierung enthalten. Wird aber eine Initialisierung angegeben, so handelt es sich um eine Definition!

☞ Wegen ihres Effekts auf das gesamte Programm sind globale Objekte sparsam zu verwenden. Besonders bei größeren Programmen sollte man nur wenige zentrale Objekte als `extern` deklarieren.

Der Speicherklassen-Spezifizierer static

```
// Passw1.cpp
// Die Funktionen getPassword() und zeitdiff()
// zum Einlesen und Überprüfen eines Passworts.
// -----------------------------------------------------
#include <iostream>
#include <iomanip>
#include <string>
#include <ctime>
using namespace std;

long zeitdiff(void);                        // Prototyp

static string geheimwort = "ISUS";          // Passwort
static long  maxanzahl = 3, maxzeit = 60; // Limits

bool getPassword()  // Passwort einlesen und überprüfen.
{                // Return-Wert: true, falls Passwort ok.
   bool ok_flag = false;          // Für die Rückgabe
   string wort;                   // Für die Eingabe
   int anzahl = 0, zeit = 0;
   zeitdiff();                     // Die Stoppuhr starten
   while( ok_flag != true &&
          ++anzahl <= maxanzahl) // Anzahl Versuche
   {
      cout << "\n\nGeben Sie das Passwort ein:  ";
      cin >> setw(20) >> wort;
      cin.ignore(LLONG_MAX,'\n'); // Rest der Zeile löschen
      zeit += zeitdiff();
      if( zeit >= maxzeit )        // Im Zeitlimit?
         break;                    // nein!
      if( wort != geheimwort)
         cout << "Passwort ungültig!" << endl;
      else
         ok_flag = true;           // Erlaubnis geben
    }
    return ok_flag;                // Ergebnis
}

long zeitdiff()                   // Liefert die Anzahl Sekunden
{                                 // seit dem letzten Aufruf.
    static time_t  sek = 0;         // Zeit vom letzten Aufruf.
    time_t  altsek = sek;           // Alte Zeit merken.
    time( &sek);                    // Neue Zeit lesen.
    return long(sek - altsek);      // Differenz zurückgeben.
}
```

Statische Objekte

Stellt man der Definition eines Objekts das Schlüsselwort `static` voran, so wird ein statisches Objekt vereinbart.

Beispiel: `static int anzahl;`

Die wesentliche Eigenschaft statischer Objekte ist ihre *statische* (= permante) Lebensdauer. Statische Objekte werden nämlich nicht auf dem Stack, sondern wie globale Objekte in einem Datensegment des Programms gehalten.

Im Unterschied zu globalen Objekten ist jedoch der Zugriff beschränkt. In Abhängigkeit vom Ort der Definition sind zwei Fälle zu unterscheiden:

1. **Definition außerhalb jeder Funktion**

   In diesem Fall ist das Objekt *modulglobal*, d.h. das Objekt kann mit seinem Namen nur in diesem Modul angesprochen werden. Es kollidiert nicht mit Objekten gleichen Namens in anderen Modulen.

   Hinweis: Im Gegensatz zu globalen Objekten wird der Name eines statischen Objekts dem Linker nicht bekannt gegeben. Dadurch ergibt sich sein „privater" Charakter in einem Modul.

2. **Definition innerhalb eines Blocks**

   Sie bewirkt, dass das Objekt nur in diesem Block sichtbar ist, d.h. es ist *lokal*. Es wird aber nur einmal erzeugt und bleibt beim Verlassen des Blocks erhalten. Beim Wiedereintritt in den Block wird mit dem ursprünglichen Objekt weitergearbeitet.

Für die Initialisierung statischer Objekte gilt dasselbe wie für globale Objekte: Wenn keine explizite Initialisierung angegeben ist, erhalten sie den Wert `0`.

Zum nebenstehenden Beispielprogramm

Die Funktion `getPassword()` prüft ein einzugebendes Passwort. Nach drei erfolglosen Versuchen, spätestens aber nach sechzig Sekunden, wird die Erlaubnis verweigert. Ein Aufruf in einer anderen Quelldatei könnte beispielsweise so lauten:

Beispiel:

```
if( !getPassword() )
{ cout << "Keine Berechtigung!\n"; exit(1); }
```

Der String `geheimwort` und die Grenzwerte `maxanzahl` und `maxzeit` sind modulglobal. Dagegen ist die statische Variable `sek` in der Funktion `zeitdiff()` lokal. Sie hat nur beim ersten Aufruf der Funktion den Wert `0`.

Es ist sinnvoll, diese Quelldatei um eine weitere Funktion zu ergänzen, die es unter anderem erlaubt, das Passwort zu ändern.

Speicherklassen-Spezifizierer von Funktionen

Beispiel für eine Programmstruktur

1. Quelldatei

```
extern bool getPassword(void);          // Prototyp

int main()
{
   // Hier kann die Funktion getPassword(),
   // aber nicht die Funktion zeitdiff()
   // aufgerufen werden.
       .
       .
       .
}
```

2. Quelldatei

```
static long zeitdiff(void);             // Prototyp

bool getPassword(void)                  // Definition
{
     // Hier kann zeitdiff() aufgerufen werden.
          .
          .
          .
}

static long zeitdiff(void)              // Definition
{
          .
          .
          .
}
```

Für Funktionen gibt es nur zwei Speicherklassen-Spezifizierer: `extern` und `static`. Lokale Funktionen sind nicht zulässig, d.h. eine Funktion darf nicht innerhalb einer anderen Funktion definiert werden.

Der Speicherklassen-Spezifizierer einer Funktion bestimmt wie bei Objekten den Zugriff auf die Funktion: Als extern deklarierte Funktionen sind programmglobal, `static`-Funktionen sind dagegen modulglobal. Programmglobale Funktionen werden auch einfach global genannt.

Globale Funktionen

Ist bei der Definition einer Funktion das Schlüsselwort `static` nicht angegeben, so handelt es sich um eine globale Funktion.

Analog zu globalen Objekten können globale Funktionen überall im Programm verwendet werden. Soll eine Funktion vor ihrer Definition bzw. in einer anderen Quelldatei aufgerufen werden, so muss sie deklariert werden.

Beispiel:
```
extern bool getPassword(void);   // Prototyp
```

Wie bisher kann das Wort `extern` im Prototyp einer globalen Funktion auch weggelassen werden.

Statische Funktionen

Zur Definition einer statischen Funktion wird das Schlüsselwort `static` dem Funktionskopf vorangestellt.

Beispiel:
```
static long zeitdiff()
{  . . .  }
```

Statische Funktionen haben einen „privaten“ Charakter: Sie sind modulglobal, genau wie `static`-Objekte, die außerhalb von Funktionen definiert sind. Sie können also nur in der Quelldatei aufgerufen werden, in der sie definiert sind. Der Name einer `static`-Funktion steht nicht im Konflikt mit Objekten und Funktionen gleichen Namens in anderen Modulen.

Wird eine statische Funktion vor ihrer Definition aufgerufen, so muss sie zuvor in der Quelldatei deklariert werden.

Beispiel:
```
static long zeitdiff( void );
```

Die nebenstehende Programmstruktur greift das Beispiel mit den Funktionen `getPassword()` und `zeitdiff()` wieder auf. Die Funktion `zeitdiff()` ist eine lokale Hilfsfunktion und sollte nicht von außen aufgerufen werden können. Daher wird sie jetzt als `static` deklariert.

Namensbereiche

Definition von Namensbereichen

```
// namesp1.cpp
// Namensbereiche definieren und testen.
// -----------------------------------------------------
#include <string>        // string im Namensbereich std

namespace MySpace
{
   std::string meld = "Im Namensbereich MySpace";
   int anzahl = 0;          // Definition: MySpace::anzahl
   double f( double);       // Prototyp:   MySpace::f()
}
namespace YourSpace
{
   std::string meld = "Im Namensbereich YourSpace";
   void f()                  // Definition von
   { meld+= '!'; }           // YourSpace::f()
}
namespace MySpace                    // Wieder in MySpace.
{
   int g(void);             // Prototyp von MySpace::g()
   double f( double y)       // Definition von
   { return y / 10.0; }      // MySpace::f()
}

   int MySpace::g()          // Separate Definition von
   { return ++anzahl; }      // MySpace::g()

#include <iostream>    // cout, ... im Namensbereich std
int main()
{   std::cout << "Test mit Namensbereichen!\n\n"
              << MySpace::meld << std::endl;
   MySpace::g();
   std::cout << "\nReturn-Wert g(): " << MySpace::g()
             << "\nReturn-Wert f(): " << MySpace::f(1.2)
             << "\n---------------------" << std::endl;
   YourSpace::f();
   std::cout << YourSpace::meld << std::endl;
   return 0;
}
```

Hinweis: Die Bezeichner der C++-Standardbibliothek gehören zum *Standardnamensbereich* `std`. Der sog. *globale Geltungsbereich* besteht aus allen globalen Bezeichnern, die außerhalb jedes Namensbereichs deklariert sind.

Bei großen Software-Projekten kann die Vergabe von globalen Namen zu Konflikten führen. Diese Situation tritt beispielsweise häufig dann ein, wenn unterschiedliche Klassenbibliotheken zum Einsatz kommen. Um Namenskonflikte bei globalen Bezeichnern auszuschalten, sieht C++ die Bildung von Namensbereichen vor. Innerhalb eines Namensbereichs können Bezeichner verwendet werden, ohne Rücksicht darauf, ob sie bereits außerhalb definiert wurden.

Ein gewöhnlicher Namensbereich hat selbst einen Namen, dem das Schlüsselwort `namespace` vorangestellt wird. Innerhalb von geschweiften Klammern werden dann die Elemente deklariert, die zu diesem Namensbereich gehören.

Beispiel:
```
namespace myLib
{
   int count;
   double calculate(double, int);
   // . . .
}
```

Hier wird der Namensbereich `myLib` definiert, zu dem die Variable `count` und die Funktion `calculate()` gehören.

Elemente eines Namensbereichs können *innerhalb* dieses Bereichs unmittelbar mit ihrem Namen angesprochen werden. Beim Zugriff von *außerhalb* ist zusätzlich der Namensbereich anzugeben. Dieser wird dem Elementnamen mit dem Bereichsoperator `::` vorangestellt.

Beispiel: `myLib::count = 7; // Außerhalb von myLib`

Auf diese Weise können gleiche Namen in verschiedenen Namensbereichen unterschieden werden. Mit dem Bereichsoperator `::` können auch jederzeit globale Namen angesprochen werden, also Namen die außerhalb aller Bereiche deklariert sind. In diesem Fall wird kein Namensbereich angegeben. Notwendig wird dies, wenn innerhalb des aktuellen Geltungsbereichs ein gleichnamiges Element den globalen Namen „verdeckt“.

Beispiel: `::demo();   // Keinem Namensbereich zugehörig`

Bei der Verwendung von Namensbereichen ist folgendes zu beachten:

- Namensbereiche müssen nicht zusammenhängend definiert werden. Ein bereits eingeführter Namensbereich kann jederzeit wieder geöffnet und erweitert werden.
- Namensbereiche dürfen geschachtelt werden, d.h. ein Namensbereich darf innerhalb eines anderen Namensbereichs definiert werden.

  Beispiel: `namespace Outer {namespace Inner{. . .} . . . }`

  Der innere Namensbereich `Inner` darf auch außerhalb des äußeren Namensbereiches Outer wie folgt definiert werden.

  Beispiel: `namespace Outer::Inner { . . . }`

Das Schlüsselwort using

Beispielprogramm

```
// namesp2.cpp
// Zeigt die Verwendung der using-Deklaration und
// der using-Direktive.
// ----------------------------------------------------
#include <iostream>        // Namensbereich std

void message()             // Globale Funktion ::message()
{
   std::cout << "In der Funktion ::message()\n";
}

namespace A
{
   using namespace std;    // Namen aus std hier sichtbar.
   void message()          // Funktion A::message()
   {
     cout << "In der Funktion A::message()\n";
   }
}

namespace B
{
   using std::cout;        // cout aus std deklarieren.
   void message(void);     // Funktion B::message()
}
void B::message(void)      // Definition von B::message()
{
   cout << "In der Funktion B::message()\n";
}

int main()
{
   using namespace std;    // Namen aus std
   using B::message;       // Funktionsname ohne Klammern!

   cout << "Test mit Namensbereichen!\n";

   cout << "\nAufruf von A::message()" << endl;
   A::message();
   cout << "\nAufruf von B::message()" << endl;
   message();                  // Wegen using-Deklaration
                               // verdeckt ::message()
   cout << "\nAufruf von ::message()" << endl;
   ::message();                // Globale Funktion
   return 0;
}
```

Der Zugriff auf die Elemente eines Namensbereichs kann durch eine *using-Deklaration* oder eine *using-Direktive* vereinfacht werden. Dann muss nicht immer der Namensbereich mit angegeben werden. Wie gewöhnliche Deklarationen können `using`-Deklarationen und `using`-Direktiven an einer beliebigen Stelle im Programm stehen.

using-Deklaration

Eine `using`-Deklaration führt einen Bezeichner aus einem Namensbereich in den aktuellen Geltungsbereich ein.

Beispiel:
```
using myLib::calculate;      // Deklaration
```

Anschließend wird mit

```
double erg = calculate( 3.7, 5);
```

die Funktion `calculate()` aus dem Namensbereich `myLib` aufgerufen. Der Name `calculate` darf im selben Geltungsbereich nicht schon verwendet worden sein.

using-Direktive

Mit einer *using-Direktive* werden *alle* Bezeichner eines bestimmten Namensbereichs „importiert".

Beispiel:
```
using namespace myLib;
```

Anschließend können sämtliche Bezeichner des Namensbereichs `myLib` unmittelbar angesprochen werden. Enthält `myLib` selbst eine using-Direktive mit einem weiteren Namensbereich, so wird auch dieser Namensbereich importiert.

Gibt es im aktuellen und im importierten Namensbereich gleiche Bezeichner, so führt eine `using`-Direktive allein noch nicht zum Konflikt. Erst wenn ein Bezeichner angesprochen wird, kann es zu Mehrdeutigkeiten kommen. Mit Hilfe des Bereichsoperators sind diese jedoch auflösbar.

Die C++-Header-Dateien ohne Kennung deklarieren alle globalen Bezeichner im Standardnamensbereich `std`. In den bisherigen Beispielen wurde bereits die `using`-Direktive eingesetzt, um die benötigten Bezeichner in den globalen Geltungsbereich zu importieren:

Beispiel:
```
#include <string>
using namespace std;
```

Bei der Entwicklung umfangreicher Programme oder Bibliotheken werden die Elemente eigener Namensbereiche ebenfalls in Header-Dateien deklariert. Die Definition der Elemente erfolgt wie üblich in Quelldateien.

☞

Kapitel 11

Referenzen und Zeiger

Dieses Kapitel beschreibt, wie Referenzen und Zeiger definiert und als Parameter bzw. Return-Wert von Funktionen eingesetzt werden. Hierbei werden auch der „Call by Reference“ sowie Read-only-Zugriffe auf Argumente vorgestellt.

Definition von Referenzen

Beispiel

```
float x = 10.7,  &rx = x;
```

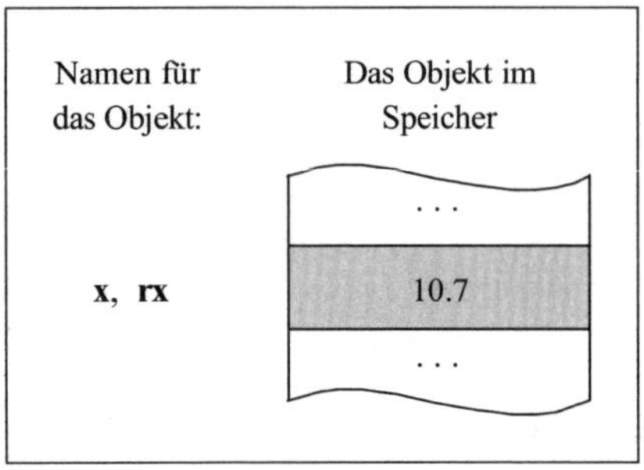

Demoprogramm

```
// Ref1.cpp
// Zeigt die Definition und Verwendung von Referenzen.
// ---------------------------------------------------
#include <iostream>
#include <string>
using namespace std;

float x = 10.7F;                                // Global

int main()
{
   float  &rx = x;            // Lokale Referenz auf x
// double &ref = x;           // Fehler: Ungleicher Typ!

   rx *= 2;

   cout << "   x = " <<  x << endl     //  x = 21.4
        << "  rx = " << rx << endl;    // rx = 21.4

   const float& cref = x;     // Read-only-Referenz
   cout << "cref = " <<  cref << endl;   // ok!
// ++cref;                     // Fehler: Read-only!
   const string str = "Ich bin ein konstanter String!";

// str = "Das geht nicht!";   // Fehler: str konstant!
// string& text = str;         // Fehler: str konstant!
   const string& text = str;  // ok!
   cout << text << endl;       // ok! text wird nur gelesen.
   return 0;
}
```

Eine Referenz ist ein anderer Name („Aliasname“) für ein bereits existierendes Objekt. Bei der Definition einer Referenz wird also kein neuer Speicherplatz belegt. Alle Operationen mit der Referenz werden mit dem Objekt durchgeführt, auf das die Referenz verweist. Referenzen werden vor allem als Parameter und Return-Wert von Funktionen eingesetzt.

Definition

Die *Definition* einer Referenz geschieht mit dem Zeichen `&` („Ampersand“). Ist `T` ein Typ, so bedeutet `T&` „Referenz auf `T`“.

Beispiel:
```
float x = 10.7;
float& rx = x;    // oder:  float &rx = x;
```

Dann ist `rx` ein anderer Name für die Variable `x` und hat den Typ „Referenz auf `float`“. Operationen mit `rx` wie

Beispiel:
```
--rx;        // gleichbedeutend mit  --x;
```

betreffen stets die Variable `x`. Das Zeichen `&` für eine Referenz kommt nur in der Deklaration vor und hat nichts mit dem Adressoperator `&` zu tun! Der Adressoperator liefert die Adresse eines Objekts. Angewendet auf eine Referenz liefert er die Adresse des referenzierten Objekts.

Beispiel:
```
&rx       // Adresse von x, also gleich &x
```

Eine Referenz muss bei der Definition *initialisiert* werden und ist dann nicht mehr veränderbar. Sie kann also nicht dazu benutzt werden, später auf eine andere Variable zu verweisen.

Read-only-Referenzen

Eine Referenz, die auf ein konstantes Objekt verweisen soll, muss selbst als konstant, also mit dem Schlüsselwort `const`, definiert werden. Andernfalls könnte das Objekt über die Referenz verändert werden. Umgekehrt ist es möglich, dass eine *Referenz auf eine Konstante* ein nicht konstantes Objekt referenziert.

Beispiel:
```
int a;     const int& cref = a;   // ok!
```

Mit der Referenz `cref` kann anschließend nur lesend auf die Variable `a` zugegriffen werden. Man spricht in dem Fall von einem *Read-only-Bezeichner*.

Ein Read-only-Bezeichner kann im Gegensatz zu einer „normalen“ Referenz mit einer Konstanten initialisiert werden:

Beispiel:
```
const double& pi = 3.1415927;
```

Da die Konstante keinen Speicherplatz besitzt, legt der Compiler ein temporäres Objekt an, das referenziert wird.

Referenzen als Parameter

Beispielprogramm

```
// Ref2.cpp
// Demo für Funktionen mit Referenzparametern
// ---------------------------------------------------

#include <iostream>
#include <string>
using namespace std;
                                    // Prototypen:
bool getKunde( string& name, long& nr);
void putKunde( const string& name, const long& nr);

int main()
{
    string kundenName;
    long   kundenNr;

    cout << "\nKundendaten einlesen und ausgeben\n"
         << endl;
    if( getKunde( kundenName, kundenNr))    // Aufrufe
      putKunde( kundenName, kundenNr);
    else
      cout << "Ungültige Eingabe!" << endl;

    return 0;
}

bool getKunde( string& name, long& nr)     // Definition
{
    cout << "\nKunden-Daten eingeben!\n"
         << " Name:    ";
    if( !getline( cin, name))  return false;

    cout << " Nummer: ";
    if( !( cin >> nr))  return false;

    return true;
}
                                           // Definition
void putKunde( const string& name, const long& nr)
{            // name und nr können nur gelesen werden!

    cout << "\n------- Kundendaten ---------\n"
         << "\n Name:    ";  cout << name
         << "\n Nummer: ";  cout << nr << endl;
}
```

Call by Reference

Ein *Call by Reference* kann mit Referenzen oder Zeigern als Parameter programmiert werden. Die Verwendung von Referenzen ist syntaktisch einfacher, jedoch nicht immer möglich.

Ein Parameter mit einem Referenztyp ist ein Aliasname für das Argument: Beim Aufruf der Funktion wird ein Referenzparameter mit dem Objekt initialisiert, das als Argument angegeben wird. Die Funktion arbeitet so direkt mit dem übergebenen Argument.

Beispiel: `void test( int& a) { ++a; }`

Nach dieser Definition bewirkt der Aufruf

```
test( var);    // Für eine int-Variable var
```

dass die Variable `var` inkrementiert wird. Innerhalb der Funktion ist jeder Zugriff auf die Referenz a ein Zugriff auf die übergebene Variable `var`.

Auch wenn beim Aufruf für einen Referenzparameter ein Objekt als Argument angeben wird, wird dieses Objekt nicht kopiert, sondern es wird intern die Adresse des Objekts übergeben. Dies ermöglicht den Zugriff der Funktion auf das Objekt des Aufrufers.

Vergleich mit Call by Value

Im Unterschied zu einem gewöhnlichen *Call by Value* kann als Argument kein Ausdruck wie `a+b` angegeben werden. Das Argument muss ein Objekt im Speicher mit dem richtigen Typ sein.

Die Verwendung von Referenzen als Parameter hat aber folgende *Vorteile*:

- Argumente werden nicht kopiert. Gegenüber einem „Call by Value" führt das zu einer besseren Laufzeit, wenn ein Argument viel Speicherplatz belegt.
- Eine Funktion kann über Referenzparameter *mehrere* Werte der aufrufenden Funktion zurückgeben. Bei einem „Call by Value" wird – ohne Verwendung von globalen Variablen – nur *ein* Ergebnis über den Return-Wert zurückgeliefert.

Sollen Argumente nur gelesen, aber nicht kopiert werden, so kann eine *Read-only-Referenz* als Parameter deklariert werden.

Beispiel: `void display( const string& str);`

Diese Funktion `display()` erhält als Argument einen String. Es wird jedoch kein neuer String erzeugt, in den der Argument-String kopiert wird, sondern `str` ist lediglich ein Verweis auf das Argument. Der Aufrufer kann trotzdem sicher sein, dass sein Argument nicht innerhalb der Funktion verändert wird, da `str` als `const` deklariert ist.

Referenzen als Return-Wert

Beispielprogramm

```
// Ref3.cpp
// Zeigt die Verwendung von Referenzen als Ergebnistyp.
// ---------------------------------------------------

#include <iostream>
#include <string>
using namespace std;
                                          // Referenz auf
double& refMin( double&, double&);        // das Minimum
                                          // zurückgeben.
int main()
{
   double x1 = 1.1,  x2 = x1 + 0.5,  y;

   y = refMin( x1, x2);         // Minimum an y zuweisen.
   cout << "x1 = " << x1 << "     "
        << "x2 = " << x2 << endl;
   cout << "Minimum: " << y  << endl;

   ++refMin( x1, x2);           // ++x1, da x1 das Minimum
                                // ist.
   cout << "x1 = " << x1 << "     "     // x1 = 2.1
        << "x2 = " << x2 << endl;       // x2 = 1.6

   ++refMin( x1, x2);           // ++x2, da jetzt x2 das
                                // Minimum ist.
   cout << "x1 = " << x1 << "     "     // x1 = 2.1
        << "x2 = " << x2 << endl;       // x2 = 2.6

   refMin( x1, x2) = 10.1;      // x1 = 10.1, da jetzt x1
                                // das Minimum ist.
   cout << "x1 = " << x1 << "     "     // x1 = 10.1
        << "x2 = " << x2 << endl;       // x2 = 2.6

   refMin( x1, x2) += 5.0;      // x2 += 5.0, da jetzt x2
                                // das Minimum ist.
   cout << "x1 = " << x1 << "     "     // x1 = 10.1
        << "x2 = " << x2 << endl;       // x2 = 7.6
   return 0;
}
double& refMin( double& a, double& b)  // Referenz auf
{                                      // das Minimum
    return a <= b ? a : b;             // zurückgeben.
}
```

☞ Der Ausdruck `refMin(x1,x2)` stellt entweder das Objekt `x1` oder `x2` dar, nämlich das Objekt mit dem kleineren Wert.

Referenzen zurückgeben

Auch der Ergebnistyp einer Funktion kann ein Referenztyp sein. Der Funktionsaufruf stellt dann ein Objekt dar, kann also auch wie ein Objekt verwendet werden.

Beispiel:

```
string& message()              // Referenz!
{
  static string str =
        "Heute bleibt die Küche kalt!";
  return str;
}
```

Diese Funktion liefert eine Referenz auf den *statischen* String `str` zurück. Bei der Rückgabe von Referenzen und Zeigern ist nämlich folgendes zu beachten:

- Das Objekt, auf das der Return-Wert verweist, muss auch nach dem Verlassen der Funktion noch existieren.

Es wäre deshalb ein schwerer Fehler, in der Funktion `message()` den String `str` als gewöhnliche `auto`-Variable zu deklarieren. In diesem Fall würde der String beim Verlassen der Funktion zerstört und die Referenz auf ein nicht mehr existierendes Objekt verweisen.

Aufruf einer Funktion mit Referenztyp

Die obige Funktion `message()` ist vom Typ „Referenz auf `string`". Deshalb stellt der Funktionsaufruf

```
message()
```

ein Objekt vom Typ `string` dar. Es sind also folgende Anweisungen zulässig:

```
message() = "Auf in den Biergarten!";
message() += " Zum Wohl!";
cout << "Länge: " << message().length();
```

Hier wird zunächst dem Objekt, das durch den Funktionsaufruf referenziert wird, ein neuer Wert zugewiesen. Anschließend wird noch ein String angehängt. In der dritten Anweisung wird die Länge des referenzierten Strings ausgegeben.

Soll eine Veränderung des referenzierten Objekts nicht möglich sein, kann der Typ der Funktion als Read-only-Referenz festgelegt werden.

Beispiel:

```
const string& message();       // Read-only!
```

Häufig werden Referenzen als Ergebnistyp beim Überladen von Operatoren eingesetzt. Die Aktionen, die ein Operator für einen selbstdefinierten Datentyp ausführen soll, werden stets durch eine entsprechende Funktion realisiert. Die Operator-Überladung wird in einem späteren Kapitel behandelt. Beispiele mit Operatoren von Standardklassen können aber jetzt schon vorgestellt werden.

Ausdrücke mit Referenztyp

Beispiel: Operator << der Klassse ostream

```
cout << "Guten Morgen" << '!';
```

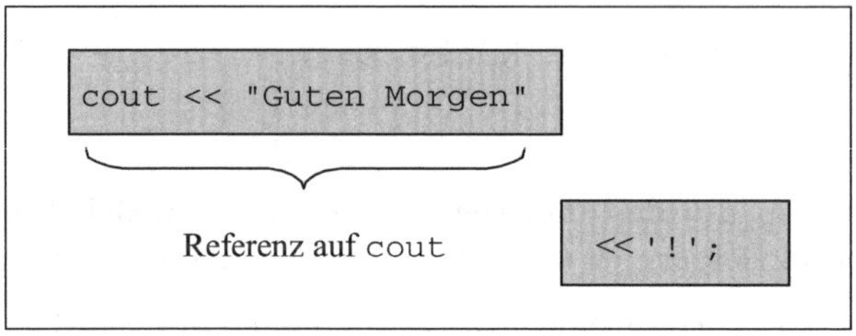

Beispiel mit Zuweisungen der Klasse string

```
// Ref4.cpp
// Ausdrücke mit Referenztyp am Beispiel der
// Zuweisungsoperatoren für Strings.
// -----------------------------------------------------
#include <iostream>
#include <string>
#include <cctype>                   // Für toupper()
using namespace std;
void strToUpper( string& );         // Prototyp
int main()
{
   string text("Test mit Zuweisungen\n");

   strToUpper(text);
   cout << text << endl;

   strToUpper( text = "Sauer");
   cout << text << endl;

   strToUpper( text += " macht lustig!\n");
   cout << text << endl;

   return 0;
}
void strToUpper( string& str)  // Den Inhalt von str in
{                              // Großbuchstaben umwandeln.
    int len = str.length();
    for( int i=0; i < len; ++i)
      str[i] = toupper( str[i]);
}
```

Jeder Ausdruck in C++ hat einen Typ und, sofern der Typ nicht `void` ist, einen Wert. Hierbei darf der Typ auch ein Referenztyp sein.

Die Shift-Operatoren der Stream-Klassen

Die Operatoren << und >> für die Ein-/Ausgabe mit Streams sind Beispiele für Ausdrücke, die eine Referenz auf ein Objekt zurückgeben.

Beispiel: `cout << "Guten Morgen"`

Dieser Ausdruck hat nicht etwa den Typ `void`, sondern ist eine Referenz auf das Objekt `cout`, das heißt, er stellt selbst wieder das Objekt `cout` dar. Deshalb kann auf diesen Ausdruck der Operator << erneut angewendet werden:

```
cout << "Guten Morgen" << '!'
```

Der Ausdruck ist dann äquivalent zu

```
(cout << "Guten Morgen") << '!'
```

Ausdrücke mit dem Operator << werden nämlich von links her zusammengefasst, wie man der Vorrangtabelle im Anhang entnehmen kann.

Ebenso repräsentiert der Ausdruck `cin >> variable` wieder den Stream `cin`. Daher kann auch der Operator >> mehrfach hintereinander angewendet werden.

Beispiel:

```
int a;  double x;
cin >> a >> x;        // (cin >> a) >> x;
```

Weitere Operatoren mit Referenztyp

Zu den häufig verwendeten Operatoren mit Referenztyp gehören die einfache Zuweisung `=` und die zusammengesetzten Zuweisungen wie `+=` und `*=`. Diese Operatoren geben eine Referenz auf den linken Operanden zurück. In einem Ausdruck wie

```
a = b    oder    a += b
```

muss daher `a` ein Objekt sein. Der Ausdruck selbst repräsentiert wieder das Objekt `a`. Das gilt auch, wenn diese Operatoren auf Objekte vom Typ einer Klasse angewendet werden. Allerdings hängt es von der Definition der Klasse ab, welche Operatoren zur Verfügung stehen. In der Standardklasse `string` sind beispielsweise die Zuweisungen `=` und `+=` definiert.

Beispiel:

```
string name("Till ");
name += "Eulenspiegel";  //Referenz auf name
```

Da ein derartiger Ausdruck ein Objekt darstellt, kann der Ausdruck als Argument einer Funktion übergeben werden, die per Referenz aufgerufen wird. Das zeigt das nebenstehende Beispiel.

Definition von Zeigern

Beispielprogramm

```
// zeiger1.cpp
// Wert und Adresse von Variablen anzeigen.
// ------------------------------------------------------
#include <iostream>
using namespace std;

int var, *ptr;  // Definition der Variablen var und ptr

int main()           // Werte und Adressen der Variablen
{                    // var und ptr ausgeben.
   var = 100;
   ptr = &var;

   cout << " Wert von var:       " << var
        << "   Adresse von var: " << &var
        << endl;
   cout << " Wert von ptr: "       << ptr
        << "   Adresse von ptr: " << &ptr
        << endl;
   return 0;
}
```

Beispiel für eine Bildschirmausgabe

```
Wert von var:       100   Adresse von var: 00456FD4
Wert von ptr: 00456FD4   Adresse von ptr: 00456FD0
```

Die Variablen var und ptr im Speicher

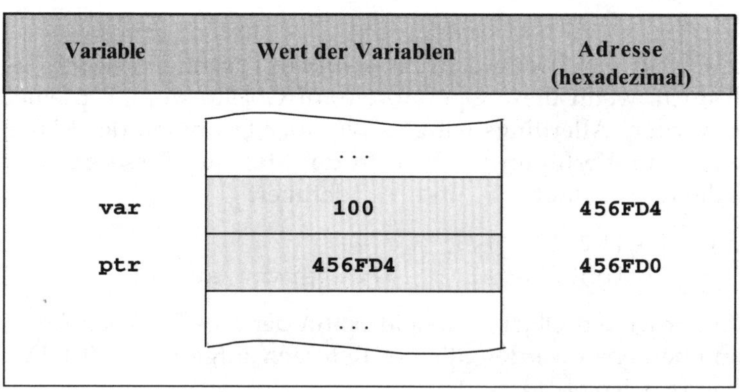

Eine effiziente Programmlogik erfordert es häufig, dass nicht mit den Daten selbst, sondern mit den Adressen der Daten im Hauptspeicher gearbeitet wird. Beispiele hierfür sind verkettete Listen oder Bäume, deren Elemente erst zur Laufzeit des Programms dynamisch angelegt werden.

Zeiger

Ein *Zeiger* (engl. *pointer*) ist ein Ausdruck, der die *Adresse* und den *Typ* eines anderen Objekts repräsentiert. So stellt die Anwendung des Adressoperators `&` auf ein beliebiges Objekt bereits einen Zeiger auf das Objekt dar. Ist beispielsweise `var` eine `int`-Variable, so ist

Beispiel: `&var                    // Adresse des Objekts var`

die Adresse des `int`-Objekts im Hauptspeicher und somit ein Zeiger auf `var`. Ein Zeiger verweist auf eine Speicherstelle und gibt mit dem Typ gleichzeitig an, wie diese Speicherstelle zu lesen und zu beschreiben ist. Je nach Typ spricht man daher von einem *Zeiger auf char*, *Zeiger auf int* usw. oder auch kurz vom *char-Zeiger*, *int-Zeiger* usw.

Zeigervariablen

Ein Ausdruck wie `&var` ist ein konstanter Zeiger. In C++ können auch *Zeigervariablen* definiert werden. Das sind Variablen, die die Adresse eines anderen Objekts speichern können.

Beispiel: `int *ptr;              // oder:  int* ptr;`

Damit wird eine Variable `ptr` definiert, die den Typ `int*` (in Worten: *Zeiger auf int*) hat. `ptr` kann somit die Adresse einer `int`-Variablen speichern. In einer Deklaration bedeutet das Zeichen `*` immer „Zeiger auf".

Die *Typen von Zeigern* sind abgeleitete Typen. Die allgemeine Form ist: `T*`. Dabei darf `T` ein beliebiger Typ sein. Im obigen Beispiel ist `T` der Typ `int`.

Objekte mit demselben Basistyp `T` können auch gemeinsam definiert werden.

Beispiel: `int a, *p, &r = a;   // Definition von a, p, r`

Nach der Vereinbarung einer Zeigervariablen ist es notwendig, den Zeiger auf eine bestimmte Stelle im Speicher „zeigen" zu lassen. Im nebenstehenden Programm geschieht dies durch die Zuweisung

```
ptr = &var;.
```

Referenzen und Zeiger

Referenzen sind mit Zeigern vergleichbar: Beide verweisen auf ein Objekt im Speicher. Ein Zeiger ist jedoch kein Aliasname, sondern ein eigenständiges Objekt, das vom adressierten Objekt zu unterscheiden ist: Ein Zeiger hat eine eigene Adresse und kann selbst verändert werden, etwa durch das Zuweisen einer neuen Adresse. Dann verweist der Zeiger auf ein anderes Objekt.

Der Verweisoperator

Beispiele für die Verwendung des Verweisoperators

```
double x, y, *px;

 px = &x;          // px auf x zeigen lassen.
*px = 12.3;        // x den Wert 12.3 zuweisen.
*px += 4.5;        // x um 4.5 erhöhen.
 y  = sin(*px);    // Sinus von x an y zuweisen.
```

Adresse und Wert der Variablen x und px

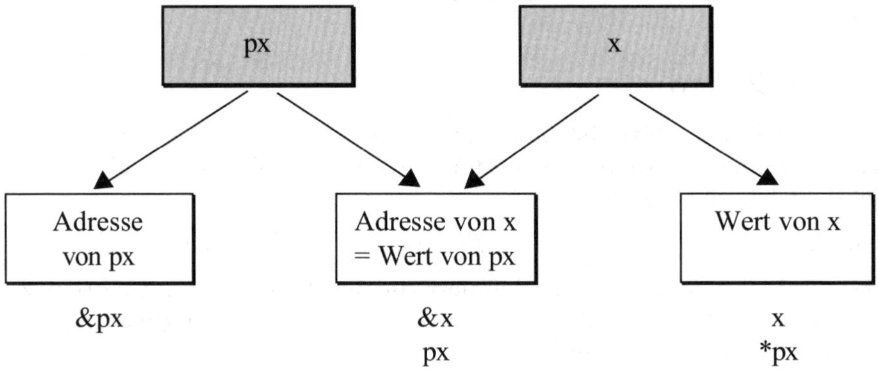

Hinweise zu Adressen im Programm

- Unabhängig vom Typ belegt jede Zeigervariable gleich viel Speicherplatz, nämlich so viel, wie zur Speicherung einer Adresse benötigt wird. Auf einem 32-Bit-Rechner wie dem PC sind dies vier Bytes.
- Die in einem Programm sichtbaren Adressen sind in der Regel nur logische Adressen, die vom Betriebssystem vergeben und auf physikalische Adressen abgebildet werden. Dies erlaubt dem System eine effiziente Speicherverwaltung und die Auslagerung von momentan nicht benötigten Speicherblöcken auf die Festplatte.
- C++ garantiert, dass gültige Adressen ungleich 0 sind. Daher wird der spezielle Wert 0 verwendet, um z.B. einen Fehler anzuzeigen. Ein Zeiger mit dem Wert 0 wird auch *Nullzeiger* genannt. In Standard-Header-Dateien ist für Zeiger die symbolische Konstante NULL als 0 definiert. Außerdem definiert der C++-Standard die Nullzeiger-Konstante `nullptr` vom Typ `nullptr_t`.

Zugriff auf Objekte über Zeiger

Um das Objekt, auf das ein Zeiger verweist, mit Hilfe des Zeigers anzusprechen, wird der *Verweisoperator* `*` benutzt:

- Ist `ptr` ein Zeiger, so ist `*ptr` das Objekt, auf das `ptr` zeigt.

Der Programmierer muss also stets den Zeiger `ptr` von dem adressierten Objekt `*ptr` unterscheiden.

Beispiel:

```
long  a = 10, b, // Definition von a, b
      *ptr;      // und des Zeigers ptr.
ptr = &a;        // ptr auf a zeigen lassen.
b = *ptr;
```

Hier wird der Wert von `a` an `b` zugewiesen, da `ptr` auf `a` zeigt. Die Zuweisung `b = a;` würde also dasselbe Ergebnis liefern. Der Ausdruck `*ptr` stellt das Objekt `a` dar. Er darf überall dort stehen, wo auch `a` eingesetzt werden könnte.

Der in der Definition einer Zeigervariablen benutzte Stern * imitiert die spätere Verwendung des Zeigers in Ausdrücken. So besagt die Definition

```
long *ptr;
```

folgendes: In Ausdrücken hat `ptr` den Typ `long*` (Zeiger auf `long`) und `*ptr` hat den Typ `long`.

Der Verweisoperator `*` hat wie der Adressoperator `&` einen hohen Vorrang. Beide Operatoren sind nämlich unäre Operatoren, das heißt, sie haben nur einen Operanden. Dies unterscheidet den Verweisoperator auch vom binären Operator `*` für die Multiplikation, der stets zwei Operanden hat.

L-Werte

Ein Ausdruck, der ein Objekt im Speicher des Rechners bezeichnet, wird in C++ *L-Wert* (engl. *L-value*) genannt. Der Begriff L-Wert kommt häufig in Fehlermeldungen des Compilers vor. Er ist von der Zuweisung abgeleitet: Der *linke* Operand des Operators = muss immer eine Speicherstelle bezeichnen. Ein Ausdruck, der kein L-Wert ist, wird auch *R-Wert* genannt.

Ein Variablenname ist das einfachste Beispiel für einen L-Wert. Dagegen ist z.B. eine Konstante oder ein Ausdruck wie `x + 1` ein R-Wert. Zu den Operatoren, die L-Werte liefern, gehört der Verweisoperator: Ist `p` eine Zeigervariable, so sind sowohl `p` als auch `*p` L-Werte. `*p` bezeichnet ja das Objekt, auf das `p` zeigt.

Zeiger als Parameter

Beispielprogramm

```
// zeiger2.cpp
// Definition und Aufruf der Funktion swap().
// Zeigt die Verwendung von Zeigern als Parameter.
// ------------------------------------------------------
#include <iostream>
using namespace std;

void swap( float *, float *);    // Prototyp von swap()

int main()
{
   float x = 11.1F;
   float y = 22.2F;
       .
       .
       .
   swap( &x, &y );
       .
       .          // p2 = &y
       .
}              // p1 = &x

void swap( float *p1, float *p2)
{
   float temp;            // Hilfsvariable

   temp = *p1;            // Bei obigem Aufruf zeigen
   *p1  = *p2;            // p1 auf x und p2 auf y.
   *p2  = temp;
}
```

Objekte als Argumente

Erhält eine Funktion ein Objekt als Argument, so gibt es zwei Möglichkeiten:

- Der entsprechende Parameter der Funktion besitzt denselben Typ wie das übergebene Objekt. Die aufgerufene Funktion erhält dann eine Kopie des Objekts („Call by Value").
- Der entsprechende Parameter ist eine Referenz. Der Parameter ist dann ein Aliasname für das Argument, das heißt, die aufgerufene Funktion arbeitet mit dem Objekt des Aufrufers („Call by Reference").

Im ersten Fall kann das übergebene Argument durch die Funktion nicht verändert werden, im Fall eines „Call by Reference" schon. Es gibt aber noch eine weitere Möglichkeit, einen „Call by Reference" zu realisieren, nämlich durch Übergabe von Zeigern.

Zeiger als Argumente

Wie ist der Parameter einer Funktion zu deklarieren, wenn der Funktion als Argument eine Adresse übergeben wird? Die Antwort ist naheliegend: Der Parameter muss als *Zeigervariable* deklariert werden.

Erwartet beispielsweise die Funktion `func()` als Argument die Adresse eines `int`-Wertes, so wird mit

Beispiel:

```
long func( int *iPtr )
{
    // Funktionsblock
}
```

der Parameter `iPtr` als `int`-Zeiger deklariert. Kennt eine Funktion die Adresse eines Objekts, so kann sie natürlich mit Hilfe des Verweisoperators auf das Objekt zugreifen und es verändern.

Im nebenstehenden Programm vertauscht die Funktion `swap()` die Werte der Variablen `x` und `y` in der aufrufenden Funktion. Den Zugriff auf die Variablen erhält die Funktion `swap()` dadurch, dass als Argumente die Adressen der Variablen, also `&x` und `&y`, übergeben werden.

Die Parameter `p1` und `p2` von `swap()` sind demzufolge als `float`-Zeiger deklariert. Durch den Aufruf

```
swap( &x, &y);
```

werden die Zeiger `p1` und `p2` mit den Adressen von `x` bzw. `y` initialisiert. Wenn die Funktion mit den Ausdrücken `*p1` und `*p2` arbeitet, greift sie tatsächlich auf die Variablen `x` und `y` in der aufrufenden Funktion zu und vertauscht ihre Werte.

Kapitel 12

Definition von Klassen

Dieses Kapitel beschreibt, wie Klassen definiert und Instanzen von Klassen, also Objekte, verwendet werden. Daneben werden auch Structs und Unions als spezielle Klassen vorgestellt.

Klassen-Konzept

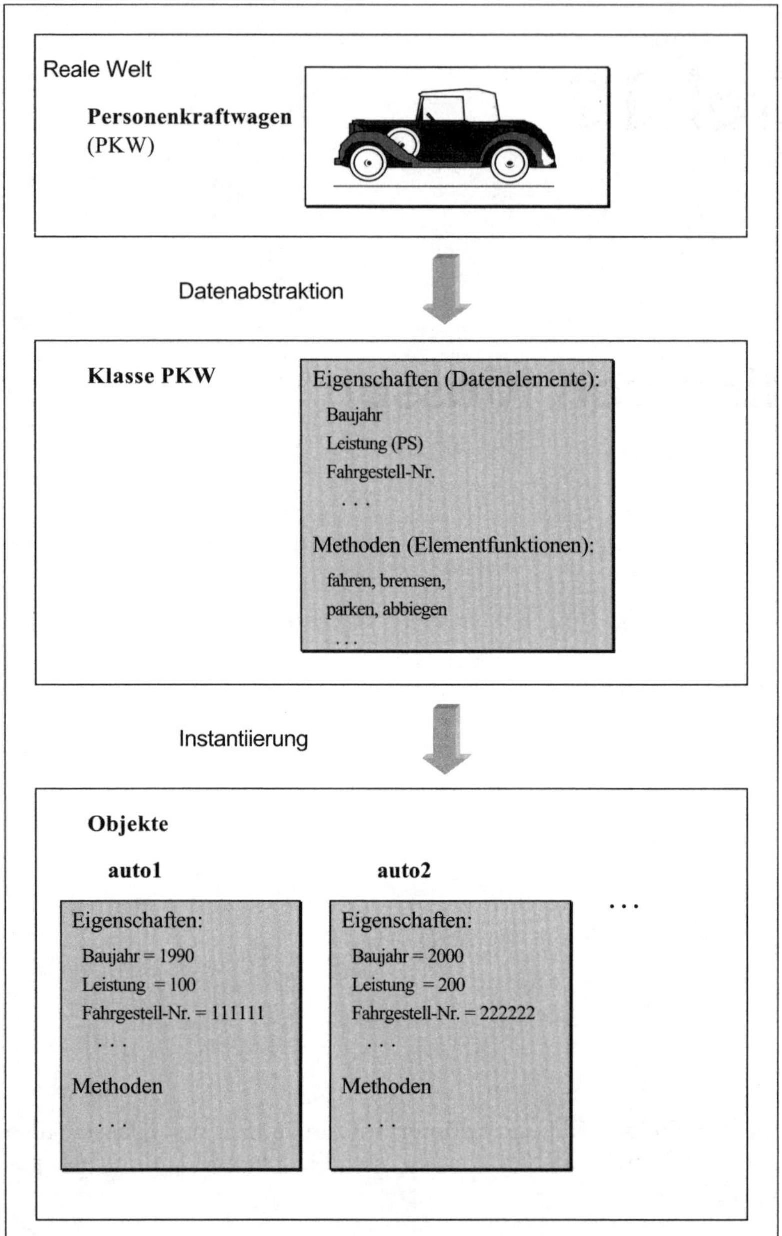

Klassen sind das wesentliche Sprachelement in C++ zur Unterstützung der objektorientierten Programmierung (OOP). Eine Klasse legt die Eigenschaften und Fähigkeiten von Objekten fest.

Datenabstraktion

Der Mensch *abstrahiert*, um komplexe Sachverhalte darzustellen. Dinge und Vorgänge werden auf das Wesentliche reduziert und mit einem Oberbegriff versehen. Klassen ermöglichen es, die Ergebnisse der Abstraktion direkter bei der Software-Entwicklung umzusetzen.

Der erste Schritt zur Lösung einer Problemstellung ist die *Analyse*. Bei der objektorientierten Programmierung besteht die Analyse in der Identifizierung und Beschreibung von Objekten sowie im Erkennen ihrer Beziehungen untereinander. Das Ergebnis der Beschreibung der Objekte sind Klassen.

In C++ ist eine Klasse ein selbstdefinierter Datentyp. Sie besteht aus Datenelementen, die die Eigenschaften beschreiben, und Elementfunktionen (= Methoden), die die Fähigkeiten der Objekte darstellen. Eine Klasse stellt das „Muster" dar, nach dem Objekte dieses Typs instantiiert, d.h. erzeugt, werden. Ein Objekt ist also eine Variable vom Typ einer bestimmten Klasse.

Datenkapselung

Bei der Definition einer Klasse wird festgelegt, welche Elemente der Klasse „privat", d.h. vor dem Zugriff von außen geschützt, sind und welche Elemente „öffentlich" verfügbar sein sollen. Ein Anwendungsprogramm arbeitet mit Objekten, für die es die „öffentlichen" Methoden der Klasse aufruft und so deren Fähigkeiten aktiviert.

Der Zugriff auf die Daten eines Objekts erfolgt selten direkt, d.h. Daten werden normalerweise als „privat" deklariert. Das Lesen und Verändern von Daten wird durch Methoden vorgenommen, die „öffentlich" deklariert sind und die den korrekten Zugriff auf die Daten sicherstellen können.

Ein wichtiger Aspekt dabei ist, dass ein Anwendungsprogramm die interne Darstellung der Daten nicht zu kennen braucht. Bei Bedarf kann die interne Darstellung der Daten auch geändert werden! Solange die Schnittstellen der öffentlichen Methoden unverändert bleiben, betreffen solche Änderungen das Anwendungsprogramm nicht. Es kann so von einer verbesserten Version einer Klasse profitieren, ohne dass im Anwendungsprogramm ein Byte verändert werden muss.

Ein Objekt kapselt also sein „Innenleben" von der Außenwelt ab und verwaltet sich mit Hilfe seiner Methoden selbst. Dies ist der konzeptionelle Kern der „Datenkapselung".

Definition von Klassen

Definitionsschema

```
class Demo
{
   private:

             // Hier die privaten Daten und Methoden

   public:

              // Hier die öffentlichen Daten und Methoden

};
```

Beispiel für eine Klasse

```
// konto.h
// Definition der Klasse Konto.
// ---------------------------------------------------
#ifndef KONTO_H   // Mehrfaches Inkludieren verhindern.
#define KONTO_H
#include <iostream>
#include <string>
using namespace std;

class Konto
{
   private:                 // Geschützte Elemente:
     string name;             // Kontoinhaber
     unsigned long nr;        // Kontonummer
     double stand;            // Kontostand

   public:                  // Öffentliche Schnittstelle:
     bool init( const string&, unsigned long, double);
     void display();
};
#endif   //  KONTO_H
```

Die Definition einer Klasse legt den Namen der Klasse sowie die Namen und Typen der Klassenelemente (engl. *members*) fest.

Die Definition beginnt mit dem Schlüsselwort `class`, dem der Klassenname folgt. Im anschließenden Block werden die Elemente der Klassen deklariert: Datenelemente und Elementfunktionen dürfen einen beliebigen Typ haben, z.B. auch den Typ einer zuvor deklarierten Klasse. Zugleich werden die Elemente der Klasse aufgeteilt in:

- `private`-Elemente, die von außen nicht zugänglich sind
- `public`-Elemente, die öffentlich verfügbar sind

Die `public`-Elemente bilden die sog. *öffentliche Schnittstelle* (engl. *public interface*) der Klasse.

Nebenstehend ist ein Schema für die Definition einer Klasse angegeben. Der `private`-Bereich enthält in der Regel die Datenelemente, der `public`-Bereich die Methoden für den Zugriff auf die Daten. Auf diese Weise wird die Datenkapselung realisiert.

Im anschließenden Beispiel wird eine erste Klasse `Konto` zur Darstellung eines Bankkontos definiert. Die Datenelemente für den Namen des Kontoinhabers, die Kontonummer und den Kontostand sind wie üblich als `private` deklariert. Außerdem gibt es zwei öffentliche Methoden, nämlich `init()` zur Initialisierung und `display()` für die Anzeige der Daten auf dem Bildschirm.

Die Marken `private:` und `public:` können innerhalb einer Klasse beliebig eingesetzt werden:

- Sie dürfen beliebig oft, auch keinmal, und in beliebiger Reihenfolge verwendet werden. Dabei reicht der mit `private:` bzw. `public:` markierte Bereich bis zum nächsten `public:` bzw. `private:`.
- Die Voreinstellung für den Elementzugriff ist `private`. Wenn also weder eine `private`- noch eine `public`-Marke angegeben ist, so sind alle Elemente einer Klasse `private`.

Namensgebung

Jede Software wird mit bestimmten Regeln für die Vergabe von Namen erstellt. Diese orientieren sich oft am Zielsystem und den verwendeten Klassenbibliotheken. In diesem Buch wird eine übliche Konvention eingehalten, um Klassen und Klassenelemente zu unterscheiden: Die Namen von Klassen beginnen mit einem Großbuchstaben, die Namen von Elementen mit einem Kleinbuchstaben.

Elemente verschiedener Klassen dürfen die gleichen Namen haben. So kann beispielsweise auch eine andere Klasse ein Element `display()` besitzen.

Definition von Methoden

Die Methoden der Klasse Konto

```
// konto.cpp
// Definition der Konto-Methoden init() und display().
// ---------------------------------------------------
#include "konto.h"          // Definition der Klasse
#include <iostream>
#include <iomanip>
using namespace std;

// Die Methode init() kopiert die übergebenen Argumente
// in die privaten Elemente der Klasse.
bool Konto::init(const string& i_name,
                 unsigned long i_nr,
                 double        i_stand)
{
   if( i_name.size() < 1)      // Kein leerer Name
         return false;
   name  = i_name;
   nr    = i_nr;
   stand = i_stand;
   return true;
}

// Die Methode display() zeigt die privaten
// Daten am Bildschirm an.
void Konto::display()
{
   cout << fixed << setprecision(2)
        << "--------------------------------------\n"
        << "Kontoinhaber:  " << name  << '\n'
        << "Kontonummer:   " << nr    << '\n'
        << "Kontostand:    " << stand << '\n'
        << "--------------------------------------\n"
        << endl;
}
```

Eine Klassendefinition ist erst dann vollständig, wenn auch die Methoden definiert sind. Erst anschließend können Objekte dieser Klasse verwendet werden.

Bei der Definition einer Methode muss auch der Klassenname angegeben werden. Dieser wird vom Funktionsnamen durch den Bereichsoperator `::` getrennt.

Syntax:

```
typ klassenname::funktionsname(parameterliste)
{   . . . }
```

Ohne Angabe des Klasse würde eine gewöhnliche globale Funktion definiert.

Innerhalb einer Methode können *alle* Elemente einer Klasse direkt mit ihrem Namen angesprochen werden. Der Bezug zur Klasse ist automatisch gegeben. Insbesondere können Methoden derselben Klasse sich gegenseitig direkt aufrufen.

Der Zugriff auf die privaten Elemente ist nur innerhalb von Methoden derselben Klasse möglich. Damit stehen die `private`-Elemente vollständig unter der Kontrolle der Klasse.

Bei der Definition einer Klasse wird noch kein Speicherplatz für die Datenelemente reserviert. Das geschieht erst mit der Definition eines Objekts. Wird dann eine Methode für ein bestimmtes Objekt aufgerufen, so arbeitet die Methode mit den Daten dieses Objekts.

Modulare Programmierung

Eine Klasse wird gewöhnlich in verschiedenen Quelldateien verwendet. In einem solchen Fall ist es notwendig, die Definition einer Klasse in eine *Header-Datei* zu stellen. Ist beispielsweise die Definition der Klasse `Konto` in der Datei `konto.h` enthalten, so kann jede Quelldatei, die die Header-Datei inkludiert, mit der Klasse `Konto` arbeiten.

Die Definition der Methoden ist aber in jedem Fall in einer Quelldatei vorzunehmen. So sollten die Methoden der Klasse `Konto` beispielsweise in der Quelldatei `konto.cpp` definiert werden.

Der Quellcode des Anwenderprogramms, das z.B. die `main`-Funktion enthält, ist unabhängig von der Klasse und wird daher auch in separaten Quelldateien gespeichert. Die Trennung der Klassen vom Anwenderprogramm erleichtert die Wiederverwendbarkeit von Klassen.

In einer integrierten Entwicklungsumgebung erstellt der Programmierer ein *Projekt* zur Verwaltung der verschiedenen Module. Sämtliche Quelldateien werden in das Projekt eingefügt. Beim Kompilieren und Linken des Projekts werden veränderte Quelldateien automatisch neu kompiliert und mit dem Anwendungsprogramm zusammengebunden.

Definition von Objekten

Die Objekte giro und spar im Speicher

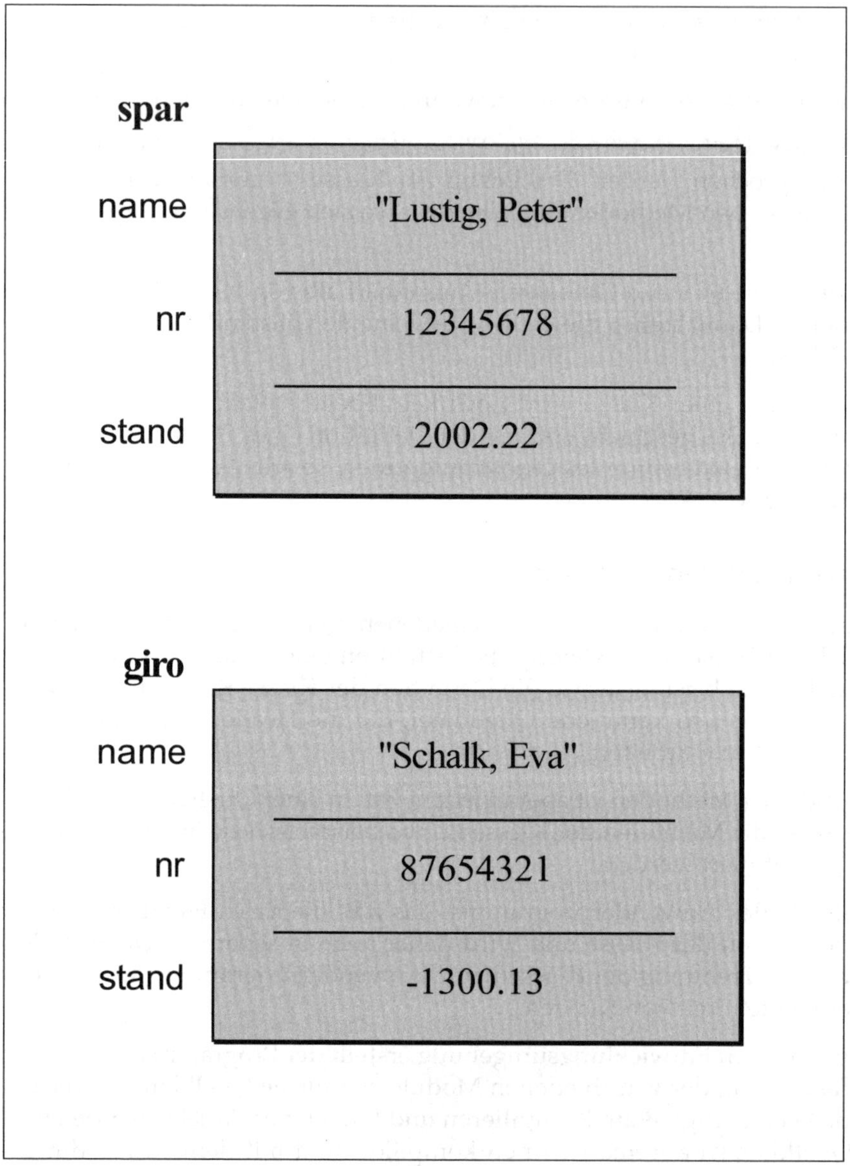

Mit einer Klasse wird ein neuer Datentyp definiert, für den Variablen, also Objekte, definiert werden können. Ein Objekt heißt auch *Instanz* einer Klasse.

Objekte definieren

Die Definition eines Objekts erfolgt wie üblich durch Angabe des Datentyps und des Objektnamens.

Syntax: `klassenname objektname1 [, objektname2,...]`

In der folgenden Definition wird ein Objekt `giro` vom Typ `Konto` erzeugt:

Beispiel: `Konto giro;     // oder: class Konto giro;`

Für die Datenelemente des Objekts `giro` wird jetzt der entsprechende Speicherplatz reserviert. Das Objekt `giro` besteht selbst aus den Teilobjekten `name`, `nr` und `stand`.

Objekte im Speicher

Werden mehrere Objekte vom Typ derselben Klasse deklariert, etwa

Beispiel: `Konto giro, spar;`

so besitzt jedes Objekt seine eigenen Datenelemente. Auch das Objekt `spar` hat die Datenelemente `name`, `nr` und `stand`. Diese belegen allerdings im Hauptspeicher einen anderen Speicherplatz als die von `giro`.

Für beide Objekte werden jedoch dieselben Methoden aufgerufen. Der Maschinencode der Methoden ist nur einmal im Speicher abgelegt, und zwar auch dann, wenn noch kein Objekt der Klasse deklariert wurde.

Eine Methode wird stets für ein bestimmtes Objekt aufgerufen. Sie arbeitet dann mit den Datenelementen *dieses* Objekts. So ergibt sich der nebenstehende Speicherinhalt, wenn für jedes Objekt die Methode `init()` mit den entsprechenden Werten aufgerufen wurde.

Initialisierung von Objekten

Die Objekte der Klasse `Konto` wurden bisher ohne eine explizite Initialisierung definiert. Daher wird auch jedes Teilobjekt ohne eine explizite Initialisierung erzeugt. Der String `name` ist damit leer, da dies in der Klasse `string` so festgelegt ist. Der Anfangswert der beiden Datenelemente `nr` und `stand` ist dagegen undefiniert. Wie bei anderen Variablen auch ist der Inhalt dieser Datenelemente `0`, wenn das Objekt global oder als `static` definiert wird.

Für Objekte kann genau festgelegt werden, wie diese „aufgebaut" oder „abgebaut" werden. Diese Aufgaben erledigen *Konstruktoren* und *Destruktoren*. Konstruktoren übernehmen insbesondere die Initialisierung von Objekten. Dazu erfahren Sie später mehr.

Verwendung von Objekten

Beispielprogramm

```
// konto_t.cpp
// Mit Objekten der Klasse Konto arbeiten.
// ---------------------------------------------------

#include "konto.h"

int main()
{
   Konto giro1, giro2;

   giro1.init("Munter, Gabi", 3512345, 99.40);
   giro1.display();

//   giro1.stand += 100;    // Fehler: stand ist private

   giro2 = giro1;          // ok: Zuweisung von Objekten
                           // möglich.
   giro2.display();        // ok

                           // Neue Werte für giro2
   giro2.init("Liebig, Ernst", 3512345, 199.40);

   giro2.display();
                             // Referenz verwenden:
   Konto& munter = giro1;    // munter ist Aliasname
                             // für Objekt giro1.
   munter.display();      // munter kann wie das
                          // Objekt giro1 verwendet werden.
   return 0;
}
```

Punktoperator

Ein Anwendungsprogramm, das mit Objekten einer Klasse arbeitet, kann nur auf die `public`-Elemente des Objekts zugreifen. Dies geschieht mit Hilfe des *Punktoperators*.

Syntax: `objekt.element`

Dabei ist `element` ein Datenelement oder eine Methode.

Beispiel:
```
Konto giro;
giro.init("Lustig, Peter",1234567,-1200.99);
```

Hierbei stellt der Ausdruck `giro.init` die `public`-Methode `init` der Klasse `Konto` dar. Diese wird mit drei Argumenten für das Objekt `giro` aufgerufen.

Der Aufruf von `init()` kann nicht durch direkte Zuweisungen ersetzt werden.

Beispiel:
```
giro.name  = "Lustig, Peter"; // Fehler, da
giro.nr    = 1234567;         // Datenelemente
giro.stand = -1200.99;        // private.
```

Der Zugriff auf die `private`-Elemente eines Objekts ist außerhalb der Klasse nicht zulässig. Deshalb ist es auch nicht möglich, einzelne Datenelemente der Klasse `Konto` auf dem Bildschirm anzuzeigen.

Beispiel:
```
cout << giro.stand;         // Fehler
giro.display();             // ok
```

Die Methode `display()` zeigt alle Datenelemente von `giro` an. Eine Methode wie `display()` kann immer nur für ein Objekt aufgerufen werden. Die Anweisung

```
display();
```

würde zu einer Fehlermeldung führen, da es eine globale Funktion `display()` nicht gibt. Welche Daten sollten auch angezeigt werden?

Zuweisung von Objekten

Die Zuweisung = ist der einzige Operator, der standardmäßig für jede Klasse definiert ist. Dabei müssen Quell- und Zielobjekt zur selben Klasse gehören. Die Zuweisung erfolgt so, dass die einzelnen Datenelemente des Quellobjekts dem entsprechenden Element des Zielobjekts zugewiesen werden.

Beispiel:
```
Konto giro1, giro2;
giro2.init("Reich, Franzi",350123, 10000.0);
giro1 = giro2;
```

Hier werden die Datenelemente von `giro2` in die entsprechenden Datenelemente von `giro1` kopiert.

Zeiger auf Objekte

Beispielprogramm

```
// ptrObj.cpp
// Mit Zeigern auf Objekte der Klasse Konto arbeiten.
// ---------------------------------------------------
#include "konto.h"    // Inkludiert <iostream>, <string>
bool getKonto( Konto *pKonto);              // Prototyp
int main()
{
   Konto giro1, giro2, *ptr = &giro1;

   ptr->init("Munter, Gabi",            // giro1.init(...)
             3512345, 99.40);
   ptr->display();                      // giro1.display()

   ptr = &giro2;          // ptr auf giro2 zeigen lassen.
   if( getKonto( ptr))    // Neue Kontodaten einlesen
      ptr->display();     // und anzeigen.
   else
      cout << "Ungültige Eingabe!" << endl;
   return 0;
}
// ---------------------------------------------------
// getKonto() liest von der Tastatur die Daten für
// ein neues Konto ein, das per Zeiger übergeben wird.
bool getKonto( Konto *pKonto)
{
   string name, line(50,'-');  // Lokale Hilfsvariablen
   unsigned long nr;
   double startkapital;

   cout << line << '\n'
        << "Daten für ein neues Konto eingeben: \n"
        << "Kontoinhaber: ";
   if( !getline(cin,name) || name.size() == 0)
     return false;
   cout << "Kontonummer:  ";
   if( !(cin >> nr))           return false;
   cout << "Startkapital: ";
   if( !(cin >> startkapital)) return false;
   // Alle Eingaben ok
   pKonto->init( name, nr, startkapital);
   return true;
}
```

Ein Objekt vom Typ einer Klasse hat – wie jedes andere Objekt auch – eine Adresse im Hauptspeicher. Diese kann einem passend deklarierten Zeiger zugewiesen werden.

Beispiel:
```
Konto spar("Bill, Claudia",654321, 123.5);
Konto *ptrKonto = &spar;
```

Hier werden ein Objekt `spar` und eine Zeigervariable `ptrKonto` definiert. Der Zeiger `ptrKonto` wird so initialisiert, dass er auf das Objekt `spar` zeigt. Damit ist `*ptrKonto` das Objekt `spar` selbst, und mit

Beispiel: `(*ptrKonto).display();`

wird die Methode `display()` für das Objekt `spar` aufgerufen. Die Klammern sind hier notwendig, da der Punktoperator einen höheren Vorrang als der Operator `*` hat.

Pfeiloperator

Statt der Kombination der Operatoren `*` und `.` kann auch einfach der Pfeiloperator `->` verwendet werden.

Syntax: `objektZeiger->element`

Dieser Ausdruck ist äquivalent zu:

```
(*objektZeiger).element
```

Der Pfeiloperator besteht aus dem Minus-Zeichen und dem Größer-Zeichen.

Beispiel: `ptrKonto->display();`

Diese Anweisung ruft die Methode `display()` für das Objekt auf, das durch `ptrKonto` adressiert wird, also für das Objekt `spar`. Sie ist gleichbedeutend mit der Anweisung im letzten Beispiel.

Der Unterschied zwischen den Operatoren `.` und `->` ist also, dass der linke Operand des Punktoperators ein Objekt sein muss, der linke Operand des Pfeiloperators dagegen ein Zeiger auf ein Objekt.

Zum Beispielprogramm

Zeiger auf Objekte werden häufig als Parameter von Funktionen eingesetzt. Eine Funktion, die die Adresse eines Objekts als Argument erhält, kann direkt mit dem Objekt des Aufrufers arbeiten. Dies demonstriert das nebenstehende Programm. Es liest mit Hilfe der Funktion `getKonto()` die Daten für ein neues Konto ein. Beim Aufruf wird die Adresse des Kontos übergeben:

```
getKonto( ptr)  // oder:  getKonto( &giro1)
```

Mit dem übergebenen Zeiger und der Methode `init()` kann die Funktion dann die neuen Daten in das Objekt des Aufrufers schreiben.

Structs

Beispielprogramm

```
// structs.cpp
// Eine Struktur definieren und verwenden.
// ----------------------------------------------------
#include <iostream>
#include <iomanip>
#include <string>
using namespace std;
struct Vertreter    // Definition der Struktur Vertreter
{
  string name;          // Name des Vertreters.
  double umsatz;        // Sein Umsatz pro Monat.
};
inline void print( const Vertreter& v)
{
   cout << fixed << setprecision(2)
        << left  << setw(20) << v.name
        << right << setw(10) << v.umsatz << endl;
}
int main()
{
   Vertreter heidi, hannes;

   heidi.name     = "Sturm, Heidi";
   heidi.umsatz   = 37000.37;
   hannes.name    = "Forsch, Hannes";
   hannes.umsatz = 23001.23;

   heidi.umsatz += 1700.11;           // Mehr Umsatz

   cout << "  Vertreter              Umsatz\n"
        << "-------------------------------" << endl;
   print( heidi);
   print( hannes);
   cout << "\nSumme der Umsätze: "
        << heidi.umsatz + hannes.umsatz << endl;
   Vertreter *ptr = &hannes;          // Zeiger ptr.
                                      // Wer macht die
   if( hannes.umsatz < heidi.umsatz) // meisten Umsätze?
     ptr = &heidi;
   cout << "\nUnser bestes Pferd im Stall: "
        << ptr->name << endl;    // Name des Vertreters,
                                 // auf den ptr zeigt.
   return 0;
}
```

Datensätze

In einer klassischen, prozeduralen Sprache wie C werden verschiedene Daten, die logisch zusammengehören, zu einem Datensatz (engl. *record*) zusammengefasst. Umfangreiche Daten, wie beispielsweise die Daten von Artikeln im Lager eines Autoherstellers, können so übersichtlich organisiert und in Dateien gespeichert werden.

Aus der Sicht einer objektorientierten Sprache ist ein Datensatz nichts anderes als eine Klasse, die nur öffentliche Datenelemente und keine Methoden enthält. Entsprechend kann in C++ auch mit dem Schlüsselwort `class` die Struktur eines Datensatzes festgelegt werden.

Beispiel:
```
class Datum
{ public:   short  tag, monat, jahr; };
```

Es ist jedoch üblich, reine Datensätze mit dem schon in C bekannten Schlüsselwort `struct` zu definieren. So ist die obenstehende Definition von `Datum` mit den Elementen `tag`, `monat` und `jahr` äquivalent zu:

Beispiel:
```
struct Datum { short  tag, monat, jahr; };
```

Die Schlüsselworte class und struct

Jede Klasse kann auch mit dem Schlüsselwort `struct` definiert werden, wie z.B. die Klasse `Konto`.

Beispiel:
```
struct Konto {
   private:      //   . . .   wie gehabt
   public:       //   . . .
};
```

Die Schlüsselworte `class` und `struct` unterscheiden sich nur in bezug auf die Datenkapselung:

- Die Voreinstellung für den Elementzugriff einer mit `struct` definierten Klasse ist `public`.

Im Gegensatz zu einer mit `class` definierten Klasse sind also alle Elemente `public`, wenn keine `private`-Marke angegeben ist. Durch diese Festlegung bleibt die Kompatibilität zu C gewahrt.

Beispiel:
```
Datum zukunft;
zukunft.jahr = 2100;      // ok! Daten public
```

Reine Datensätze, d.h. Objekte einer Klasse, die nur `public`-Datenelemente enthält, können bei der Definition durch eine Liste initialisiert werden.

Beispiel:
```
Datum birthday = { 29, 1, 1977};
```

Dabei initialisiert das erste Element der Liste das erste Element im Objekt usw.

Structured Bindings

Beispielprogramm

```
// strucbind.cpp
// Eine Struktur entpacken.
// -------------------------------------------------------
#include <iostream>
#include <string>
using namespace std;

struct Vertreter { . . .} // wie zuvor

inline Vertreter& incUmsatz(Vertreter& v, double inc)
{
    auto&[nref, uref] = v;    // Struktur v entpacken.
    uref += inc;              // Umsatz erhöhen.
    return v;
}

int main()
{
    Vertreter v = {"Sturm, Heidi", 4950.99 };

    auto[nm, um] = v;          // Struktur  entpacken.
    cout << "\nDie entpackte Struktur: " << endl;
    cout << "Name: " << nm << "\nUmsatz: " << um << endl;

    // Referenzen auf die Datenelemente der Struktur:
    auto&[nref, uref] = v;

    nref = "Winter, Heidi";    // Name ändern

                               // Umsatz erhöhen:
    auto[r1, r2] = incUmsatz(v, 5000.0);

    cout << "\nAenderungen in der entpackten Struktur: ";
    cout << "\nName: " << r1 << "\nUmsatz: " << r2 << endl;

    cout << "\nDie geaenderte Struktur: " << endl;
    cout << "Name: " << v.name
         << "\nUmsatz: " << v.umsatz << endl;
    return 0;
}
```

Hinweis: In Visual C++ muss mindestens die Compileroption /std:c++17 aktiviert sein.

Gleichzeitige Initialisierung

C++ unterstützt die gleichzeitige Initialisierung mehrerer Variablen mithilfe einer Struktur. Sind die Struktur `Triple` und ein Objekt `ts` dieses Typs wie folgt definiert:

Beispiel:
```
struct Triple {char c, int n, double x };
Triple ts = {'a', 2, 3.1};
```

so bewirkt die Anweisung:

```
auto[u, v, w] = ts;
```

dass die Variablen `u`, `v` und `w` erzeugt und initialisiert werden. Die Variable `u` erhält das Zeichen `'a'` und die Variablen `v`, `w` erhalten die Werte `2` bzw. `3.1`.

Der Compiler nimmt dabei eine automatische Typableitung vor. Die Variable `u` hat dann den Typ `char` und die Variablen `v` bzw. `w` haben den Typ `int` bzw. `double`. Dieser Vorgang heißt auch *Structured Bindings*.

Werden die zu initialisierenden Variablen als Referenzen deklariert, so können die Datenelemente einer Struktur auch verändert werden, wie das folgende Beispiel zeigt.

Beispiel:
```
auto&[uref, vref, wref] = ts;
uref = 'b';
```

Hier wird das erste Datenelement der Struktur `Triple` mit dem Zeichen `'b'` überschrieben.

Strukturen entpacken

Die Technik des Structured Bindings wird normalerweise eingesetzt, um mehrere Return-Werte einfach zu handhaben. Die verschiedenen Werte werden in eine Struktur „gepackt", die von einer Funktion bearbeitet und als Return-Wert geliefert wird. Anschließend kann die Struktur wieder „entpackt" werden.

Dies demonstriert auch das nebenstehende Beispiel. Die Funktion `incUmsatz()` erhöht den Umsatz eines als Argument übergebenen Vertreters um einen bestimmten Betrag, der mit dem zweiten Argument übergeben wird. In der Definition der Funktion werden mit der Anweisung

Beispiel:
```
auto&[nref, uref] = v;
```

zwei Referenzen auf die Datenelemente der Struktur `Vertreter` gesetzt (`nref` und `uref`). Dann wird der Umsatz aktualisiert. Mit dem Aufruf

Beispiel:
```
auto[r1, r2] = incUmsatz(v, 5000.0);
```

wird die von `incUmsatz()` zurückgelieferte Struktur wieder entpackt.

Unions

Ein Objekt der Union WordByte im Speicher

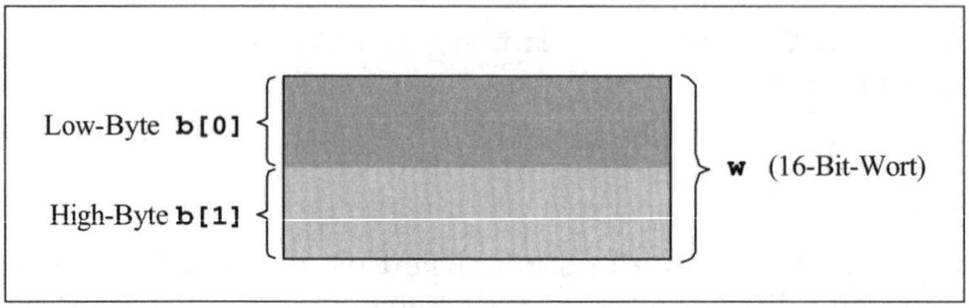

Definition und Verwendung der Union WordByte

```
// unions.cpp
// Eine Union definieren und verwenden.
// ---------------------------------------------------
#include <iostream>
using namespace std;

union WordByte
{
  private:
    unsigned short w;      // 16-Bit
    unsigned char b[2];    // Zwei Byte: b[0], b[1]
  public:                  // Wort und Byte-Zugriff:
    unsigned short& word()     { return w; }
    unsigned char&  lowByte()  { return b[0]; }
    unsigned char&  highByte() { return b[1]; }
};

int main()
{
    WordByte wb;
    wb.word() = 256;
    cout << "\nWord:      " << (int)wb.word();
    cout << "\nLow-Byte:  " << (int)wb.lowByte()
         << "\nHigh-Byte: " << (int)wb.highByte()
         << endl;
    return 0;
}
```

Ausgabe des Programms:

```
Word:      256
Low-Byte:  0
High-Byte: 1
```

Nutzung von Speicherplatz

Bei einer gewöhnlichen Klasse belegt jedes Datenelement eines Objekts seinen eigenen, separaten Speicherplatz. Eine *Union* ist dagegen eine Klasse, deren Datenelemente auf demselben Speicherplatz abgelegt werden. Jedes Datenelement hat also dieselbe Anfangsadresse im Speicher. Natürlich kann eine Union nicht *gleichzeitig* verschiedene Daten auf demselben Platz speichern. Aber eine Union erlaubt, dieselbe Speicherstelle verschiedenartig zu nutzen.

Definition

Syntaktisch unterscheidet sich eine Union von einer mit `class` oder `struct` definierten Klasse nur durch das Schlüsselwort `union`.

Beispiel:

```
union Zahl
{
  long   n;
  double x;
};
Zahl zahl1, zahl2;
```

Hier werden eine Union `Zahl` und zwei Objekte dieses Typs definiert. In der Union `Zahl` kann entweder eine ganze Zahl oder eine Gleitpunktzahl gespeichert werden.

Ohne die Angabe einer `private`-Marke sind alle Elemente einer Union automatisch `public`. Dies entspricht der Voreinstellung für Strukturen. Daher kann im Fall der Union `Zahl` direkt mit den Elementen `n` und `x` gearbeitet werden.

Beispiel:

```
zahl1.n = 12345;     // Ganze Zahl speichern,
zahl1.n *= 3;        // mit 3 multiplizieren.
zahl2.x = 2.77;      // Gleitpunktzahl!
```

Der Programmierer ist selbst dafür verantwortlich, den aktuellen Inhalt richtig zu interpretieren. Meist wird dafür ein zusätzliches „Typfeld“ angelegt, das den gespeicherten Inhalt kennzeichnet.

Die Größe eines Objekts vom Typ einer Union wird durch das längste Datenelement bestimmt, da ja alle Datenelemente bei derselben Anfangsadresse beginnen. Im Beispiel der Union `Zahl` ist dies die Größe des `double`-Elements, also `8 == sizeof(double)` Byte.

Das nebenstehende Beispiel definiert eine Union `WordByte`, die es erlaubt, eine 16-Bit-Speicherstelle als ganzes oder byteweise zu lesen bzw. zu beschreiben.

Kapitel 13

Methoden

Dieses Kapitel beschreibt

- wie Konstruktoren zum Aufbau und Destruktoren zum Abbau von Objekten definiert werden,
- wie `inline`-Methoden, Zugriffsmethoden und Read-only-Methoden einzusetzen sind,
- den `this`-Zeiger, der in allen Methoden zur Verfügung steht, und
- was bei der Übergabe und Rückgabe von Objekten zu beachten ist.

Konstruktoren

Die Klasse Konto mit Konstruktoren

```
// konto.h
// Definition der Klasse Konto mit zwei Konstruktoren.
// ----------------------------------------------------
#ifndef KONTO_H
#define KONTO_H
#include <string>
using namespace std;
class Konto
{
  private:                    // Geschützte Elemente:
    string name;                // Kontoinhaber
    unsigned long nr;           // Kontonummer
    double stand;               // Kontostand
  public:                     // Öffentliche Schnittstelle:
    Konto( const string&, unsigned long, double );
    Konto( const string& );
    bool init( const string&, unsigned long, double);
    void display();
};
#endif   //  KONTO_H
```

Definition der Konstruktoren

```
// In der Datei konto.cpp:

Konto::Konto( const string& k_name, unsigned long k_nr,
              double k_stand)
{
  nr    = k_nr;
  name  = k_name;
  stand = k_stand;
}

Konto::Konto( const string& k_name )
{
  name = k_name;
  nr = 1111111;  stand = 0.0;
}
```

Aufgabe von Konstruktoren

In traditionellen Programmiersprachen wird mit der Definition einer Variablen nur der Speicher für die Variable reserviert. Es bleibt dem Programmierer überlassen, die Variablen mit zulässigen Anfangswerten zu versehen.

Auch ein Objekt der Klasse `Konto`, wie sie im vorhergehenden Kapitel definiert wurde, besitzt so lange keine gültigen Werte, bis die Methode `init()` aufgerufen wird. Nicht initialisierte Objekte können jedoch zu gravierenden Fehlern während der Laufzeit eines Programms führen.

Damit solche Fehler erst gar nicht auftreten, wird in C++ bei der Definition eines Objekts implizit eine Initialisierungsfunktion ausgeführt. Damit ist sichergestellt, dass Objekte stets mit gültigen Daten arbeiten. Die Initialisierung erfolgt durch spezielle Methoden, die *Konstruktoren*.

Deklaration

Konstruktoren erkennt man an ihren Namen. Im Unterschied zu anderen Elementfunktionen gilt nämlich:

- Der Name eines Konstruktors ist gleich dem Namen der Klasse.
- Ein Konstruktor besitzt keinen Ergebnistyp, auch nicht `void`.

Die Deklaration von Konstruktoren erfolgt gewöhnlich im `public`-Bereich der Klasse. Dann können Objekte überall da angelegt werden, wo die Klassendefinition bekannt ist.

Wie andere Funktionen auch sind Konstruktoren überladbar. Die Konstruktoren einer Klasse müssen sich durch ihre *Signatur* (d.h. Anzahl, Reihenfolge bzw. Typ der Parameter) unterscheiden. Damit können Objekte auf verschiedene Arten initialisiert werden. Im nebenstehenden Beispiel wurde die Klasse `Konto` erweitert: Sie besitzt jetzt zwei Konstruktoren.

Definition

Da der Name eines Konstruktors identisch mit dem Klassennamen ist, beginnt die Definition eines Konstruktors immer mit:

```
Klassenname::Klassenname
```

In der Definition selbst können die übergebenen Argumente auf ihre Gültigkeit hin überprüft werden, bevor sie in die entsprechenden Datenelemente kopiert werden. Ist die Anzahl der Argumente kleiner als die Anzahl der Datenelemente, so können die übrigen Datenelemente mit Standardwerten versehen werden.

Konstruktoren können auch weitergehende Initialisierungen ausführen, z.B. Dateien öffnen, Speicher reservieren oder Schnittstellen konfigurieren.

Aufruf von Konstruktoren

Beispielprogramm

```
// konto2_t.cpp
// Die Konstruktoren der Klasse Konto verwenden.
// ---------------------------------------------------

#include "konto.h"

int main()
{
   Konto giro("Lustig, Peter", 1234567, -1200.99 ),
         spar("Glück, Susi");

   Konto depot;    // Fehler, da kein Default-Konstruktor
                   // definiert.

   giro.display();         // Anzeigen
   spar.display();

   Konto temp("Glück, Susi", 7777777, 1000000.0);
   spar = temp;            // ok: Zuweisung
                           // von Objekten möglich.
   spar.display();

   // Oder mit der noch vorhandenen Methode init():
   spar.init("Glück, Susi", 7654321, 1000000.0);
   spar.display();

   return 0;
}
```

Konstruktoren können nicht wie andere Methoden für ein schon existierendes Objekt aufgerufen werden. Daher hat ein Konstruktor auch keinen Ergebnistyp. Vielmehr wird für jedes Objekt ein geeigneter Konstruktor nur einmal beim Erzeugen des Objekts ausgeführt.

Initialisierung

Wenn ein Objekt definiert wird, so können hinter dem Namen des Objekts Anfangswerte in runden oder geschweiften Klammern angegeben werden.

Syntax: `klasse objekt( initialisierungsliste);`

Zur Initialisierung sucht der Compiler einen Konstruktor, dessen Signatur zur Initialisierungsliste passt. Nachdem der notwendige Speicherplatz für das Objekt reserviert ist, wird dieser Konstruktor aufgerufen. Dabei erhält der Konstruktor als Argumente die Werte aus der Initialisierungsliste.

Beispiel: `Konto nomoney("Liebig, Karl");`

Hier wird der Konstruktor mit einem Parameter für den Namen ausgeführt. Die restlichen Datenelemente setzt er auf Standardwerte.

Falls der Compiler keinen Konstruktor mit passender Signatur findet, erzeugt er das Objekt nicht und meldet einen Fehler.

Beispiel: `Konto somemoney("May,Ida",10.0); //Fehler!`

In der Klasse `Konto` gibt es keinen Konstruktor mit zwei Parametern.

Ist in einer Klasse ein Konstruktor mit nur *einem* Parameter definiert, so kann auch die Schreibweise mit dem Zeichen = erfolgen.

Beispiel: `Konto nomoney = "Liebig, Karl";`

Dies ist äquivalent zur Definition im vorletzten Beispiel. Die Initialisierung mit Klammern oder mit dem Zeichen = wurde bereits für elementare Datentypen verwendet: z.B. ist `int i(0);` äquivalent zu `int i = 0;`

Default-Konstruktor

Ein Konstruktor *ohne* Parameter heißt *Default-Konstruktor*. Er wird aufgerufen, wenn ein Objekt ohne eine explizite Initialisierung definiert wird. Ein Default-Konstruktor setzt gewöhnlich alle Datenelemente auf Standardwerte.

Falls für eine Klasse *kein* Konstruktor definiert ist, erzeugt der Compiler eine Minimalversion des Default-Konstruktors als `public`-Element. Dieser setzt allerdings keine Anfangswerte. Enthält dagegen eine Klasse *mindestens* einen Konstruktor, so muss auch ein Default-Konstruktor explizit definiert werden, wenn er zur Verfügung stehen soll. Beispielsweise wurde in der Klasse `Konto` kein Default-Konstruktor definiert, so dass ein neues Konto-Objekt nur mit einer Initialisierung definiert werden kann.

Mehr Initialisierungsmöglichkeiten

Die Klasse Konto mit direkter Initialisierung

```
class Konto
{
  private:                   // Geschützte Elemente:
    string name = "X";                  // Kontoinhaber
    unsigned long nr = 1111111UL;       // Kontonummer
    double stand = 0.0;                 // Kontostand
  public:                  // Öffentliche Schnittstelle:
    Konto();               // Jetzt mit Default-Konstruktor.
    Konto( const string& );
    Konto( const string&, unsigned long, double );
  // ...    unverändert.
};
```

Definition der Konstruktoren

```
Konto::Konto(){} // Alle Elemente werden mit den Werten
                 // der Klassendefinition initialisiert.

Konto::Konto( const string& k_name )
{
   name = k_name;
   // Die Elemente nr und stand werden mit den Werten
   // in der Klassendefinition initialisiert.
}

Konto::Konto( const string& k_name, unsigned long k_nr,
              double k_stand)
{                                  // unverändert:
   nr    = k_nr;                   // Alle Elemente werden
   name  = k_name;                 // überschrieben.
   stand = k_stand;
}
```

C++ ermöglicht die Delegation von Konstruktoren, das heißt, ein Konstrukor kann einen anderen Konstruktor aufrufen. Zudem ist neben der Initialisierung mit Konstruktoren auch die direkte Initialisierung von Klassenelementen möglich.

Delegation von Konstruktoren

Wenn verschiedene Konstruktoren einer Klasse dieselben Aufgaben erledigen müssen, beispielsweise die Überprüfung von Daten, so können natürlich die entsprechenden Anweisungen in jeden Konstruktor kopiert werden. Alternativ kann eine private Hilfsmethode definiert werden, die die gemeinsamen Anweisungen enthält und von den Konstruktoren aufgerufen wird.

Hier bietet der C++-Standard eine größere Flexibilität. Er erlaubt die *Delegation von Konstruktoren*, also den Aufruf eines Konstruktors durch einen anderen Konstruktor. Dafür gilt folgende Syntax: Der Aufruf eines anderen Konstruktors wird im Kopf des Konstruktors angehängt, getrennt durch einen Doppelpunkt. Beispielsweise kann in der Klasse `Konto` der Konstruktor mit einem Parameter die Initialisierung an den Konstruktor mit drei Parametern delegieren:

Beispiel:

```
Konto::Konto( const string& k_name )
: Konto(k_name, 1111111, 0.0)
{  // Hier evtl. weitere Anweisungen.
   // In diesem Beispiel ist nichts mehr zu tun.
}
```

Beim Aufruf des Konstruktors mit einem Argument vom Typ `string` wird zunächst `Konto(k_name, 1111111, 0.0)` ausgeführt und anschließend der nachfolgende Funktionsblock, der im Beispiel leer ist.

Direkte Initialisierung von Klassenelementen

Bei der Definition eines Objekts werden dessen Datenelemente gewöhnlich durch einen Konstruktor initialisiert. Es gibt aber auch die Möglichkeit der *direkten Initialisierung*, d.h. die Angabe von konstanten Anfangswerten direkt in der Klassendefinition.

Falls ein Datenelement sowohl direkt als auch über einen Konstruktor initialisiert wird, ist der Konstruktor maßgebend.

Beispiel: `Konto giro("Munter, Gabi");`

Hier wird das Objekt `giro` mit den Daten `"Munter, Gabi"`, `1111111` und `0.0` initialisiert.

Destruktoren

Beispielprogramm

```
// demo.cpp
// Zeigt Konstruktor- und Destruktoraufrufe an.
// ------------------------------------------------------
#include <iostream>
#include <string>
using namespace std;
int zaehler = 0;           // Für die Anzahl der Objekte.
class Demo
{
   private:   string name;
   public:    Demo( const string& );     // Konstruktor
             ~Demo();                    // Destruktor
};
Demo::Demo( const string& str)
{
   ++zaehler;  name = str;
   cout << "Ich bin der Konstruktor für "<< name << "."
        << "\nDas ist das " << zaehler << ". Objekt!"
        << endl;
}
Demo:: ~Demo()             // Definition des Destruktors
{
   cout << "Ich bin der Destruktor von " << name << "."
        << "\nDas " << zaehler << ". Objekt "
        << "wird zerstört" << endl;
   --zaehler;
}
// -- Objekte der Klasse Demo erzeugen und zerstören --
Demo globalObject("das globale Objekt");
int main()
{
   cout << "Die erste Anweisung in main()." << endl;
   Demo firstLocalObject("das erste lokale Objekt");
   {
     Demo secLocalObject("das zweite lokale Objekt");
     static Demo staticObjekt("das statische Objekt");
     cout << "\nDie letzte Anweisung im inneren Block"
          << endl;
   }
   cout << "Die letzte Anweisung in main()." << endl;
   return 0;
}
```

Abbau von Objekten

Objekte, die durch einen Konstruktor ordnungsgemäß „aufgebaut" werden, müssen in geregelter Weise auch wieder abgebaut werden. Zu solchen „Aufräumarbeiten" (engl. *clean up*) kann z.B. das Freigeben von Speicherplatz oder das Schließen von Dateien gehören.

Das Abbauen eines Objekts übernimmt eine bestimmte Methode, der *Destruktor*. Sein Name besteht aus dem Klassennamen mit führendem ~ („Tilde").

Deklaration und Definition

Die Deklaration eines Destruktors erfolgt im `public`-Bereich und hat folgende

Syntax: `~klassenname(void);`

Der Destruktor hat wie ein Konstruktor keinen Return-Typ. Außerdem besitzt er keine Parameter. Eine Überladung von Destruktoren ist deshalb nicht möglich. Jede Klasse hat also nur *einen* Destruktor.

Wenn für eine Klasse kein Destruktor definiert wird, so erzeugt der Compiler die Minimalversion eines Destruktors als `public`-Element, den sog. *Default-Destruktor*.

Die explizite Definition eines Destruktors ist immer dann notwendig, wenn bestimmte Aktionen des Konstruktors wieder rückgängig gemacht werden müssen. Hat der Konstruktor beispielsweise eine Datei geöffnet, so sollte der Destruktor sie wieder schließen. Der Destruktor der Klasse `Konto` hat keine besonderen Aufgaben zu erledigen. Die explizite Definition lautet daher:

```
Konto::~Konto(){} // Destruktor, der nichts tut
```

Die einzelnen Datenelemente eines Objekts werden in umgekehrter Reihenfolge zerstört, wie sie erzeugt wurden: Das zuerst angelegte Datenelement wird also als letztes zerstört. Wenn ein Datenelement selbst ein Objekt einer Klasse ist, wird auch dessen Destruktor aufgerufen.

Aufruf von Destruktoren

Der Aufruf eines Destruktors erfolgt automatisch, wenn die Lebensdauer eines Objekts endet:

- Bei einem lokalen Objekt, das nicht zur Speicherklasse `static` gehört, am Ende des Blocks, in dem es definiert ist.
- Bei einem globalen oder als `static` deklarierten Objekt am Ende des Programms.

Das nebenstehende Beispielprogramm demonstriert die verschiedenen impliziten Konstruktor- und Destruktor-Aufrufe.

Inline-Methoden

Beispielklasse Konto

```
// konto.h
// Neue Definition der Klasse Konto mit inline-Methoden
// -------------------------------------------------------
#ifndef KONTO_H
#define KONTO_H
#include <iostream>
#include <iomanip>
#include <string>
using namespace std;
class Konto
{
   private:                // Geschützte Elemente:
     string name;                 // Kontoinhaber
     unsigned long nr;            // Kontonummer
     double stand;                // Kontostand
   public:                 // Öffentliche Schnittstelle:
                           // Konstruktoren: implizit inline
     Konto( const string& k_name = "X",
            unsigned long k_nr   = 1111111L,
            double  k_stand      = 0.0)
     {
        name = k_name;  nr = k_nr;  stand = k_stand;
     }
     ~Konto(){ }    // Dummy-Destruktor: implizit inline
     void display();
};

// display() zeigt die Konto-Daten am Bildschirm an.
inline void Konto::display()     // explizit inline
{
   cout << fixed << setprecision(2)
        << "--------------------------------------\n"
        << "Kontoinhaber:  " << name  << '\n'
        << "Kontonummer:   " << nr    << '\n'
        << "Kontostand:    " << stand << '\n'
        << "--------------------------------------\n"
        << endl;
}
#endif   //  KONTO_H
```

Typischerweise enthält eine Klasse viele Methoden, die „kleine“ Aufgaben erledigen, wie z.B. das Lesen oder Aktualisieren einzelner Datenelemente. Nur so kann die Kapselung der Daten und eine ausreichende Funktionalität der Klasse gewährleistet werden.

Der häufige Aufruf von „kleinen“ Methoden beeinträchtigt jedoch die Laufzeit eines Programms: Die Sicherung der Rücksprungadresse und der Hin- und Rücksprung können mehr Zeit benötigen als die Ausführung der eigentlichen Funktion. Um diese Overhead zu vermeiden, können deshalb auch Methoden wie globale Funktionen `inline` definiert werden.

Explizit und implizit inline

Methoden können explizit oder implizit `inline` definiert werden. Im ersten Fall wird die Methode innerhalb der Klasse wie jede andere Methode deklariert. Es genügt, das Schlüsselwort `inline` dem Kopf der Funktion bei ihrer Definition voranzustellen.

Beispiel:

```
inline void Konto::display()
{
    . . .
}
```

Da der Compiler den Anweisungsblock einer `inline`-Funktion kennen muss, sollte die `inline`-Funktion in derselben Header-Datei definiert werden, die auch die Klassendefinition enthält.

„Kleine“ Methoden können auch sofort innerhalb der Klasse definiert werden. Solche Methoden sind implizit `inline`, auch wenn das Schlüsselwort `inline` weggelassen wird.

Beispiel:

```
// Innerhalb der Klasse Konto:
bool isPositiv(){ return stand > 0; }
```

Inline definierte Konstruktoren und Destruktoren

Konstruktoren und Destruktoren sind spezielle Methoden einer Klasse. Sie können also auch `inline` definiert werden. Dies zeigt die nebenstehende neue Definition der Klasse `Konto`. Der Konstruktor ist wie der Destruktor implizit `inline` definiert. Er besitzt für jedes Argument einen Default-Wert, so dass jetzt auch ein Default-Konstruktor vorhanden ist! Ein Objekt kann daher ohne eine Initialisierungsliste definiert werden.

Beispiel:

```
Konto temp;
```

Obwohl hier explizit keine Anfangswerte angegeben werden, ist das Objekt `temp` dennoch durch den selbstdefinierten Default-Konstruktor geeignet initialisiert.

Zugriffsmethoden

Zugriffsmethoden in der Klasse Konto

```
// konto.h
// Die Klasse Konto mit set- und get-Methoden.
// -------------------------------------------------------
#ifndef KONTO_H
#define KONTO_H
#include <iostream>
#include <iomanip>
#include <string>
using namespace std;

class Konto
{
   private:                 // Geschützte Elemente:
     string name;                  // Kontoinhaber
     unsigned long nr;             // Kontonummer
     double stand;                 // Kontostand
   public:                  // Öffentliche Schnittstelle:
                            // Konstruktoren, Destruktor:
     Konto( const string& k_name = "X",
            unsigned long k_nr   = 1111111L,
            double  k_stand      = 0.0)
     { name = k_name;  nr = k_nr;  stand = k_stand; }
     ~Konto(){ }
                            // Zugriffsmethoden:
     const string& getName() { return name; }
     bool              setName( const string& s)
     {
       if( s.size() < 1)      // Kein leerer Name
         return false;
       name = s;
       return true;
     }
     unsigned long getNr() { return nr; }
     void              setNr( unsigned long n) { nr = n; }
     double getStand() { return stand; }
     void   setStand(double x) { stand = x; }
     void display();
};
// inline-Definition von display() wie gehabt.
#endif    //  KONTO_H
```

Zugriff auf private Datenelemente

Die Datenelemente eines Objekts gehören normalerweise zum `private`-Bereich einer Klasse. Um den Zugriff auf die Daten zu ermöglichen, können die Datenelemente natürlich in den `public`-Bereich der Klasse gestellt werden. Damit würde jedoch die Datenkapselung unterlaufen.

Daher ist es besser, für den Zugriff auf die geschützten Daten so genannte *Zugriffsmethoden* bereitzustellen. Damit können die Daten gelesen und in kontrollierter Weise verändert werden. Sind die Zugriffsmethoden `inline` definiert, so ist der Zugriff genauso effizient wie der direkte Zugriff auf `public`-Elemente.

Im nebenstehenden Beispiel ist die Klasse `Konto` um verschiedene Zugriffsmethoden erweitert worden. Mit den Methoden

```
getName(), getNr(), getStand()
```

können die einzelnen Datenelemente gelesen werden. Wie bei `getName()` sollten Referenzen als Return-Wert stets Read-only sein. Andernfalls ist auch der direkte Schreibzugriff möglich. Zum Ändern der Daten gibt es die Methoden:

```
setName(), setNr(), setStand().
```

So kann etwa ein neuer Kontostand festgelegt werden:

Beispiel: `spar.setStand( 2199.0);`

Vorteile von Zugriffsmethoden

Das Bereitstellen von Zugriffsmethoden zum Lesen und zum Schreiben für jedes Datenelement ist zunächst mit einigem Aufwand verbunden: Viel Tipparbeit, Aufblähen des Quellcodes, und der Programmierer muss sich die Namen und Aufgaben zahlreicher Methoden merken.

Deshalb stellt sich die Frage, welche Vorteile die Verwendung von Zugriffsmethoden hat. Hier sind zwei Aspekte wesentlich:

- Zugriffsmethoden können fehlerhafte Zugriffe von vornherein abwehren, indem sie z.B. Bereichsüberprüfungen vornehmen. Enthält eine Klasse etwa ein Datenelement, das nur positive Zahlen darstellen soll, so kann eine Schreibmethode verhindern, dass eine negative Zahl übernommen wird.
- Zugriffsmethoden verstecken die konkrete Implementierung einer Klasse. So ist es z.B. möglich, die interne Darstellung von Daten nachträglich zu ändern. Stellt sich etwa heraus, dass Daten in anderer Form effizienter bearbeitet werden können, so kann diese Änderung in einer neuen „Version" der Klasse berücksichtigt werden. Solange die öffentliche Schnittstelle der Klasse gleich bleibt, profitiert ein Anwendungsprogramm von der Verbesserung, ohne dass es selbst geändert werden muss. Allerdings muss es neu übersetzt werden.

const-Objekte und -Methoden

Read-only-Methoden in der Klasse Konto

```
// konto.h : Die Klasse Konto mit Read-only-Methoden.
// ---------------------------------------------------
#ifndef KONTO_H
#define KONTO_H
#include <iostream>
#include <iomanip>
#include <string>
using namespace std;
class Konto
{
   private:      // Geschützte Elemente: wie gehabt.
   public:              // Öffentliche Schnittstelle
     // Konstruktoren, Destruktor und set-Methoden:
     // wie gehabt.
     // Read-only-Methoden:
     const string& getName()  const { return name; }
     unsigned long getNr()    const { return nr; }
     double        getStand() const { return stand; }
     void display() const;
};
// display() zeigt die Konto-Daten am Bildschirm an.
inline void Konto::display() const
{
   cout << fixed << setprecision(2)
        << "-------------------------------------\n"
        << "Kontoinhaber:   " << name  << '\n'
        << "Kontonummer:    " << nr    << '\n'
        << "Kontostand:     " << stand << '\n'
        << "-------------------------------------\n\n";
}
#endif   //  KONTO_H
```

const- und Nicht-const-Versionen einer Methode

Das Schlüsselwort const gehört zur Signatur einer Methode. Daher können für jede Elementfunktion zwei Versionen geschrieben werden: Eine Read-only-Version, die automatisch für ein konstantes Objekt aufgerufen wird, und eine „normale" Version, die für nicht konstante Objekte aufgerufen wird.

Zugriff auf const-Objekte

Wird ein Objekt als `const` deklariert, kann das Programm nur lesend auf das Objekt zugreifen. Das Objekt muss deshalb in der Definition initialisiert werden.

Beispiel: `const Konto anlage("TSV Mü", 5555, 50000.0);`

Das Objekt `anlage` kann anschließend nicht mehr verändert werden. Das heißt, Methoden wie `setName()` sind für dieses Objekt nicht aufrufbar. Aber auch Methoden wie `getName` oder `display()` können zunächst nicht aufgerufen werden, obwohl sie nur lesend auf Datenelemente zugreifen! Denn ohne zusätzliche Informationen kann der Compiler nicht entscheiden, ob eine Methode nur lesend oder auch schreibend auf Datenelemente zugreift.

Read-only-Methoden

Methoden, die nur lesend auf Daten zugreifen und für konstante Objekte aufrufbar sein sollen, müssen als solche gekennzeichnet werden. Dies geschieht bei der Deklaration und in der Definition der Methode durch Anhängen des Schlüsselwortes `const` an den Funktionskopf.

Beispiel: `unsigned long getNr() const;`

Hier wird die Methode `getNr()` als *Read-only-Methode* deklariert und ist damit auch für konstante Objekte aufrufbar.

Beispiel: `cout << "Kontonummer: " << anlage.getNr();`

Natürlich kann eine Read-only-Methode immer noch für nicht konstante Objekte aufgerufen werden.

Der Compiler erzeugt eine Fehlermeldung, wenn eine Read-only-Methode doch versucht, ein Datenelement zu verändern. Dies gilt auch, wenn sie eine andere Methode aufruft, die nicht als `const` deklariert ist.

Der Speicherklassen-Spezifizierer mutable

Wird einem nicht-statischen und nicht-konstanten Datenelement einer Klasse der Speicherklassen-Spezifizierer `mutable` vorangestellt, so kann eine Read-only-Methode das Datenelement ändern.

Beispiel:

```
                                        // In einer Klasse:
private: bool flag; mutable int access_count;
public: bool getFlag() const {access_count++; return flag;}
```

Mit jedem Aufruf von `getFlag()` wird das Datenelement `access_count` inkrementiert. Dies ist auch der Fall, wenn `getFlag()` für ein konstantes Objekt vom Typ der Klasse aufgerufen wird.

Üblicherweise werden Datenelemente einer Klasse als `mutable` deklariert, um interne Verwaltungsinformationen zu handhaben, ohne den nach außen hin sichtbaren Status der Objekte zu verändern.

Standardmethoden

Beispielprogramm

```
// stdMeth.cpp
// Zeigt die Verwendung der Standardmethoden.
// ---------------------------------------------------------
#include <iostream>
#include <iomanip>
#include <string>
using namespace std;

class CD
{  private:
     string interpret, title;
     long   seconds;                // Spieldauer
   public:
     CD( const string& i="", const string& t="", long s = 0L)
     {
        interpret = i;    title = t;    seconds = s;
     }
     const string& getInterpret() const{ return interpret; }
     const string& getTitle() const    { return title; }
     long  getSeconds() const          { return seconds; }
};
// Objekte der Klasse CD erzeugen und tabellarisch anzeigen.
void printLine( CD cd) ;        // Eine Zeile der Tabelle
int main()
{
   CD cd1( "Mister X", "Let's dance", 30*60 + 41),
      cd2( "New Gittars", "Flamenco Collection", 2772 ),
      cd3 = cd1,                     // Kopier-Konstruktor!
      cd4;                           // Default-Konstruktor.
   cd4 = cd2;                        // Zuweisung!
   string line( 70,'-');   line += '\n';
   cout << line << left
        << setw(20) << "Interpret" << setw(30) << "Title"
        << "Spieldauer (Min:Sec)\n" << line << endl;
   printLine(cd3);                   // Call by value ==>
   printLine(cd4);                   // Kopier-Konstruktor!
   return 0;
}
void printLine( CD cd)
{
   cout << left  << setw(20) << cd.getInterpret()
                 << setw(30) << cd.getTitle()
        << right << setw(5)  << cd.getSeconds() / 60
        << ':'   << setw(2)  << cd.getSeconds() % 60 << endl;
}
```

In jeder Klasse sind vier Standardmethoden *automatisch* vorhanden:

- der Default-Konstruktor,
- der Destruktor,
- der Kopier-Konstruktor und
- die Zuweisung.

Diese Standardmethoden können durch eine eigene Definition ersetzt werden. Wie die Beispielklasse `Konto` zeigt, benutzt der Compiler nur dann den standardmäßig definierten Default-Konstruktor, wenn überhaupt kein eigener Konstruktor definiert ist.

Den Default-Konstruktor und die implizit definierte Minimalversion eines Destruktors haben Sie bereits kennengelernt.

Der Kopier-Konstruktor

Der Kopier-Konstruktor initialisiert ein Objekt mit einem anderen Objekt desselben Typs. Er wird automatisch aufgerufen, wenn zur Initialisierung ein zweites, bereits existierendes Objekt angegeben wird.

Beispiel:

```
Konto meinKonto("Lang, Ida", 2345, 1024.80);
Konto deinKonto(meinKonto);
```

Hier wird das Objekt `deinKonto` durch einen Aufruf des Kopier-Konstruktors mit dem Objekt `meinKonto` initialisiert. Dabei wird elementweise kopiert, das heißt, es finden folgende Initialisierungen statt:

```
deinKonto.name  = meinKonto.name;
deinKonto.nr    = meinKonto.nr;
deinKonto.stand = meinkonto.stand;
```

Der Kopier-Konstruktor wird auch aufgerufen, wenn ein Objekt an eine Funktion per „Call by Value“ übergeben wird: Beim Aufruf der Funktion wird der Parameter neu erzeugt und mit dem Argument-Objekt initialisiert.

Die Zuweisung

In einigen Beispielen wurde die Zuweisung bereits eingesetzt: Ein Objekt kann einem anderen Objekt desselben Typs zugewiesen werden.

Beispiel:

```
seinKonto = yourKonto;
```

Auch hier werden die Datenelemente des Objekts `yourKonto` in die entsprechenden Datenelemente von `seinKonto` kopiert. Im Gegensatz zur Initialisierung mit dem Kopier-Konstruktor erfolgt eine Zuweisung jedoch stets an ein *bereits existierendes* Objekt.

Sie werden später lernen, wann es notwendig ist, den Kopier-Konstruktor und die Zuweisung selbst zu definieren, und wie dies geschieht.

Standardmethoden kontrollieren

Beispielprogramm

```
// defaultDelete.cpp
// Methoden aktivieren oder deaktivieren.
// ---------------------------------------------------
#include <iostream>
using namespace std;

class DefaultDeleteDemo
{
    double val;
  public:
                         // Default-Konstruktor aktivieren:
    DefaultDeleteDemo() = default;

                         // double-Konstruktor:
    DefaultDeleteDemo( double x) { val = x; }
                         // Kein ganzzahliges Argument zulassen:
    DefaultDeleteDemo( int x) = delete;

    // Kopierkonstruktor und Zuweisung nicht zulassen:
    DefaultDeleteDemo( const DefaultDeleteDemo& n) = delete;
    DefaultDeleteDemo& operator=
                      ( const DefaultDeleteDemo& n) = delete;

                         // Zugriffsmethoden:
    double getVal() const { return val; }
    void setVal( double x) { val = x; }
                         // Kein ganzzahliges Argument zulassen:
    void setVal( int x) = delete;
};

int main()
{
   DefaultDeleteDemo ddObj1,            // Default-Konstruktor.
                     ddObj2(2.2);       // double-Konstruktor.
   ddObj1.setVal(1.1);

   cout << "Werte:  \n"
        << ddObj1.getVal() << "  " << ddObj2.getVal() << endl
;

   // Folgende Anweisungen erzeugen Fehlermeldungen des
   // Compilers:
   ddObj1 = ddObj2;                    // Keine Zuweisung.

   DefaultDeleteDemo ddObj3(ddObj2),   // Kein Kopierkonstruktor.
                     ddObj4(100);      // Kein int-Konstruktor.

   ddObj1.setVal(200);                 // Keine int-Version.
   return 0;
}
```

Der C++-Standard ermöglicht einerseits die explizite Aktivierung von Standardmethoden, andererseits auch die explizite Deaktivierung von Methoden. Dazu wird in der Deklaration einer Methode das Schlüsselwort `default` bzw. das Schlüsselwort `delete` verwendet.

Standardmethoden aktivieren

Wenn eine Klasse einen Konstruktor mit Parametern definiert, erzeugt der Compiler nicht mehr automatisch einen Default-Konstruktor. Der Entwickler muss dann einen Default-Konstruktor selber definieren, wenn er zur Verfügung stehen soll. Es ist auch möglich, den Compiler zu veranlassen, die Standardversion einer Methode zu erzeugen. Dazu genügt es, in der Deklaration der Standardmethode am Ende die Auszeichnung `=default` einzufügen.

Beispiel: `MyClass() = default;`

Steht diese Zeile in der Definition der Klasse `MyClass`, wird der Default-Konstruktor auch dann erzeugt, wenn die Klasse andere Konstruktoren definiert.

Methoden deaktivieren

Der Compiler deaktiviert eine Methode, wenn sie mit der Auszeichnung `=delete` deklariert wird. Beispielsweise ist es nicht immer sinnvoll, dass die Objekte einer Klasse kopierbar sind. Um das Kopieren von Objekten zu „verbieten", genügt es, den Kopierkonstruktor der Klasse zu deaktivieren. Dazu muss man die Signatur kennen: Der Kopierkonstruktor besitzt als Parameter eine konstante Referenz auf das Objekt, das kopiert werden soll.

Die Deklaration zur Deaktivierung des Kopierkonstruktors einer Klasse `MyClass` lautet daher:

Beispiel: `MyClass( const MyClass& src) = delete;`

Auch in der nebenstehenden Klasse `DefaultDeleteDemo` wurde auf diese Weise der Kopierkonstruktor gelöscht. In der Regel ist es dann auch sinnvoll, Zuweisungen zu verbieten. Die Zuweisung ist eine Methode mit dem Namen `operator=`. Die entsprechende Deklaration in der Klasse `DefaultDeleteDemo` ist nebenstehend angegeben.

Alternativ können der Kopierkonstruktor und die Zuweisung auch als `private` deklariert werden. Dann stehen sie öffentlich nicht zur Verfügung.

Methoden, die keine Standardmethoden sind, können ebenfalls deaktiviert werden. Beispielsweise enthält die Klasse `DefaultDeleteDemo` die Methode `setVal(double);`. Diese Methode ist natürlich auch mit einem `int`-Wert aufrufbar, wobei der `int`-Wert in `double` konvertiert wird. Soll das aber nicht möglich sein, wird die Methode `setVal(int)` wie im Beispiel deaktiviert.

Der this-Zeiger

Die Beispielklasse DayTime

```
// DayTime.h
// Die Klasse DayTime stellt die Uhrzeit mit Stunden,
// Minuten und Sekunden dar.
// ---------------------------------------------------
#ifndef DAYTIME_H
#define DAYTIME_H
class DayTime
{
  private:
     short hour, minute, second;
     bool overflow;
  public:
   DayTime( int h = 0, int m = 0, int s = 0)
   {
     overflow = false;
     if( !setTime( h, m, s))          // this->setTime(...)
       hour = minute = second = 0;    // hour ist
   }                                  // this->hour etc.
   bool setTime(int hour, int minute, int second = 0)
   {
     if(    hour   >= 0  &&  hour < 24
         && minute >= 0  &&  minute < 60
         && second >= 0  &&  second < 60 )
     {
       this->hour   = (short)hour;
       this->minute = (short)minute;
       this->second = (short)second;
       return true;
     }
     else
       return false;
   }
   int getHour()   const { return hour;   }
   int getMinute() const { return minute; }
   int getSecond() const { return second; }
   int asSeconds() const    // Tageszeit als Sekunden
   {
     return (60*60*hour + 60*minute + second);
   }
   bool isLess( DayTime t) const  // *this mit t vergl.
   {
     return  asSeconds() < t.asSeconds();
   }       // this->asSeconds() < t.asSeconds();
};
#endif   // DAYTIME_H
```

Zugriff auf das aktuelle Objekt

Eine Elementfunktion kann auf jedes Element eines Objekts zugreifen, ohne dass dabei konkret ein Objekt anzugeben ist. Sie arbeitet stets mit dem Objekt, für das sie aufgerufen wurde.

Woher weiß aber eine Elementfunktion, mit welchem Objekt sie momentan arbeitet? Die Antwort lautet: Beim Aufruf einer Elementfunktion erhält diese als „verstecktes“ Argument die Adresse des aktuellen Objekts.

Die Adresse des aktuellen Objekts steht in der Elementfunktion mit dem konstanten Zeiger `this` zur Verfügung. Ist `aktObj` das aktuelle Objekt vom Typ `Klasse`, für das die Elementfunktion aufgerufen wurde, so besitzt der Zeiger `this` die Deklaration:

```
Klasse* const this = &aktObj;
```

Der Name `this` ist ein Schlüsselwort. Da `this` ein konstanter Zeiger ist, kann er selbst nicht versetzt werden. Der Zeiger `this` ermöglicht also immer nur den Zugriff auf das aktuelle Objekt.

Verwendung von this

Innerhalb einer Elementfunktion kann mit Hilfe des `this`-Zeigers ein Element des Objekts wie folgt angesprochen werden:

Beispiel:
```
this->data       // Datenelement data
this->func()     // Elementfunktion aufrufen
```

Implizit erzeugt der Compiler stets einen solchen Ausdruck, wenn nur ein Element des aktuellen Objekts angegeben ist.

Beispiel:
```
data = 12;  // entspricht  this->data = 12;
```

Dieser schreibende Zugriff ist möglich, da zwar der Zeiger `this` konstant ist, nicht aber das adressierte Objekt. In einer Read-only-Methode ist die Anweisung natürlich unzulässig.

Die explizite Angabe des `this`-Zeigers kann z.B. eingesetzt werden, um lokale Variablen einer Methode von Klassenelementen zu unterscheiden, die den gleichen Namen haben. Dies zeigt das nebenstehende Beispiel mit der Methode `setTime()`.

Die Verwendung des `this`-Zeigers ist dann notwendig, wenn das aktuelle Objekt, nämlich `*this`, als Ganzes angesprochen werden muss. Am häufigsten geschieht dies, um das aktuelle Objekt als Kopie oder per Referenz zurückzugeben. Die Return-Anweisung lautet dann:

```
return  *this;
```

Übergabe von Objekten

Beispielaufrufe der Methoden setTime() und isLess()

```
#include "DayTime.h"
. . .
  DayTime abflug1( 11, 11, 11), abflug2;
  . . .
  abflug2.setTime(12, 0, 0);
  if( abflug1.isLess( abflug2) )
    cout << "\nDer 1. Flieger hebt früher ab" << endl;
  . . .
```

Die globale Funktion swap()

```
#include "DayTime.h"
// Definition der globalen Funktion swap():
void swap( DayTime& t1, DayTime& t2)       // zwei
{                                          // Parameter!
  DayTime temp(t1);  t1 = t2;  t2 = temp;  // t1 und t2
}                                          // tauschen.
// Ein Aufruf (z.B. in der Funktion main()):
  DayTime ankunft1( 14, 10), ankunft2( 15, 20);
  . . .
  swap( ankunft1, ankunft2);               // tauschen
  . . .
```

Implementierung von swap() als Methode

```
// Definition der Methode swap():
class DayTime              // Mit neuer Methode swap()
{  . . .
  public:
  void swap( DayTime& t)          // ein Parameter!
  {                               // *this und t tauschen:
    DayTime temp(t);  t = *this;  *this = temp;
  }
};
// Ein Aufruf (z.B. in der Funktion main()):
#include "DayTime.h"
  DayTime ankunft1( 10, 10), ankunft2( 9, 50);
  . . .
  ankunft1.swap(ankunft2);
  . . .
```

Call by Value

Wie bereits bekannt, wird bei einem „Call by Value" das als Argument übergebene Objekt in den entsprechenden Parameter kopiert. Dieser ist als Objekt der Klasse deklariert.

Beispiel: `bool isLess( DayTime t) const;`

Bei einem Aufruf der Methode `isLess()` wird der Kopier-Konstruktor ausgeführt, um das neue Objekt `t` mit dem Argument zu initialisieren.

```
abflug1.isLess( abflug2) // Kopier-Konstruktor
```

Die Funktion arbeitet mit einer Kopie des Objekts `abflug2`. Beim Verlassen der Funktion wird die Kopie wieder zerstört, also der Destruktor aufgerufen.

Call by Reference

Der Overhead, der durch das Erzeugen und Zerstören von Objekten entsteht, kann durch einen „Call by Reference" vermieden werden. Dabei wird ein Parameter als Referenz oder Zeiger deklariert.

Beispiel: `bool isLess( const DayTime& t) const;`

Diese neue Deklaration der Methode `isLess()` ist der obigen vorzuziehen: Der formale Aufruf der Methode bleibt unverändert. Aber jetzt wird intern keine Kopie erzeugt, sondern `isLess()` arbeitet mit dem Objekt des Aufrufers. Dieses bleibt unverändert, da der Parameter als „Read-only" deklariert ist.

Methoden versus globale Funktionen

Es ist natürlich möglich, eine globale Funktion zu schreiben, die *ein* Objekt als Argument erwartet. Das ist allerdings selten sinnvoll, da die Klasse die Funktionalität der Objekte selbst festlegen sollte. Statt dessen wird man innerhalb der Klasse eine Methode definieren, die die zu lösende Aufgabe erledigt. Dabei wird das Objekt nicht als Argument übergeben, da eine Methode stets mit den Elementen des aktuellen Objekts arbeitet.

Eine andere Situation ergibt sich, wenn Operationen mit mindestens *zwei* Objekten durchgeführt werden sollen, wie etwa das Vergleichen oder Vertauschen zweier Objekte. Beispielsweise könnte die Methode `isLess()` auch als globale Funktion mit zwei Parametern definiert werden. Ihr steht dann allerdings nur die öffentliche Schnittstelle der Objekte zur Verfügung. Mit der nebenstehenden Funktion `swap()` ist ein weiteres Beispiel angegeben.

Der Vorteil der global definierten Funktionen liegt in der Symmetrie: Die Objekte sind „gleichberechtigt", da sie beide als Argument übergeben werden. So werden beim Aufruf die üblichen Regeln für die Konvertierung auf beide Argumente angewendet.

Objekte als Return-Wert

Die globale Funktion currentTime()

```
#include "DayTime.h"
#include <ctime>     // Standardfkt. time(), localtime()
using namespace std;

const DayTime& currentTime()        // Die aktuelle Zeit
{                                    // zurückgeben.
  static DayTime curTime;
  time_t sec;  time(&sec);  // Aktuelle Zeit holen.
                            // Damit Struktur vom Typ tm
  struct tm *zeit = localtime(&sec);  // initialisieren.

  curTime.setTime( zeit->tm_hour, zeit->tm_min,
                   zeit->tm_sec );
  return curTime;
}
```

Beispielprogramm

```
// DayTim_t.cpp
// Test der Klasse DayTime und der Fkt. currentTime()
// ------------------------------------------------------
#include "DayTime.h"          // Definition der Klasse
#include <iostream>
using namespace std;

const DayTime& currentTime();     // Die aktuelle Zeit

int main()
{
  DayTime kino( 20,30);

  cout << "\nLos geht's mit dem Film um ";
  kino.print();

  DayTime jetzt(currentTime());  // Kopierkonstruktor
  cout << "\nJetzt ist es ";
  jetzt.print();
  cout << "\nDas Kino hat ";
  if( kino.isLess( jetzt) )
     cout << "schon angefangen!\n" << endl;
  else
     cout << "noch nicht angefangen!\n" << endl;

  return 0;
}
```

Eine Funktion hat folgende Möglichkeiten, ein Objekt als Return-Wert zu liefern: Sie kann entweder eine Kopie des Objekts, eine Referenz auf das Objekt oder einen Zeiger auf das Objekt zurückgeben.

Rückgabe einer Kopie

Die Rückgabe eines Objekts in Form einer Kopie ist aufwendig und daher nur für „kleine“ Objekte sinnvoll.

Beispiel:

```
DayTime startMeeting()
{
   DayTime start;
   . . .     // Alle haben um 14:30 Zeit:
   start.setTime( 14, 30);
   return( start);
}
```

Beim Verlassen der Funktion wird das lokale Objekt `start` wieder zerstört. Deshalb legt der Compiler eine temporäre Kopie des lokalen Objekts an, das der aufrufenden Funktion zur Verfügung steht.

Rückgabe einer Referenz

Effizienter ist es natürlich, wenn der Return-Wert eine Referenz auf das Objekt ist. Zu beachten ist hierbei:

- Die Lebensdauer eines Objekts, auf das eine Referenz zurückgegeben wird, darf nicht lokal sein.

Andernfalls wird das Objekt beim Verlassen der Funktion zerstört, so dass die zurückgegebene Referenz ungültig ist. Wird das Objekt innerhalb der Funktion definiert, so ist es als `static` zu deklarieren.

Die nebenstehende globale Funktion `currentTime()` macht von dieser Möglichkeit Gebrauch. Sie liefert eine Referenz auf die aktuelle Uhrzeit, die bei jedem Aufruf vom System neu geholt wird. Das anschließende Beispielprogramm initialisiert das neue Objekt `jetzt` mit der aktuellen Zeit und gibt diese aus. Für die Ausgabe wurde die Klasse noch um die Methode `print()` erweitert.

Zeiger als Return-Wert

Statt einer Referenz kann eine Funktion auch einen Zeiger auf ein Objekt zurückgeben. Auch in diesem Fall muss natürlich garantiert sein, dass das Objekt nach Verlassen der Funktion noch existiert.

Beispiel:

```
const DayTime* currentTime() // Read-only-Zeiger
{                            // auf die aktuelle Zeit
   . . . // unverändert
   return &curTime;
}
```

Kapitel 14

Teilobjekte und statische Elemente

Die Schwerpunkte in diesem Kapitel sind:

- Teilobjekte und ihre Initialisierung
- Datenelemente, die für alle Objekte einer Klasse nur einmal angelegt werden

Ferner beschreibt dieses Kapitel konstante Datenelemente und Aufzählungen.

Klassen mit Teilobjekten

Eine Klasse zur Darstellung von Messwerten

```
// Messwert.h
// Die Klasse Messwert zur Darstellung eines Messwerts
// mit dem Zeitpunkt der Messung.
// ----------------------------------------------------
#ifndef MESSWERT_H
#define MESSWERT_H
#include "DayTime.h"          // Klasse DayTime
class Messwert
{
 private:
  double wert;
  DayTime zeit;
 public:
  Messwert();                 // Default-Konstruktor
  Messwert(double w, const DayTime& z = currentTime());
  Messwert(double w, int std, int min, int sek);
  double getWert() const { return wert; }
  void   setWert( double w ) { wert = w; }
  const DayTime& getTime() const  { return zeit; }
  void  setTime( const DayTime& z) { zeit = z; }
  bool  setTime(int std, int min, int sek)
  {  return  zeit.setTime( std, min, sek); }
  void print() const;        // Wert und Zeit ausgeben.
};
#endif  //  MESSWERT_H
```

Eine erste Implementierung der Konstruktoren

```
#include "Messwert.h"

Messwert::Messwert() { wert = 0.0; }

Messwert::Messwert( double w, const DayTime& z)
{
   wert = w;    zeit = z;
}
Messwert::Messwert( double w, int std, int min, int sek)
{
   wert = w;
   zeit = DayTime(std, min, sek);  // Temporäres Objekt
                                   // vom Typ DayTime
}                                  // an zeit zuweisen.
```

Hat-Beziehung

Die Datenelemente einer Klasse können auch vom Typ einer anderen Klasse sein. Im Beispiel der Klasse `Konto` haben wir von dieser Möglichkeit bereits Gebrauch gemacht. Der Name eines Kontoinhabers wird in einem Datenelement vom Typ `string` gespeichert. Ein Objekt der Klasse `Konto` besitzt also ein *Teilobjekt* vom Typ `string`.

Wenn eine Klasse ein Datenelement vom Typ einer weiteren Klasse besitzt, so sagt man, dass die Klassen in einer *Hat-Beziehung* zueinander stehen.

Aufruf von Konstruktoren

Bei der Initialisierung eines Objekts, das Teilobjekte enthält, sind mehrere Konstruktoren auszuführen: einerseits der Konstruktor für das Gesamtobjekt, andererseits auch die Konstruktoren der Teilobjekte. Hierbei ist die *Reihenfolge der Konstruktor-Aufrufe* wesentlich:

- Zuerst werden die Teilobjekte angelegt und initialisiert, bevor das ganze Objekt aufgebaut werden kann.

Ohne weitere Angaben wird für jedes Teilobjekt standardmäßig der Default-Konstruktor ausgeführt.

Die Konstruktoren der Beispielklasse Messwert

Im nebenstehenden Beispiel ist eine Klasse `Messwert` definiert. Außer einem Messwert vom Typ `double` wird auch der Zeitpunkt einer Messung erfasst. Der Übersicht wegen sind die Konstruktoren separat und nicht `inline` definiert.

Der Default-Konstruktor setzt nur den Messwert auf `0`. Trotzdem findet eine vollständige Initialisierung statt, da für das Teilobjekt `zeit` der Default-Konstruktor aufgerufen wird.

Beispiel:
```
Messwert strom;
```

Der Default-Konstruktor des Teilobjekts `zeit` setzt zunächst die Stunden, Minuten und Sekunden auf `0`. Erst dann wird der Konstruktor der Klasse `Messwert` aufgerufen, der dem Datenelement `wert` die Zahl `0.0` zuweist.

Mit den anderen Konstruktoren kann ein Objekt explizit initialisiert werden.

Beispiel:
```
Messwert temperatur1(15.9); // Aktuelle Zeit
Messwert temperatur2(16.7, 14, 30, 35);
```

Da der Compiler keine Information darüber besitzt, welcher der Anfangswerte zu welchem Teilobjekt gehört, ruft er zunächst den Default-Konstruktor für das Teilobjekt `zeit` auf. Erst anschließend werden die Anweisungen des Konstruktors für die Klasse `Messwert` ausgeführt. Dabei erhalten die Datenelemente ihre Werte durch Zuweisung.

Elementinitialisierer

Neue Implementierung der Konstruktoren

```
#include "Messwert.h"
Messwert::Messwert() : wert(0.0) { /* ... */ }

Messwert::Messwert( double w, const DayTime& z)
          : wert(w), zeit(z)
{ /* ... */ }

Messwert::Messwert( double w, int std, int min, int sek)
          : wert(w), zeit(std, min, sek)
{
 /* ... */
}
```

Der Kommentar `/* ... */` steht für weitere Anweisungen, falls diese erforderlich sind. Im Fall der Klasse `Messwert` ist jedoch nichts weiter zu tun.

Beispielprogramm mit der Klasse Messwert

```
// messw_t.cpp
// Die Konstruktoren der Klasse Messwert testen.
// ---------------------------------------------------
#include "Messwert.h"
#include <iostream>
using namespace std;

int main()  // Einige Meßwerte für die Lufttemperatur
{
   DayTime  morgens(6,30);
   Messwert t1,                  // Default-Konstruktor
            t2( 12.5, morgens),
            t3( 18.2, 12,0,0),
            t4(17.7);            // Mit aktueller Zeit

   cout << "Default-Werte: ";    t1.print();
   cout << "\n Temperatur   Uhrzeit  \n"
        << "------------------------" << endl;
   t2.print();
   t3.print();
   t4.print();
   cout << endl;
   return 0;
}
```

Initialisierung von Teilobjekten

Der Aufruf von Default-Konstruktoren beim Aufbau von Teilobjekten hat verschiedene Nachteile:

- Ein Teilobjekt wird zunächst mit Default-Werten versehen. Erst anschließend erhält es durch Zuweisungen die richtigen Werte. Diese teilweise überflüssigen Aktionen beeinträchtigen die Performance des Programms.
- Konstante Objekte oder Referenzen können nicht als Teilobjekte deklariert werden, da eine nachträgliche Zuweisung nicht möglich ist.
- Klassen, für die kein Default-Konstruktor definiert ist, können nicht als Typ für Teilobjekte verwendet werden.

Um Teilobjekte allgemein und effizient einsetzen zu können, ist es möglich, bei der Definition eines Konstruktors so genannte *Elementinitialisierer* anzugeben.

Syntax für Elementinitialisierer

Ein Elementinitialisierer besteht aus dem Namen eines Datenelements und seinen Anfangswerten, die in runden Klammern eingeschlossen werden.

Beispiel:

```
zeit(std,min,sek)   // Elementinitialisierer
```

Mehrere Elementinitialisierer werden durch Kommas getrennt. Die so entstehende Liste der Elementinitialisierer wird hinter dem Kopf des Konstruktors, durch einen Doppelpunkt getrennt, angegeben.

Beispiel:

```
Messwert::Messwert( /* Parameter */ )
: wert(w), zeit(std, min, sek)
{  /* Funktionsblock  */ }
```

Für die Datenelemente mit Elementinitialisierern wird dann der passende Konstruktor aufgerufen! Der Aufruf des Default-Konstruktors und eine nachträgliche Zuweisung entfallen also. Wie das Beispiel zeigt, können Elementinitialisierer auch für Datenelemente mit einem elementaren Datentyp eingesetzt werden.

Die Argumente des Elementinitialisierers sind gewöhnlich Parameter des Konstruktors. Auf diese Weise werden die beim Anlegen des Objekts angegebenen Werte an das „richtige" Teilobjekt weitergereicht.

Zu beachten ist, dass Elementinitialisierer nur in der *Definition* eines Konstruktors angegeben werden. Die Deklaration des Konstruktors bleibt unverändert!

Konstante Teilobjekte

Neue Version der Klasse Messwert

```
// Messw2.h
// Die Klasse Messwert mit konstantem Datenelement
// -------------------------------------------------------
#ifndef  MESSWERT_H
#define  MESSWERT_H
#include "DayTime.h"           // Klasse DayTime

class Messwert
{
 private:
   double wert;
   const DayTime zeit;

 public:
   Messwert(double w, const DayTime& z = currentTime());
   Messwert(double w, int std, int min, int sek);
   double getWert() const { return wert; }
   void   setWert( double w ) { wert = w; }
   const DayTime& getTime() const  { return zeit; }
   void print() const;
};
#endif  //  MESSWERT_H
```

Die neue Klasse Messwert verwenden

```
// messw2_t.cpp  :  Die neue Klasse Messwert testen.
// -------------------------------------------------------
#include "Messw2.h"
#include <iostream>
using namespace std;

int main()
{
   DayTime  start(10,15);
   Messwert m1( 101.01, start),
            m2( m1),           // Kopierkonstruktor ok!
            m3( 99.9);         // Mit aktueller Zeit.

// m2 = m3;      // Fehler! Standardzuweisung nicht ok.
   m2.setWert(100.9);        // Korrigierter Wert für m2
   cout << "\n Meßwerte    Uhrzeit  \n"
        << "------------------------" << endl;
   m1.print();    m2.print();   m3.print();
   return 0;
}
```

Deklaration konstanter Teilobjekte

Besitzt eine Klasse Datenelemente, die nach der Initialisierung nicht mehr verändert werden sollen, so können diese als `const` deklariert werden. Beispielsweise kann für Messwerte der Zeitpunkt der Erfassung einmal gesetzt werden und dann unverändert bleiben. Der Messwert soll aber veränderbar bleiben, um systematische Messfehler korrigieren zu können. Die Deklaration des Datenelements `zeit` lautet dann:

Beispiel: `const DayTime zeit;`

Da eine spätere Zuweisung an das konstante Teilobjekt `zeit` nicht mehr möglich ist, muss bei der Initialisierung sofort der richtige Konstruktor aufgerufen werden. Das bedeutet:

- Bei der Definition des Konstruktors einer Klasse *muss* für jedes konstante Teilobjekt ein Elementinitialisierer angegeben werden.

Die Beispielklasse Messwert

Mit dem konstanten Datenelement `zeit` sind die ersten Versionen der Konstruktoren, die eine Zuweisung an `zeit` enthalten, nicht mehr zulässig.

Beispiel: `zeit = DayTime(st, mn, sk);    // Fehler!`

Die bereits vorgestellten neuen Versionen der Konstruktoren sind dagegen o.k. Der Elementinitialisierer sorgt nämlich dafür, dass das Teilobjekt `zeit` beim Anlegen sofort die richtigen Anfangswerte erhält.

Eine weitere Konsequenz ist, dass die Methoden `setTime(...)` nicht mehr zulässig sind. Der Compiler erzeugt hier eine entsprechende Fehlermeldung. Das gilt allgemein für jede Anweisung, in der versucht wird, das konstante Element `zeit` zu ändern. Der Programmierer kann also auch nicht versehentlich ein als `const` deklariertes Element überschreiben.

Die neue Version der Klasse `Messwert` besitzt keinen Default-Konstruktor mehr, da ein Default-Wert für den Zeitpunkt der Messung nicht sinnvoll ist.

Ein Beispiel mit elementarem Datentyp

Auch Datenelemente mit einem elementaren Datentyp können konstant sein. Eine Klasse `Kunde` beispielsweise enthält eine Nummer `nr` zur Identifizierung von Kunden. Da die Kundennummer sich nicht ändert, ist es sinnvoll, sie als `const` zu deklarieren. Der Konstruktor von `Kunde` würde dann etwa so aussehen:

Beispiel:
```
Kunde::Kunde( /*...*/ ) : nr(++id)
{ /*...*/ }
```

Der Elementinitialisierer `nr(++id)` versieht das konstante Datenelement `nr` mit dem globalen Anfangswert `id`, wobei dieser zuvor noch inkrementiert wird.

Statische Datenelemente

Die Klasse Messwert mit statischen Elementen

```
// Messw3.h
// Die Klasse Messwert mit statischen Datenelementen
// ---------------------------------------------------
#ifndef  MESSWERT_H
#define  MESSWERT_H
#include "DayTime.h"             // Klasse DayTime
class Messwert
{
 private:
   double wert;
   const  DayTime zeit;
   // Deklaration statischer Elemente:
   static double min, max;    // Minimum, Maximum
   static bool erster;    // true, falls erster Meßwert;
   void setMinMax(double w);  // private Hilfsfunktion
 public:
   Messwert(double w, const DayTime& z = currentTime());
   Messwert(double w, int std, int min, int sek);
   // ...  Weitere Elementfunktionen (wie gehabt)
};
#endif  //  MESSWERT_H
```

Implementierung und Initialisierung

```
// Messw3.cpp
// Definition der statischen Datenelemente und
// der Methoden, die nicht inline definiert sind.
// ---------------------------------------------------
#include "Messw3.h"
double Messwert::min = 0.0;
double Messwert::max = 0.0;
bool   Messwert::erster = true;
void Messwert::setMinMax(double w)   // Hilfsfunktion
{
  if(erster) {  min = max = w;   erster = false; }
  else if( w < min)  min = w;
  else if( w > max)  max = w;
}
// Konstruktoren mit Elementinitialisierern.
Messwert::Messwert( double w, const DayTime& z)
: wert(w), zeit(z)
{  setMinMax(w);  }
Messwert::Messwert( double w, int std, int min, int sek)
: wert(w), zeit(std, min, sek)
{  setMinMax(w);  }
// Hier weitere Elementfunktionen implementieren.
```

Klassenvariablen

Jedes Objekt besitzt seine *eigenen* Eigenschaften. Die Datenelemente von zwei verschiedenen Objekten sind also an verschiedenen Stellen im Hauptspeicher abgelegt.

Es gibt aber auch Daten, die von allen Objekten einer Klasse gemeinsam benutzt werden. Hierzu gehören:

- Kennzahlen, wie Umrechnungskurse, Zinssätze oder Zeitlimits, die für alle Objekte denselben Wert haben
- Statusinformationen, wie die Anzahl existierender Objekte, aktuell erreichte Minimal- bzw. Maximalwerte oder Zeiger auf bestimmte Objekte, z.B. ein Zeiger auf das aktive Fenster einer Fensterklasse

Solche Daten müssen *einmal* gespeichert werden, unabhängig von der Anzahl der Objekte. Damit die Daten auch von der Klasse kontrolliert werden können, sollten sie nicht global, sondern innerhalb der Klasse dargestellt werden. Dazu dienen so genannte *Klassenvariablen*, die im Gegensatz zu gewöhnlichen Datenelementen genau einmal im Speicher vorhanden sind.

Die Deklaration einer Klassenvariablen erfolgt innerhalb der Klasse als *statisches Datenelement*, d.h. mit dem Schlüsselwort `static`. Im nebenstehenden Beispiel werden die Klassenvariable `erster` sowie die Klassenvariablen `min` und `max` deklariert, um das Minimum und Maximum aller Messwerte zu erfassen.

Definition und Initialisierung

Statische Datenelemente belegen Speicherplatz, auch wenn noch kein Objekt der Klasse angelegt worden ist. Sie können außerhalb der Klasse in einer Quelldatei definiert und initialisiert werden. Dabei ist der Bezug zur Klasse wieder durch den Bereichsoperator `::` gegeben.

Beispiel: `double Messwert::min = 0.0;    // Definition`

Wie das Beispiel zeigt, wird das Schlüsselwort `static` bei der Definition nicht mehr angegeben. Statische Elemente und die Methoden einer Klasse werden gewöhnlich in derselben Quelldatei definiert.

Seit C++17 können, analog zu Funktionen, auch globale Variablen und statische Datenelemente `inline` definiert und initialisiert werden.

Beipiel: `static inline double min = 0.0, max = 0.0;`

Es entfällt die Notwendigkeit, Klassenvariablen separat außerhalb der Klasse zu definieren.

Ist ein statisches Datenelement mit einem ganzzahligen Typ konstant, wird kein Speicherplatz angelegt, da der Compiler den Wert der Konstanten direkt einsetzen kann.

Zugriff auf statische Datenelemente

Die Klasse Messwert mit statischen Methoden

```
class Messwert
{
 private:
   double wert;
   const  DayTime zeit;
   static double min, max;     // Minimum, Maximum
   static bool erster;  // true, falls erster Meßwert.

   static void setMinMax(double w);  // Hilfsfunktion

 public:
   // ... Elementfunktionen wie gehabt. Außerdem:
   static double getMin() { return min; }
   static double getMax() { return max; }
};
```

Ein Anwenderprogramm

```
// messw3_t.cpp
// Die neue Klasse Messwert verwenden.
// ---------------------------------------------------
#include "Messw3.h"
#include <iostream>
using namespace std;

int main()    // Einige Meßwerte für die Lufttemperatur
{
   DayTime  morgens(6,45);
   Messwert temp1( 6.45, morgens),
            temp2( 11.2, 12,0,0);

   double temp = 0.0;
   cout << "\nWie hoch ist jetzt die Luftemperatur? ";
   cin >> temp;
   Messwert temp3(temp);         // Mit aktueller Zeit.
   cout << "\n Temperatur   Uhrzeit  \n"
        << "-------------------------" << endl;
   temp1.print();  temp2.print();  temp3.print();
   cout
    << "\n Minimale Temperatur: " << Messwert::getMin()
    << "\n Maximale Temperatur: " << Messwert::getMax()
    << endl;
   return 0;
}
```

Statische Elemente und Datenkapselung

Auch für statische Datenelemente gelten die üblichen Regeln der Datenkapselung. Auf ein als `public` deklariertes statisches Datenelement ist daher der direkte Zugriff über ein beliebiges Objekt möglich.

Werden etwa die Klassenvariablen `min` und `max` in der Klasse `Messwert` nicht als `private`, sondern als `public` deklariert und ist `temperatur` ein beliebiges Objekt der Klasse, so gibt die Anweisung

Beispiel: `cout << temperatur.max;`

den maximalen Messwert aus. Eine weitere Möglichkeit ist die Verwendung des Bereichsoperators.

Beispiel: `cout << Messwert::max;`

Diese Schreibweise ist der ersten vorzuziehen, da sie die Tatsache ausdrückt, dass ein statisches Datenelement unabhängig von Objekten existiert.

Statische Elementfunktionen

Der Zugriff auf ein als `private` deklariertes statisches Datenelement ist natürlich über Methoden der Klasse möglich. Gewöhnliche Methoden können jedoch nur für Objekte der Klasse aufgerufen werden. Da statische Datenelemente unabhängig von Objekten sind, sollte auch der Zugriff darauf unabhängig von Objekten möglich sein. Diesem Zweck dienen *statische Elementfunktionen*. Beispielsweise kann eine statische Elementfunktion schon aufgerufen werden, auch wenn noch kein Objekt der Klasse existiert.

Eine statische Elementfunktion wird mit dem Schlüsselwort `static` deklariert.

Beispiel:
```
static double getMin();    // In der Klasse
```

Wie die erweiterte Klasse `Messwert` mit den statischen Elementfunktionen `getMin()`, `setMin()` usw. zeigt, kann die Definition auch `inline` erfolgen. Bei der Definition außerhalb der Klasse braucht das Schlüsselwort `static` nicht wiederholt zu werden.

Der Aufruf einer statischen Elementfunktion ist über ein beliebiges Objekt der Klasse oder besser mit Hilfe des Bereichsoperators möglich.

Beispiel:
```
temperatur.setMax(42.4);    // Äquivalente
Messwert::setMax(42.4);     // Aufrufe.
```

Statische Elementfunktionen sind beim Aufruf an kein Objekt der Klasse gebunden. Im Unterschied zu einer gewöhnlichen Elementfunktion steht ihnen deshalb der `this`-Zeiger nicht zur Verfügung! Das hat zur Folge, dass statische Elementfunktionen keinen Zugriff auf Datenelemente und Methoden haben, die selbst nicht statisch sind.

Aufzählungen

Beispielprogramm

```
// enum.cpp
// enum-Konstanten in einer Klasse verwenden.
// -----------------------------------------------------
#include <iostream>
using namespace std;

class Ampel
{
  public:      // Aufzählung für die Klasse Ampel
    enum Status { aus, rot, gruen, gelb };
  private:
    Status status;
  public:
    Ampel( Status s = aus) : status(s) {}
    Status getStatus() const {  return status; }
    void setStatus( Status s)
    {
      switch(s)
      { case aus:    cout << "    AUS      "; break;
        case rot:    cout << "    ROT      "; break;
        case gruen:  cout << "    GRUEN    "; break;
        case gelb:   cout << "    GELB     "; break;
        default:     return;
      }
      status = s;
    }
};

int main()
{
   cout << "Einige Anweisungen mit Ampel-Objeken!\n"
        << endl;
   Ampel A1, A2(Ampel::rot);
   Ampel::Status as;
   as = A2.getStatus();

   if( as == Ampel::rot)
   {
      A1.setStatus( Ampel::rot);
      A2.setStatus( Ampel::gelb);
   }
   cout << endl;
   return 0;
}
```

Definition

Eine Aufzählung ist ein selbstdefinierter ganzzahliger Datentyp. Die Definition einer Aufzählung erfolgt mit dem Schlüsselwort `enum`. Sie legt die möglichen Werte und gleichzeitig Namen für diese Werte fest.

Beispiel:
```
enum Figur{ Linie, Rechteck, Ellipse};
```

Hiermit wird der Aufzählungstyp `Figur` definiert. Die in der Liste angegebenen Namen bezeichnen ganzzahlige Konstanten. Ihre Werte ergeben sich automatisch aus der Reihenfolge in der Liste: Die erste Konstante hat den Wert `0`, jede weitere Konstante hat einen um eins höheren Wert als der Vorgänger.

Im obigen Beispiel repräsentiert also `Linie` den Wert `0`, `Rechteck` den Wert `1` und `Ellipse` den Wert `2`. Eine Variable vom Typ `Figur` kann nur einen dieser Werte annehmen.

Beispiel:
```
Figur figur = Rechteck; // Variable figur
// ...
switch(figur)    // Wert von figur abfragen
{
  case Linie:    // ...  usw.
```

Die Werte der Konstanten können aber auch explizit festgelegt werden.

Beispiel:
```
enum Bound { Lower = -100, Upper = 100};
```

Falls nur die Konstanten definiert werden sollen, kann der Typname fehlen.

Beispiel:
```
enum { OFF, AUS=0, ON, AN=1 };
```

Hiermit werden die Konstanten `OFF` und `AUS` mit dem Wert `0` sowie die Konstanten `ON` und `AN` mit dem Wert `1` definiert. Dabei ergeben sich die Werte von `OFF` und `ON` wie oben implizit.

Klassenspezifische Konstanten

Mit einer Aufzählung können auf einfache Weise ganzzahlige symbolische Konstanten definiert werden. Im Unterschied zu `#define`-Direktiven, die auf reinem Textersatz beruhen, sind `enum`-Konstanten Teil einer Deklaration und besitzen damit einen Geltungsbereich. So ist es möglich, Konstanten zu definieren, die nur innerhalb eines Namensbereichs oder einer Klasse bekannt sind.

Im nebenstehenden Beispiel ist die Aufzählung `Status` innerhalb der Klasse `Ampel` definiert. Damit sind der Typ und die `enum`-Konstanten nur innerhalb der Klasse direkt verwendbar. Die Aufzählung ist jedoch `public` deklariert, und somit ist der Zugriff auch außerhalb der Klasse möglich.

Beispiel:
```
if( ampel.getStatus() == Ampel::rot)
// ...
```

Kapitel 15

Vektoren

Dieses Kapitel beschreibt die Definition und Verwendung von Vektoren. Neben ein- und mehrdimensionalen Vektoren werden auch C-Strings, die Klasse `string_view` und Klassen-Arrays vorgestellt.

Vektoren definieren

Der Vektor arr im Speicher

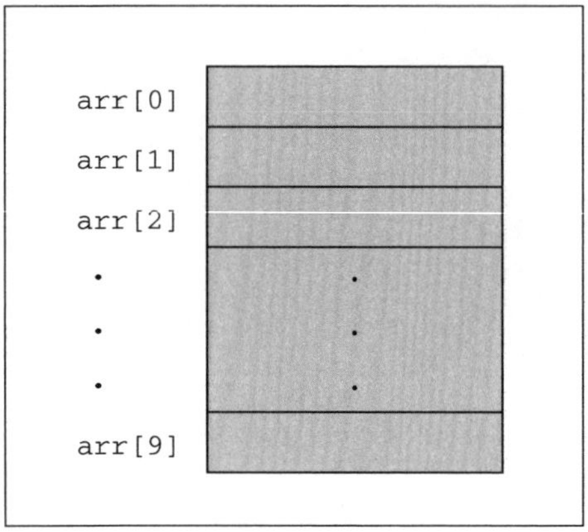

Beispielprogramm

```
// array.cpp
// Zahlen in einen Vektor einlesen und wieder ausgeben.
// ------------------------------------------------------
#include <iostream>
#include <iomanip>
using namespace std;

int main()

{
   const int MAXANZ = 10;          // Konstante
   float arr[MAXANZ], x;           // Vektor, Hilfsvariable
   int i, anz;                     // Index, Anzahl

   cout << "Bis zu 10 Zahlen eingeben\n"
        << "(Abbruch mit einem Buchstaben):" << endl;
   for( i = 0; i < MAXANZ  &&  cin >> x; ++i)
      arr[i] = x;
   anz = i;

   cout << "Die eingegebenen Zahlen:\n" << endl;
   for( i = 0; i < anz; ++i)
      cout << setw(10) << arr[i];
   cout << endl;
   return 0;
}
```

Ein *Vektor* (engl. *array*) besteht aus mehreren Objekten *gleichen Datentyps*, die hintereinander im Speicher abgelegt sind. Die einzelnen Objekte im Vektor heißen Vektorelemente. Sie können über eine Nummer, den so genannten Index, angesprochen werden.

Definition von Vektoren

Wie jedes andere Objekt muss auch ein Vektor definiert werden. Die Definition legt den *Vektornamen*, den *Typ* und die *Anzahl* der Vektorelemente fest.

Syntax:
```
typ name[anzahl];          // Vektor name
```

Dabei ist `anzahl` eine ganzzahlige Konstante oder ein ganzzahliger Ausdruck, der nur aus Konstanten besteht.

Beispiel:
```
float arr[10];             // Vektor arr
```

Hier wird ein Vektor `arr` mit `10` Elementen vom Typ `float` definiert. Das Objekt `arr` selbst hat den zusammengesetzten Datentyp „Vektor mit `float`-Elementen" oder kurz „`float`-Vektor".

Ein Vektor belegt immer einen *zusammenhängenden* Speicherbereich. Im Fall des Vektors `arr` sind dies `10*sizeof(float) = 40` Byte.

Index von Vektorelementen

Der Zugriff auf die einzelnen Vektorelemente erfolgt mit dem Indexoperator `[]`. In C++ beginnt ein *Index* stets mit `0`. Die Elemente des Vektors `arr` sind also:

```
arr[0], arr[1] , arr[2], ... , arr[9]
```

Der Index des letzten Vektorelements ist stets um 1 niedriger als die Anzahl der Vektorelemente. Als Index kann jeder `int`-Ausdruck verwendet werden. Der Indexoperator **[]** besitzt wie der Punkt- und Pfeiloperator einen hohen Vorrang.

Wenn zur Laufzeit des Programms der Index den zulässigen Wertebereich verlässt, wird keine Fehlermeldung ausgegeben. Hier ist die besondere Sorgfalt des Programmierers gefordert! Allerdings ist es möglich, in einer Klasse zur Darstellung von Vektoren Bereichsüberprüfungen für Indizes vorzunehmen.

Ein Vektor kann mit jedem Datentyp gebildet werden. Ausgenommen sind nur spezielle Datentypen, wie z.B. `void`, und bestimmte Klassen. Auf Klassen-Arrays wird noch anschließend eingegangen.

Beispiel:
```
short zahl[20];              // short-Vektor
for( int i=0; i < 20; i++ )
   zahl[i] = (short)(i*10);
```

Hier wird ein Vektor `zahl` mit 20 `short`-Elementen definiert, und den Elementen werden die Werte `0, 10, 20, ...,190` zugewiesen.

Initialisierung von Vektoren

Beispielprogramm

```
// fibo.cpp
// Dieses Programm berechnet die ersten 20 Fibonacci-
// Zahlen und die zugehörigen Fibonacci-Quotienten.
// -----------------------------------------------------
#include <iostream>
#include <iomanip>
#include <cmath>          // Für den Prototyp von sqrt()
#include <string>
using namespace std;

#define ANZAHL 20

long fib[ANZAHL + 1] = { 0, 1 };

string header =
" Index  Fibonacci-Zahl  Fibonacci-Quotient  Abweichung"
"\n                                           vom Grenzwert"
"\n----------------------------------------------------";

int main()
{
  int i;
  double q, lim;

  for( i=1; i < ANZAHL; ++i )        // Berechnung der
    fib[i+1] = fib[i] + fib[i-1];    // Fibonacci-Zahlen

  lim = ( 1.0 + sqrt(5.0)) / 2.0;   // Grenzwert

  // Überschrift und die ersten zwei Fibonacci-Zahlen:
  cout << header << endl;
  cout << setw(5) << 0 << setw(15) << fib[0] << endl;
  cout << setw(5) << 1 << setw(15) << fib[1] << endl;
  // Der Rest der Tabelle:
  for( i=2; i <= ANZAHL; i++ )
  {                                 // Quotient:
    q = (double)fib[i] / (double)fib[i-1];
    cout << setw(5)  << i << setw(15) << fib[i]
         << setw(20) << fixed << setprecision(10) << q
         << setw(20) << scientific << setprecision(3)
         << lim - q  << endl;
  }
  return 0;
}
```

Initialisierungsliste

Vektoren können bei der Definition initialisiert werden. Zur Initialisierung wird eine *Liste* mit den Werten für die einzelnen Vektorelemente angegeben:

Beispiel: `int num[3] = { 30, 50, 80 };`

Dann erhält `num[0]` den Wert `30`, `num[1]` den Wert `50` und `num[2]` den Wert `80`. Wenn ein Vektor bei der Definition initialisiert wird, so muss seine Länge nicht angegeben werden.

Beispiel: `int num[] = { 30, 50, 80 };`

In diesem Fall ist die Länge des Vektors gleich der Anzahl der Initialisierungswerte. Ist die Länge des Vektors angegeben, jedoch größer als die Anzahl der Initialisierungswerte, so werden die restlichen Vektorelemente mit `0` belegt. Gibt es dagegen mehr Werte, als der Vektor lang ist, so werden die überzähligen Werte ignoriert.

Lokal definierte Vektoren werden erst zur Laufzeit des Programms auf dem Stack erzeugt. Bei der Definition von Vektoren ist daher folgendes zu beachten:

- Vektoren, die einen größeren Speicherbereich belegen (z. B. mehr als 1 KByte), sollten *global* oder *static* definiert werden.
- Ohne eine Initialisierung haben die Elemente eines lokalen Vektors nicht notwendigerweise einen definierten Wert. Die Zuweisung von Werten erfolgt in der Regel in einer Schleife.

Die Zuweisung eines Vektors an einen anderen Vektor ist *nicht* möglich. Innerhalb einer Klasse zur Darstellung von Vektoren kann der Zuweisungsoperator jedoch überladen werden. Hierzu später mehr.

Zum nebenstehenden Beispielprogramm

Nebenstehend werden die ersten zwanzig Fibonacci-Zahlen und ihre Quotienten berechnet. Die Fibonacci-Zahlen sind geeignet, um Eigenschaften des Wachstums in der Natur darzustellen. In der Informatik werden die Fibonacci-Zahlen z. B. für Speichermanagement und Hashverfahren eingesetzt. Sie sind wie folgt definiert:

- Die erste Fibonacci-Zahl ist `0`, die zweite `1`.
- Jede folgende Fibonacci-Zahl ist die Summe der beiden Vorgänger.

Das ergibt die Zahlenfolge `0, 1, 1, 2, 3, 5, 8, 13, ....`

Der Quotient einer Fibonacci-Zahl durch ihren Vorgänger heißt Fibonacci-Quotient. Die Folge der Fibonacci-Quotienten, also `1/1`, `2/1`, `3/2`, ..., konvergiert gegen den Grenzwert $1 + \sqrt{5}\ /2$.

C-Strings

Initialisierung

```
char text[40] = "Hallo Evi";
```

Der String text im Speicher:

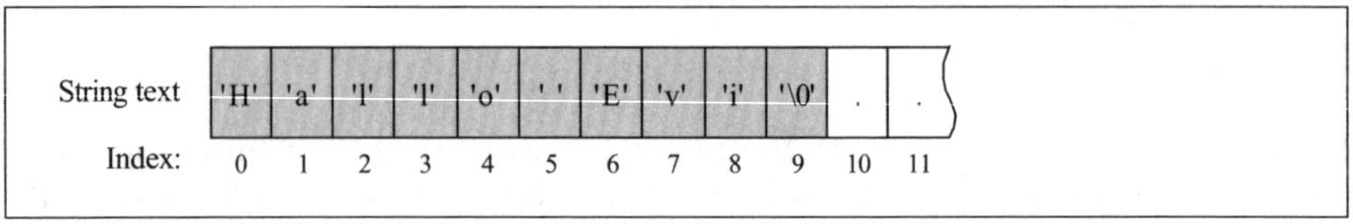

Der `char`-Vektor `text` hat die Länge `40`, wobei der String `"Hallo Evi"` nur die ersten `9` Byte belegt.

Beispielprogramm

```
// C-string.cpp  :  Mit C-Strings arbeiten.
// -----------------------------------------------------
#include <iostream>
#include <iomanip>
#include <cstring>
using namespace std;
char header[] = "\n    *** Demo für C-Strings ***\n\n";
int main()
{
   char hallo[30] = "Hallo ", name[20], meldung[80];

   cout << header << "Ihr Vorname: ";
   cin  >> setw(20) >> name;    // Ein Wort einlesen.
   strcat( hallo, name);        // name anhängen.
   cout << hallo << endl;

   cin.ignore(LLONG_MAX,'\n'); // Keine alten Eingaben.
   cout << "\nWie lautet die Meldung des Tages?"
        << endl;
   cin.getline( meldung, 80);  // Eine Zeile, aber max.
                               // 79 Zeichen einlesen.
   if( strlen( meldung) > 0)   // Falls die Stringlänge
   {                           // größer als 0 ist.
     for( int i=0; meldung[i] != '\0'; ++i)
       cout << meldung[i] << ' ';    // Mit Zwischenraum
     cout << endl;                   // ausgeben.
   }
   return 0;
}
```

char-Vektoren

Vektoren mit Elementen vom Typ `char` werden beispielsweise bei der Datenübertragung als Puffer eingesetzt.

Beispiel: `char puffer[10*512];      // 5-KByte-Puffer`

Die häufigste Anwendung ist aber das Speichern von Zeichenfolgen. Eine mögliche Repräsentation von Strings ist nämlich, eine Zeichenfolge zusammen mit dem Stringende-Zeichen `'\0'` in einem `char`-Vektor abzulegen. Bei der Definition kann zur Initialisierung eine String-Konstante angegeben werden.

Beispiel: `char name[] = "Hugo";`

Diese Definition ist äquivalent zu:

```
char name[] = { 'H','u','g','o','\0' };
```

Wie man sieht, belegt der String `name` fünf Bytes: ein zusätzliches Byte für das Stringende-Zeichen! Soll mehr Speicher reserviert werden, kann die Größe wie im nebenstehenden Beispiel explizit angegeben werden.

Die Darstellung von Strings in einem `char`-Vektor mit Stringende-Zeichen ist in der Sprache C üblich. In C++ werden diese Strings auch C-Strings genannt, um sie von Objekten der Klasse `string` zu unterscheiden.

C-Strings und die Klasse string

C-Strings sind „reine" `char`-Vektoren. Deshalb steht für C-Strings nicht die Funktionalität der Klasse `string` zur Verfügung. So sind z.B. keine Zuweisungen oder Vergleiche möglich.

Beispiel:

```
char str1[20], str2[20] = "Ein String";
str1 = str2;                // Fehler!
strcpy( str1, str2);        // ok!
```

Zur Bearbeitung von C-Strings stehen die aus C bekannten elementaren Funktionen zur Verfügung, wie z.B. `strlen()`, `strcpy()`, `strcmp()` und andere. Diese globalen Funktionen beginnen alle mit dem Präfix `str`.

Wie das nebenstehende Beispielprogramm zeigt, sind die I/O-Streams auch für `char`-Vektoren überladen. Ein- und Ausgaben sind also genauso komfortabel wie für Objekte der Klasse `string`. Allerdings muss der Programmierer beim Einlesen sicherstellen, dass nicht über das Ende des `char`-Vektors hinaus geschrieben wird. Das kann mit der Methode `width()` bzw. mit dem Manipulator `setw()` sichergestellt werden.

Beispiel: `cin >> setw(20) >> name; // max. 19 Zeichen`

C-Strings sind dann der Klasse `string` vorzuziehen, wenn nur wenige Operationen gebraucht werden und unnötiger „Overhead" vermieden werden soll.

Die Standardklasse string_view

Objekte vom Typ string_view anlegen

```
char pattern[11] = "1234567890";    // Initialisierung
string_view sv(pattern);            // mit char-Vektor
```

Vektor pattern und Objekt sv vom Typ `string_view` im Speicher:

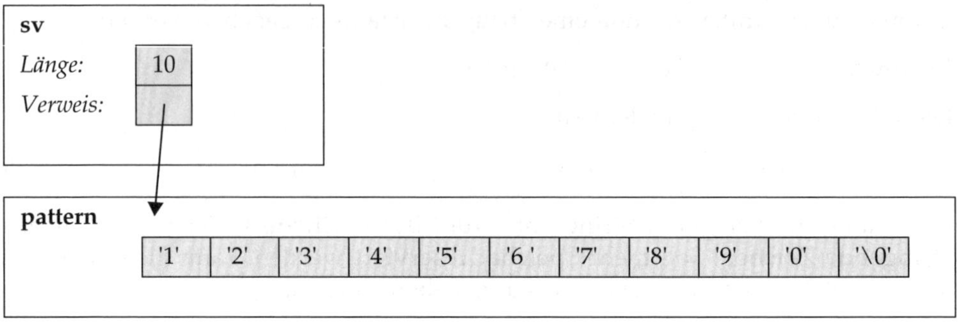

Beispielprogramm

```
// string_view.cpp  :  string_view-Objekte anlegen
//                     und Infos anzeigen.
// -------------------------------------------------------
#include <iostream>
#include <string_view>
using namespace std;

char pattern[] = "1234567890";

int main()
{
   string_view sv(pattern), prefix(pattern, 4);

   cout << "\n    *** Standardklasse string_view ***\n\n"
        << "Die Zeichenfolge: " << sv << endl
        << "Anzahl Zeichen: " << sv.length() << endl
        << "Die ersten 4 Zeichen:  " << prefix << endl;

   return 0;
}
```

Objekte vom Typ string_view anlegen

C++17 hat die Standardklasse `string_view` eingeführt, um Zeichenfolgen, die nur gelesen werden, mit rationellem Speicherverbrauch effizient zu nutzen.

Die Klasse `string_view` definiert einen Default-Konstruktor und einen Kopierkonstruktor, der als Argument auch ein `string`-Objekt akzeptiert. Außerdem gibt es zwei Konstruktoren, die ein Objekt aus einem `char`-Vektor erzeugen. Ist `v` ein `char`-Vektor, so wird mit

Beispiel: `string_view sv(v);`

ein Objekt `sv` vom Typ `string_view` mit `v` initialisiert. Ist als zweites Argument eine Ganzzahl `n` angegeben, so wird `sv` mit den ersten `n` führenden Zeichen von `v` initialisiert.

Das Objekt `sv` speichert nicht die Zeichenfolge selbst, sondern nur einen Verweis auf die Zeichenfolge und ihre Länge. Wichtig dabei ist, dass die Lebensdauer von `v` nicht frühzeitig endet.

Operationen mit Objekten vom Typ string_view

Der Zugriff auf die referenzierte Zeichenfolge ist nur lesend möglich. Hierfür gibt es die von der `string`-Klasse her bekannten Möglichkeiten, insbesondere sind der Indexoperator `[]` in der `const`-Version und die Read-only-Methode `at()` definiert. Die Methoden `length()` und `size()` liefern die Länge der Zeichenfolge und mit `find()` und `rfind()` kann das erste bzw. letzte Auftreten eines Teilstrings gesucht werden

Für Objekte vom Typ `string_view` ist der Zuweisungsoperator `=` definiert. Nach der Zuweisung referenziert der linke Operand dieselbe Zeichenfolge wie der rechte Operand. Die Zeichenfolge selbst wird nicht kopiert! Zum Kopieren der Zeichenfolge kann ein `string_view`-Objekt an ein `string`-Objekt zugewiesen werden.

Wie das nebenstehende Beispiel zeigt, ist es auch möglich, die Zeichenfolge eines `string_view`-Objekts mit dem Shift-Operator `<<` auf einen Stream auszugeben. Zum Vergleich von Zeichenfolgen sind für `string_view`-Objekte die Operatoren < , <=, <; <=; == und `!=` definiert.

Parameter vom Typ string_view

Typischerweise wird `string_view` als Parametertyp verwendet, wenn in der Funktion der übergebene String nur gelesen wird.

Beispiel: `void func(string_view s) { /* ... */ };`

Beim Aufruf der Funktion mit einem C-String als Argument muss nur noch die Länge des Strings ermittelt werden. Vor C++17 wäre der Parameter als `const string&` deklariert worden. Für einen C-String wird dann jedoch ein temporäres `string`-Objekt erzeugt, was sehr viel aufwendiger ist.

Klassen-Arrays

Beispielprogramm

```
// KontoTab.cpp
// Ein Vektor mit Objekten der Klasse Konto.
// ---------------------------------------------------

#include "konto.h"        // Definition der Klasse Konto
#include <iostream>
using namespace std;

Konto giro("Lustig, Peter", 1234567, -1200.99 );
Konto kontoTab[] =
{
  Konto("Müller, Sarah", 123000, 2500.0),
  Konto("Schmidt, Jean", 543001),
  Konto("Ulk, Mira"),
  Konto(),                        // Default-Konstruktor
  giro                            // Konto(giro)
};

int anz = sizeof(kontoTab) / sizeof(Konto);

int main()
{
   // Noch einige Werte setzen:
   kontoTab[1].setStand( 10000.00);
                                          // Zuweisung ok:
   kontoTab[2] = Konto("Traurig, Otto", 727003, 200.00);

   cout << "Die Konten der Tabelle:" << endl;
   for( int i = 0; i < anz; ++i)
   {
      kontoTab[i].display();
      if( i % 3 == 2)
      {
         cout << "Weiter mit Return-Taste!\n";
         cin.get();
      }
   }
   cout << endl;

   return 0;
}
```

Deklaration von Klassen-Arrays

Die Elemente eines Vektors können auch Objekte vom Typ einer Klasse sein. Man spricht dann von einem *Klassen-Array*. Bei der Deklaration wird lediglich der Klassenname für den Typ der Vektorelemente angegeben.

Beispiel: `Messwert temperaturTab[24];`

Hier wird ein Klassen-Array `temperaturTab` deklariert, das 24 Objekte der Klasse `Messwert` speichert. Diese Klasse wurde zu Beginn des letzten Kapitels eingeführt.

Da keine explizite Initialisierung angegeben ist, wird für jedes Vektorelement automatisch der Default-Konstruktor aufgerufen!

- Die Definition eines Klassen-Arrays ohne explizite Initialisierung ist nur für Klassen möglich, die einen Default-Konstruktor besitzen.

Das obige Beispiel ist also nur mit der ersten Version der Klasse `Messwert` korrekt, da nur diese einen Default-Konstruktor besitzt.

Explizite Initialisierung

Zur Initialisierung eines Klassen-Arrays wird wie gewöhnlich eine *Initialisierungsliste* angegeben. Die Liste enthält für jedes Vektorelement einen Konstruktor-Aufruf.

Beispiel:

```
Messwert temperaturTab[24] =
{
  Messwert( -2.5, 0,30,30),
  Messwert( 3.5),       // mit aktueller Zeit
  4.5,                  // ebenso
  Messwert( temp1),     // Kopierkonstruktor
  temp2                 // ebenso
};
```

Hier werden die ersten fünf Vektorelemente durch die angegebenen Konstruktoren initialisiert. Statt eines Konstruktors mit einem Argument kann auch nur das Argument angegeben werden. Für die restlichen Vektorelemente wird der Default-Konstruktor aufgerufen.

Ohne explizite Festlegung der Vektorlänge werden so viele Vektorelemente angelegt, wie in der Initialisierungsliste angegeben sind.

Die public-Schnittstelle der Objekte im Vektor kann ganz normal genutzt werden.

Beispiel: `temperaturTab[2].setTime( 2,30,21);`

Hier sind keine weiteren Klammern notwendig, da die Operatoren `[]` und `.` zwar den gleichen Vorrang haben, aber von links her zusammengefasst werden.

Mehrdimensionale Vektoren

Beispielprogramm

```
// multidim.cpp
// Demo mit mehrdimensionalen Vektoren
// ----------------------------------------------------
#include <iostream>
#include <iomanip>
using namespace std;

char vertreter[2][20] = {"Lauber, Otto",
                         "Forsch, Heidi"};

        // Jeder Vertreter hat fünf verschiedene
        // Artikel im Sortiment, davon wurden verkauft:
int artikelAnzahl[2][5] = { { 20,  51, 30,  17, 44},
                            {150, 120, 90, 110, 88}
                          };

int main()
{
   for( int i=0; i < 2; i++ )
   {
      cout << "\n Vertreter:  " << vertreter[i];
      cout << "\n Verkaufte Stückzahlen: ";

      for( int j = 0; j < 5; j++ )
         cout << setw(6) << artikelAnzahl[i][j];
      cout << endl;
   }
    return 0;
}
```

Bildschirmausgabe:

```
Vertreter:  Lauber, Otto
Verkaufte Stückzahlen:     20    51    30    17    44

Vertreter:  Frosch, Heidi
Verkaufte Stückzahlen:    150   120    90   110    88
```

Definition mehrdimensionaler Vektoren

In C++ können auch mehrdimensionale Vektoren gebildet werden, und zwar mit beliebig großer Dimension. Nach dem C++-Standard sind mindestens 256 Dimensionen möglich. Praktisch ist jedoch die Anzahl der Dimensionen und die Gesamtgröße des Vektors durch den verfügbaren Speicherplatz beschränkt.

Am häufigsten werden zweidimensionale Vektoren benutzt, die sog. *Matrizen*.

Beispiel: `float zahlen[3][10];   // 3 x 10 Matrix`

Hier wird eine Matrix `zahlen` definiert, die drei *Zeilen* und zehn *Spalten* besitzt. Jedes der 30 (= 3 * 10) Elemente ist vom Typ `float`. Durch die Zuweisung

Beispiel: `zahlen[0][9] = 7.2;   // Zeile 0, Spalte 9`

erhält das letzte Element in der ersten Zeile den Wert `7.2`.

Vektoren als Vektorelemente

In C++ gibt es keine spezielle Syntax für mehrdimensionale Vektoren. Vielmehr ist ein n-dimensionaler Vektor nichts anderes als ein eindimensionaler Vektor, dessen Elemente (n-1)-dimensionale Vektoren sind.

So besitzt der Vektor `zahlen` die drei Elemente:

```
zahlen[0]    zahlen[1]    zahlen[2].
```

Jedes dieser Elemente ist ein `float`-Vektor der Länge 10. Sie bilden die Zeilen des zweidimensionalen Vektors `zahlen`.

Für mehrdimensionale Vektoren gelten daher dieselben Regeln wie für eindimensionale Vektoren. So enthält die Initialisierungsliste eines zweidimensionalen Vektors die Werte der Vektorelemente, also die eindimensionalen Zeilen.

Beispiele:

```
int arr[2][3] = { {5, 0, 0}, {7, 0, 0} };
int arr[][3]  = { {5}, {7} };
```

Die beiden Definitionen sind äquivalent. Bei einer Initialisierung kann nur die Größe der ersten Dimension weggelassen werden. Die Angabe der weiteren Dimensionen ist notwendig, da sie die Größe eines Vektorelements bestimmen.

Zum nebenstehenden Beispiel

Das nebenstehende Programm definiert die zweidimensionalen Vektoren `vertreter` und `artikelAnzahl` mit jeweils zwei Zeilen. Die Zeilen `vertreter[i]` sind `char`-Vektoren mit den Namen der Vertreter. Alternativ kann auch ein eindimensionaler `string`-Vektor definiert werden.

Beispiel: `string vertreter[2] = {"La...", "Fo..."};`

Vektoren als Datenelemente

Die Klasse TelList

```
// telList.h
// Eine Klasse TelList zur Darstellung einer
// Liste mit Namen und Telefonnummern.
// ----------------------------------------------------
#ifndef TELLIST_H
#define TELLIST_H

#include <string>
using namespace std;
#define PSEUDO -1              // Pseudoposition
#define MAX 100                // Maximale Anzahl Elemente

// Typ eines Listen-Elements:
struct Element { string name, telNr; };

class TelList
{
  private:
    Element v[MAX];            // Der Vektor und die
    int count;                 // aktuelle Anzahl Elemente

  public:
    TelList(){ count = 0;}
    int getCount()const { return count; }
    Element *retrieve( int i )
    {
       return (i >= 0 && i < count)? &v[i] : NULL;
    }
    bool append( const Element& el )
    {
       return append( el.name, el.telNr);
    }
    bool append( const string& name,
                 const string& telNr);
    bool erase( const string& name);
    int  search( const string& name)const;
    void print()const;
    int  print( const string& name)const;
    int  getNewEntries();
};

#endif  // TELLIST_H
```

Kapselung von Vektoren

Häufig müssen gleichartige Objekte verwaltet werden, wie z.B. die Mitarbeiter einer Firma, die Konten einer Bank oder die Artikel eines Versandlagers. Eine Klasse, die diese Aufgabe übernimmt, kann zur einfachen Organisation der Daten einen Vektor verwenden. Ein Vektor erlaubt den direkten Zugriff auf einzelne Objekte und kann leicht durchsucht werden.

Eine Klasse, die einen Vektor kapselt, stellt Methoden für elementare Vektor-Operationen zur Verfügung, z.B. für das Einfügen und Löschen von Objekten. Ein Ziel beim Entwurf einer solchen Klasse ist auch, dass Bereichsüberprüfungen automatisch vorgenommen werden. Damit wird verhindert, dass über das Ende des Vektors hinaus gelesen oder geschrieben wird. Das Ergebnis ist eine Klasse zur Verwaltung von Objekten mit einer komfortablen und sicheren Schnittstelle.

Die Klasse TelList

Die Aufgabe der nebenstehenden Klasse `TelList` besteht darin, eine einfache Telefonliste bereitzustellen.

Jeder Eintrag besteht aus einem Paar, nämlich dem Namen und der Telefonnummer. Dafür ist der Typ `Element` definiert, der aus zwei Strings besteht. Im Vektor `v` können bis zu `MAX` Einträge vom Typ `Element` gespeichert werden. Das Datenelement `count` merkt sich die Anzahl der aktuell im Vektor gespeicherten Elemente. Beim Anlegen einer Telefonliste ist die Anzahl zunächst 0. Mit jedem Einfügen oder Löschen eines Elements wird die Anzahl entsprechend aktualisiert.

Die Klasse `TelList` besitzt nur einen Default-Konstruktor, der lediglich den Zähler `count` auf `0` setzt. Ein Vorbelegen der `MAX` Elemente im Vektor `v` ist nicht nötig, da für alle Strings der Default-Konstruktor der Klasse `string` ausgeführt wird.

Die Aufgaben der anderen Methoden ergeben sich weitgehend aus ihrem Namen. Die Methode `retrieve()` liefert zu einem Index einen Zeiger auf das entsprechende Element. Die Verwendung eines Zeigers erlaubt es, im Fall eines ungültigen Index, den NULL-Zeiger zurückzugeben.

Die beiden `append()`-Methoden fügen einen neuen Eintrag zur Liste hinzu. Die übergebenen Daten werden in das nächste freie Vektorelement kopiert, und der Zähler wird erhöht. Sollte kein Platz mehr frei sein oder das Namensfeld leer bzw. der Name schon vorhanden sein, so findet keine Aktion statt. In diesem Fall wird `false` zurückgegeben, andernfalls `true`.

In den Übungen zu diesem Kapitel werden weitere Details der Methoden festgelegt. Sie können also die Methoden der Klasse `TelList` selbst implementieren und testen.

Kapitel 16

Zeiger und Vektoren

Dieses Kapitel beschreibt den Zusammenhang von Zeigern und Vektoren. Dazu gehören:

- Arithmetik mit Zeigern
- Zeigerversion von Funktionen
- Zeiger als Return-Wert und Read-only-Zeiger
- Zeigervektoren

Operationen mit C-Strings demonstrieren, wie mit Zeigern effizient programmiert werden kann. Als Anwendung für Zeigervektoren wird der Zugriff auf Strings in der Kommandozeile eines Programms vorgestellt.

Vektoren und Zeiger (1)

Beispielprogramm

```
// textPtr.cpp
// char-Vektoren und char-Zeiger
// ---------------------------------------------------
#include <iostream>
using namespace std;

int main()
{
   cout << "Demo mit char-Vektoren und char-Zeigern.\n"
        << endl;

   char text[] = "Guten Morgen!",
        name[] = "Hans!";
   char *cPtr = (char*)"Hallo ";    // cPtr auf "Hallo "
                                    // zeigen lassen.
   cout << cPtr << name << '\n'
        << text << endl;

   cout << "Der Text \"" << text
        << "\" beginnt bei der Adresse " << (void*)text
        << endl;

   cout << text + 6          // Was passiert hier?
        << endl;

   cPtr = name;              // cPtr auf name zeigen lassen,
                             // d.h. *cPtr ist name[0]
   cout << "Das ist das " << *cPtr << " vom " << cPtr
        << endl;
   *cPtr = 'k';
   cout << "Der Hans der " << cPtr << endl;
   return 0;
}
```

Beispiel für eine Ausgabe:

```
Demo mit char-Vektoren und char-Zeigern.

Hallo Hans!
Guten Morgen!
Der Text „Guten Morgen!“ beginnt bei der Adresse 00451E40
Morgen!
Das ist das H vom Hans!
Der Hans der kans!
```

Name und Adresse eines Vektors

In C++ bezeichnet der Name eines Vektors zugleich die Anfangsadresse des Vektors. Genauer: Ein Vektorname ist ein Zeiger auf das erste Vektorelement.

Beispiel: `char stadt[] = "München";`

Dann ist `stadt` ein `char`-Zeiger auf `stadt[0]`, also ein Zeiger auf die Stelle im Speicher, wo das Zeichen `'M'` abgelegt ist. In einem Ausdruck sind daher `stadt` und `&stadt[0]` äquivalent.

Beispiel: `cout << stadt; // oder:  cout << &stadt[0];`

Hier wird ein Zeiger auf das erste Zeichen übergeben. Ab dieser Adresse werden die Zeichen des Strings gelesen und ausgegeben, bis das Stringende-Zeichen `'\0'` erreicht ist.

Zeigervariablen und Vektoren

Ein Vektorname ist keine Zeigervariable, sondern eine Konstante, die nicht verändert werden kann. Sie kann aber an eine Zeigervariable zugewiesen werden.

Beispiel:

```
char *cPtr;
cPtr = stadt;     // oder: cPtr = &stadt[0];
cout << cPtr;     // Ausgabe von "München"
```

Dann zeigt der Read-only-Zeiger `ccPtr` ebenso wie `stadt` auf das Vektorelement `stadt[0]`. Im Gegensatz zu `stadt` ist aber `cPtr` eine Variable und kann versetzt werden.

Beispiel: `const char *ccPtr = "Hallo!";`

Anschließend zeigt der Read-only-Zeiger `ccPtr` auf das Zeichen `'H'`. Auch String-Konstanten wie `"Hallo!"` sind nämlich `char`-Vektoren und repräsentieren daher die Adresse des ersten Vektorelements.

Typenlose Zeiger

Soll nicht der String, sondern die Adresse selbst angezeigt werden, darf kein `char`-Zeiger, sondern es muss ein Zeiger vom Typ `void *` übergeben werden.

Beispiel: `cout << (void *)stadt;`

Hier wird der `char`-Zeiger in einen Zeiger vom Typ `void *` gecastet und als Argument dem Operator << übergeben. Das bewirkt, dass die Adresse hexadezimal angezeigt wird. Der Operator << der Klasse `ostream` ist nämlich für den Typ `void *` zu diesem Zweck überladen.

Ein Zeiger vom Typ `void *` repräsentiert eine Adresse im Speicher, jedoch ohne den Typ festzulegen. Ein solcher Zeiger heißt daher auch *typenloser Zeiger*. Beim Speicherzugriff mit einem typenlosen Zeiger muss der Typ explizit durch einen Cast festgelegt werden.

Vektoren und Zeiger (2)

Beispielprogramm

```
// arr_tab.cpp
// Adressen und Werte von Vektorelementen anzeigen.
// ----------------------------------------------------

#include <iostream>
using namespace std;

int arr[4] = { 0, 10, 20, 30 };

int main()
{
   cout << "\nAdresse und Wert der Vektorelemente:\n"
        << endl;

   for( int i = 0; i < 4; i++ )
      cout << "Adresse: " << (void*)(arr+i)   // &arr[i]
           << "   Wert: " << *(arr+i)         // arr[i]
           << endl;

   return 0;
}
```

Zusammenhang zwischen Zeigern und Vektorelementen

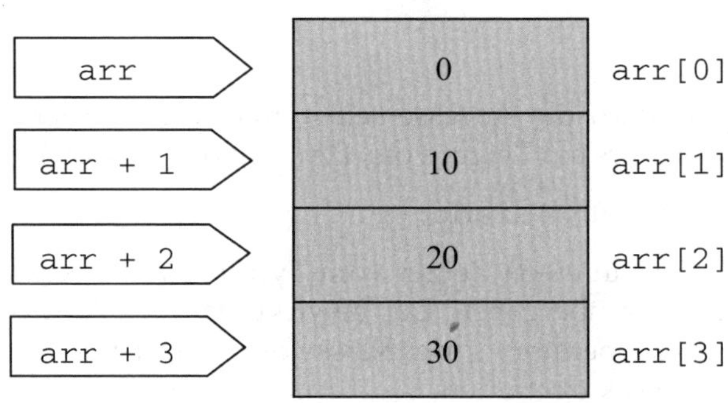

Adressierung von Vektorelementen

Der Zugriff auf einzelne Vektorelemente ist in C++ sehr eng mit der Zeigerarithmetik verbunden. Dies soll am Beispiel eines `int`-Vektors erläutert werden.

Beispiel: `int arr[4] = { 0, 10, 20, 30 };`

Wie bereits bekannt, ist der Vektorname `arr` ein `int`-Zeiger auf `arr[0]`.

Es ist nun möglich, Zeiger und ganzzahlige Werte zu addieren bzw. zu subtrahieren. Dabei wird die Größe des Objekts, auf das ein Zeiger zeigt, automatisch berücksichtigt!

Da `arr` ein `int`-Zeiger auf `arr[0]` ist, zeigt `arr+1` auf das nächste Vektorelement `arr[1]`, also `sizeof(int)` Byte weiter. Das sind zwei oder vier Byte, je nach Größe des Datentyps `int`. Für eine beliebige ganze Zahl `i` gilt:

`arr + i` zeigt auf das Vektorelement `arr[i]`
`*(arr + i)` ist das Vektorelement `arr[i]`

Auf diese Weise können auch Speicherstellen außerhalb eines Vektors adressiert werden. So zeigt `arr - 1` auf das Wort im Speicher, das vor `arr[0]` liegt. Im Allgemeinen macht dies jedoch keinen Sinn, da nicht bekannt ist, was dort auf welche Weise abgespeichert ist.

Adressierung mit Zeigervariablen

Die Elemente eines Vektors können auch durch eine Zeigervariable adressiert werden.

Beispiel: `int *ptr = arr;     // ptr zeigt auf arr[0]`

Dann ist `ptr` ebenso wie `arr` ein Zeiger auf das Vektorelement `arr[0]`. Folglich zeigen dann auch `ptr + 1, ptr + 2, . . .` auf die Vektorelemente `arr[1], arr[2], . . . .`

Für eine beliebige ganze Zahl `i` sind somit die folgenden Ausdrücke äquivalent:

```
&arr[i]        arr + i        ptr + i
```

Auf der Werteebene sind dann äquivalent:

```
arr[i]     *(arr + i)     *(ptr + i)     ptr[i]
```

Auf den ersten Blick überraschend ist, dass auch bei Zeigern die Vektorschreibweise `ptr[i]` benutzt werden kann. Der Compiler übersetzt `arr[i]` in `*(arr + i)`, was soviel bedeutet wie: „Gehe von der Anfangsadresse `arr` um `i` Objekte weiter, und nimm das dortige Objekt!" Dasselbe gilt auch für `ptr[i]`.

Zeigerarithmetik

Beispiele zur Zeigerarithmetik

```
float v[6] = { 0.0F, 0.1F, 0.2F, 0.3F, 0.4F, 0.5F},
      *pv, x;
pv = v + 4;        // pv auf v[4] setzen.
*pv = 1.4;         // 1.4 an v[4] zuweisen.
pv -= 2;           // pv auf v[2] zurücksetzen.
++pv;              // pv auf v[3] setzen.
x = *pv++;         // v[3] an x zuweisen, dann
                   // pv ein Element weiter.
x += *pv--;        // x um v[4] erhöhen und dann
                   // pv wieder auf v[3] setzen.
--pv;              // pv auf v[2] zurücksetzen.
```

Zeiger in einem Klassen-Array

```
// In einer Tabelle mit Konten eine bestimmte
// Kontonummer suchen und das Konto anzeigen.
// ---------------------------------------------------
#include "konto.h"       // Definition der Klasse Konto.
Konto kontoTab[100];     // Tabelle mit Konto-Objekten.

int main()
{
   int anz;    // Aktuelle Anzahl Konten in der Tabelle.
   Konto *kPtr;          // Zeiger auf Konto-Objekte.
  // Hier Daten in kontoTab einlesen, anz aktualisieren.
  // Die Konto-Nummer 1234567 suchen:
   bool gefunden = false;
   for( kPtr = kontoTab; kPtr < kontoTab + anz; ++kPtr)
      if( kPtr->getNr() == 1234567 )
      { gefunden = true;
        break;
      }
   if( gefunden)                  // Gefunden?
      kPtr->display();            // Ja -> Anzeigen.

   // Weiter im Programm
}
```

In C++ können arithmetische Operationen und Vergleiche mit Zeigern durchgeführt werden, sofern sie sinnvoll sind. Das bedeutet in erster Linie, dass die Zeiger immer auf Elemente eines Vektors zeigen sollten. Die Möglichkeiten der Zeigerarithmetik werden anhand des folgenden Beispiels demonstriert:

Beispiel:
```
float v[6], *pv = v;   // pv zeigt auf v[0]
int i = 3;
```

Zeiger in einem Vektor versetzen

Wie wir bereits wissen, liefert die Addition `pv + i` einen Zeiger auf das Vektorelement `v[i]`. Dieser Zeiger kann durch die Zuweisung `pv = pv + i;` wieder in der Variablen `pv` gespeichert werden. Damit wird der Zeiger `pv` um `i` Objekte „versetzt", d.h. `pv` zeigt jetzt auf `v[i]`.

Auch die Verwendung der *Operatoren* `++`, `--` und `+=` bzw. `-=` ist bei Zeigervariablen erlaubt. Nebenstehend sind dazu einige Beispiele angegeben. Zu beachten ist, dass der Postfix-Operator `++` einen höheren Vorrang hat als der Verweisoperator `*`. Deshalb gilt im

Beispiel: `*pv++` **ist äquivalent mit** `*(pv++)`

Der Operator **++** erhöht also den Zeiger und nicht die Variable, auf die der Zeiger verweist. Mit dem Zeiger `v` sind solche Operationen nicht möglich, da `v` eine *Konstante* ist.

Differenz von Zeigern

Die Addition von zwei Zeigern liefert kein sinnvolles Ergebnis und ist daher auch nicht zulässig. Dagegen ist die *Subtraktion* zweier Zeiger sehr wohl sinnvoll: Das Ergebnis ist ein `int`-Wert, der die Anzahl der Vektorelemente zwischen den Zeigern angibt. Auf diese Weise kann man auch den Index eines Vektorelements ermitteln, auf das ein Zeiger verweist: Man subtrahiert die Anfangsadresse des Vektors. Zeigt etwa `pv` auf das Vektorelement `v[3]`, so wird durch

Beispiel:
```
int index = pv - v;
```

der Variablen `index` der Wert 3 zugewiesen.

Vergleiche von Zeigern

Schließlich sind auch *Vergleiche* von Zeigern gleichen Typs erlaubt.

Beispiel:
```
for( pv = v + 5; pv >= v; --pv)
    cout << setw(10) << *pv;
```

Diese Schleife gibt die Zahlen von `v` in umgekehrter Reihenfolge aus. Im nebenstehenden Beispiel durchläuft der Zeiger `kPtr` die ersten `anz` Elemente im Vektor `kontoTab`, nämlich solange `kPtr < kontoTab + anz` ist.

Vektoren als Argumente von Funktionen

Beispielprogramm

```
// reverse.cpp
// Definition und Aufruf der Funktion reverse().
// reverse() kopiert einen C-String in einen zweiten
// und dreht dabei die Reihenfolge der Zeichen um.
// -----------------------------------------------------

#include <iostream>
using namespace std;
#include <string.h>         // Header-Datei für C-Strings,
                            // hier für strlen().
void reverse( char str[], char umstr[]);  // Prototyp

int main()                  // Ein Wort einlesen und
{                           // "verdreht" wieder ausgeben.
   const int ANZ = 81;
   char wort[ANZ], umwort[ANZ];

   cout << "Geben Sie ein Wort ein: ";
   cin.width(ANZ);          // maximal ANZ-1 Zeichen lesen
   cin >> wort;

   reverse( wort, umwort);                // Aufruf

   cout << "\nDas \"verdrehte\" Wort:   " << umwort
        << endl ;

   return 0;
}

void reverse( char s1[], char s2[])      // Kopiert den
{                            // C-String s1 verdreht in s2
   int j = 0;

   for( int i = strlen(s1)-1; i >= 0; i--, j++)
      s2[j] = s1[i];

   s2[j] = '\0';                    // Stringende-Zeichen
}
```

Beispiel für eine Bildschirmausgabe:

```
Geben Sie ein Wort ein: REGAL
Das "verdrehte" Wort:   LAGER
```

Wird beim Aufruf einer Funktion ein Vektorname als Argument übergeben, so erhält die Funktion die Adresse des ersten Vektorelements. Damit kann die aufgerufene Funktion auf jedes Vektorelement lesend oder schreibend zugreifen.

Deklaration von Parametern

Ist das Argument ein Vektor, so gibt es für die Deklaration des Parameters zwei äquivalente Möglichkeiten. Dies wird am Beispiel der Standardfunktion `strlen()` gezeigt, die die Länge eines C-Strings zurückgibt. Zum Beispiel liefert der Aufruf `strlen("REGAL")` den Wert `5`.

1. Der Parameter wird als Vektor deklariert.

Beispiel:

```
int strlen( char str[])        // Länge von str ohne
{  int i;                      // '\0' ermitteln.
   for( i = 0;  str[i] != '\0';  ++i)
     ;
   return (i);
}
```

2. Der Parameter wird als Zeiger deklariert.

Beispiel:

```
int strlen( char *str)
{   /*  wie oben   */  }
```

In beiden Fällen ist der Parameter `str` ein Zeiger, der die Anfangsadresse des Vektors speichert. Die Vektorschreibweise ist dann vorzuziehen, wenn die Elemente des Vektors mit einem Index angesprochen werden. Bei dem Aufruf `strlen("REGAL");` ist dann die folgende Zuordnung gegeben:

'R'	'E'	'G'	'A'	'L'	'\0'
`str[0]`	`str[1]`	`str[2]`	`str[3]`	`str[4]`	`str[5]`

Wie man hier sieht, entspricht die Länge eines C-Strings immer dem Index des Elements, das das Stringende-Zeichen `'\0'` enthält.

Die nebenstehende Funktion `reverse()` kopiert die Zeichen eines C-Strings in umgekehrter Reihenfolge in einen zweiten `char`-Vektor. Zuerst wird das letzte Zeichen von `s1`, also das Zeichen mit dem Index `strlen(s1)-1`, nach `s2[0]` kopiert, dann das vorletzte Zeichen nach `s2[1]` usw.

Länge des Vektors

Eine Funktion, der ein Vektor übergeben wird, kennt zunächst nur die Anfangsadresse des Vektors, nicht aber die Länge des Vektors. Bei C-Strings ergibt sich die Länge implizit aus der Position des Stringende-Zeichens. In den meisten anderen Fällen muss dagegen die Länge extra übergeben werden.

Beispiel:

```
void sort( Konto kTab[], int len )
{ /* Vektor kTab der Länge len sortieren */}
```

Zeigerversion von Funktionen

Die Funktion strcpy()

Die Standardfunktion `strcpy()` kopiert C-Strings.

Beispiel:
```
char ziel[30], quelle[] = „Ein String";
strcpy( ziel, quelle);
```

Hier wird der String in `quelle` nach `ziel` kopiert, also wie bei einer Zuweisung „von rechts nach links".

Die folgende Funktion `strcpy()` ist gegenüber der Standardfunktion etwas vereinfacht: Sie besitzt keinen Return-Wert.

Indexversion von strcpy()

```
void strcpy( char s1[], char s2[])      // s2 nach s1
{                                       // kopieren.
   int i;                               // Index
   for( i = 0;  s2[i] != '\0';  ++i)    // Kopieren.
      s1[i] = s2[i];
   s1[i] = '\0';                    // Stringende-Zeichen
}                                   // anhängen.
```

1. Zeigerversion von strcpy()

```
void strcpy( char *s1, char *s2)        // s2 nach s1
{                                       // kopieren.
   for( ;  *s2 != '\0';  ++s1, ++s2)    // Kopieren.
      *s1 = *s2;
   *s1 = '\0';                      // Stringende-Zeichen
}                                   // anhängen.
```

2. Zeigerversion von strcpy()

```
void strcpy( char *s1, char *s2)        // s2 nach s1
{                                       // kopieren.
   while( (*s1++ = *s2++) != '\0' )     // Kopieren und
      ;                                 // Stringende-Zeichen
}                                       // anhängen.
```

Zeiger statt Indizes

Wir haben gesehen, dass der Parameter für ein Vektorargument immer ein Zeiger auf das erste Vektorelement ist. In einer Parameterdeklaration ist also für einen beliebigen Typ `T`

```
T name[]   äquivalent zu   T *name.
```

In den bisherigen Beispielfunktionen wurde dieser Zeiger als „feste" Basisadresse des Vektors behandelt, und die einzelnen Vektorelemente wurden mit einem Index angesprochen. Es ist aber stets möglich, mit Zeigern statt mit Indizes zu arbeiten.

Beispiel: Eine neue Version der Standardfunktion `strlen()`:

```
int strlen( char *str)          // Länge von str ohne
{                               // '\0' ermitteln.
   char* p = str;
   for( p = str;  *p != '\0'; ++p)   // \0 suchen
     ;
   return (p - str);
}
```

Die Stringlänge ergibt sich hier als Differenz von Zeigern.

Die nebenstehenden Beispielfunktionen

Die erste Version der nebenstehenden Funktion `strcpy()` „string copy" benutzt einen Index, die zweite dagegen nicht. Beide Versionen führen zum selben Ergebnis: Der String `s2` wird nach `s1` kopiert. Der Aufrufer der Funktion muss sicherstellen, dass der durch `s1` adressierte `char`-Vektor genügend groß ist.

Da die Parameter `s1` und `s2` Zeigervariablen sind, können sie auch versetzt werden. Die nebenstehende zweite „Zeigerversion" von `strcpy()` macht von dieser Möglichkeit Gebrauch. Die Schnittstelle der Funktion bleibt unverändert.

Die Zeigerversion ist in der Regel der Indexversion vorzuziehen: Sie ist schneller. In einem Ausdruck wie `s1[i]` müssen die Werte der Variablen `s1` und `i` gelesen und ihre Summe gebildet werden, um die Adresse des eigentlichen Datenobjekts zu bekommen. Dagegen ist in der Zeigerversion der Inhalt von `s1` bereits die benötigte Adresse.

Mehrdimensionale Vektoren als Parameter

In einer Parameterdeklaration für *mehrdimensionale* Vektoren müssen stets alle Dimensionen angegeben werden, ausgenommen der ersten. So enthält die Parameterdeklaration für einen zweidimensionalen Vektor stets die Spaltenzahl.

Beispiel:

```
long func( int num[][10] );     // ok.
long func( int *num[10] );      // auch ok.
```

Read-only-Zeiger

Beispielprogramm

```
// KontoFkt.cpp
// Eine Funktion definieren und aufrufen, die eine Liste
// der überzogenen Konten ausgibt.
// ---------------------------------------------------
#include "konto.h"       // Definition der Klasse Konto

Konto kontoTab[] =       // Tabelle mit Konto-Objekten
{  Konto("Twain, Mark", 1234567, -3434.30),
   Konto("Crusoe, Robinson", 200000, 0.00),
   Konto("Karstadt, Liesl", 543001, +777.70),
   Konto("Valentin, Karl", 543002, -1111.10),
};
int anz = sizeof(kontoTab) / sizeof(Konto);

// Prototyp:
int displayOverdraws( const Konto *kTab, int anz,
                      double limit);
int main()
{
   double limit = 0.0;
   cout << "Ausgabe der überzogenen Konten!\n"
        << "Das sind die Konten, die ein Limit\n"
        << "z.B. -1000.00 unterschreiten.\n" << endl;
   cout << "Was ist das Limit? ";
   cin >> limit;

   cout << "  Liste der überzogenen Konten:\n" << endl;
   if( displayOverdraws( kontoTab, anz, limit) == 0)
     cout << "\nKein überzogenes Konto gefunden!"
          << endl;
   return 0;
}

int displayOverdraws( const Konto *kTab, int anz,
                      double limit)
{  int count = 0;
   const Konto* kPtr;
   for( kPtr = kTab;  kPtr < kTab + anz;  ++kPtr)
      if( kPtr->getStand() < limit ) // unter dem Limit?
      {
         kPtr->display();            // Ja -> Anzeigen.
         ++count;
      }
   return count;
}
```

Zeiger auf const-Objekte

Mit Hilfe eines gewöhnlichen Zeigers kann sowohl lesend als auch schreibend auf ein Objekt zugegriffen werden. Wie bei Referenzen ist es jedoch möglich, einen *Read-only-Zeiger* zu deklarieren, also einen Zeiger, mit dem nur gelesen werden kann. Ein Read-only-Zeiger muss verwendet werden, wenn er auf ein konstantes Objekt verweisen soll.

Deklaration

Ein Read-only-Zeiger wird mit dem Schlüsselwort `const` deklariert.

Beispiel:
```
const int a = 5, b = 10,  *p = &a;
```

Hier werden die Konstanen `a` und `b` sowie ein Zeiger `p` auf ein konstantes Objekt vom Typ `int` definiert. Das referenzierte Objekt `*p` darf gelesen, aber nicht verändert werden.

Beispiel:
```
cout << *p;          // Lesen ist ok.
*p = 1;              // Fehler!
```

Der Zeiger selbst ist nicht konstant! Er darf deshalb verändert werden:

Beispiel:
```
p = &b;              // ok!
```

Auch das adressierte Objekt muss selbst nicht konstant sein. Das heißt, ein Read-only-Zeiger kann auch auf nicht konstante Objekte zeigen.

Beispiel:
```
Konto giro("Twain, Mark", 1234, 4321.90);
const Konto* ptr = &giro;          // ok!
ptr->display();                    // ok!
ptr->setStand( 7777.70);           // Fehler!
```

Das nicht konstante Objekt `giro` kann mit `ptr` nur gelesen weden.

Read-only-Zeiger als Parameter

Read-only-Zeiger werden am häufigsten in Parameterlisten verwendet. Dadurch wird garantiert, dass Argumente nicht verändert werden.

Beispiel:
```
unsigned int strlen( const char *s);
```

Hier ist der Parameter `s` ein Read-only-Zeiger. Damit können auch konstante C-Strings an die Standardfunktion `strlen()` übergeben werden. Der „Schreibschutz" kann nicht dadurch unterlaufen werden, dass man den Read-only-Zeiger `s` an einen gewöhnlichen Zeiger zuweist.

Beispiel:
```
char *temp = s;          // Fehler!
```

Als Parameter muss ein Read-only-Zeiger deklariert werden, wenn als Argument auch ein konstantes Objekt erlaubt sein soll.

Zeiger als Return-Wert

Beispielprogramm

```
// suche1.cpp
// Ein Filter, der alle Zeilen mit einem bestimmmten
// Muster ausgibt. Verwendet die Funktion strstr().
// Aufruf:     suche1   [ < text.dat ]
// ---------------------------------------------------
#include <iostream>
using namespace std;
#define MAXL  200                 // Maximale Zeilenlänge
namespace MyScope
{              // Eigene Version der Funktion strstr():
 char *strstr( const char *str, const char *muster);
}
char zeile[500],                  // Für eine Zeile Text.
     muster[] = "ei";             // Das Suchmuster.
int main()
{  int zeilenNr = 0;
                        // Solange noch eine Zeile da ist:
   while( cin.getline( zeile, MAXL))
   {
     ++zeilenNr;
     if( MyScope::strstr( zeile, muster) != NULL)
     {                            // Falls Muster gefunden:
        cout.width(3);
        cout << zeilenNr << ": "      // Zeilennr. und
             << zeile << endl;        // Zeile ausgeben.
     }
   }
   return 0;
}
```

```
// strstr.cpp
// Eine eigene Definition der Funktion strstr()
// --------------------------------------------------
#include <string.h>         // Für strlen() und strncmp()
namespace MyScope
{
 char *strstr( const char *s1, const char *s2)
 {              // Im String s1 den String s2 suchen.
   int len = strlen( s2);
   for( ; *s1 != '\0'; ++s1)
      if( strncmp( s1, s2, len) == 0)    // s2 gefunden?
        return (char *)s1;      // Ja -> Zeiger auf diese
                                // Stelle zurückgeben,
   return NULL;                 // sonst den NULL-Zeiger.
 }
}
```

Eine Funktion kann einen Zeiger auf ein Objekt zurückgeben. Das ist beispielsweise sinnvoll bei einer Funktion, die ein bestimmtes Objekt sucht. Eine derartige Funktion liefert einen Zeiger auf das gesuchte Objekt oder den NULL-Zeiger, falls es nicht gefunden wurde.

Zeiger als Return-Wert kommen auch häufig bei den Funktionen der C-Standardbibliothek vor. So liefern die Funktionen `strcpy()`, `strcat()` und `strstr()` jeweils einen Zeiger auf das erste Zeichen eines C-Strings.

Die Funktionen strcpy() und strcat()

Im Gegensatz zum Beispiel auf der Seite „Zeigerversion von Funktionen", besitzt die Standardfunktion `strcpy()` einen Return-Wert. Sie gibt ihr erstes Argument zurück, also einen Zeiger auf den Ziel-String. Daher lautet der

Prototyp: `char* strcpy( char* s1, const char* s2);`

Der zweite Parameter ist ein Read-only-Zeiger, da der Quell-String nur gelesen wird.

Die Standardfunktion `strcat()` verkettet zwei C-Strings. Und zwar hängt sie den mit dem zweiten Argument übergebenen C-String an das erste Argument. Beim Aufruf dieser Funktion ist darauf zu achten, dass der `char`-Vektor mit dem ersten String genügend groß ist, um beide Strings speichern zu können. Der Return-Wert ist das erste Argument. Das folgende Beispiel zeigt eine mögliche Implementierung.

Beispiel:

```
char *strcat( char *s1, const char *s2 )
{
  char *p = s1 + strlen(s1); // Ende von s1
  strcpy(p, s2);
  return s1;
}
```

Zum Beispielprogramm

Im nebenstehenden Programm ist eine eigene Implementierung der Standardfunktion `strstr()` angegeben. Um sie von der Standardfunktion unterscheiden zu können, wurde sie im Namespace `MyScope` defniert.

Die Funktion `strstr()` sucht eine bestimmte Zeichenfolge in einem String. Für den Vergleich zweier Strings wird die Standardfunktion `strncmp()` benutzt. Diese liefert den Wert `0`, wenn die ersten `n` Zeichen gleich sind.

Das Programm verwendet die Funktion `strstr()` dazu, alle Zeilen eines Textes mit ihrer Zeilennummer anzuzeigen, welche die Zeichenfolge `"ei"` enthalten. In den Übungen zu diesem Kapitel befindet sich ein Programm `suche.cpp`, bei dessen Aufruf ein beliebiges Suchmuster angeben werden kann.

Zeigervektoren

Die Zeiger im Vektor kontoPtr

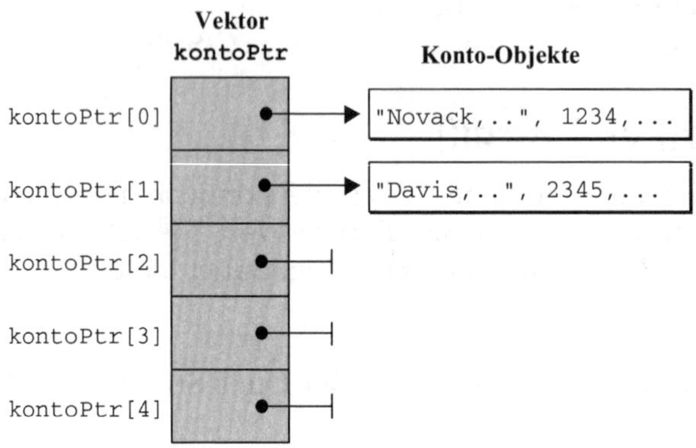

Beispielfunktion mit char-Zeigern

```
// Die Funktion displayError() gibt zu einer
// Fehlernummer eine entsprechende Meldung aus.
// --------------------------------------------------
#include <iostream>
using namespace std;

void displayError ( int errorNr)
{
     static const char* errorMsg[] = {
                  "Ungültige Fehlernummer",
                  "Fehler 1: Zu viele Daten",
                  "Fehler 2: Nicht genügend Speicher",
                  "Fehler 3: Keine Daten vorhanden"  };
    if( errorNr < 1 || errorNr > 3)
       errorNr = 0;
    cerr << errorMsg[errorNr] << endl;
}
```

☞ Ein String-Literal wie `"Fehler..."` ist ein `const char`-Zeiger auf das erste Zeichen des Strings. Ein solcher Zeiger kann natürlich auch zur Initialisierung eines entsprechenden Zeigers angegeben werden.

Durch die `static`-Deklaration wird der Vektor nur einmal angelegt und bleibt dann bis zum Programmende erhalten.

Zeiger bieten die Möglichkeit, mit umfangreichen Daten einfach und effizient umzugehen. So ist es zum Beispiel beim Sortieren von Objekten sinnvoll, nicht die Objekte selbst im Speicher zu verschieben, sondern Zeiger auf die Objekte zu unterhalten und in die richtige Reihenfolge zu bringen.

Definition von Zeigervektoren

Immer wenn eine größere Anzahl von Zeigern benötigt wird, kann man einen Vektor definieren, dessen Elemente Zeiger sind. Ein solcher Vektor wird kurz *Zeigervektor* genannt.

Beispiel: `Konto* kontoPtr[5];`

Der Vektor `kontoPtr` besteht dann aus den fünf `Konto`-Zeigern `kontoPtr[0]`, `kontoPtr[1]`, ... , `kontoPtr[4]`. Den einzelnen Zeigern des Vekors können nun Adressen von Objekten zugewiesen werden. Nicht verwendete Zeiger sollten den Wert NULL haben.

Beispiel:

```
Konto spar("Novack, Kim", 1234, 9999.90);
Konto giro("Davis, Sammy", 2345, 1000.00);
kontoPtr[0] = &spar;
kontoPtr[1] = &giro;
for( int i=2; i<5; ++i) kontoPtr[i] = NULL;
```

Initialisierung

Wie üblich erfolgt die Initialisierung des Vektors mit Hilfe einer Initialisierungsliste. Im Fall eines Zeigervektors enthält diese gültige Adressen oder den Wert NULL.

Beispiel: `Konto* kontoPtr[5] = { &giro, &spar, NULL};`

Elemente, für die in der Liste kein Wert angegeben ist, erhalten automatisch den Wert NULL. Das Ergebnis ist also das gleiche wie im obigen Beispiel.

Verwendung

Die einzelnen Objekte, auf die die Zeiger eines Vektors verweisen, müssen nicht zusammenhängend im Speicher liegen. Üblicherweise werden die Objekte zur Laufzeit dynamisch angelegt und evtl. auch wieder zerstört (dazu mehr in einem späteren Kapitel). So ist eine sehr flexible Handhabung der Objekte möglich. Ihre Reihenfolge ist allein durch die Zeiger gegeben.

Beispiel:

```
for( int i=0; i<5; ++i)
    if( kontoPtr[i] != NULL)
        kontoPtr[i]->display();    // Anzeigen
```

Die nebenstehende Funktion `displayError()` gibt zu einer Fehlernummer die entsprechende Fehlermeldung aus. Sie verwendet dazu einen Vektor mit `char`-Zeigern auf die Fehlermeldungen.

Argumente aus der Kommandozeile

Beispielprogramm

```
// gruss.cpp
// Demoprogramm für Argumente aus der Kommandozeile.
// Aufruf:  gruss name1 name2
// ----------------------------------------------------
#include <iostream>
using namespace std;

int main( int argc, char *argv[])
{
   if( argc != 3 )
   {
       cerr << "Benutzung: gruss name1 name2" << endl;
       return 1;
   }
   cout << "Hallo " << argv[1] << '!' << endl;
   cout << "Herzliche Grüße\n"
        << "\tDeine " << argv[2] << endl;
   return 0;
}
```

Beispiel für einen Aufruf des Programms

```
gruss Jeany Vivi
```

Bildschirmausgabe

```
Hallo Jeany!
Herzliche Grüße
Deine Vivi
```

Der Vektor argv im Speicher

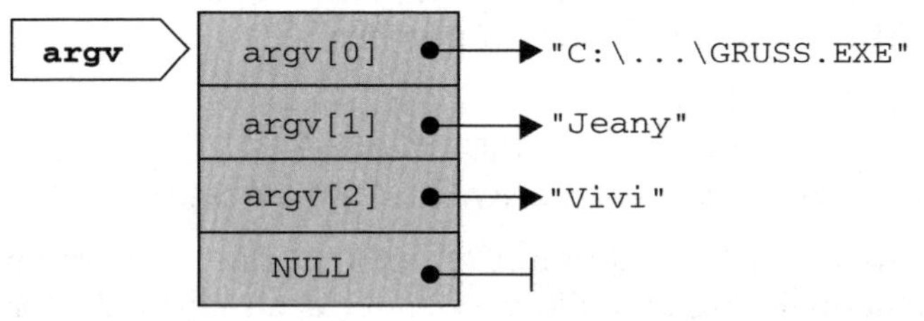

Argumente für ein Programm

Es besteht die Möglichkeit, beim Start eines Programms außer dem Programmnamen noch weitere Zeichenfolgen in der Kommandozeile anzugeben. Diese *Argumente aus der Kommandozeile* dienen typischerweise dazu, das Verhalten des Programms zu steuern oder zu verarbeitende Dateien anzugeben.

Beispiel: `copy datei1 datei2`

Hier wird das Programm `copy` mit den Argumenten `datei1` und `datei2` aufgerufen. Die einzelnen Argumente sind durch Zwischenraumzeichen zu trennen. Die Zeichen für die Dateiumlenkung (> bzw. <) und das nachfolgende Wort werden vom Betriebssystem ausgewertet, also nicht dem Programm übergeben. Soll ein Argument Zwischenraum- oder Umlenkzeichen enthalten, so ist es in doppelte Anführungszeichen zu setzen.

Parameter der Funktion main()

Die Funktion `main()` haben wir bis jetzt stets ohne Parameter verwendet. Um aber die Argumente in der Kommandozeile verarbeiten zu können, muss `main()` mit Parametern definiert werden.

Beispiel:

```
int main(int argc, char * argv[] )
{   . . . // Funktionsblock   }
```

In `argc` wird die Anzahl der Argumente übergeben, die in der Kommandozeile angegeben wurden. Dabei zählt der Programmname mit, so dass `argc` immer mindestens den Wert `1` hat.

Der Parameter `argv` ist ein Vektor mit `char`-Zeigern:

`argv[0]`	zeigt auf den Programmnamen (incl. Pfad)
`argv[1]`	zeigt auf das erste eigentliche Argument, also das erste Wort hinter dem Programmnamen
`argv[2]`	zeigt auf das zweite Argument
.....	
`argv[argc-1]`	zeigt auf das letzte Argument
`argv[argc]`	ist der NULL-Zeiger.

Üblicherweise werden die Parameternamen `argc` und `argv` benutzt, aber es können auch beliebige andere Namen gewählt werden.

Unter verschiedenen Betriebssystemen, wie z. B. Windows und Unix, kann noch ein dritter Parameter für `main()` deklariert werden. Dieser ist ein Vektor mit Zeigern auf die Strings der Programmumgebung. In den Übungen zu diesem Kapitel finden Sie ein Programm, das die Programmumgebung anzeigt.

Kapitel 17

Grundlagen der Dateiverarbeitung

Dieses Kapitel beschreibt den sequenziellen Dateizugriff mit File-Streams. Diese bieten eine einfache und portable Möglichkeit für den Umgang mit Dateien.

Dateien

Dateioperationen

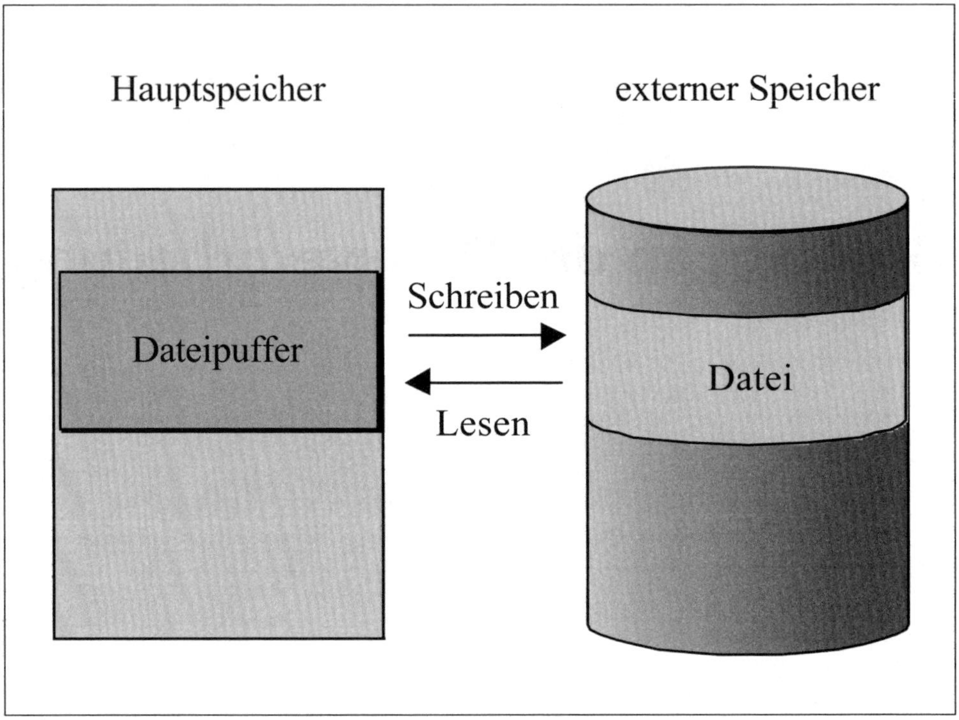

Mit der Beendigung eines Programms gehen die im Hauptspeicher gehaltenen Daten des Programms verloren. Um Daten permanent zu speichern, müssen sie in einer Datei auf dem externen Speicher abgelegt werden.

Dateioperationen

Einzelne Zeichen oder Zeichenfolgen können so wie auf den Bildschirm auch in eine Textdatei geschrieben werden. Häufig werden jedoch Datensätze in einer Datei gespeichert. Ein Datensatz enthält Daten, die logisch zusammengehören, beispielsweise die Daten einer Person. Beim *Schreiben* wird ein Datensatz in die Datei übertragen, d.h. der Datensatz wird in der Datei aktualisiert oder neu hinzugefügt. Beim *Lesen* eines Datensatzes wird dieser aus der Datei in eine Datenstruktur des Programms kopiert.

Auf die gleiche Weise werden auch Objekte dauerhaft (persistent) gespeichert. Dabei genügt es in der Regel nicht, nur die Daten eines Objekts zu speichern. Es muss sichergestellt sein, dass das Objekt beim Einlesen wieder korrekt rekonstruiert werden kann. Daher ist es im allgemeinen notwendig, auch Typinformationen und Verweise auf andere Objekte zu speichern.

Externe Massenspeicher wie Festplatten sind gewöhnlich blockorientiert, d.h. die Daten werden in Blöcken übertragen, deren Größe ein Vielfaches von 512 Byte ist. Für eine effiziente und kormfortable Dateiverarbeitung ist es daher notwendig, die zu übertragenden Daten in einem Puffer des Hauptspeichers, dem so genannten *Dateipuffer*, zwischenzuspeichern.

Dateipositionen

Eine Datei ist aus der Sicht eines C++-Programms ein langer „Byte-Vektor". Die Strukturierung, z.B. in Datensätzen, ist die Aufgabe des Programmierers, was den Vorteil maximaler Flexibilität bietet.

Jedes Zeichen in einer Datei hat eine Byte-Position: Das erste Byte hat die Position 0, das zweite die Position 1 usw. Die *aktuelle Dateiposition* ist die Position des Bytes, das als nächstes gelesen oder geschrieben wird. Mit jedem übertragenen Byte erhöht sich die aktuelle Dateiposition automatisch um 1.

Beim *sequenziellen Zugriff* werden Daten stets nacheinander gelesen oder geschrieben. Die erste Leseoperation beginnt stets am Anfang der Datei. Soll eine bestimmte Information aus einer Datei geholt werden, muss also der Dateiinhalt vom Dateianfang an der Reihe nach durchsucht werden. Beim Schreiben kann eine neue Datei erzeugt oder eine vorhandene Datei überschrieben werden. Es können auch neue Daten an das Ende einer vorhandenen Datei angefügt werden.

Für einen gezielten Zugriff auf bestimmte Daten der Datei ist es notwendig, die aktuelle Dateiposition beliebig setzen zu können. Dies ermöglicht der so genannte *wahlfreie Dateizugriff*, der in einem späteren Kapitel behandelt wird.

File-Stream-Klassen

Stream-Klassen für den Dateizugriff

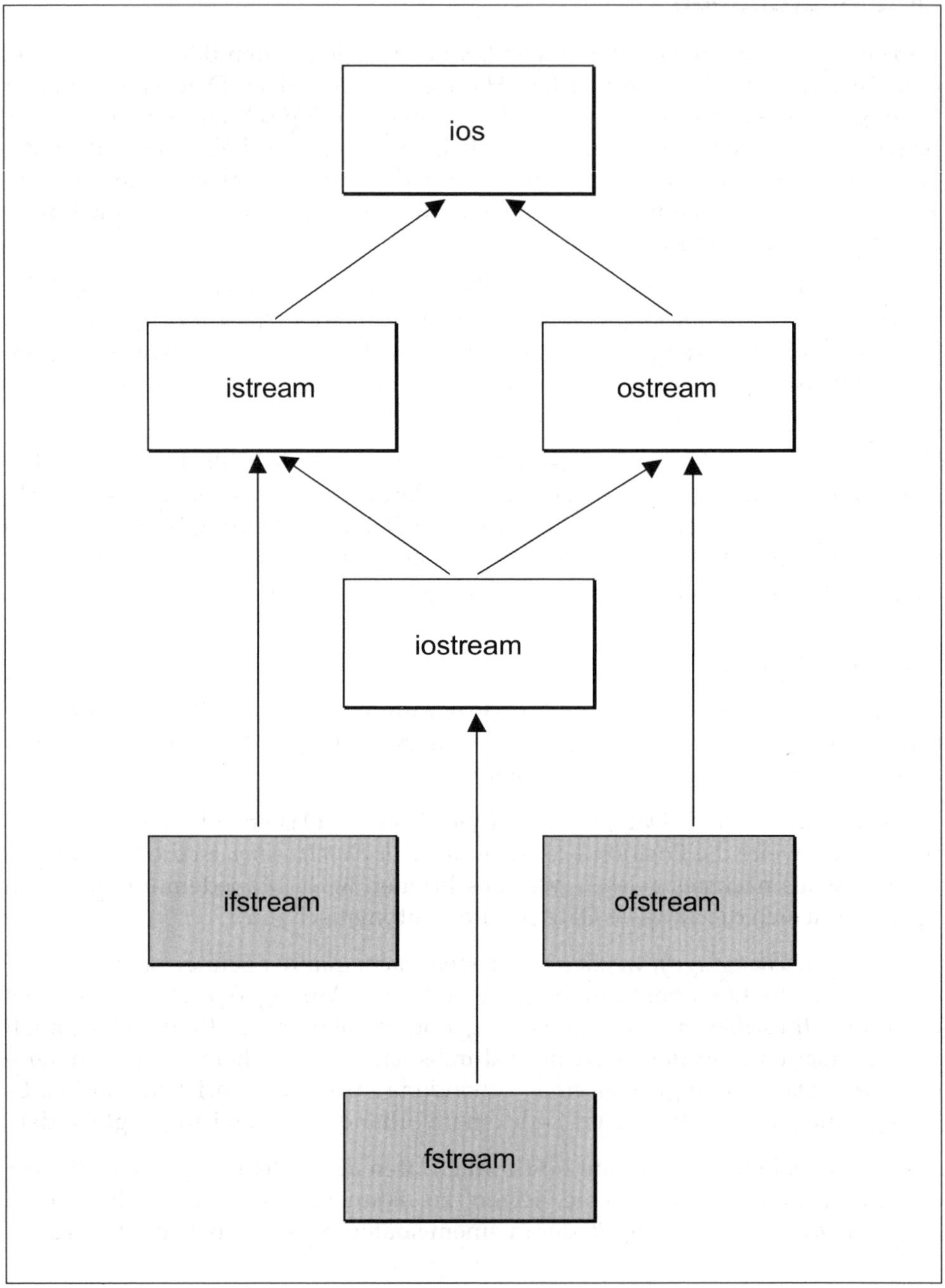

C++ stellt verschiedene Standardklassen für die Dateiverarbeitung zur Verfügung. Diese so genannten *File-Stream-Klassen* ermöglichen die komfortable Handhabung von Dateien. Der Programmierer braucht sich dabei weder um die Verwaltung von Dateipuffern noch um systemspezifische Details zu kümmern.

Da die File-Stream-Klassen standardisiert sind, ermöglicht ihre Verwendung die Formulierung portabler C++-Programme. Dasselbe Programm kann also Dateien unter Windows ebenso wie unter UNIX verarbeiten. Es muss lediglich für das jeweilige Zielsystem neu übersetzt werden.

Die File-Stream-Klassen der iostream-Bibliothek

Die nebenstehende Klassenhierarchie zeigt, dass die File-Stream-Klassen die bereits bekannten Stream-Klassen als *Basisklassen* besitzen:

- Die Klasse `ifstream` ist aus der Stream-Klasse `istream` abgeleitet und ermöglicht das Lesen von Dateien.
- Die Klasse `ofstream` ist aus der Stream-Klasse `ostream` abgeleitet und unterstützt das Schreiben in Dateien.
- Die Klasse `fstream` ist aus der Stream-Klasse `iostream` abgeleitet. Wie zu erwarten, ermöglicht sie das Lesen und Schreiben von Dateien.

Die File-Stream-Klassen sind in der Header-Datei `fstream` deklariert. Ein Objekt einer File-Stream-Klasse heißt auch *File-Stream*.

Funktionalität

Die File-Stream-Klassen erben die Funktionalität ihrer Basisklassen. Damit stehen die schon für `cin` und `cout` verwendeten Methoden, Operatoren und Manipulatoren zur Verfügung. Jeder File-Stream verfügt daher über:

- Methoden zum unformatierten Schreiben und Lesen einzelner Zeichen bzw. von Datenblöcken
- den Operator `<<` bzw. `>>`, um Informationen formatiert in Dateien zu schreiben bzw. aus Dateien einzulesen
- Methoden und Manipulatoren zur Formatierung von Zeichenfolgen
- Methoden zur Statusabfrage

Hinzu kommen Methoden für das Datei-Handling, insbesondere für das Öffnen und Schließen von Dateien.

File-Streams anlegen

Beispielprogramm

```
// showfile.cpp
// Liest eine Textdatei und gibt sie "seitenweise",
// d.h. jeweils 20 Zeilen, am Bildschirm aus.
// Aufruf:  showfile  textdatei
// ----------------------------------------------------
#include <iostream>
#include <fstream>
using namespace std;

int main( int argc, char *argv[])
{
   if( argc != 2 )         // Wurde eine Datei angegeben?
   {
       cerr << "Benutzung: showfile dateiname" << endl;
       return 1;
   }
   ifstream datei( argv[1]);  // File-Stream anlegen und
                              // Datei zum Lesen öffnen.
   if( !datei )               // Status abfragen.
   {
     cerr << "Fehler beim Öffnen der Datei " << argv[1]
          << endl;
     return 2;
   }

   char zeile[80];
   int anzahl = 0;
   while( datei.getline( zeile, 80))  // Datei auf die
   {                                  // Standardausgabe
      cout << zeile << endl;          // kopieren.
      if( ++anzahl == 20)
      {
        anzahl = 0;
        cout << "\n\t ---- Weiter mit <Return> ---- "
             << endl;
        cin.get();
      }
   }
   if( !datei.eof() )         // Dateiende erreicht?
   {
     cerr << "Fehler beim Lesen der Datei " << argv[1]
          << endl;
     return 3;
   }
   return 0;
}
```

Angaben beim Öffnen

Bevor eine Datei bearbeitet werden kann, muss sie geöffnet werden. Hierbei wird

- der *Dateiname* angegeben, der einen Pfad enthalten kann, und
- ein so genannter *Eröffnungsmodus* festgelegt.

Ohne Pfadangabe muss sich die Datei im aktuellen Verzeichnis befinden. Der Eröffnungsmodus bestimmt insbesondere, ob die Datei zum Lesen und/oder zum Schreiben geöffnet wird.

Dateien, die am Programmende noch geöffnet sind, werden automatisch geschlossen.

Definition von File-Streams

Eine Datei kann direkt beim Anlegen eines File-Streams geöffnet werden. Dabei braucht nur der Dateiname als String angegeben werden. Für den Eröffnungsmodus werden Default-Werte verwendet.

Beispiel: `ifstream myfile("test.dat");`

Der Dateiname `test.dat` wird dem Konstruktor der Klasse `ifstream` übergeben, der die Datei zum Lesen öffnet. Da kein Pfad angegeben ist, muss sich die Datei im aktuellen Verzeichnis befinden. Nach den Öffnen ist die aktuelle Dateiposition der Dateianfang.

Wenn ein File-Stream nur zum Schreiben angelegt wird, muss die angegebene Datei noch nicht vorhanden sein: Es wird eine neue Datei erzeugt.

Beispiel: `ofstream yourfile("neu.dat");`

Hier wird die neue Datei `neu.dat` zum Schreiben geöffnet. Achtung: Ist die Datei bereits vorhanden, so wird sie auf die Länge 0 gekürzt, also gelöscht!

Ein File-Stream kann auch ohne Verbindung zu einer Datei angelegt werden. Eine Datei wird dann später mit der Methode `open()` geöffnet.

Beispiel:

```
ofstream yourfile;
yourfile.open("neu.dat");
```

Dieses Beispiel hat dieselbe Wirkung wie das vorhergehende. Insbesondere verwendet `open()` für den Eröffnungsmodus die gleichen Default-Werte wie der Konstruktor der Klasse.

Es ist selten sinnvoll, einen feststehenden Dateinamen zu benutzen. Im nebenstehenden Beispielprogramm ist der Dateiname beim Aufruf auf der Kommandozeile anzugeben. Ohne Angabe der Datei beendet sich das Programm mit einer Fehlermeldung. Eine weitere Möglichkeit ist, den Namen einer Datei im Dialog mit dem Benutzer einzulesen.

Eröffnungsmodus

Flags für den Eröffnungsmodus einer Datei

Flag	Wirkung
`ios::in`	Eine bereits existierende Datei zum Lesen öffnen.
`ios::out`	Eine Datei zum Schreiben öffnen. Dieses Flag impliziert `ios::trunc`, falls es nicht mit einem der Flags `ios::in` oder `ios::app` oder `ios::ate` kombiniert wird.
`ios::app`	Vor jeder Schreiboperation wird auf das Dateiende positioniert.
`ios::trunc`	Eine bereits bestehende Datei wird beim Öffnen auf die Länge 0 gekürzt.
`ios::ate`	Schreib-/Leseposition beim Öffnen der Datei auf das Dateiende setzen. Ohne dieses Flag ist die anfängliche Dateiposition stets der Dateianfang.
`ios::binary`	Schreib-/Lesoperationen im Binärmodus durchführen.

1. Diese Flags sind in der gemeinsamen Basisklasse `ios` der Stream-Klassen definiert und besitzen den Datentyp `ios::openmode`.
2. Standardmäßig wird eine Datei als *Textdatei* im sog. Textmodus geöffnet. Beim Lesen bzw. Schreiben einer Textdatei werden Steuerzeichen zum Kennzeichnen eines Zeilenwechsels oder des Dateiendes gesondert interpretiert und an das jeweilige Betriebssystem angepasst (sog. „Cooked Modus"). Bei einer im Binärmodus geöffneten Datei werden alle Bytes ohne jede Veränderung übertragen (sog. „Raw Modus").

Default-Werte beim Öffnen einer Datei

Der Konstruktor und die Methode `open()` der File-Stream-Klassen `ifstream` und `ofstream` benutzen die folgenden Default-Werte:

Klasse	Flags
`ifstream`	`ios::in`
`ofstream`	`ios::out | ios::trunc`

Für die Klasse `fstream` sind keine Default-Werte definiert.

Soll eine Datei nicht im standardmäßig vorgegebenen Modus eröffnet werden, so muss neben dem Dateinamen auch der Eröffnungsmodus angegeben werden. Dies ist beispielsweise notwendig, wenn eine bereits existierende Datei nur zum Schreiben geöffnet, dabei aber nicht gelöscht werden soll.

Flags für den Eröffnungsmodus

Den Konstruktoren und der Methode `open()` kann neben dem Dateinamen als zweites Argument der Eröffnungsmodus übergeben werden. Der Eröffnungsmodus wird durch Flags festgelegt. Einem *Flag* entspricht stets ein einzelnes Bit in einem Rechnerwort. Wird das Flag gesetzt, so erhält das entsprechende Bit den Wert 1, andernfalls 0.

Verschiedene Flags können mit dem Bitoperator | kombiniert werden. Dabei ist stets eines der Flags `ios::in` oder `ios::out` anzugeben. Ist das Flag `ios::in` angegeben, so muss die Datei bereits existieren. Ohne das Flag `ios::in` wird die Datei neu erzeugt, sofern sie noch nicht existiert.

Beispiel:

```
fstream adressen("Adress.dat",
                 ios::out | ios::app);
```

Hier wird die Datei zum Schreiben ab Dateiende geöffnet. Falls die Datei noch nicht existiert, wird sie neu angelegt. Bei jeder Schreiboperation wird die Datei automatisch größer.

Mit dem Eröffnungsmodus `ios::in | ios::out` der Klasse `fstream` wird eine bestehende Datei zum Lesen und Schreiben geöffnet. Dieser so genannte „update-Modus“ dient zum Aktualisieren von Daten in einer Datei und wird zusammen mit dem wahlfreien Dateizugriff eingesetzt.

Fehlerbehandlung

Das Öffnen einer Datei kann misslingen, beispielsweise wenn notwendige Zugriffsrechte nicht gegeben sind oder eine zu lesende Datei nicht existiert. In solchen Fällen wird das Status-Flag `failbit` der Basisklasse `ios` gesetzt. Dieses Flag kann entweder direkt mit der Methode `fail()` oder indirekt über den File-Stream in einer `if`-Bedingung abgefragt werden.

Beispiel:

```
if( !myfile)   // oder: if( myfile.fail())
```

Das `fail`-Bit wird auch gesetzt, wenn ein Lese- oder Schreibfehler auftritt. Im Fall, dass keine Daten mehr lesbar sind, kann auch ganz korrekt das Dateiende erreicht sein. Um dies von einem Lesefehler zu unterscheiden, ist es möglich, das `eof`-Bit (eof = **e**nd **o**f **f**ile) mit der Methode `eof()` abzufragen:

Beispiel:

```
if( myfile.eof())       // Am Dateiende?
```

Das `eof`-Bit wird gesetzt, wenn versucht wurde, am Dateiende zu lesen. Das Beispielprogramm `showfile.cpp` aus dem Abschnitt *File-Streams anlegen* behandelt die möglichen Fehlerfälle.

Schließen von Dateien

Beispielprogramm

```
// fcopy1.cpp  :  Kopiert Dateien
// Aufruf: fcopy1  quelldatei  [ zieldatei ]
// ---------------------------------------------------
#include <iostream>
#include <fstream>
using namespace std;
inline void openerror( const char *datei)
{
  cerr << "Fehler beim Öffnen von " << datei << endl;
  exit(1);         // Programm beenden und dabei alle
}                  // evtl. geöffneten Dateien schließen.
void copy( istream& is, ostream& os);    // Prototyp

int main(int argc, char *argv[])
{
  if( argc < 2 || argc > 3)
  {  cerr << "Aufruf: fcopy1 quelldatei [ zieldatei ]"
          << endl;
     return 1;                       // oder: exit(1);
  }
  ifstream infile(argv[1]);          // 1. Datei öffnen
  if( !infile.is_open())
     openerror( argv[1]);

  if( argc == 2)                 // Nur eine Quelldatei.
     copy( infile, cout);
  else                           // Quell- und Zieldatei.
  {
     ofstream outfile(argv[2]);      // 2. Datei öffnen
     if( !outfile.is_open() )
        openerror( argv[2]);
     copy( infile, outfile);
     outfile.close();                // Hier unnötig.
  }
  infile.close();                    // Hier unnötig.
  return 0;
}
void copy( istream& is, ostream& os)  // is nach os
{                                     // kopieren.
  char c;
  while( is.get(c) )
      os.put(c);                    // oder:  os << c ;
}
```

Motivation

Wenn die Bearbeitung einer Datei beendet ist, sollte die Datei aus folgenden Gründen geschlossen werden:

- Es gehen keine Daten verloren, wenn das Programm aus irgendeinem Grund irregulär endet.
- Die Anzahl der Dateien, die in einem Programm gleichzeitig geöffnet sein dürfen, ist begrenzt.

Ein regulär ablaufendes Programm schließt am Ende alle Dateien automatisch. Auch der Destruktor eines File-Streams schließt eine mit dem Stream verbundene Datei. Falls aber eine Datei schon vorher nicht mehr benutzt wird, sollte sie explizit geschlossen werden.

Die Methoden close() und is_open()

In jeder der File-Stream-Klassen ist eine Methode `close()` vom Typ `void` definiert, mit der die zugehörige Datei geschlossen wird.

Beispiel: `mydat.close();`

Der File-Stream existiert aber weiterhin. Anschließend ist es also möglich, eine andere Datei zu öffnen und zu bearbeiten.

Ist es nicht sicher, ob der File-Stream mit einer Datei verbunden ist, so kann dies jederzeit mit der Methode `is_open()` getestet werden. Für den File-Stream `mydat` lautet die Abfrage:

Beispiel:
```
if( mydat.is_open() )
{ /* . . . */ }   // Eine Datei ist geöffnet
```

Die exit-Funktion

Beim Aufruf der globalen Funktion `exit()` werden ebenfalls alle Dateien geschlossen. Der eigentliche Zweck dieser Funktion ist es, ein Programm „geordnet“ zu beenden und einen Fehlercode an den aufrufenden Prozess zu übergeben.

Prototyp: `void exit( int status );`

Der aufrufende Prozess, der den Fehlercode `status` zur Auswertung erhält, ist in vielen Fällen der Kommando-Interpreter, also z.B. die Shell unter Unix. Bei erfolgreichem Ablauf des Programms wird üblicherweise der Fehlercode 0 benutzt. In der Funktion `main()` ist die Anweisung `return n;` gleichbedeutend mit dem Aufruf `exit(n);`.

Das nebenstehende Programm kopiert eine in der Kommandozeile angegebene Datei. Wird beim Aufruf keine zweite Datei (= Zieldatei) angeben, so wird auf die Standardausgabe kopiert. In diesem Fall sollte die Quelldatei natürlich eine Textdatei sein.

Blockweises Schreiben und Lesen

Beispielprogramm

```
// Pizza_W.cpp
// Demo für blockweises Schreiben von Datensätzen.
// ---------------------------------------------------
#include <iostream>
#include <fstream>
using namespace std;

char header[] =
"    * * *  P I Z Z A   P R O N T O   * * *\n\n";
// Datensatz-Struktur:
struct Pizza { char name[32];  float preis; };
const int MAXANZ = 10;
Pizza pizzaKarte[MAXANZ] =
{
   { "Margerita", 9.90F },     { "Regina", 15.90F },
   { "Pizza Fungi", 12.50F }, { "Calzone", 14.90F } };
int anz = 4;
char pizzaDatei[256] = "pizza.dat";

int main()                   // Datensätze schreiben.
{
   cout << header  << endl;

   // Daten in die Datei schreiben:
   int exitCode = 0;
   ofstream outFile( pizzaDatei, ios::out|ios::binary );
   if( !outFile)
   {
      cerr << "Fehler beim Öffnen der Datei!" << endl;
      exitCode = 1;
   }
   else
   {
      for( int i = 0; i < anz; ++i)
        if( !outFile.write( (char*)&pizzaKarte[i],
                            sizeof(Pizza)) )
        {  cerr << "Fehler beim Schreiben!" << endl;
           exitCode = 2;
        }
   }
   if( exitCode == 0)
     cout << "\nDaten in die Datei " << pizzaDatei
          << " geschrieben\n" << endl;

   return  exitCode;
}
```

Den File-Stream-Klassen stehen alle `public`-Operationen ihrer Basisklassen zur Verfügung. Damit können Daten zeichenweise oder blockweise, formatiert oder unformatiert in eine Datei geschrieben bzw. aus einer Datei gelesen werden.

Formatierte und unformatierte Ein-/Ausgaben

Die vorhergehenden Beispielprogramme haben gezeigt, wie Textdateien mit den Methoden `get()`, `getline()` und `put()` gelesen bzw. geschrieben werden können. Die formatierte Ein-/Ausgabe, z.B. von Zahlenwerten, erfolgt wie gewohnt mit den Operatoren >> und << sowie den entsprechenden Manipulatoren bzw. Methoden zur Formatierung.

Beispiel:

```
double preis = 12.34;
ofstream textDatei("Test.txt");
textDatei << "Preis: " << preis << "EURO"<< endl;
```

Anschließend enthält die Datei `Test.txt` die Textzeile „Preis ...“ so, wie sie auch auf dem Bildschirm ausgegeben würde.

Die Konvertierung von binären Daten in lesbaren Text ist für größere Datenmengen nicht effizient. Beispielsweise ist es sinnvoller, die Daten einer Messwertreihe so in eine binäre Datei zu schreiben, wie sie im Programm vorliegen. Dazu wird eine Datei im Binär-Modus geöffnet, und die Daten werden blockweise in die Datei geschrieben bzw. aus der Datei gelesen.

Datenblöcke übertragen

Die `ostream`-Methode `write()` überträgt eine vorgegebene Anzahl Bytes aus dem Hauptspeicher in die Datei.

Prototyp:

```
ostream& write( const char *buf, int n);
```

Da `write()` eine Referenz auf den Stream zurückgibt, kann überprüft werden, ob der Schreibvorgang erfolgreich war.

Beispiel:

```
if( ! fileStream.write("Ein Beispiel", 3) )
    cerr << "Fehler beim Schreiben!" << endl;
```

Die Fehlermeldung wird ausgegeben, wenn das Schreiben der drei Zeichen `"Ein"` fehlschlägt. Zum blockweisen Lesen einer Datei dient die Methode `read()`. Sie überträgt einen Datenblock aus der Datei in einen Puffer des Programms.

Prototyp:

```
istream& read( const char *buf, int n);
```

Die Methoden `read()` und `write()` werden häufig für Dateien mit Datensätzen fester Länge eingesetzt. Der zu übertragende Block besteht dann aus einem oder mehreren Datensätzen. Der Puffer im Hauptspeicher ist entweder eine Strukturvariable oder ein Vektor mit Elementen vom Typ der Struktur. Die Adresse des Speicherbereichs muss dann wie im nebenstehenden Beispiel in den Typ `(char *)` gecastet werden.

Persistenz von Objekten

Beispielklasse Konto

```
// Die Klasse Konto mit den Methoden read() und write()
// ---------------------------------------------------
class Konto
{
  private:
    string name;              // Kontoinhaber
    unsigned long nr;         // Kontonummer
    double stand;             // Kontostand
  public:
     . . .  // Konstruktoren, Destruktor,
            // Zugriffsmethoden, ...
    ostream& write(ostream& os) const;
    istream& read(istream& is)
};
```

Implementierung der Konto-Methoden read() und write()

```
// write() schreibt die Daten eines Kontos in den
// angegebenen Stream os.
// Return-Wert: Der übergebene Stream.
ostream& Konto::write(ostream& os) const
{
  os << name << '\0';          // String schreiben
  os.write((char*)&nr, sizeof(nr) );
  os.write((char*)&stand, sizeof(stand) );
  return os;
}

// read ist die Gegenfunktion von write().
// read() liest die Daten eines Kontos aus dem Stream is
// und überschreibt damit die Daten im aktuellen Objekt.

istream& Konto::read(istream& is)
{
  getline( is, name, '\0');   // String einlesen
  is.read( (char*)&nr, sizeof(nr) );
  is.read( (char*)&stand, sizeof(stand));
  return is;
}
```

Objekte speichern

Objekte werden zur Laufzeit eines Programms angelegt und vor der Beendigung des Programms wieder zerstört. Um die „Flüchtigkeit" von Objekten zu verhindern, können sie *persistent* gemacht, d.h. in einer Datei gespeichert werden. Dabei muss sichergestellt sein, dass beim Einlesen ein Objekt wieder exakt rekonstruiert wird. Hierbei treten jedoch verschiedene Probleme auf:

- Objekte können andere Objekte enthalten. Es ist im Allgemeinen nicht bekannt, wie ein Teilobjekt zu speichern ist.
- Objekte können Verweise auf andere Objekte enthalten. Zeigerwerte in einer Datei zu speichern ist jedoch nicht sinnvoll, da sich mit jedem Programmstart Adressen im Hauptspeicher ändern.

Beispielsweise enthält die nebenstehende Klasse `Konto` ein Teilobjekt `name` vom Typ `string`. Ein Objekt vom Typ `string` verwaltet eine Zeichenfolge, deren Länge sich ändern kann. Es enthält daher nur einen Verweis auf die Zeichenfolge. Es macht also keinen Sinn, den vom Objekt `name` belegten Speicherbereich der Größe `sizeof(name)` in einer Datei zu speichern. Vielmehr ist die eigentliche Zeichenfolge in eine Datei zu schreiben.

Eine mögliche Lösung der genannten Probleme besteht darin, die Daten so zu speichern, dass sie beim Einlesen einem Konstruktor der Klasse übergeben werden können.

Eine weitere Möglichkeit ist, Methoden zur Verfügung zu stellen, mit denen Objekte ihre Datenelemente selbst in eine Datei schreiben bzw. einlesen können. Das ist im Allgemeinen die bessere Lösung, weil damit auch das Speichern unter der Kontrolle der Klasse steht. So kann beispielsweise ein interner Status gespeichert werden, auf den von außen kein Zugriff besteht.

Objekte der Klasse Konto speichern

Nebenstehend ist die bereits bekannte Klasse `Konto` um Methoden für die Datei-Ein-/Ausgabe ergänzt. Die Methoden `read()` und `write()` erhalten einen File-Stream als Agument, der mit einer binär geöffneten Datei verbunden ist. Der Return-Wert ist jeweils der übergebene Stream, so dass der Status beim Aufruf abgefragt werden kann.

Beispiel:
```
if( ! einKonto.write( outFile) )
    cerr << "Fehler beim Schreiben!" << endl;
```

Bein Einlesen eines Kontos kann z.B ein „leeres" Objekt erzeugt werden, das die Methode `read()` aufruft.

Beispiel:
```
if( ! einKonto.read( inFile) )
    cerr << "Fehler beim Lesen!" << endl;
```

Das Teilobjekt `name` wird als C-String gespeichert, also als Zeichenfolge, die mit dem Stringende-Zeichen `'\0'` abschließt. Hierfür stehen der Operator `<<` und die Funktion `getline()` zur Verfügung.

Kapitel 18

Operatoren überladen

Die Überladung von Operatoren ermöglicht es, vorhandene Operatoren auch auf Objekte von Klassen anzuwenden. So kann z.B. festgelegt werden, welche Bedeutung der Operator + für Objekte einer bestimmten Klasse haben soll.

Dieses Kapitel beschreibt die verschiedenen Möglichkeiten der Operator-Überladung. Als Anwendung werden neben den arithmetischen Operatoren und den Vergleichen auch der Index-Operator und die Shift-Operatoren für die Ein-/Ausgabe überladen.

Für die Operator-Überladung ist das Konzept der friend-Funktionen von Bedeutung, das in diesem Zusammenhang vorgestellt wird.

Allgemeines

Überladbare Operatoren

Operatoren	Bedeutung
`+ - * / %` `++ --`	arithmetische Operatoren
`== != < <= > >= <=>`	Vergleichsoperatoren
`&& || !`	Logische Operatoren
`=` `op=`	Zuweisungsoperatoren (op ist binärer arithmetischer oder binärer Bitoperator)
`& | ^ ~ << >>`	Bitoperatoren
`() []`	Funktionsaufruf, Indexoperator
`& * -> ,` `new delete`	sonstige Operatoren

Die Zuweisung `=`, der Adressoperator `&` und der Kommaoperator `,` haben für jeden elementaren Typ eine vordefinierte Bedeutung. Für eine Klasse kann jedoch ihre Bedeutung durch eine eigene Definition geändert werden.

Regeln

Die Überladung eines Operators findet immer im Zusammenhang mit einer Klasse statt. Dabei wird lediglich der „Definitionsbereich" des Operators erweitert, die Eigenschaften des Operators selbst bleiben unverändert. Im einzelnen gilt folgendes:

- Es können keine „neuen Operatoren" erfunden werden, d.h. nur bereits vorhandene Operatoren können überladen werden.
- Die Bedeutung der Operatoren für Standardtypen lässt sich nicht „umdefinieren".
- Die Anzahl der Operanden eines Operators kann nicht geändert werden: Ein binärer Operator bleibt also stets binär, und ein unärer Operator bleibt unär.
- Der Vorrang eines Operators und die Reihenfolge der Zusammenfassung bei gleichem Vorrang bleibt erhalten.

Überladung

Ein Operator ist überladen (engl. *overloaded*), wenn es verschiedene Datentypen gibt, für die der Operator definiert ist. Einen Operator zu überladen, bedeutet also, dem Operator für einen neuen Datentyp eine eigene Bedeutung zu geben.

Für die elementaren Datentypen sind die meisten Operatoren bereits überladen. Im Ausdruck

Beispiel: `a / b`

entscheidet der Typ der Operanden, welchen Maschinencode der Compiler für die Division erzeugt. Haben beide Operanden einen ganzzahligen Typ, so wird die Ganzzahl-Division ausgeführt, andernfalls die Gleitpunktdivision. Es werden also je nach Typ der Operanden unterschiedliche Aktionen ausgeführt.

Operatoren für Klassen

In C++ besteht die interessante Möglichkeit, die Funktionalität einer Klasse nicht nur durch Methoden, sondern auch durch Operatoren festzulegen. So kann beispielsweise statt (oder zusätzlich zu) einer Methode `add()` ebenso der Operator + überladen werden. Für Objekte `x` und `y` der Klasse ist dann

```
x + y gleichbedeutend mit x.add(y)
```

Mit den überladenen Operatoren der Klasse sind entsprechende Ausdrücke genauso einfach zu bilden wie mit elementaren Datentypen. Ausdrücke mit Operatoren sind oft intuitiver und daher schneller zu erfassen als Ausdrücke mit Funktionsaufrufen.

In den Standardklassen der C++-Bibliothek sind bereits zahlreiche Operatoren überladen. Das gilt auch für die bereits bekannte Klasse `string`.

Beispiel:

```
string str1("Hallo "), str2("Eva");
str1 += str2;                // Operator +=
if( str2 < "Frida") ...      // Operator <
cout << str1;                // Operator <<
str2[2] = 'i';       // Operatoren [] und =
```

In den nebenstehenden Tabellen sind die Operatoren zusammengestellt, die überladen werden dürfen. Zu den Operatoren, die *nicht überladbar* sind, gehören die Cast-Operatoren, der `sizeof`-Operator und die folgenden vier Operatoren:

`.  ::  .*`	Zugriffsoperatoren
`?:`	Auswahloperator

Diese Operatoren haben für Klassen schon eine feste Bedeutung, oder eine Überladung ist nicht sinnvoll.

Operatorfunktionen (1)

Die Operatoren < und ++ für die Klasse DayTime

```
// DayTime.h
// Die Klasse DayTime mit den Operatoren < und ++ .
// ---------------------------------------------------
#ifndef DAYTIME_H
#define DAYTIME_H
class DayTime
{
  private:
     short hour, minute, second;
     bool overflow;
  public:
   DayTime( int h = 0, int m = 0, int s = 0);
   bool setTime(int hour, int minute, int second = 0);
   int getHour()   const { return hour;   }
   int getMinute() const { return minute; }
   int getSecond() const { return second; }

   int asSeconds() const    // Tageszeit als Sekunden
   {
     return (60*60*hour + 60*minute + second);
   }
   bool operator<( const DayTime& t) const
   {                                  // *this mit t vergl.
     return  asSeconds() < t.asSeconds();
   }
   DayTime& operator++()              // Sekunden erhöhen.
   {
      ++second;          // und Überlauf behandeln.
     return  *this;
   }
   void print() const;
};
#endif   // DAYTIME_H
```

Beispielaufruf des Operators <

```
#include "DayTime.h"
  . . .
  DayTime abflug1( 11, 11, 11), abflug2(12,0,0);
  . . .
  if( abflug1 < abflug2 )
    cout << "\nDer 1. Flieger hebt früher ab!" << endl;
  . . .
```

Namen von Operatorfunktionen

Ein Operator wird überladen, indem eine entsprechende *Operatorfunktion* definiert wird. Die Operatorfunktion legt die Aktionen fest, die der Operator ausführen soll. Der Name einer Operatorfunktion beginnt mit dem Schlüsselwort `operator`, dem das Operatorsymbol folgt.

Beispiel: `operator+`

Dies ist der Name der Operatorfunktion für den Operator +.

Eine Operatorfunktion kann als globale Funktion oder als Methode einer Klasse definiert werden. Gewöhnlich werden Operatorfunktionen als Methoden definiert, insbesondere bei unären Operatoren. Es kann jedoch auch sinnvoll sein, eine Operatorfunktion global zu definieren. Wir kommen später darauf zurück.

Operatorfunktionen als Methoden

Wird die Operatorfunktion eines *binären* Operators als Methode definiert, so ist der linke Operand stets ein Objekt der Klasse. Für dieses Objekt wird die Operatorfunktion aufgerufen. Der zweite, rechte Operand wird der Methode als Argument übergeben. Die Methode besitzt deshalb *einen* Parameter.

Beispiel: `bool operator<( const DayTime& t) const;`

Hier wird der „Kleiner"-Operator zum Vergleich zweier `DayTime`-Objekte überladen. Er ersetzt die früher in dieser Klasse definierte Methode `isLess()`.

Als Beispiel für einen *unären* Operator ist nebenstehend der Präfix-Operator **++** überladen. Die zugehörige Operatorfunktion in der Klasse besitzt keinen Parameter! Sie wird aufgerufen, wenn in einem Ausdruck `++a` das Objekt `a` ein Objekt der Klasse `DayTime` ist.

Aufruf einer Operatorfunktion

Im nebenstehenden Beispiel werden zwei Tageszeiten verglichen:

Beispiel: `abflug1 < abflug2`

Für diesen Ausdruck sucht der Compiler eine passende Operatorfunktion und ruft diese auf. Der Vergleichsausdruck ist also gleichbedeutend mit:

```
abflug1.operator<( abflug2)
```

Auch wenn es nicht gerade üblich ist, kann eine Operatorfunktion auch direkt aufgerufen werden. Der vorstehende Funktionsaufruf ist also völlig korrekt.

Programme sind mit Operatoren einfacher zu formulieren und besser lesbar. Dabei ist jedoch zu beachten, dass eine Operatorfunktion immer eine gleichartige Operation ausführen sollte wie der entsprechende Operator für elementare Datentypen. Jede andere Verwendung stiftet im Allgemeinen große Verwirrung.

Operatorfunktionen (2)

Die Klasse Euro

```
// Euro1.h : Die Klasse Euro mit arithmetischen Operatoren.
// ---------------------------------------------------
#ifndef EURO_H_
#define EURO_H_
#include <sstream>                // Für Klasse stringstream
#include <iomanip>
using namespace std;
class Euro
{
  private:
    long  data;                   // Euros * 100 + Cents
  public:
    Euro( int euro = 0, int cents = 0)
    {
      data = 100L * (long)euro + cents;
    }
    Euro( double x)
    {
       x *= 100.0;                              // Runden, z.B.
       data = (long)(x>=0.0 ? x+0.5 : x-0.5); // 9.7 -> 10
    }
    long getWholePart() const { return data/100; }
    int  getCents() const { return (int)(data%100); }
    double asDouble() const { return (double)data/100.0; }
    string asString() const;        // Euro-Wert als String.
    void print( ostream& os) const  // Auf Stream os ausgeben.
    {
       os << asString() << " Euro" << endl;
    }
    // ---- Operatorfunktionen ----
    Euro operator-() const          // Negation (unäres Minus))
    {
       Euro temp;
       temp.data = -data;
       return  temp;
    }
    Euro operator+( const Euro& e2) const  // Addition.
    {
       Euro temp;
       temp.data = data + e2.data;
       return  temp;
    }
    Euro operator-( const Euro& e2) const   // Subtraktion.
    {  /*  Analog zum Operator +   */  }
    Euro& operator+=( const Euro& e2) // Euros hinzuaddieren.
    {
       data += e2.data;
       return  *this;
    }
    Euro& operator-=( const Euro& e2); // Euros subtrahieren.
    {  /*  Analog zum Operator +=   */  }
};
// Fortsetzung auf nächster Doppelseite.
```

Zur Beispielklasse Euro

Nebenstehend ist eine Klasse `Euro` zur Darstellung der europäischen Währung definiert. Das Datenelement `data` speichert einen Euro-Betrag als ganze Zahl in der Form:

```
(ganzzahliger Anteil)*100 + Cents.
```

Entsprechend ist `data/100` die Anzahl ganzer Euros und `data%100` die Anzahl Cents. Diese Darstellung erlaubt es, die arithmetischen Operationen der Klasse `Euro` einfach zu implementieren.

Neben einem Konstruktor, der als Argumente ganze Euros und Cents erhält, gibt es auch einen Konstruktor, dem ein Euro als `double` übergeben werden kann, sowie den Standardkopierkonstruktor.

Beispiel: `Euro e1(9,50), e2(20.07), e3(-e1);`

Negation, Addition und Subtraktion

Der unäre Operator `-` verändert seinen Operanden nicht. Im vorhergehenden Beispiel erhält also `e3` den Wert `-9,50` Euro, wobei aber `e1` unverändert bleibt. Die Operatorfunktion ist daher eine `const`-Methode, die ein temporäres Objekt erzeugt und zurückgibt.

Auch die binären Operatoren + und – verändern ihre Operanden nicht. Die Operatorfunktionen erzeugen daher ebenfalls ein temporäres Objekt und geben es mit dem richtigen Wert zurück.

Beispiel: `Euro summe = e1 + e2;`

Der Ausdruck `e1 + e2` führt zum Aufruf `e1.operator+(e2)`. Mit dem Return-Wert wird das neue Objekt `summe` initialisiert.

Die Operatoren += und -=

Dadurch, dass die Operatoren + und – für die Klasse `Euro` überladen wurden, sind noch nicht automatisch die Operatoren `+=` und `-=` überladen. Das sind eigenständige Operatoren, die daher auch separat definiert werden müssen. Natürlich sollte die Überladung so vorgenommen werden, dass die Anweisungen

Beispiel: `summe += e3;` und `summe = summe + e3;`

zum selben Ergebnis führen.

Die binären Operatoren += und -= verändern das aktuelle Objekt, also den linken Operanden. Es wird also kein temporäres Objekt benötigt! Der Ausdruck `summe += e3` repräsentiert das aktuelle Objekt nach der Veränderung. Deshalb gibt die Operatorfunktion eine Referenz auf `*this` zurück.

Überladene Operatoren verwenden

Fortsetzung der Datei Euro1.h

```
// Noch Datei Euro1.h
// -------------------------------------------------------
inline string Euro::asString() const   // Euro-Wert als String
{
   stringstream strStream;         // Stream zur Konvertierung
   long temp = data;
   if( temp < 0) { strStream << '-';  temp = -temp; }
     strStream << temp/100 << ','
               << setfill('0') << setw(2) << temp%100;
     return strStream.str();
}
#endif   // EURO_H_
```

Beispielprogramm

```
// Euro1_t.cpp
// Die Operatoren der Klasse Euro testen.
// -------------------------------------------------------
#include "Euro1.h"                // Definition der Klasse
#include <iostream>
using namespace std;

int main()
{
  cout << "  * * *  Test der Klasse Euro  * * *\n" << endl;
  Euro einkauf( 20,50), verkauf;
  verkauf = einkauf;             // Standardzuweisung
  verkauf += 9.49;               // += (Euro)9.49

  cout << "Einkaufspreis: ";    einkauf.print(cout);
  cout << "Verkaufspreis: ";    verkauf.print(cout);

  Euro rabatt( 2.10);            // double-Konstruktor
  verkauf -= rabatt;
  cout << "\nVerkaufspreis mit Rabatt: ";
  verkauf.print(cout);

  einkauf = 34.10;
  cout << "\nNeuer Einkaufspreis: ";  einkauf.print(cout);
  Euro gewinn( verkauf - einkauf);  // Subtraktion und
                                    // Kopierkonstruktor
  cout << "\nDer Gewinn: ";
  gewinn.print(cout);               // Negativ!

  return 0;
}
```

Aufruf der Operatorfunktionen

Mit den Operatoren der Klasse `Euro` sind z.B. folgende Ausdrücke möglich.

Beispiel:
```
Euro  einkauf(15,30), verkauf,
      gewinn(7,50), rabatt(1,75);
verkauf = einkauf + gewinn;
// Aufruf:  einkauf.operator+( gewinn)
verkauf -= rabatt;
// Aufruf:  verkauf.operator-=( rabatt)
verkauf += Euro( 1.49);
// Aufruf:  verkauf.operator+=( Euro(1.49))
```

In diesen Ausdrücken sind nur Objekte vom Typ `Euro` beteiligt, für die die Operatorfunktionen definiert sind. Es dürfen aber auch Werte vom Typ `int` oder `double` addiert bzw. subtrahiert werden. Dies ermöglichen die `Euro`-Konstruktoren, die aus einem `int` bzw. `double` ein `Euro`-Objekt erzeugen. Damit kann einer Funktion, die als Argument einen `Euro`-Wert erwartet, auch ein `int` oder `double`-Wert übergeben werden.

Wie das nebenstehende Programm zeigt, ist die Anweisung

Beispiel:
```
verkauf += 9.49;
```

zulässig. Der Compiler sucht hier nach einer Operatorfunktion für `+=`, die für ein `Euro`-Objekt und einen `double` definiert ist. Da es diese nicht gibt, konvertiert der Compiler den `double`-Wert in einen `Euro` und ruft die vorhandene Operatorfunktion für Euros auf.

Symmetrie der Operanden

Auf Grund der vorhandenen Konstruktoren können natürlich auch die Operatorfunktionen für `+` und `-` mit `int`- oder `double`-Argumenten aufgerufen werden.

Beispiel:
```
verkauf = einkauf + 10;        // ok
einkauf = verkauf - 7.99;      // ok
```

Die erste Anweisung ist beispielsweise äquivalent zu:

```
verkauf = einkauf.operator+( Euro(10));
```

Dagegen ist die folgende Anweisung nicht zulässig!

Beispiel:
```
verkauf = 10 + einkauf;       // falsch!
```

Da die Operatorfunktion als Methode definiert ist, muss der linke Operand ein Objekt der Klasse sein. Die Operanden des Operators `+` können also nicht einfach vertauscht werden. Soll die Konvertierung aber gleichermaßen für beide Operanden durchgeführt werden, ist es notwendig, die Operatorfunktion global zu definieren.

Globale Operatorfunktionen

Nur mit Methoden überladbare Operatoren

Die Operatorfunktionen der folgenden Operatoren müssen Methoden sein.

Operatoren	Bedeutung
=	Zuweisungsoperator
()	Funktionsaufruf
[]	Indexoperator (Subskript)
->	Elementzugriff für Zeiger

☞ Mit dem Operator () lassen sich Operationen mit Objekten wie Funktionsaufrufe darstellen. Durch das Überladen des Operators -> können Objekte wie Zeiger verwendet werden.

Die neue Klasse Euro

```
// Euro.h
// Die Klasse Euro zur Darstellung eines Euro
// mit globalen Operatorfunktionen für + und -.
// ---------------------------------------------------
#ifndef EURO_H_
#define EURO_H_
// ....
class Euro
{
  // Ohne die Operatorfunktionen für + und -.
  // Sonst unverändert, also insbesondere mit den
  // Operatorfunktionen für += und -=.
};
// ----------------------------------------------------
// Globale Operatorfunktionen (inline)
// Addition:
inline Euro operator+( const Euro& e1, const Euro& e2)
{
    Euro temp(e1);
    temp += e2;
    return  temp;
}
// Subtraktion:
inline Euro operator-( const Euro& e1, const Euro& e2)
{
    Euro temp(e1);
    temp -= e2;
    return  temp;
}
#endif   // EURO_H_
```

Operatorfunktionen: Global oder als Methoden?

Eine Operatorfunktion kann statt als Methode auch als globale Funktion definiert werden. Davon ausgenommen sind nur die nebenstehenden vier Operatoren.

Außerdem ist es sinnvoll, die Operatorfunktion als Methode zu definieren, wenn es sich um einen unären Operator handelt oder wenn der linke Operand des Operators stets ein Objekt der Klasse ist. Das ist z.B. bei den zusammengesetzten Zuweisungen der Fall:

```
+=    -=    *=    /=    %=
```

Diese Operatoren benötigen als linken Operanden stets einen so genannten *L-Wert*, also ein Objekt, das eine Adresse im Hauptspeicher hat.

Globale Operatorfunktionen werden vorzugsweise dann eingesetzt, wenn einer der beiden folgenden Fälle vorliegt:

- Der Operator ist binär und in beiden Operanden „symmetrisch", z.B. die arithmetischen Operatoren + oder *.
- Der Operator soll für eine fremde Klasse überladen werden, ohne die Klasse zu ändern, z.B. der Operator << für die Klasse `ostream`.

Definition globaler Operatorfunktionen

Einer globalen Operatorfunktion werden alle Operanden als Argumente übergeben. Die Operatorfunktion eines unären Operators besitzt also *einen* Parameter, die eines binären Operators *zwei*.

Die Klasse `Euro` wurde so geändert, dass jetzt die Operatorfunktionen der Operatoren + und – global definiert sind.

Beispiel: `Euro operator+(const Euro& e1, const Euro& e2);`

Damit sind beide Operanden „gleichberechtigt". Insbesondere wird für beide Operanden die Konvertierung `int` bzw. `double` in `Euro` vorgenommen. Für ein `Euro`-Objekt `netto` sind also die beiden Ausdrücke

Beispiel: `netto + 1.20` **und** `1.20 + netto`

möglich und gleichbedeutend. Sie bewirken die Funktionsaufrufe

```
operator+( netto, 1.20)   und
operator+( 1.20, netto)
```

Eine globale Funktion hat jedoch keinen Zugriff auf die privaten Elemente der Klasse. Die nebenstehende Funktion `operator+()` verwendet daher den Operator +=, dessen Operatorfunktion weiterhin als Methode definiert ist.

Um einer globalen Operatorfunktion doch den Zugriff auf die privaten Elemente zu erlauben, kann sie als „Freund" der Klasse deklariert werden.

friend-Funktionen

Die Klasse Euro mit friend-Funktionen

```
// Euro.h
// Die Klasse Euro mit Operatorfunktionen, die als
// friend-Funktionen definiert sind.
// ---------------------------------------------------
#ifndef EURO_H_
#define EURO_H_
// ....
class Euro
{
  private:
    long  data;              // Euros * 100 + Cents
   public:
    // Konstruktoren und weitere Methoden wie gehabt.
    // Operatoren -(unär), +=, -=  wie gehabt.
    // Division Euro / double :
    Euro operator/( double x)          // Division *this / x
    {                                  // =  *this * (1/x)
       return (*this * (1.0/x));
    }
    // globale friend-Funktionen
    friend Euro operator+( const Euro& e1, const Euro& e2);
    friend Euro operator-( const Euro& e1, const Euro& e2);

    friend Euro operator*( const Euro& e, double x)
    {
       Euro temp( ((double)e.data/100.0) * x) ;
       return temp;
    }
    friend Euro operator*( double x, const Euro& e)
    {
       return e * x;
    }
};
// Addition:
inline Euro operator+( const Euro& e1, const Euro& e2)
{
    Euro temp;   temp.data = e1.data + e2.data;
    return  temp;
}

// Subtraktion:
inline Euro operator-( const Euro& e1, const Euro& e2)
{
    Euro temp;   temp.data = e1.data - e2.data;
    return  temp;
}
#endif   // EURO_H_
```

Das friend-Konzept

Wenn Funktionen oder einzelne Klassen mit einer anderen Klasse besonders eng zusammenarbeiten, kann es wünschenswert sein, dass ihnen der Zugriff auf `private`-Elemente der Klasse erlaubt wird. Dies wird durch eine *friend-Deklaration* möglich, die die Datenkapselung in einzelnen Fällen aufhebt.

Beispielsweise soll eine globale Funktion geschrieben werden, die zahlreiche Zugriffe auf Elemente einer numerischen Vektor-Klasse macht. Ist hierbei jedesmal der Aufruf von Zugriffsmethoden der Klasse erforderlich, die Bereichsüberprüfungen vornehmen, so verzögert sich die Laufzeit der Funktion erheblich. Mit einer „Sondererlaubnis", direkt auf private Datenelemente der Klasse zugreifen zu dürfen, kann die Laufzeit beschleunigt werden.

Deklaration von friend-Funktionen

Eine Klasse kann einer beliebigen Funktion eine solche „Sondererlaubnis" für den direkten Zugriff auf ihre privaten Elemente erteilen. Dies geschieht, indem sie die Funktion als `friend` deklariert: Innerhalb der Klassendefinition wird dem Prototyp der Funktion das Schlüsselwort `friend` vorangestellt.

Beispiel:

```
class A
{ // . . .
  friend void globFunc( A* objPtr);
  friend int  B::elFunc( const A& objRef);
};
```

Hier werden die globale Funktion `globFunc()` und die Methode `elFunc()` der Klasse `B` als `friend`-Funktionen der Klasse `A` deklariert. Sie können daher direkt auf die privaten Elemente der Klasse `A` zugreifen. Da die Funktionen keine Methoden von `A` sind, steht ihnen natürlich kein `this`-Zeiger zur Verfügung. Deshalb wird das zu bearbeitende Objekt gewöhnlich als Argument übergeben.

Wichtig ist, dass eine Klasse *selbst* bestimmt, wer ihre „Freunde" sind. Andernfalls könnte die Datenkapselung beliebig unterlaufen werden.

Operatorüberladung mit friend-Funktionen

Die Operatorfunktionen für + und – der Klasse Euro sind jetzt als `friend`-Funktionen deklariert. Sie können also direkt mit dem privaten Element `data` arbeiten.

Im Zusammenhang mit der Zinsrechnung ist es notwendig, Euros mit `double`-Werten multiplizieren bzw. dividieren zu können. Da sowohl der Ausdruck `Euro*Zahl` als auch `Zahl*Euro` möglich sein soll, wird die Multiplikation mit Hilfe von `friend`-Funktionen implementiert. Wie das Beispiel zeigt, können `friend`-Funktionen auch `inline` in der Klasse definiert werden.

friend-Klassen

Die Klasse Messwert

```
// Messwert.h
// Die Klasse Messwert zur Darstellung eines Meßwerts
// mit dem Zeitpunkt der Messung.
// ----------------------------------------------------
#ifndef MESSWERT_H
#define MESSWERT_H
#include "DayTime.h"             // Klasse DayTime
class Messwert
{
  private:
   double wert;
   DayTime zeit;
  public:
  // Konstruktor und weitere Methoden.

  friend class MessStation; // Alle Methoden von
};                          // MessStation sind Freunde.
#endif                      // MESSWERT_H
```

Die Klasse MessStation

```
#include Messwert.h

class MessStation
{
   private:
     string name;              // Name der Station.
     Messwert messreihe[100];  // Tabelle mit Meßwerten
     // . . .
   public:
     // Konstruktor und andere Methoden
     // . . .
     // Für die Meßreihe statistische Größen
     // (Mittelwert, Abweichungen, ...) berechnen.
     bool statistik();  // Hat Zugriff auf die privaten
                        // Elemente von messreihe[i].
};
```

Deklaration von friend-Klassen

Neben der `friend`-Deklaration einzelner Funktionen kann auch eine ganze Klasse zum „Freund" einer anderen Klasse werden. Alle Methoden des „Freundes" sind dann `friend`-Funktionen der Klasse, die die `friend`-Deklaration enthält.

Dies ist sinnvoll, wenn eine Klasse mit einer anderen Klasse so eng zusammenarbeitet, dass *alle* Methoden auf die privaten Elemente der anderen Klasse zugreifen können sollten.

Beispielsweise arbeitet eine Klasse `MessStation` mit Objekten der Klasse `Messwert`. Dabei müssen immer wieder Berechnungen mit einzelnen Messwerten durchgeführt werden. Hier ist es also naheliegend, die Klasse `MessStation` als Freund der Klasse `Messwert` zu deklarieren.

Beispiel:

```
class Messwert
{
    // . . .
    friend class MessStation;
};
```

Wichtig ist auch hier, dass nicht die Klasse `MessStation` darüber entscheidet, dass sie ein „Freund" der Klasse `Messwert` ist. Die Klasse `Messwert` legt selbst fest, wer ihr Freund ist und Zugriff auf private Elemente hat.

Es spielt keine Rolle, ob eine `friend`-Deklaration im `private`- und im `public`-Bereich einer Klasse steht. Eine `friend`-Deklaration kann jedoch als eine Erweiterung der öffentlichen Schnittstelle aufgefasst werden. Eine `friend`-Deklaration sollte deshalb im `public`-Bereich der Klasse vorgenommen werden.

Verwendung von friend-Funktionen und -Klassen

Der Einsatz von `friend`-Funktionen und `friend`-Klassen hilft, effiziente Programme zu erstellen. Insbesondere können globale `friend`-Funktionen da eingesetzt werden, wo Methoden nicht geeignet sind. Häufige Anwendungen sind z. B. globale Operatorfunktionen, die als friend-Funktionen deklariert werden.

Die Verwendung der `friend`-Technik weicht jedoch das Konzept der Datenkapselung auf. Das Manipulieren privater Daten durch „fremde" Funktionen kann zu Inkonsistenzen führen. Dies vor allem auch dann, wenn die Klasse in einer späteren „Version" geändert oder erweitert wird. Deshalb sollte die `friend`-Technik nur mit Vorsicht eingesetzt werden.

Index-Operator überladen

Eine Array-Klasse

```
// Array_t.cpp
// Eine einfache Array-Klasse mit Bereichsüberprüfung.
// ---------------------------------------------------
#include <iostream>
#include <cstdlib>                    // Für exit()
using namespace std;
#define MAX 100

class FloatVek
{
  private:
    float v[MAX];          // Der Vektor

  public:
    float& operator[](int i);
    static int MaxIndex(){ return MAX-1; }
};

float& FloatVek::operator[]( int i )
{
   if( i < 0 || i >= MAX )
   {  cerr << "\nFloatVek: Out of Range!" << endl;
      exit(1);
   }
   return v[i];        // Referenz auf das i-te Element.
}

int main()
{
    cout << "\n Ein Vektor mit Indexüberprüfung!\n"
         << endl;
   FloatVek zufall;         // Einen Vektor anlegen.
   int i;                   // Ein Index.
                            // Mit Zufallswerten füllen:
   for( i=0; i <= FloatVek::MaxIndex(); ++i)
      zufall[i] = (rand() - RAND_MAX/2) / 100.0F;
   cout << "\n Bitte Indizes zwischen 0 und "
        << FloatVek::MaxIndex() << " eingeben!"
        << "\n (Abbruch mit ungueltiger Eingabe)"
        << endl;
   while( cout << "\nIndex: " && cin >> i )
      cout << i << ". Element:  " << zufall[i];

   return 0;
}
```

Index-Operator

Der Index-Operator `[]` wird normalerweise verwendet, um auf einzelne Vektorelemente zuzugreifen. Er ist ein binärer Operator, hat also zwei Operanden. Ist beispielsweise `v` ein Vektor, so ist im Ausdruck `v[i]` der Vektorname `v` der linke Operand und der Index `i` der rechte Operand.

Der Index-Operator für Vektoren impliziert eine versteckte Zeigerarithmetik, z.B. ist `v[i]` gleichbedeutend mit `*(v+i)`. Daher gelten für den nicht überladenen Index-Operator folgende Einschränkungen:

- Ein Operand muss ein Zeiger sein, z.B. ein Vektorname.
- Der andere Operand muss ein ganzzahliger Ausdruck sein.

Verwendung für Klassen

Diese Einschränkungen gelten nicht, wenn der Index-Operator für eine Klasse überladen wird. Es ist nur zu beachten, dass die Operatorfunktion stets eine Methode der Klasse ist, die einen Parameter für den rechten Operanden besitzt. Daher gilt folgendes:

- Der linke Operand muss ein Objekt der Klasse sein.
- Der rechte Operand darf einen beliebigen Datentyp haben.
- Der Ergebnis-Typ ist nicht festgelegt.

Hier sind also erhebliche Freiheiten gegeben. Trotzdem sollte die Überladung immer so stattfinden, dass sie der üblichen Verwendung von Vektoren entspricht. Insbesondere sollte das Ergebnis eine Referenz auf ein Objekt sein.

Dadurch, dass der „Index" einen beliebigen Datentyp haben darf, eröffnen sich viele Anwendungsmöglichkeiten. Beispielsweise können leicht *assoziative Arrays* definiert werden, also Arrays, deren Elemente über Strings angesprochen werden.

Zum Beispielprogramm

Beim Zugriff auf die Elemente eines gewöhnlichen Vektors findet keine Bereichsüberprüfung statt. Ein ungültiger Index kann daher das Programm unkontrolliert beenden. Durch die Definition einer eigenen Vektorklasse kann dieser Nachteil behoben werden, allerdings auf Kosten der Laufzeit.

Nebenstehend ist eine einfache Vektorklasse für `float`-Werte definiert. Der Indexoperator `[]` ist so überladen, dass er wie üblich eine Referenz auf das i-te Vektorelement liefert. Bei jedem Zugriff wird aber überprüft, ob der Index im zulässigen Bereich liegt. Falls ein unzulässiger Index angegeben wird, endet das Programm mit einer entsprechenden Fehlermeldung.

Der Vektor der Klasse `FloatVek` hat eine feste Länge. Wir werden sehen, wie mit Hilfe der dynamischen Speicherzuteilung eine variable Länge möglich wird.

Shift-Operatoren für die Ein-/Ausgabe überladen

Deklaration der Operatorfunktionen

```
// Euro.h : Die Klasse Euro zur Darstellung eines Euro
// -----------------------------------------------------
#ifndef EURO_H_
#define EURO_H_
// ....
class Euro
{ // Die Klasse ist unverändert.
  // Die Methode print() ist jetzt aber überflüssig.
};
// ------------------------------------------------------
// Deklaration der Ein-/Ausgabe-Operatoren:
ostream& operator<<(ostream& os, const Euro& e);
istream& operator>>(istream& is, Euro& e);
#endif   // EURO_H_
```

Definition der Operatorfunktionen

```
// Euro_io.cpp
// Die Shift-Operatoren für die Ein- und Ausgabe von
// Euro-Objekten überladen.
// -----------------------------------------------------
#include "Euro.h"
#include <iostream>
using namespace std;
// Auf Stream os ausgeben.
ostream& operator<<(ostream& os, const Euro& e)
{
    os << e.asString() << " Euro";
    return os;
}

// Von Stream is einlesen.
istream& operator>>(istream& is, Euro& e)
{
    cout << "Euro-Betrag (Format ...x,xx): ";
    int euro = 0, cents = 0;  char c = 0;
    if( !(is >> euro >> c >> cents))  // Einlesen.
      return is;
    if( (c != ',' && c != '.')
        || cents>=100)                // Fehler?
      is.setstate( ios::failbit);     // Ja => fail-Bit
    else                              // setzen.
      e = Euro( euro, cents);         // Nein => Wert
    return is;                        // übernehmen.
}
```

Soll ein Objekt `preis` der Klasse `Euro` auf dem Bildschirm ausgegeben werden, so führt die Ausgabeanweisung

Beispiel: `cout << preis;`

zu einer Fehlermeldung des Compilers. Der Stream `cout` kann nur dann ein Objekt zur Standardausgabe schicken, wenn für diesen *Typ* eine Ausgabefunktion existiert. Für eine selbstdefinierte Klasse ist das natürlich nicht der Fall.

Der Compiler kann aber die obige Anweisung übersetzen, wenn er eine passende Operatorfunktion `operator<<()` findet. Damit die obige Anweisung möglich ist, muss also nur eine entsprechende Funktion definiert werden.

Den Operator << überladen

Im obigen Beispiel ist der linke Operand von << das Objekt `cout`, das der Klasse `ostream` angehört. Da die Standardklasse `ostream` nicht verändert werden soll, ist es notwendig, die Operatorfunktion global mit zwei Parametern zu definieren. Der rechte Operand ist ein Objekt der Klasse `Euro`. Damit ergibt sich für die Operatorfunktion folgender

Prototyp: `ostream& operator<<(ostream& os, const Euro& e);`

Der Return-Wert der Operatorfunktion ist eine Referenz auf `ostream`. Dies ermöglicht es, den Operator wie gewohnt zu verketten.

Beispiel: `cout << preis << endl;`

Den Operator >> überladen

Der Operator >> wird für die Eingabe überladen, so dass folgende Anweisungen möglich werden.

Beispiel:

```
cout << "Den Preis in Euro eingeben: "
cin >> preis;
```

Die letzte Anweisung führt zum Aufruf von

```
operator>>( cin, preis);
```

Da `cin` ein Objekt der Standardklasse `istream` ist, wird der erste Parameter der Operatorfunktion als Referenz auf `istream` deklariert. Der zweite Parameter ist wieder eine Referenz auf `Euro`.

In der Header-Datei `Euro.h` werden die Operatorfunktionen für << und >> nur deklariert. Sollen die Funktionen auf die privaten Elemente der Klasse `Euro` zugreifen können, ist auch eine `friend`-Deklaration innerhalb der Klasse möglich. Dies ist aber für dieses Beispiel nicht notwendig.

Kapitel 19

Typumwandlungen für Klassen

Implizite Typumwandlungen werden in C++ immer durchgeführt, wenn ein Ausdruck nicht direkt, wohl aber nach der Anwendung einer Konvertierungsregel übersetzt werden kann. Der Programmierer legt für seine Klasse hierbei selbst fest, wie der Compiler implizite Typanpassungen vornimmt, und zwar durch die Definition von Konvertierungskonstruktoren und -funktionen.

Schließlich werden Mehrdeutigkeiten bei Konvertierungen behandelt, und es wird beschrieben, wie diese vermieden werden können.

Konvertierungskonstruktoren

Konvertierungsmöglichkeiten

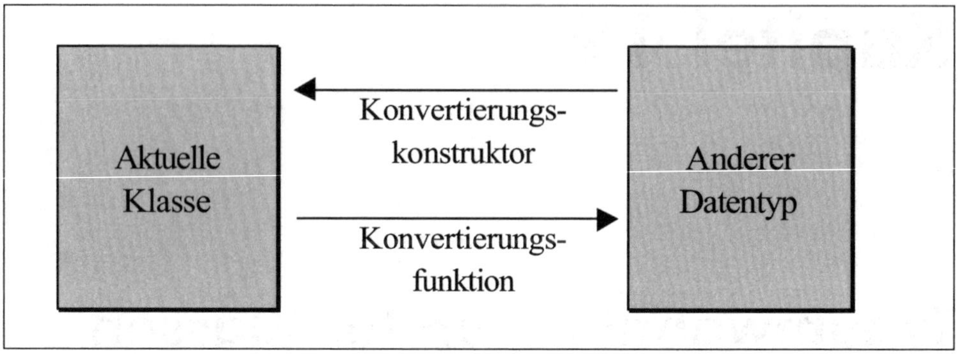

Konvertierungskonstruktoren der Klasse Euro

```
// Die Klasse Euro aus dem vorhergehenden Kapitel
// besitzt folgende Konvertierungskonstruktoren:
Euro::Euro( int );              // int -> Euro
Euro::Euro( double );           // double -> Euro

// Damit sind folgende Beispiele möglich:
                      // Konvertierungskonstruktoren
Euro mein(100),       // int-> Euro,
     dein(321.41);    // double -> Euro.

mein = 987.12;        // Implizite Konvertierung:
                      //  double -> Euro

dein += 20;           // Implizite Konvertierung:
                      //  int -> Euro

dein = Euro(999.99);  // Explizite Konvertierung
                      // (Konstruktor-Schreibweise)

mein = (Euro)123.45;  // Explizite Konvertierung
                      // (Cast-Schreibweise)

dein = mein;          // Keine Konvertierung
```

Bei jeder Typumwandlung durch den Kopierkonstruktor wird zunächst ein temporäres Objekt angelegt, das dann in der Anweisung benutzt wird. Anschließend wird das temporäre Objekt wieder zerstört.

Konvertierungsmöglichkeiten

Auch für Klassen werden in C++ implizite und explizite Typumwandlungen durchgeführt. Dabei legt der Programmierer selbst fest, welche Konvertierungen möglich sind. Es können Typumwandlungen zwischen verschiedenen Klassen oder zwischen Klassen und Standarddatentypen definiert werden.

Jede Typumwandlung, bei der eine Klasse beteiligt ist, wird entweder

- durch einen *Konvertierungskonstruktor* oder
- durch eine *Konvertierungsfunktion*

definiert. Ein Konvertierungskonstruktor führt eine Typumwandlung eines *anderen* Datentyps in die aktuelle Klasse durch. Eine Konvertierungsfunktion dient zur Konvertierung in die umgekehrte Richtung, wandelt also ein Objekt der Klasse in einen anderen Typ um, z.B. in einen Standardtyp.

Konvertierungskonstruktoren

Ein Konstruktor mit *einem* Parameter legt fest, wie aus dem übergebenen Argument ein neues Objekt der Klasse erzeugt wird. Deshalb wird ein Konstruktor mit einem Parameter auch *Konvertierungskonstruktor* genannt. Eine Ausnahme hiervon ist der Kopierkonstruktor: Er erzeugt ein Objekt derselben Klasse und nimmt damit keine Typumwandlung vor.

Vom Compiler wird jeder Konvertierungskonstruktor automatisch in die Liste der möglichen Konvertierungen aufgenommen. Beispielsweise besitzt die Standardklasse `string` einen Konstruktor, der aus einem C-String ein `string`-Objekt erzeugt:

Beispiel:
```
string::string( const char* );
```

Damit kann überall dort, wo als Argument ein `string`-Objekt erwartet wird, auch ein C-String angegeben werden.

Aufruf eines Konvertierungskonstruktors

Konvertierungskonstruktoren wurden bereits in einigen Beispielen eingesetzt, z.B. in der Klasse `Euro`. Der Compiler verwendet sie für implizite und explizite Typumwandlungen.

Beispiele:
```
Euro gehalt(8765.30);
gehalt += (Euro)897.1;        // explizit
gehalt += 897.1;              // implizit
```

In der letzten Anweisung liegt zunächst ein „type mismatch" vor. Die Addition für einen Euro und einen `double`-Wert ist nämlich nicht definiert. Der Compiler aktiviert deshalb den Konvertierungskonstruktor, um aus dem `double`-Wert ein temporäres Objekt vom Typ `Euro` zu machen. Dieses Objekt wird dann zum Objekt `gehalt` hinzuaddiert.

Konvertierungsfunktionen

Eine Konvertierungsfunktion für die Klasse Euro

```
// Euro.h : Die Klasse Euro zur Darstellung eines Euro.
// -------------------------------------------------------
// . . .
class Euro
{
  private:
    long  data;             // Euros * 100 + Cents
  public:
    Euro( int euro = 0, int cents = 0);
    Euro( double x);
    // Zur Konvertierung von Euro nach double:
    operator double() const { return (double)data/100.0; }

    // . . . weitere Methoden wie gehabt.
};
```

Konvertierungen testen

```
// Euro_t.cpp : Konvertierungen der Klasse Euro testen.
// -------------------------------------------------------
#include "Euro.h"             // Definition der Klasse
#include <iostream>
using namespace std;
int main()
{
  cout << " * * *  Konvertierungen testen  * * * \n" << endl;
  Euro gehalt( 8888,80);
  double x(0.0);
  gehalt += 1000;          // implizit int -> Euro
  gehalt += 0.10;          // implizit double -> Euro
  x = gehalt;              // implizit Euro -> double
  x = (double)gehalt;      // explizit Euro -> double
  x = gehalt.operator double();    // auch möglich!
  // Konstruktor-Schreibweise ist auch für
  // Standardtypen zulässig:
  x = double(gehalt);
  int i = gehalt;          // Euro -> double -> int
                                             // Ausgabe:
  cout << " gehalt = " << gehalt << endl;    // 9888,90 Euro
  cout << "      x = " << x << endl;         // 9888.9
  cout << "      i = " << i << endl;         // 9888
  return 0;
}
```

Wenn ein Objekt der aktuellen Klasse in einen anderen Datentyp konvertiert werden soll, so muss eine *Konvertierungsfunktion* definiert sein. Das ist eine Operatorfunktion, die festlegt, wie die Konvertierung vorgenommen werden soll. Auch Konvertierungsfunktionen werden vom Compiler automatisch für implizite und explizite Typumwandlungen herangezogen.

Definition von Konvertierungsfunktionen

Eine Konvertierungsfunktion wird stets als Methode der Klasse implementiert. Ihr Name besteht aus dem Schlüsselwort `operator` und dem Zieltyp, in den konvertiert wird. Mit

Beispiel: `operator int(void) const;`

wird eine Konvertierungsfunktion mit dem Zieltyp `int` deklariert. Auffallend ist, dass bei der Deklaration einer Konvertierungsfunktion kein Return-Typ angegeben wird. Dieser wird implizit durch den Zieltyp festgelegt, der im Namen der Konvertierungsfunktion enthalten ist. Der Zieltyp kann auch mehrere Schlüsselworte enthalten, wie z.B. `unsigned short` oder `const float*`.

Eine Konvertierungsfunktion ist so zu schreiben, dass aus dem aktuellen Objekt, also `*this`, ein Objekt mit dem Zieltyp konstruiert und als Return-Wert zurückgegeben wird.

Nebenstehend ist in der Klasse `Euro` eine Konvertierungsfunktion mit dem Zieltyp `double` definiert. Sie wandelt also ein Objekt vom Typ `Euro` in eine Gleitpunktzahl um.

Beispiel: `double x = einEuro;        // implizit`

Konvertierungsfunktion versus -konstruktor

Der Zieltyp einer Konvertierungsfunktion darf auch eine Klasse sein. In diesem Fall ist jedoch zu überlegen, ob in der Zielklasse nicht besser ein Konvertierungskonstruktor definiert werden sollte.

Falls die Zielklasse aber unverändert bleiben soll, etwa weil sie eine Standardklasse ist, sind Konvertierungsfunktionen stets die geeignete Wahl.

Standardtypumwandlungen

Zusätzlich zu einer selbstdefinierten Typumwandlung führt der Compiler auch noch Standardkonvertierungen durch. So kann im obigen Beispiel ein Euro-Objekt auch an eine `int`-Variable zugewiesen werden.

Beispiel: `int wholePart = einEuro;`

Hier wird zunächst ein `Euro`-Objekt in `double` konvertiert und dann in `int`, das heißt, der Cent-Anteil wird abgeschnitten.

Mehrdeutigkeit bei Typumwandlungen

Explizite Typumwandlungen für die Klasse Euro

```
// Euro_Ex.h : Die Klasse Euro zur Darstellung eines Euro.
// -----------------------------------------------------
// . . .
class Euro
{
 private:
   long  data;              // Euros * 100 + Cents
 public:
   explicit Euro( int euro = 0, int cents = 0);
   explicit Euro( double x);
   // Zur Konvertierung von Euro nach double:
   double asDouble() const { return (double)data/100.0;}
   // Keine Konvertierungsfunktion operator double(),
   // sonst wie gehabt.
};
```

Konvertierungen testen

```
// Euro_ex_t.cpp
// Explizite Konvertierungen der Klasse Euro testen.
// ---------------------------------------------------
#include "Euro_Ex.h"          // Definition der Klasse
#include <iostream>
using namespace std;
int main()
{
  Euro gehalt( 8888.8);        // double-Konstruktor
  double x(0.0);
  /* Nicht mehr möglich:
  gehalt += 1000;              // implizit int -> Euro
  gehalt += 0.10;              // implizit double -> Euro
  gehalt = 7777.77;
  x = gehalt;                  // implizit Euro -> double
  x = (double)gehalt;          // Keine Methode
                               // operator double().
  */
  // Ok sind folgende explizite Konvertierungen:
  gehalt = Euro( 7777.77);     // explizit double -> Euro
  gehalt += Euro(1000.10);
  x = gehalt.asDouble();       // explizit mit Methode
                               // Euro -> double
  int i = gehalt.asDouble();   // Euro -> double -> int
  return 0;
}
```

Misslingen von Konvertierungen

Die Definition einer Konvertierungsfunktion oder eines Konvertierungskonstruktors kann dazu führen, dass ein im Übrigen unverändertes Programm nicht mehr übersetzt werden kann.

Die Klasse `Euro` besitzt einen Konvertierungskonstruktor, der einen `double`-Wert in einen Euro umwandelt. Für zwei Objekte `einkauf` und `verkauf` vom Typ `Euro` ist somit die folgende Anweisung möglich:

Beispiel: `verkauf = einkauf + 46.9;`

Wird nun zusätzlich die Konvertierungsfunktion `operator double()` implementiert, die einen Euro in einen `double`-Wert umwandelt, so wird die obige Anweisung nicht mehr übersetzt. Da jetzt sowohl die Konvertierung `double -> Euro` als auch `Euro -> double` definiert sind, gibt es zwei Umwandlungsmöglichkeiten:

```
einkauf + Euro(46.9)        // Euros addieren
```

und

```
double(einkauf) + 46.9;     // double-Werte addieren
```

Der Compiler kann aber nur dann eine Typkonvertierung implizit durchführen, wenn sie eindeutig ist. Gibt es wie hier mehrere Möglichkeiten, erzeugt der Compiler eine Fehlermeldung.

Vermeidung impliziter Typumwandlungen

Mehrdeutigkeiten können ausgeschlossen werden, wenn explizit die gewünschte Konvertierung angegeben wird. Das hat auch den Vorteil, dass die Konvertierung im Quellcode deutlich sichtbar ist. Außerdem kann es nicht zu unerwünschten Konvertierungen kommen, z. B. bei einer späteren Erweiterung der Klasse.

Um zu erreichen, dass bestimmte Typumwandlungen nur explizit vorgenommen werden dürfen, gibt es folgende Möglichkeiten:

- Ein Konvertierungskonstruktor kann als `explicit` deklariert werden. Wie das nebenstehende Beispiel zeigt, sind dann nur noch explizite Konstruktoraufrufe möglich.

Beispiel: `einkauf + Euro(46.9)          // ok`

- Implizite Typumwandlungen durch eine Konvertierungsfunktion können ausgeschlossen werden, indem die Funktion erst gar nicht definiert wird. Statt dessen kann eine entsprechend benannte Methode, etwa `asTyp()`, definiert werden. Nur durch den expliziten Aufruf dieser Methode ist dann die Typumwandlung möglich.
- Der C++-Standard erlaubt, auch eine Konvertierungsfunktion als `explicit` zu deklarieren. Der Compiler verwendet dann die Konvertierungsfunktion nicht mehr für implizite Konvertierungen.

Kapitel 20

Speicherreservierung zur Laufzeit

Dieses Kapitel beschreibt, wie zur Laufzeit eines Programms nach Bedarf Speicherplatz dynamisch reserviert und freigegeben werden kann.

Die dynamische Speicherverwaltung ist in vielen C++-Programmen von grundlegender Bedeutung. Außer in den hier vorgestellten Beispielen wird sie auch in späteren Kapiteln immer wieder eingesetzt.

Der Operator new

Beispielaufrufe von new

```
// Dynamische Objekte vom Typ long und double
//-----------------------------------------------------
  long *ptr_long;
  ptr_long = new long;          // Ohne Initialisierung
                                // des long-Objekts.
  *ptr_long = 1234567;          // Wert zuweisen

  double *ptr_double;
  double z = 1.9;
  ptr_double = new double(z);     // Mit Initialisierung

  ++(*ptr_double);                // Wert inkrementieren
  *ptr_double += *ptr_long;       // ok: long-Wert
                                  //     hinzuaddieren

  ptr_long = new double(2.7);     // Fehler: ptr_long
                                  // kein double-Zeiger!
```

Auf dem Heap

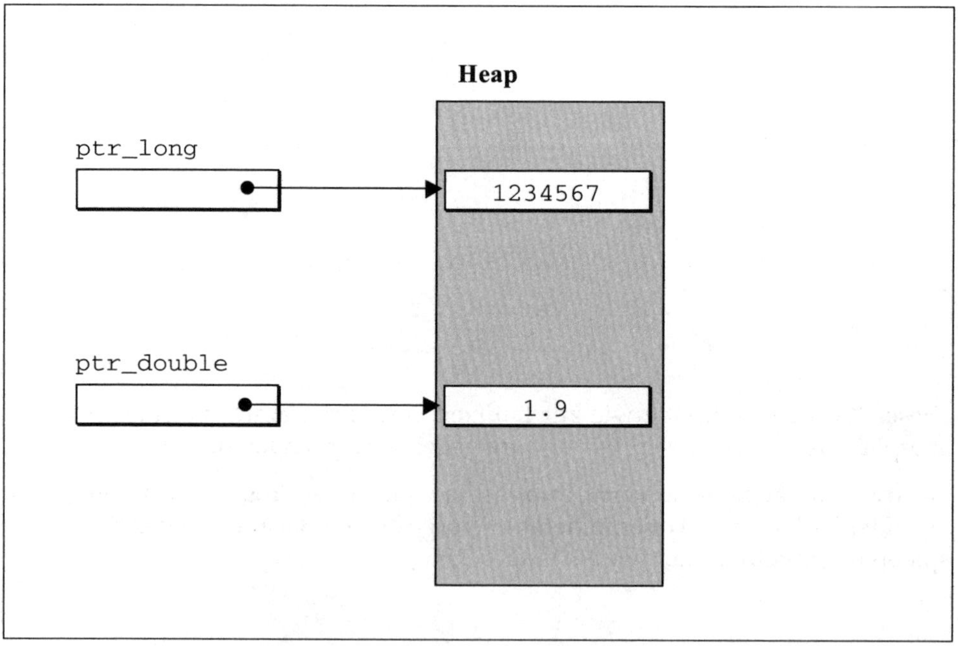

Dynamische Speicherreservierung

Zur Zeit der Kompilierung ist oft noch nicht bekannt, wie viele Daten ein Programm tatsächlich zu verwalten hat, das heißt, wie viel Speicherplatz wirklich benötigt wird. In solchen Fällen ist es notwendig, dynamisch, d.h. zur Laufzeit des Programms, den notwendigen Speicherplatz reservieren zu können.

Dynamisch reservierter Speicher lässt sich auch wieder freigeben, so dass der benötigte Speicher ständig dem aktuellen Bedarf angepasst werden kann. Das bringt ein hohes Maß an Flexibilität mit sich, z.B. zur Darstellung von dynamischen Datenstrukturen wie „Bäumen" und „verketteten Listen".

Programme können dynamisch auf einen großen freien Speicherbereich, den sog. *Heap* oder Freispeicher, zugreifen. Je nach Betriebssystem und dessen Konfigurierung kann der Heap durch Auslagerung (engl. *swapping*) zusätzlich einen großen Teil des freien Speichers auf der Festplatte belegen.

Zum dynamischen Reservieren und Freigeben von Speicherplatz stellt C++ die Operatoren `new` und `delete` zur Verfügung. Damit können Objekte beliebigen Typs angelegt und wieder zerstört werden. Zunächst betrachten wir die Situation für elementare Datentypen.

Aufruf von new für elementare Datentypen

Der Operator `new` ist ein Operator, dem der Typ des anzulegenden Objekts übergeben wird. Im einfachsten Fall hat der Aufruf von `new` folgende

Syntax: `ptr = new Typ;`

Hierbei ist `ptr` ein Zeiger auf `Typ`. Der Operator `new` legt ein Objekt des angegebenen Typs an und liefert seine Adresse zurück. Diese wird gewöhnlich einer Zeigervariablen zugewiesen. Falls der Zeiger nicht den richtigen Typ besitzt, erzeugt der Compiler eine Fehlermeldung.

Beispiel: `long double *pld = new long double;`

Hier wird Speicher für ein Objekt vom Typ `long double`, also `sizeof(long double)` Byte, reserviert.

Nach dem obigen Aufruf von `new` hat das neue Objekt noch keinen definierten Anfangswert. Zur *Initialisierung* kann aber ein Anfangswert in Klammern angegeben werden.

Beispiel: `pld = new long double(10000.99);`

Anschließend zeigt `pld` auf ein Objekt vom Typ `long double` mit dem Anfangswert `10000.99`. Die Anweisung `cout << *pld << endl;` gibt diesen Wert aus, das heißt, das Objekt selbst ist mit `*pld` ansprechbar. Mit dem Operator `new` erzeugte Objekte haben – im Gegensatz zu automatischen und statischen Objekten – eine *dynamische* Lebensdauer.

Der Operator delete

Beispielprogramm

```
// DynStd.cpp
// Die Operatoren new und delete für Standardtypen.
// Das Programm enthält Fehler!
// ==> voher alle Daten sichern.
// ---------------------------------------------------
#include <iostream>
using namespace std;
int main()
{
   cout << "\n  Tests mit dynamischem Speicher! "
        << endl;
   // Speicher reservieren:
   double breite = 23.78;
   double* ptrBreite  = &breite;
   double* ptrLaenge  = new double(32.54);
   double* ptrFlaeche = new double;

   // Mit ptrBreite, ptrLaenge und ptrFlaeche arbeiten:
   *ptrFlaeche = *ptrBreite * *ptrLaenge;
   delete ptrLaenge;        // Fehler: Objekt wird noch
                            // benutzt!
   cout << "\nBreite    : " << *ptrBreite
        << "\nLaenge    : " << *ptrLaenge
        << "\nFlaeche   : " << *ptrFlaeche << endl;

 // Speicher freigeben:
   delete ptrBreite;       // Fehler: Objekt wurde nicht
                           // dynamisch reserviert
   delete ptrLaenge;       // ok
   delete ptrFlaeche;      // ok
   delete ptrLaenge;       // Fehler: Zeiger adressiert
                           // kein Objekt mehr.

     ptrLaenge = new double(19.45);      // ok
   // Dynamischem Objekt einen Namen geben:
   double& laenge = *ptrLaenge;         // Referenz

   cout << "\nNeue Laenge: " << laenge
        << "\nUmfang     : " << 2 * breite * laenge
        << endl;
  return 0;                // Noch reservierter Speicher
}                          // wird mit Beendigung des
                           // Programms freigegeben.
```

Ein Programm sollte stets mit dem verfügbaren Speicher sparsam umgehen und nicht mehr benötigte Speicherbereiche freigeben. Andernfalls wird die Performance des gesamten Systems unnötig beeinträchtigt. Freigegebener Speicher steht für spätere Aufrufe von `new` wieder zur Verfügung.

Aufruf von delete

Ein mit `new` reservierter Speicherplatz wird mit dem Operator `delete` wieder freigegeben. Ein Aufruf von `delete` hat folgende

Syntax: `delete ptr;`

Der Operand `ptr` adressiert den freizugebenden Speicherplatz. Dieser *muss* zuvor durch einen Aufruf von `new` dynamisch reserviert worden sein!

Beispiel:

```
long *pl = new long(2000000);
. . . .          // mit *pl arbeiten.
delete pl;
```

Ohne den Aufruf von `delete` wird ein dynamisch reservierter Bereich erst mit Beendigung des Programms wieder freigegeben.[1]

Beim Aufruf von `delete` darf der NULL-Zeiger angegeben werden. In dem Fall passiert nichts und `delete` kehrt sofort zurück. Bei der Freigabe von Speicher muss also nicht extra getestet werden, ob ein NULL-Zeiger vorliegt.

Ein `delete`-Ausdruck hat stets den Typ `void`. Es kann also nicht abgefragt werden, ob der Speicher erfolgreich freigegeben wurde.

Wie das Beispielprogramm auch zeigt, kann die falsche Verwendung von `delete` fatale Folgen haben. Insbesondere darf `delete`

- kein zweites Mal für dasselbe Objekt aufgerufen werden,
- nicht zur Freigabe von statisch reserviertem Speicher benutzt werden.

Fehlerbehandlung für new

Falls nicht genug Speicherplatz auf dem Heap vorhanden ist, wird ein sog. *New-Handler* aufgerufen. Das ist eine Funktion, die den Fehler zentral behandelt. Es muss also nicht bei jedem Aufruf von `new` eine eigene Fehlerbehandlung durchgeführt werden.

Der New-Handler, der standardmäßig aktiv ist, löst eine „Exception" aus. Eine Exception kann vom Programm aufgefangen werden, um den Fehler zu behandeln (siehe Kapitel 26, *Ausnahmebehandlung*). Eine nicht aufgefangene Exception beendet das Programm. Alternativ kann auch ein eigener New-Handler installiert werden.

Bei älteren Compilern ist zu beachten, dass `new` den NULL-Zeiger zurückgibt, wenn nicht genug Speicherplatz vorhanden ist.

1. Der C++-Standard erlaubt einer Implementierung die Verwendung eines so genannten Garbage Collectors. Dieser verwaltet dynamisch reservierten Speicher und gibt ihn automatisch frei, wenn kein Verweis mehr darauf besteht.

Dynamischer Speicher für Klassen

Beispielprogramm

```
// DynObj.cpp
// Die Operatoren new und delete für Klassen.
// ---------------------------------------------------
#include "Konto.h"
#include <iostream>
using namespace std;

Konto *clone( const Konto* pK);      // Kopie dynamisch
                                     // erzeugen.
int main()
{
   cout << "Dynamisch erzeugte Objekte.\n" << endl;

   // Speicher reservieren:
   Konto *ptrK1, *ptrK2, *ptrK3;

   ptrK1 = new Konto;             // Mit Default-Konstruktor.
   ptrK1->display();              // Default-Werte anzeigen.

   ptrK1->setNr(302010);             // Andere Werte mit
   ptrK1->setName("Meier, Max"); // Zugriffsmethoden
   ptrK1->setStand(2345.87);         // setzen.
   ptrK1->display();                 // Neue Werte anzeigen.

   // Konstruktor mit drei Argumenten verwenden:
   ptrK2 = new Konto("Lieblich, Anna", 7531357, 999.99);
   ptrK2->display();               // Neues Konto anzeigen.

   ptrK3 = clone( ptrK1);          // Zeiger auf dynamisch
                                   // erzeugte Kopie.
   cout << "Kopie vom ersten Konto: " << endl;
   ptrK3->display();               // Kopie anzeigen.

   delete ptrK1;                   // Speicher freigeben
   delete ptrK2;
   delete ptrK3;

  return 0;
}
Konto *clone( const Konto* pK)      // Kopie dynamisch
{                                   // erzeugen.
    return new Konto(*pK);
}
```

Die Operatoren `new` und `delete` wurden entwickelt, um auch Instanzen einer Klasse dynamisch anzulegen bzw. wieder abzubauen. Dabei genügt es nämlich nicht, den benötigten Speicher zu reservieren. Es muss auch ein passender Konstruktor ausgeführt werden. Vor der Freigabe des Speichers sind außerdem „Aufräumarbeiten“ mit Hilfe des Destruktors auszuführen. Dies ist bei den Operatoren `new` und `delete` sichergestellt.

Aufruf von new mit Default-Konstruktor

Ein Aufruf von `new` für Klassen unterscheidet sich nicht wesentlich vom Aufruf für elementare Datentypen. Ohne eine explizite Initialisierung wird für ein neues Objekt der Default-Konstruktor aufgerufen, der natürlich vorhanden sein muss.

Beispiel: `Euro* pEuro = new Euro;`

Hier wird Speicher für ein Objekt der Klasse `Euro` angefordert. Ist der Speicher verfügbar, so wird der Default-Konstruktor von `Euro` ausgeführt und die Adresse des neuen Objekts zurückgegeben.

Explizite Initialisierung

Zur expliziten Initialisierung des Objekts können beim Aufruf von `new` direkt Anfangswerte in Klammern angegeben werden.

Syntax: `Typ *ptr = new Typ(Initialisierungsliste);`

Die Werte in der Initialisierungsliste werden dem entsprechenden Konstruktor als Argumente übergeben. Findet der Compiler keinen passenden Konstruktor, so gibt er eine Fehlermeldung aus.

Beispiel: `Euro *pE = new Euro( -123,77);`

Hier erhält der Zeiger `pE` die Adresse eines neuen Objekts der Klasse `Euro`, das mit den angegebenen Werten initialisiert wird. Der Ausdruck `*pE` stellt also das gesamte Objekt dar.

Beispiel: `*pE += 200;          // 200 Euro hinzuaddieren.`

Die `public`-Elemente werden wie üblich mit dem Pfeil-Operator angesprochen.

Beispiel: `cout << pE->getCents() << endl;     // 33`

Speicher freigeben

Bei der „Zerstörung“ eines dynamisch erzeugten Objekts sorgt der Operator `delete` dafür, dass das Objekt „ordnungsgemäß“ abgebaut wird. Es wird also zunächst der Destruktor aufgerufen und dann der Speicher freigegeben.

Wie schon zuvor bei den elementaren Datentypen beschrieben, ist beim Aufruf von `delete` unbedingt sicherzustellen, dass der Zeiger auf ein dynamisch angelegtes Objekt zeigt oder der NULL-Zeiger ist.

Dynamischer Speicher für Vektoren

Beispielprogramm

```
// DynArr.cpp
// Operatoren new[] und delete[] für dynamische Arrays
// ------------------------------------------------------
#include <iostream>
#include <iomanip>
using namespace std;
int main()
{
   cout << "Ein dynamisches Array verwenden.\n"
        << endl;
   int size = 0, anz = 0, step = 10,
       i;
   float x, *pArr = NULL;

   cout << "Zur Berechnung Zahlen eingeben!\n"
           "Ende: q oder anderer Buchstabe" << endl;
   while( cin >> x)
   {
     if( anz >= size)              // Vektor zu klein?
     {                             // => vergrößern.
        float *p = new float[size+step];
                                   // Zahlen kopieren:
        for( i = 0; i < size; ++i)
           p[i] = pArr[i];
        delete [] pArr;          // Alten Vektor freigeben:
        pArr = p;  size += step;
     }
     pArr[anz++] = x;
   }
   // Mit den Zahlen arbeiten:
   if( anz == 0)
     cout << "Keine gültige Eingabe!" << endl;
   else
   {
     float summe = 0.0;
     cout << "Ihre Eingabe: " << endl;
     for( i = 0; i < anz; i++)          // Ausgabe und
     {                                  // Summe bilden.
       cout << setw(10) << pArr[i];
       summe += pArr[i];
     }
     cout << "\nMittelwert: " << summe/anz << endl;
   }
   delete [] pArr;               // Speicher freigeben
   return 0;
}
```

Wenn zur Zeit der Kompilierung nicht bekannt ist, wie viele Elemente in einem Vektor gespeichert werden sollen, kann der Vektor zur Laufzeit des Programms dynamisch angelegt werden. Man spricht dann auch von einem *dynamischen Array*.

Der Operator new[ ]

Zum Anlegen dynamischer Arrays steht der Operator `new[ ]` zur Verfügung. Beim Aufruf ist neben dem Typ der Vektorelemente auch ihre Anzahl anzugeben.

Syntax: `vekPtr = new Typ[anzahl];`

Der Zeiger `vekPtr` adressiert dann das erste Element von insgesamt `anzahl` Vektorelementen. `vekPtr` muss daher ein Zeiger auf `Typ` sein. Dabei darf `Typ` natürlich auch eine Klasse sein.

Beispiel: `Konto *pk = new Konto[256];`

Hier wird der Speicher für 256 Objekte vom Typ `Konto` reserviert und mit dem Default-Konstruktor initialisiert. Das sind die Objekte:

```
pk[0],  pk[1],   . . . , pk[255],
```

oder in der Zeiger-Schreibweise:

```
*pk, *(pk + 1), ....., *(pk + 255).
```

Auch bei der Definition eines dynamischen Arrays kann eine Initialisierungsliste angegeben werden. Ist k1 ein vorhandenes Konto-Objekt, so werden im folgenden Beispiel die ersten zwei Vektorelemente mit den angegebenen Konten initialisiert, und die restlichen Elemente weiterhin mit dem Default-Konstruktor.

Beispiel: `Konto *pk = new Konto[256]{k1, Konto("Otto")};`

Der Operator delete[ ]

Wird ein dynamisches Array im Programm nicht mehr benötigt, sollte der Speicherplatz wieder freigegeben werden. Dies geschieht mit einem Aufruf des Operators `delete[]`. Die Angabe der Klammern `[]` informiert den Compiler, dass nicht nur ein einzelnes Objekt, sondern ein ganzer Vektor freizugeben ist.

Beispiel: `delete[] pk;`

Der Operand von `delete[]` – hier der Zeiger `pk` – *muss* einen Speicherbereich adressieren, der zuvor mit `new[]` reserviert wurde! Für jedes einzelne Vektorelement wird der Destruktor der Klasse aufgerufen! Dies unterscheidet ihn vom Operator `delete`, der nur den Destruktor von `*pk`, also vom ersten Vektorelement aufrufen würde.

Das nebenstehende Programm liest Zahlen in einen dynamisch angelegten Vektor. Nach Bedarf wird der Vektor „vergrößert“: Dazu wird ein neuer, größerer Vektor erzeugt, die alten Daten in den neuen Vektor kopiert und der Speicherplatz für den alten Vektor freigegeben.

Anwendung: Einfach verkettete Listen

Eine einfach verkettete Liste

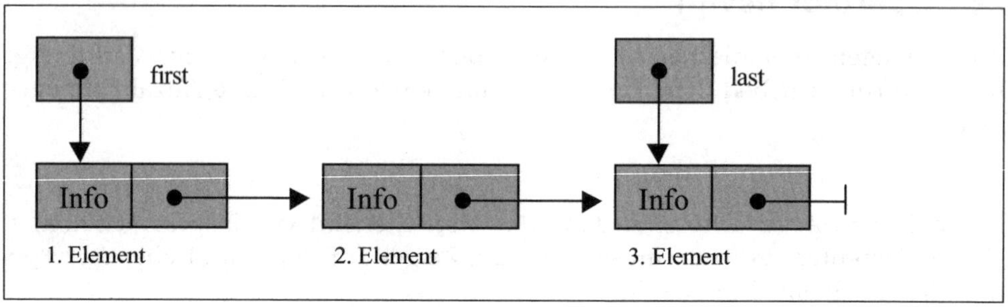

Listenelement anhängen

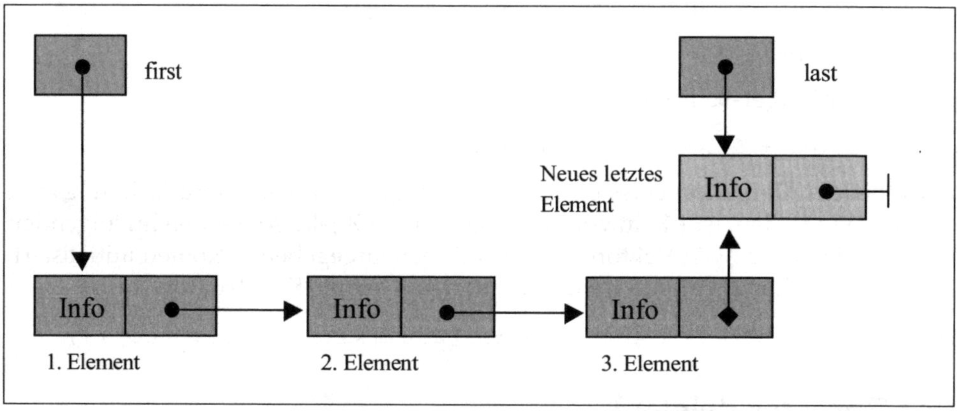

Listenelement löschen

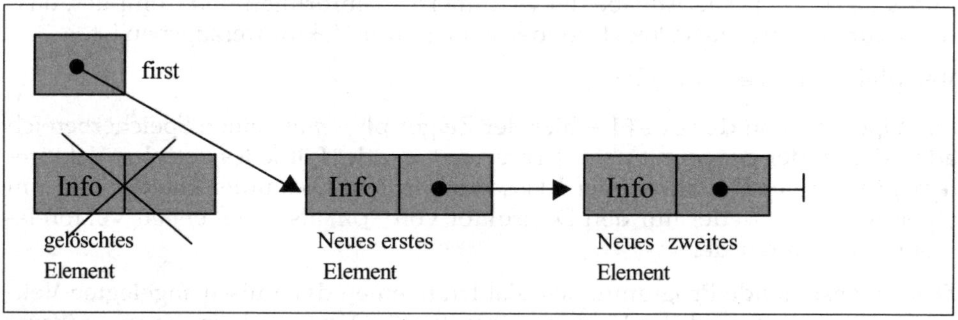

Dynamische Datenstrukturen

Als Anwendungsbeispiel wollen wir eine einfach verkettete Liste implementieren. Eine einfach verkettete Liste ist eine dynamische Datenstruktur, in die Daten schnell eingefügt und wieder gelöscht werden können. Eine *Datenstruktur* legt fest, wie Daten zu Einheiten zusammengefasst, gespeichert und bearbeitet werden; etwa als Vektoren, Listen oder Bäume.

Die Wahl einer Datenstruktur ist bestimmend dafür, wie viel Speicherplatz verbraucht wird, wie schnell der Zugriff auf einzelne Daten erfolgt und wie komplex oder einfach die Algorithmen (= Operationen mit den Daten) sind.

Im Unterschied zu den *statischen* Datenstrukturen, deren Größe zu Beginn der Programmausführung bekannt ist, kann eine *dynamische* Datenstruktur ihre Größe während der Programmausführung ändern. Ein Beispiel hierfür ist ein Vektor, dessen Größe während der Programmausführung verändert werden kann.

Definition einfach verketteter Listen

Ein weiteres Beispiel ist eine einfach verkettete Liste, die im Hauptspeicher unterhalten wird und durch folgende Eigenschaften charakterisiert ist:

- Jedes Listenelement besteht aus einem Informationsteil mit den zu speichernden Daten sowie einem Zeiger auf das nachfolgende Listenelement.
- Jedes Listenelement besitzt, abgesehen vom ersten und letzten Element, genau einen Vorgänger und genau einen Nachfolger. Das erste Listenelement besitzt keinen Vorgänger, und das letzte besitzt keinen Nachfolger.

Für eine verkettete Liste sind so genannte *elementare Operationen* definiert, wie z.B. zum Einfügen und Löschen eines Listenelements oder zum Suchen und Hervorholen der in einem Listenelement gespeicherten Informationen.

Vorteile

Der Speicherbereich, in dem die Listenelemente untergebracht werden, braucht nicht zusammenzuhängen. Der wesentliche Vorteil von verketteten Listen ist, dass

- der Speicherplatz für ein Listenelement nur nach Bedarf reserviert wird und
- beim Einfügen und Löschen von Elementen nur Zeiger vesetzt werden.

Wenn in einem Vektor ein Element eingefügt oder gelöscht wird, so muss eine ganze Gruppe von Vektorelementen verschoben werden, um Platz zu schaffen bzw. um ein „Loch“ im Vektor zu schließen. Ist kein Platz mehr vorhanden, so müssen beim Einfügen ein neuer Vektor reserviert und die Daten umkopiert werden.

Darstellung einer einfach verketteten Liste

Die Klassen in der Header-Datei Liste.h

```
// Liste.h
// Definition der Klassen ListEl und Liste.
// ---------------------------------------------------
#ifndef LISTE_H_
#define LISTE_H_
#include "Datum.h"              // Klasse Datum aus Kap. 13
#include <iostream>
#include <iomanip>
using namespace std;

class ListEl                    // Ein Element der Liste.
{
  private:
    Datum  datum;              // Datum
    double betrag;             // Geldbetrag
    ListEl* next;              // Zeiger auf Nachfolger

  public:
    ListEl( Datum   d = Datum(1,1,1),
            double  b = 0.0,
            ListEl* p = NULL)
            : datum(d), betrag(b), next(p) {}
    // Zugriffsmethoden:
    // getDatum(), setDatum(), getBetrag(), setBetrag()
    ListEl* getNext()  const { return next; }
    friend class Liste;
};

// ---------------------------------------------------
// Definition der Klasse Liste
class Liste
{
  private:
    ListEl* first, *last;
  public:
    Liste(){ first = last = NULL; }  // Konstruktor
    ~Liste();                        // Destruktor
    // Zugriff auf erstes und letztes Element:
    ListEl* front() const { return first; }
    ListEl* back()  const { return last; }
    // Neues Element an die Liste anhängen:
    void pushBack(const Datum& d, double b);
    // Element am Anfang der Liste löschen:
    void popFront();
};
#endif  // LISTE_H_
```

Darstellung von Listenelementen

Eine einfach verkettete Liste wird mit Hilfe einer rekursiven Datenstruktur implementiert. Unter einer *rekursiven Datenstruktur* versteht man eine Datenstruktur, die einen Zeiger auf eine Datenstruktur desselben Typs enthält. Damit besitzt die Datenstruktur *nicht* sich selbst als Komponente, was unmöglich wäre, sondern einen Zeiger auf sich selbst.

Wir betrachten eine einfach verkettete Liste zur Darstellung von Kontobewegungen. Eine Kontobewegung ist durch ein Datum, einen Geldbetrag und beispielsweise den Verwendungszweck charakterisiert. Ein Listenelement besteht also aus einer Kontobewegung im Informationsteil und aus einem Zeiger auf das nachfolgende Listenelement.

Nebenstehend ist die Klasse `ListEl` zur Darstellung eines Listenelements definiert. Der Einfachheit halber enthält der Informationsteil nur ein Datum und einen Geldbetrag. Im `public`-Deklarationsteil sind ein Konstruktor sowie Zugriffsmethoden auf die eigentlichen Informationen definiert. Für die Ausgabe wird später noch der Operator << überladen.

Üblicherweise wird der Zeiger des letzten Listenelements auf `NULL` gesetzt. Damit ist beim Durchlaufen der Liste auch ein Abbruchkriterium gegeben: Es muss nur der Zeiger `next` auf `NULL` abgefragt werden.

Darstellung der Liste

Zur Identifizierung einer einfach verketteten Liste genügt es, einen Zeiger auf das erste Listenelement zu speichern. Mit Hilfe des Zeigers auf den jeweiligen Nachfolger kann dann jedes Element in der Liste erreicht werden. Zum Anhängen neuer Elemente ist außerdem ein Zeiger auf das letzte Element nützlich.

Nebenstehend ist die Definition der Klasse `Liste` angegeben. Als Datenelemente sind zwei Zeiger deklariert, die auf das erste und letzte Listenelement zeigen. Der *Konstruktor* hat wenig zu tun: Er setzt beide Zeiger auf `NULL` und legt so eine leere Liste an. Der *Destruktor* hat hingegen mehr zu tun: Der Speicherplatz aller Elemente in der Liste muss freigegeben werden.

Das *Einfügen* eines neuen Listenelements wird mit der Methode `pushBack()` am Ende der Liste vorgenommen. Hierbei braucht nur der Speicher dynamisch reserviert und das neue Element zum Nachfolger des „alten" letzten Elements gemacht werden. Dabei ist auch der Zeiger `last` zu aktualisieren und der Fall einer leeren Liste zu beachten.

Die Methode `popFront()` löscht das erste Element aus der Liste. Das heißt, der Zeiger auf das erste Element wird auf das zweite „umgebogen", und der Speicherplatz für das erste Element wird freigegeben. Auch hier ist natürlich der Fall einer leeren Liste zu beachten.

Kapitel 21

Dynamische Elemente

Dieses Kapitel beschreibt, wie Klassen mit Zeigern auf dynamisch reservierten Speicher implementiert werden. Hierzu gehören auch immer

- die Definition eines eigenen Kopierkonstruktors und
- das Überladen der Zuweisung.

Außerdem lernen Sie die sogenannte Move-Semantik kennen. Damit kann die Laufzeit rechenintensiver Programme für Klassen mit dynamischen Elementen erheblich verbessert werden.

Als Anwendung wird eine Klasse zur Darstellung von Vektoren beliebiger Länge vorgestellt.

Datenfelder variabler Länge

Ein Objekt der Klasse FloatVek im Speicher

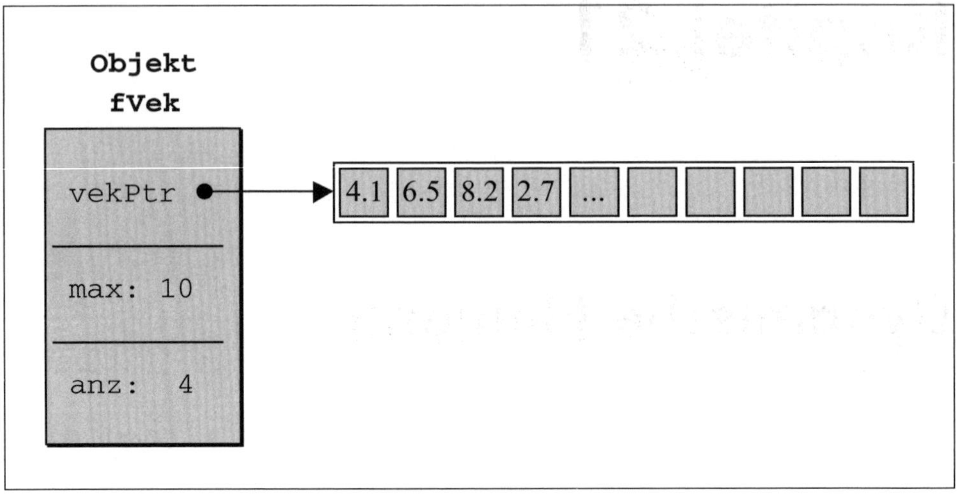

Die Datenelemente der Klasse FloatVek

```
Eine Klasse zur Darstellung dynamischer float-Vektoren
// ---------------------------------------------------
class FloatVek
{
   private:
     float* vekPtr;        // Dynamisches Element
     int max;              // Maximale Anzahl, ohne
                           // erneut Speicher zu
                           // reservieren.
     int anz;              // Aktuelle Anzahl belegter
                           // Elemente

   public:

     // Hier öffentliche Methoden

};
```

Dynamische Elemente

Die Möglichkeiten der dynamischen Speicherverwaltung können auch für Klassen genutzt werden, um „Datenelemente" variabler Länge zu bilden. Abhängig davon, wie viele Daten ein Anwendungsprogramm tatsächlich zu verwalten hat, wird erst zur Laufzeit der aktuell benötigte Speicher reserviert. Die Klasse besitzt dann einen Zeiger auf den dynamisch reservierten Speicher, der die eigentlichen Daten enthält. Solche Datenelemente heißen auch *dynamische Elemente* einer Klasse.

Bei Vektoren beispielsweise ist häufig zur Zeit der Kompilierung noch nicht bekannt, wie viele Vektorelemente tatsächlich unterhalten werden müssen. Die Definition einer Klasse zur Darstellung von Vektoren sollte dies berücksichtigen und zur Laufzeit die Definition von Vektoren variabler Längen ermöglichen.

Anforderungen

Wir wollen im Folgenden eine neue Version der Klasse `FloatVek` entwickeln, die die genannten Anforderungen erfüllt und die es zusätzlich ermöglicht, mit Vektoren so einfach wie mit elementaren Datentypen zu arbeiten. Beispielsweise sollte für zwei Objekte `v1` und `v2` der Klasse `FloatVek` eine einfache Zuweisung möglich sein:

Beispiel: `v2 = v1;`

Hierbei garantiert nicht der Programmierer, sondern das Objekt `v2` selbst, dass genügend Speicher da ist, um den Vektor `v1` aufzunehmen.

Außerdem sollte es wie bei elementaren Datentypen möglich sein, ein neu anzulegendes Objekt `v3` mit einem bereits existierenden Objekt `v2` zu initialisieren.

Beispiel: `FloatVek v3(v2);`

Auch hier sorgt das Objekt `v3` selbst dafür, dass der entsprechende Speicherplatz zur Aufnahme der Vektorelemente von `v2` zur Verfügung steht.

Bei der Deklaration eines Objekts der Klasse `FloatVek` sollte auch die anfängliche Länge des Vektors vom Anwender festgelegt werden können. Mit

Beispiel: `FloatVek fVek(100);`

wird dann der Speicherplatz für maximal 100 Vektorelemente zur Verfügung gestellt.

Die Klasse `FloatVek` wird deshalb mit einem dynamischen Element definiert, das einen dynamisch reservierten Vektor adressiert. Außerdem sind zwei `int`-Variablen erforderlich, die sich die maximale und die aktuelle Anzahl der Vektorelemente merken.

Eine Klasse mit dynamischem Element

Erste Version der Klasse FloatVek

```
// FloatVek.h : Darstellung dynamischer float-Vektoren
// ---------------------------------------------------
#ifndef FLOATVEK_H
#define FLOATVEK_H
class FloatVek
{
   private:
     float* vekPtr;          // Dynamisches Element
     int max;                // Maximale Anzahl, ohne
                             // erneut Speicher zu
                             // reservieren.
     int anz;                // Aktuelle Anzahl belegter
                             // Elemente

   public:
     FloatVek( int n = 256 );        // Konstruktoren
     FloatVek( int n, float wert);
     ~FloatVek();                    // Destruktor
     int  length() const { return anz; }
     float& operator[](int i);       // Index-Operator
     float  operator[](int i) const;
     bool append(float wert);     // Einen Wert anhängen.
     bool remove(int pos);        // Position pos löschen.
};
#endif   // FLOATVEK_H
```

Anlegen von Objekten mit dynamischen Elementen

```
#include "FloatVek.h"
#include <iostream>
using namespace std;
int main()
{
   FloatVek v(10);          // Vektor v für 10 float-Werte
   FloatVek w(20, 1.0F);    // Vektor w für 20 float-Werte
                            // mit 1.0 initialisieren.
   v.append( 0.5F);
   cout << "Aktuelle Anzahl Elemente in v: "
        << v.length() << endl;                  //   1
   cout << "Aktuelle Anzahl Elemente in w: "
        << w.length() << endl;                  //  20
   return 0;
}
```

Die nächste Frage beim Entwurf einer Klasse zur Darstellung von Vektoren lautet: Welche Methoden sind notwendig und wünschenswert? Die Klasse `FloatVek` wird dann schrittweise verbessert, indem Methoden optimiert bzw. weitere Methoden hinzugefügt werden.

Die erste Version der Klasse `FloatVek` besitzt einige grundlegende Methoden, die hier vorgestellt werden. Ihre Definition wird anschließend besprochen.

Konstruktoren

Ein Objekt der Klasse `FloatVek` soll mit einer vorgegebenen Länge angelegt und ggf. mit einem `float`-Wert aufgefüllt werden können. Deshalb wird zunächst ein Konstruktor, der einen `int`-Wert als Argument erwartet, deklariert.

```
FloatVek(int n = 256);
```

Als Default-Argument für die Länge des Vektors ist hier die Zahl `256` angegeben. Damit ist auch schon ein Default-Konstruktor definiert, der einen Vektor mit `256` Vektorelementen erzeugt, die aber noch nicht belegt sind.

Ein weiterer Konstruktor

```
FloatVek(int n, float wert)
```

ermöglicht die Definition eines Vektors, der alle Elemente mit dem angegebenen Wert füllt. In dem Fall muss die Vektorlänge angegeben werden.

Beispiel: `FloatVek arr( 100, 0.0F);`

Hier haben die 100 Elemente des Vektors zunächst alle den Wert `0.0`.

Weitere Methoden

Die Methode `length()` erlaubt es, die aktuelle Anzahl der Vektorelemente abzufragen. Für den Vektor `arr` liefert `arr.length()` den Wert `100`.

Durch die Überladung des Index-Operators `[]` kann wie gewohnt auf einzelne Elemente des Vektors zugegriffen werden.

Beispiel: `arr[i] = 15.0F;`

Hierbei muss der Index `i` im Bereich `0` und `anz-1` liegen.

Mit der Methode `append()` kann ein weiterer Wert an den Vektor angehängt werden. Die aktuelle Anzahl der belegten Elemente erhöht sich dadurch um 1.

Umgekehrt löscht die Methode `remove()` ein bestimmtes Element, dessen Position beim Aufruf anzugeben ist. Hierdurch wird die aktuelle Anzahl um 1 vermindert, sofern eine gültige Position angegeben wurde.

Auf- und Abbau eines Objekts

Wirkung der Deklaration FloatVek fVek(10, 1.0F);

Zunächst wird der Speicher für die Datenelemente reserviert:

Dann wird Speicher für zehn Vektorelemente reserviert, und die Variablen `max` und `anz` werden auf den Wert 10 gesetzt:

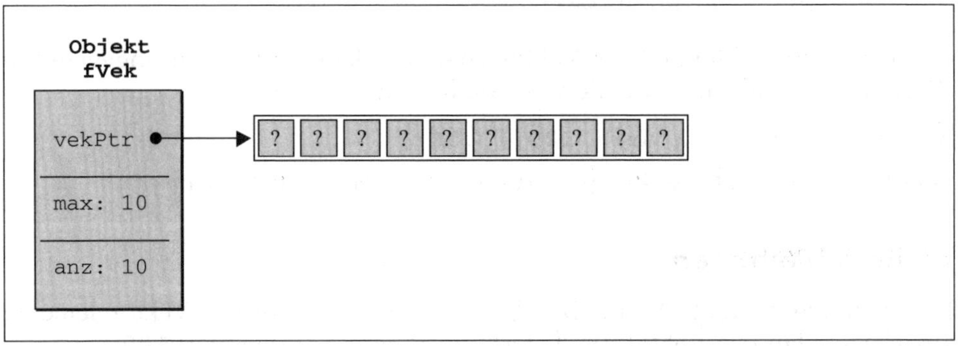

Schließlich erhalten alle Vektorelemente den Anfangswert 1.0:

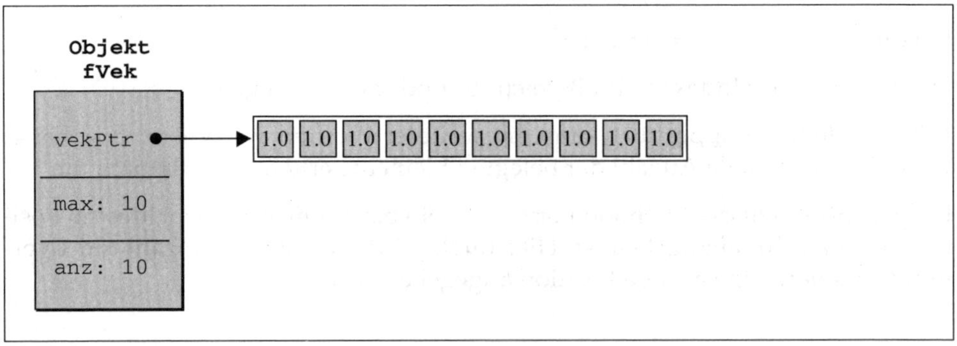

Der Speicherplatz für die Vektorelemente gehört nicht zu einem Objekt der Klasse `FloatVek`, sondern muss durch den Konstruktor dynamisch reserviert werden. Das Objekt selbst belegt nur den Speicherplatz für die Datenelemente `vekPtr`, `max` und `anz`. Die Größe `sizeof(FloatVek)` ist daher ein fester Wert, nämlich 12 Byte auf einem 32-Bit-Rechner.

Der zusätzlich reservierte dynamische Speicher ist bei späteren Änderungen, wie z.B. bei einer Zuweisung, gegebenenfalls neuen Anforderungen anzupassen. Schließlich muss dieser Speicherplatz bei der Zerstörung des Objekts explizit wieder freigegeben werden.

Aufbau eines Objekts

Der erste Konstruktor der Klasse `FloatVek` wird deshalb wie folgt definiert:

```
FloatVek::FloatVek( int n )
{
   max = n;    anz = 0;
   vekPtr = new float[max];
}
```

Hier wird Speicherplatz für `n` Vektorelemente reserviert. Die aktuelle Anzahl der Vektorelemente wird auf `0` gesetzt.

Der zweite Konstruktor füllt den Vektor mit einem vorgegebenen Wert. Er ist daher wie folgt definiert:

```
FloatVek::FloatVek(int n, float wert)
{
   max = anz = n;
   vekPtr  = new float[max];
   for( int i=0; i < anz; ++i)
       vekPtr[i] = wert;
}
```

Nebenstehend ist dargestellt, wie nacheinander die Speicherreservierung und die Initialisierung für ein Objekt `fVek` erfolgen.

Abbau eines Objekts

Beim Abbau eines Objekts muss der dynamisch reservierte Speicher wieder freigegeben werden. Bei Klassen mit dynamischen Elementen ist deshalb *immer* ein Destruktor zu definieren, der diese Aufgabe erfüllt.

In der Klasse `FloatVek` ist das dynamische Element ein Vektor. Der Speicher ist also mit dem Operator `delete[]` freizugeben.

```
FloatVek::~FloatVek()
{
   delete[] vekPtr;
}
```

Die Implementierung der Methoden

```
// FloatVek.cpp:
// Implementierung der Methoden von FloatVek.
// ----------------------------------------------------------
#include "FloatVek.h"
#include <iostream>
using namespace std;

// Konstruktoren und Destruktor wie zuvor beschrieben.
// Index-Operator für Nicht-const-Objekte:
float& FloatVek::operator[]( int i )
{
   if( i < 0 || i >= anz )        // Bereichsprüfung
   {
     cerr << "\n class FloatVek: Out of Range! ";
     exit(1);
   }
   return vekPtr[i];
}

float FloatVek::operator[]( int i ) const
{
   // Sonst wie zuvor.
}

bool FloatVek::append( float wert)
{
   if(anz < max)
   {
      vekPtr[anz++] = wert;
      return true;
   }
   else                       // Hier noch ohne Verlängerung
      return false;           // des Vektors!
}

bool FloatVek::remove(int pos)
{
   if( pos >= 0 && pos < anz)
   {
      for( int i = pos; i < anz-1; ++i)
         vekPtr[i] = vekPtr[i+1];
      --anz;
      return true;
   }
   else
      return false;
}
```

Lese- und Schreibzugriff mit dem Index-Operator

Durch Überladung des Index-Operators kann komfortabel mit einzelnen Vektorelementen gearbeitet werden.

Beispiel:

```
FloatVek v(5, 0.0F);
v[2] = 2.2F;
for( int i=0; i < v.length(); ++i)
   cout << v[i];
```

Der Operator erlaubt sowohl den lesenden als auch den schreibenden Zugriff auf die Vektorelemente. Auf konstante Objekte ist daher dieser Operator zunächst nicht anwendbar. Andererseits soll aber auch der „nur lesende" Zugriff auf konstante Objekte unterstützt werden.

Zu diesem Zweck sind in der Klasse `FloatVek` zwei Versionen der Operatorfunktion `operator[]()` vorhanden. Die erste Version liefert eine Referenz auf das `i`-te Vektorelement und ermöglicht so auch den schreibenden Zugriff. Die zweite „Read-only"-Version erlaubt nur den lesenden Zugriff auf Vektorelemente. Sie wird vom Compiler automatisch für konstante Objekte aufgerufen.

Die Implementierungen beider Versionen unterscheiden sich nicht. In beiden Fällen wird eine Bereichsüberprüfung für den Index vorgenommen. Falls der Index den zulässigen Bereich nicht über- oder unterschreitet, wird das entsprechende Vektorelement zurückgegeben, in der „Read-only"-Version nur als Wert.

Einfügen und Löschen im Vektor

Die Klasse `FloatVek` stellt die zwei Methoden `append()` und `remove()` zur Verfügung, mit denen Vektorelemente angehängt bzw. gelöscht werden.

In dieser ersten Version ist die Methode `append()` nur erfolgreich, wenn im Vektor noch mindestens ein Platz zur Verfügung steht. In den Übungen vergrößert `append()` den Vektor nach Bedarf. Das gilt auch für eine noch zu schreibende Methode `insert()`.

Beim Löschen mit der Methode `remove()` werden ab der Löschposition alle nachfolgenden Elemente um eine Position nach vorn geschoben. Damit bleibt die Reihenfolge der Elemente erhalten. Danach wird die aktuelle Anzahl um 1 dekrementiert. Das „ehemals" letzte Vektorelement wird nicht entfernt, sondern beim nächsten Einfügen überschrieben.

Alternativ könnte das letzte Vektorelement in die Position des zu löschenden Elements kopiert werden. Das zu löschende Element wird also einfach überschrieben. Das ist schneller! Diese Möglichkeit ist vorzuziehen, wenn es auf die Reihenfolge der Elemente nicht ankommt.

Kopierkonstruktor

Wirkung des Standardkopierkonstruktors

```
FloatVek b(a);        // Kopie von a erstellen.
```

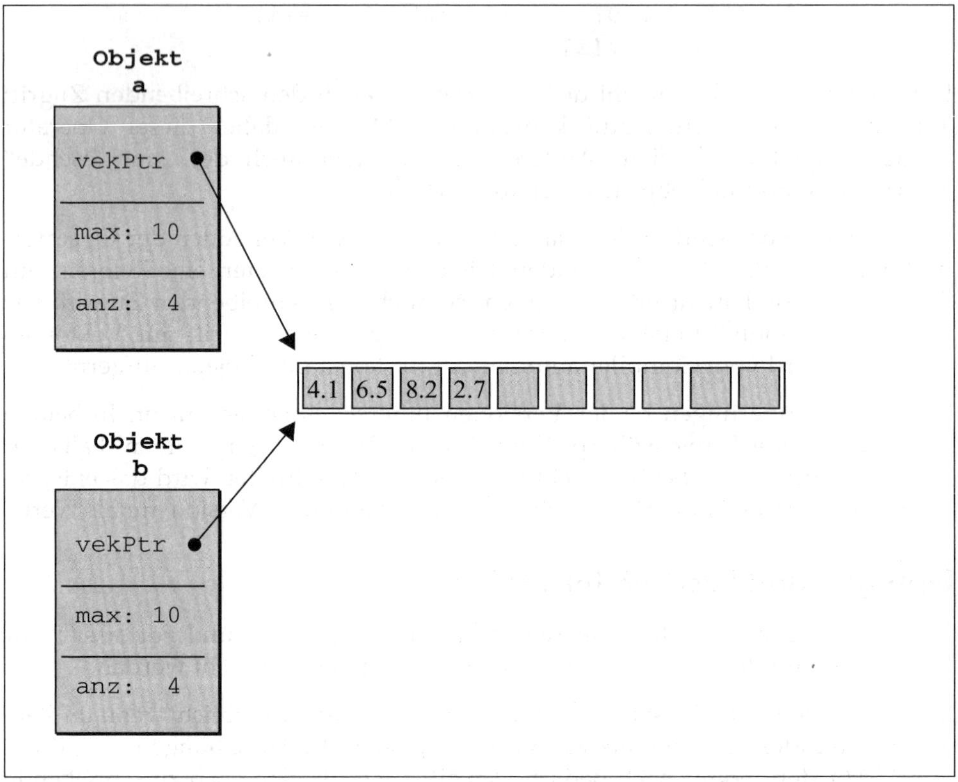

Ein eigener Kopierkonstruktor für die Klasse FloatVek

```
//floatvek.cpp: Implementierung der Methoden.
// ---------------------------------------------------
FloatVek::FloatVek(const FloatVek& src)
{
   max = src.max;
   anz = src.anz;
   vekPtr = new float[max];

   for( int i = 0; i < anz; i++ )
      vekPtr[i] = src.vekPtr[i];
}
```

Initialisierung mit einem Objekt

Wir wollen im nächsten Schritt die Voraussetzung dafür schaffen, dass ein Objekt mit einem bereits existierenden Objekt initialisiert werden kann. Ist etwa `a` ein bereits existierender Vektor, so soll folgende Vereinbarung möglich sein:

Beispiel: `FloatVek b(a);`

Der Vektor `b` soll dann dieselbe Länge wie der Vektor `a` haben, und die Vektorelemente von `b` sollen die gleichen Werte wie die von `a` enthalten.

Zu diesem Zweck muss für die Klasse `FloatVek` ein *Kopierkonstruktor* definiert werden. Er besitzt als Parameter eine Referenz auf einen konstanten Vektor.

Prototyp: `FloatVek( const FloatVek& );`

Standardkopierkonstruktor

Wenn für eine Klasse kein Kopierkonstruktor definiert ist, so erzeugt der Compiler eine Minimalversion, den sog. *Standardkopierkonstruktor*. Dieser kopiert die Datenelemente des übergebenen Objekts in die entsprechenden Datenelemente des neuen Objekts.

Der Standardkopierkonstruktor ist normalerweise für eine Klasse hinreichend. Für Objekte mit dynamischen Elementen genügt die einfache Kopie von Datenelementen jedoch nicht. Es würden nur die Zeiger kopiert, so dass die Zeiger von verschiedenen Objekten denselben Speicherbereich adressierten. In der nebenstehenden Grafik ist diese Situation für zwei Objekte der Klasse `FloatVek` dargestellt.

Damit sind Fehler jedoch vorprogrammiert. Etwa wenn für ein Objekt der dynamisch reservierte Speicher wieder freigegeben wird. Dann verweist der Zeiger des zweiten Objekts auf einen Speicherbereich, der nicht mehr zur Verfügung steht.

Eigene Version des Kopierkonstruktors

Deshalb muss der Kopierkonstruktor für Klassen mit dynamischen Elementen selbst definiert werden, und zwar so, dass nicht die Zeiger, sondern die eigentlichen Daten aus dem dynamisch reservierten Speicher kopiert werden.

Das nebenstehende Beispiel zeigt die Definition des Kopierkonstruktors für die Klasse `FloatVek`. Dabei wird mit `new[]` ein neuer Vektor angelegt, und die Vektorelemente des übergebenen Objekts werden dorthin kopiert.

Zuweisung

Neue Deklarationen in der Klasse FloatVek

```
// FloatVek.h : Darstellung dynamischer float-Vektoren
// ----------------------------------------------------
class FloatVek
{
  private:
    // . . . Datenelemente wie gehabt
  public:
    // . . . Methoden wie gehabt und
    FloatVek(const FloatVek& src);  // Kopierkonstruktor
    FloatVek& operator=( const FloatVek&);  // Zuweisung
};
```

Definition der Zuweisung

```
// In der Datei FloatVek.cpp
// Die Operatorfunktion für die Zuweisung
// ----------------------------------------------------
FloatVek& FloatVek::operator=( const FloatVek& src )
{
  if( this != &src )             // Keine Selbstzuweisung!
  {
     max = src.max;
     anz = src.anz;
     delete[] vekPtr;             // Speicher freigeben,
     vekPtr = new float[max];     // neu reservieren,
     for( int i=0; i < anz; i++)  // Elemente kopieren.
       vekPtr[i] = src.vekPtr[i];
  }
  return *this;
}
```

Beispielaufrufe

```
#include "FloatVek.h"
int main()
{
    FloatVek v;             // Default-Konstruktor.
    FloatVek w(20, 1.0F);   // Vektor w für 20 float-Werte
                            // mit 1.0 initialisieren.
    const FloatVek kw(w);       // Konstantes Objekt mit
                                // Kopierkonstruktor
    v = w;                      // Zuweisung
}
```

Jede Klasse besitzt vier implizit definierte Standardmethoden, die durch eigene Definitionen ersetzt werden können:

- den Default-Konstruktor und den Destruktor
- den Kopierkonstruktor und die Standardzuweisung

Im Gegensatz zur Initialisierung durch den Kopierkonstruktor, der bei der Definition eines Objekts ausgeführt wird, erfolgt eine Zuweisung stets an ein bereits existierendes Objekt. Eine Zuweisung kann mehrmals ausgeführt werden und verändert das Objekt.

Standardzuweisung

Sind `v1` und `v2` bereits definierte Objekte der Klasse `FloatVek`, so ist folgende Zuweisung möglich:

Beispiel: `v1 = v2;                // möglich, aber ok?`

Die Standardzuweisung erfolgt elementweise, das heißt, wie beim Kopierkonstruktor werden die Datenelemente von `v2` in die entsprechenden Datenelemente von `v1` kopiert. Wenn eine Klasse dynamische Elemente enthält, ist dies jedoch nicht hinreichend. Dann würden nämlich die Zeiger verschiedener Objekte wieder *denselben* dynamisch reservierten Speicherbereich adressieren. Außerdem würde der zuvor von einem Zeiger adressierte Speicher unreferenziert sein.

Überladen des Zuweisungsoperators

Deshalb muss auch die Standardzuweisung für eine Klasse überladen werden, die dynamische Elemente enthält. Generell ist mit der Definition eines Kopierkonstruktors auch die Definition einer eigenen Zuweisung notwendig.

Die Operatorfunktion für die Zuweisung hat folgende Aufgaben:

- Der ursprüngliche Speicherbereich, der durch dynamische Elemente adressiert ist, wird freigegeben.
- Es wird genügend neuer Speicher reserviert, und die Daten des Quellobjekts werden dorthin kopiert.

Die Operatorfunktion wird als Methode der Klasse implementiert. Sie gibt eine Referenz auf das Zielobjekt zurück, so dass auch Mehrfachzuweisungen möglich sind. Für die Klasse `FloatVek` besitzt die Operatorfunktion daher folgenden Prototyp:

```
FloatVek& FloatVek::operator=( const FloatVek& src);
```

Bei der Implementierung ist noch zu beachten, dass eine Selbstzuweisung ausgeschlossen ist. Sonst würde ein Speicherbereich gelesen, der zuvor freigegeben wurde.

Verschieben von R-Werten

Wirkung der Anweisung FloatVek z = v + w;

Rückgabe Kopie:

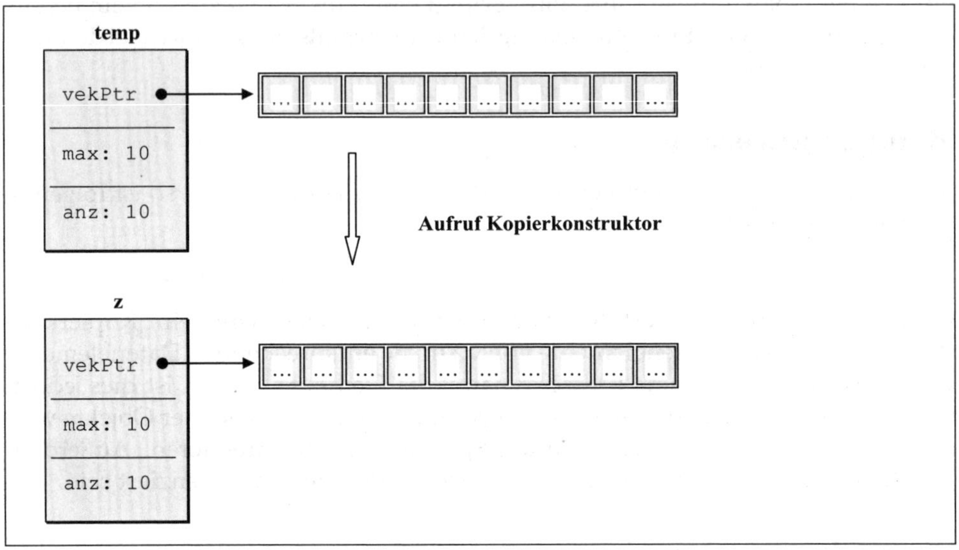

Verschieben eines R-Wertes:

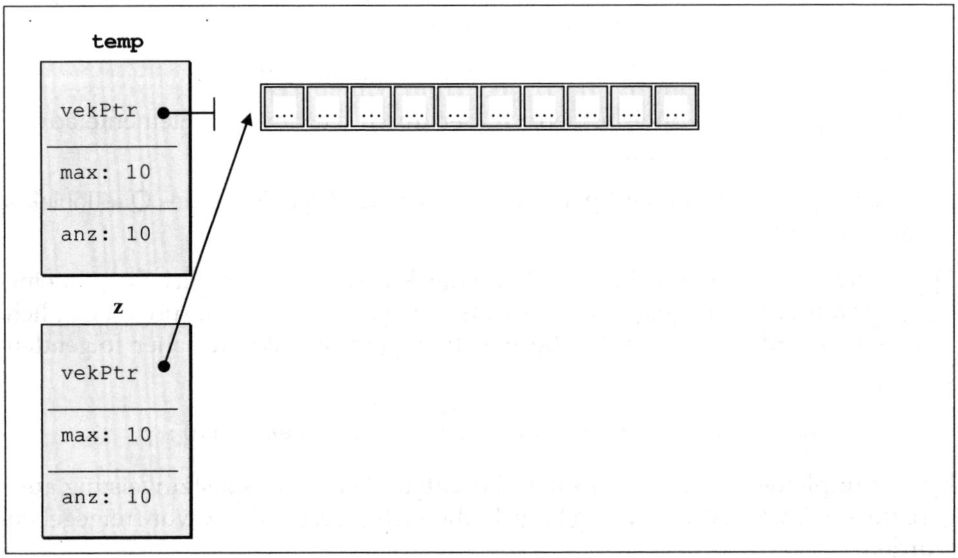

Klassen mit dynamischen Elementen können umfangreiche Datenmengen verwalten. Die Laufzeit der entsprechenden Operationen ist normalerweise von der Anzahl der zu verarbeitenden Daten abhängig. So wächst die Laufzeit des Kopierkonstruktors in der Klasse `FloatVek` linear mit der Anzahl Elemente im Vektor, da deren Werte kopiert werden müssen. Hinzu kommt der Aufwand für die dynamische Reservierung und spätere Freigabe von Speicher. Häufige Kopiervorgänge beeinträchtigen so die Laufzeit des Programms. Die neue Move-Semantik ermöglicht es, unnötiges Kopieren zu vermeiden.

Initialisierung mit R-Werten

Angenommen, in der Klasse `FloatVek` ist der Operator += definiert, der einen anderen Vektor elementweise zum aktuellen Vektor hinzuaddiert. Ist der übergebene Vektor länger als der aktuelle Vektor, wird der aktuelle Vektor entsprechend verlängert und mit 0 aufgefüllt. Dann kann der Operator + zur Addition von zwei Vektoren durch eine globale Operatorfunktion wie folgt definiert werden:

```
FloatVek operator+(const FloatVek& v, const FloatVek& w)
{
 FloatVek temp(v);
 temp += w;
 return temp;
}
```

Für zwei Vektoren `v` und `w` vom Typ `FloatVek` wird dann im

Beispiel: `FloatVek z = v + w;`

zunächst der R-Wert `v + w` berechnet. Hierfür wird die Operatorfunktion `operator+()` aufgerufen, die mit dem Kopierkonstruktor ein temporäres Objekt `temp` anlegt und `w` hinzuaddiert. Das temporäre Objekt `temp` ist der Return-Wert der Operatorfunktion, der mit einem erneuten Aufruf des Kopierkonstruktors von `FloatVek` in `z` kopiert wird.

Initialisierung mit temporären Objekten

Da temporäre Objekte nach einer Operation automatisch zerstört werden, können „überflüssige" Kopiervorgänge vermieden werden: Anstatt die Werte aus dem dynamischen Speicherbereich von `temp` in den dynamischen Speicher des Zielobjekts zu kopieren, würde es genügen, den Zeiger des Zielobjekts auf den dynamischen Speicher von `temp` umzubiegen. Man sagt dann, dass der Zustand des temporären Objekts in das Zielobjekt „verschoben" wird.

Deshalb ist ein Konstruktor in der Klasse `FloatVek` wünschenswert, der aus einem als Argument übergebenen R-Wert durch Verschieben ein neues Objekt erzeugt. Ein solcher Konstruktor heißt *Move-Konstruktor*.

Move-Konstruktor

Neue Deklaration in der Klasse FloatVek

```
// FloatVek.h : Darstellung dynamischer float-Vektoren.
// -------------------------------------------------------
class FloatVek
{
  private:
   // . . . Datenelemente wie gehabt
  public:
   // . . . Methoden wie gehabt und
   FloatVek(FloatVek&& src);        // Move-Konstruktor
};
```

Definition des Move-Konstruktors

```
// In der Datei FloatVek.cpp
// Der Move-Konstruktor.
// -------------------------------------------------------
FloatVek::FloatVek(FloatVek&& src)
{
   max    = src.max;         // Datenelemente kopieren.
   anz    = src.anz;
   vekPtr = src.vekPtr;

   src.vekPtr = NULL;        // Wichtig!
}
```

Beispiel-Aufruf

```
#include "FloatVek.h"
int main()
{
   FloatVek w(20, 1.0F);  // Vektor w für 20 float-Werte
                          // mit 1.0 initialisieren.
   FloatVek v(w);         // Aufruf Kopierkonstruktor.
   FloatVek z = v + w;    // Aufruf Move-Konstruktor.
}
```

Deklaration von Referenzen auf R-Werte

Ein Konstruktor, der aus einem R-Wert durch Verschieben ein neues Objekt erzeugt, muss einen speziellen Parameter zur Darstellung des R-Werts besitzen. Der C++-Standard ermöglicht dies durch eine neue Syntax. Mit der Parameterdeklaration

Beispiel: `FloatVek&& rref`

wird eine *Referenz auf einen R-Wert* vereinbart. Die Referenz `rref` kann dann auf einen R-Wert vom Typ `FloatVek` verweisen, jedoch nicht auf einen L-Wert.

Definition des Move-Konstruktors

Referenzen auf R-Werte werden normalerweise als Parameter eingesetzt. Sie garantieren, dass kein L-Wert als Argument akzeptiert wird, und ermöglichen es so, dass „verschiebende" Operationen sicher ausgeführt werden können.

Der Move-Konstruktor in der Klasse `FloatVek` hat folgenden

Prototyp: `FloatVek( FloatVek&& src);`

Er erzeugt aus dem übergebenen R-Wert `src` durch Verschieben ein neues Objekt vom Typ `FloatVek`. Wie die nebenstehende Definition des Konstruktors zeigt, werden hierfür lediglich die Datenelemente von `src` in die Datenelemente des neu erzeugten Objekts kopiert.

Das dynamische Element des neu erzeugten Objekts adressiert dann den ursprünglich zu `src` gehörenden dynamischen Speicher. Damit dieser Speicher durch den anschließenden automatischen Aufruf des Destruktors von `src` nicht freigegeben wird, muss der Move-Konstruktor den Zeiger `src.vekPtr` auf `Null` setzen!

Dies ist auch der Grund dafür, dass der Parameter `src` nicht als `const` deklariert werden darf. Der Move-Konstruktor verändert sein Argument!

Aufruf des Move-Konstruktors

Im nebenstehenden Beispiel wird der Move-Konstruktor zur Erzeugung des Objekts `z` aus dem R-Wert `v + w` aufgerufen, der das Reservieren und Freigeben von dynamischem Speicher und den Kopiervorgang erspart. Das lokale Objekt `temp` wird in der Operatorfunktion `operator+()` weiterhin mit dem Kopierkonstruktor der Klasse erzeugt.

Move-Zuweisung

Umbiegen dynamischer Elemente

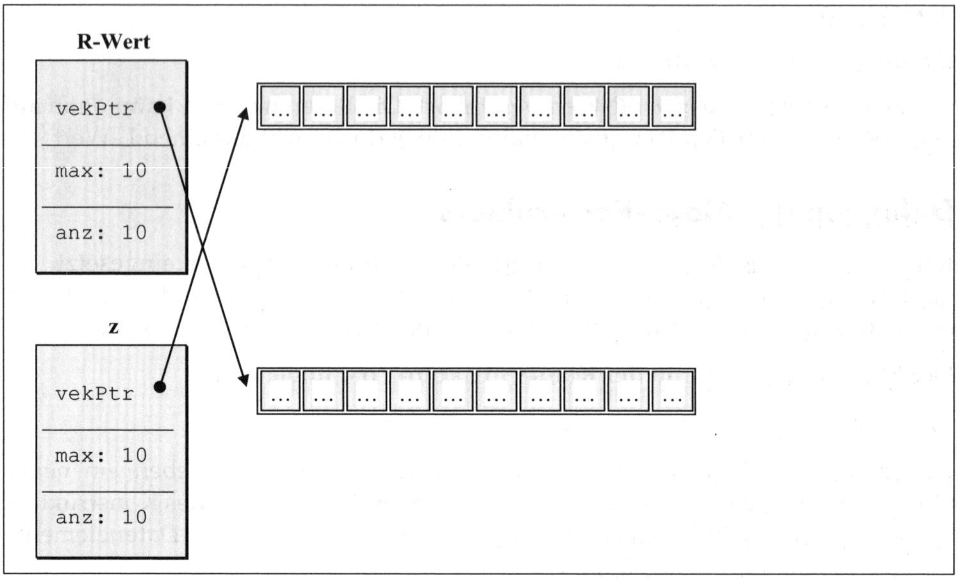

Überladen des Zuweisungsoperators

```
// In der Datei FloatVek.cpp
// ---------------------------------------------------
FloatVek& FloatVek::operator=(FloatVek&& src)
{
   if( this != &src )        // Keine Selbstzuweisung!
   {
       float* p = vekPtr;   // Adressen tauschen.
       vekPtr = src.vekPtr;
       src.vekPtr = p;

       max = src.max;        // Andere Elemente zuweisen.
       anz = src.anz;
    }

    return *this;
}
```

Motivierung

Angenommen, `v`, `w` und `z` sind Objekte der Klasse `FloatVek`. Dann wird mit der Zuweisung

Beispiel: `z = v + w;`

der überladene Zuweisungsoperator mit einem Parameter vom Typ `const FloatVek&` aufgerufen. Dieser gibt zunächst den durch `z.vekPtr` adressierten dynamischen Speicher frei. Anschließend wird neuer Speicher dynamisch reserviert, in den die Vektorelemente des R-Wertes kopiert werden.

Da der R-Wert anschließend zerstört wird, kann auch hier der zeitaufwendige Kopiervorgang vermieden werden. Es brauchen lediglich

- die Adressen der beiden dynamischen Elemente vertauscht zu werden.
- die aktuelle und maximale Anzahl Vektorelemente von `z` durch die entsprechenden Werte des R-Wertes aktualisiert zu werden.

Dies zeigt auch die nebenstehende Grafik. Der ursprünglich durch `z.vekPtr` adressierte Speicher wird automatisch freigegeben, wenn der R-Wert zerstört wird. Eine solche Zuweisung heißt *Move-Zuweisung*.

Operatorfunktion

Zur Implementierung einer Move-Zuweisung muss in der Klasse `FloatVek` der Zuweisungsoperator überladen werden, und zwar durch eine Operatorfunktion, die als Parameter eine Referenz auf einen R-Wert besitzt.

Prototyp: `FloatVek& operator=( FloatVek&& src);`

Da das Argument `src` verändert wird, darf der Parameter nicht als `const` deklariert werden.

Nebenstehend ist die Definition der Operatorfunktion angegeben. Sie wird automatisch aufgerufen, wenn rechts vom Zuweisungsoperator ein R-Wert steht. Ist rechts vom Zuweisungsoperator ein L-Wert angegeben, wird nach wie vor die Version der Operatorfunktion aufgerufen, die eine tiefe Kopie anlegt.

Sowohl der Move-Konstruktor als auch die Move-Zuweisung haben eine konstante Laufzeit. Die Performance rechenintensiver Programme, in denen Klassen mit dynamischen Elementen eingesetzt werden, kann so erheblich verbessert werden. Weitere Anwendungen für verschiebende Operationen werden Sie im Zusammenhang mit Threads kennenlernen.

Die Standardbibliothek von C++ ist so überarbeitet worden, dass sie die Move-Semantik unterstützt. Insbesondere die Container werden so noch effizienter.

Kapitel 22

Vererbung

Dieses Kapitel beschreibt, wie aus bereits existierenden Klassen durch Vererbung abgeleitete Klassen gebildet werden. Neben der Definition abgeleiteter Klassen werden auch

- die Redefinition von Elementen,
- der Auf- und Abbau von Objekten sowie
- verschiedene Möglichkeiten des Zugriffsschutzes

vorgestellt.

Konzept der Vererbung

Ist-Beziehung

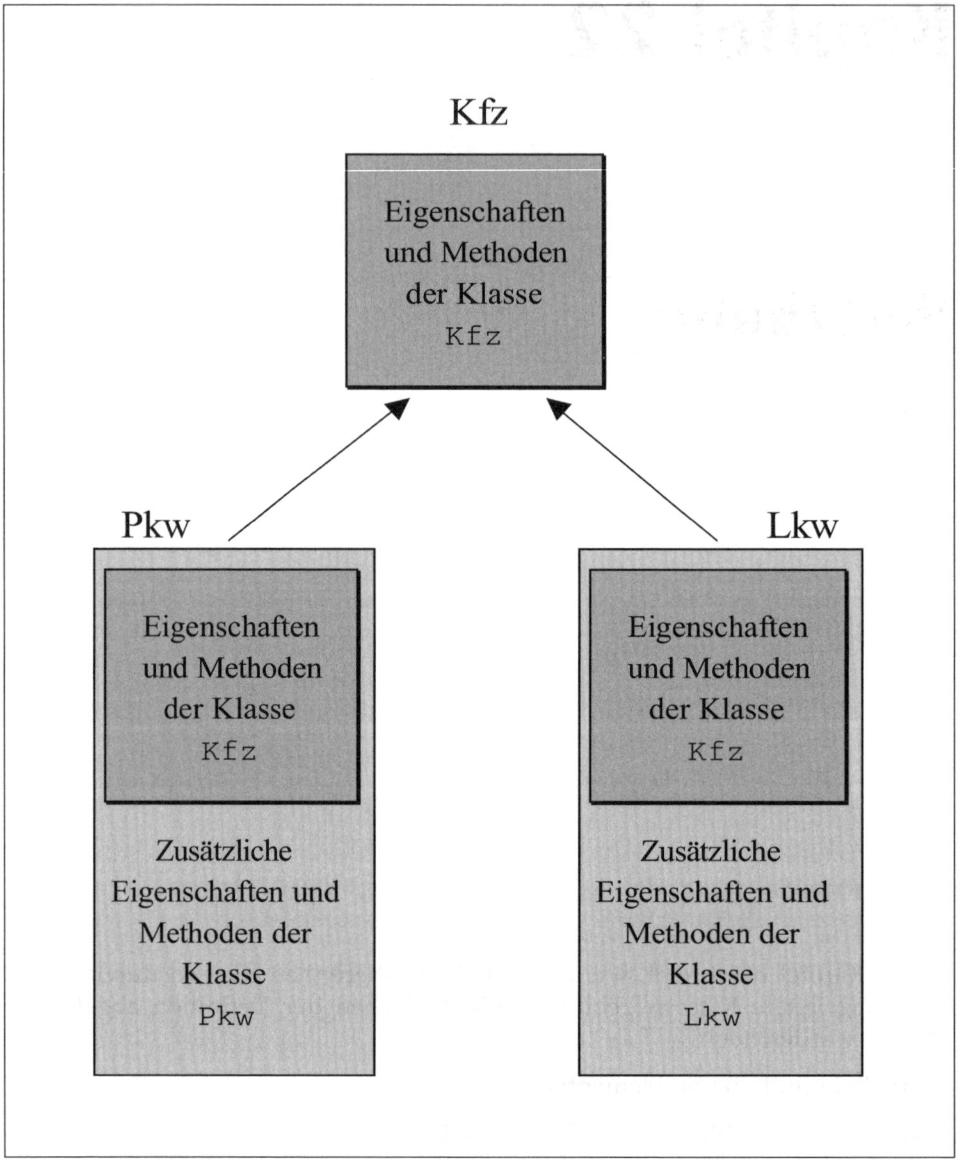

Basisklassen und abgeleitete Klassen

Durch Vererbung können aus bereits existierenden Klassen neue Klassen konstruiert werden. Die neue, *abgeleitete Klasse* „erbt" die Daten und Methoden der sog. *Basisklasse*. Sie kann zusätzlich um weitere Eigenschaften und Fähigkeiten ergänzt werden.

Ein Programm zur Verwaltung des Fuhrparks einer Autovermietung beispielsweise arbeitet mit verschiedenen Arten von Fahrzeugen: Pkws, Motorrädern, Lkws usw. Allen Fahrzeugen gemeinsam ist eine Nummer zur Identifizierung des Fahrzeugs, der Hersteller und der Status wie „Fahrzeug vermietet" oder „Fahrzeug in Reparatur". Außerdem sind für alle Fahrzeuge Operationen wie z. B. „Status ändern" erforderlich.

Zur Unterscheidung verschiedener Fahrzeugarten werden von der Basisklasse `Kfz` weitere Klassen abgeleitet, etwa eine Klasse `Pkw` zur Darstellung von Personenkraftwagen. Diese besitzt zusätzliche Eigenschaften wie „Anzahl Sitzplätze", „Typ", „Schiebedach (ja/nein)" sowie weitere Operationen.

Ist-Beziehung

Ein Objekt vom Typ `Pkw` *ist* dann ein spezielles Objekt der Klasse `Kfz`: Ein Personenkraftwagen ist nämlich ein spezielles Kraftfahrzeug. Man sagt auch, dass die abgeleitete Klasse zur Basisklasse in einer *Ist*-Beziehung steht.

Von dieser engen „verwandtschaftlichen" Beziehung zu unterscheiden ist die *Hat*-Beziehung. Wie bereits erwähnt, besteht zwischen zwei Klassen eine Hat-Beziehung, wenn eine Klasse ein Element vom Typ der anderen Klasse besitzt. So hat z. B. ein `Konto`-Objekt ein Teilobjekt vom Typ `string` für den Namen des Kontoinhabers.

Auch im Fall der Vererbung sagt man, dass ein Objekt der abgeleiteten Klasse ein Objekt vom Typ der Basisklasse als *Teilobjekt* enthält.

Datenabstraktion und Wiederverwendbarkeit

Die Vererbung hat für die Software-Entwicklung entscheidende Vorteile:

- *Datenabstraktion*: Allgemeine Eigenschaften und Vorgänge können mit Oberbegriffen versehen werden (Basisklassen) und durch Spezialisierungen (abgeleitete Klassen) in hierarchischen Beziehungen geordnet werden. Komplexe Sachverhalte und Zusammenhänge werden dadurch einfacher handhabbar.
- *Wiederverwendbarkeit*: Bereits definierte und ausgetestete Klassen können weiterhin verwendet und an neue Anforderungen angepasst werden. Dazu braucht nicht die Implementierung der Basisklasse, sondern nur ihre öffentliche Schnittstelle bekannt sein.

Abgeleitete Klassen

Definition einer abgeleiteten Klasse

```
class C : public B
{
   private:
     // Deklaration der zusätzlichen privaten
     // Datenelemente und Elementfunktionen
   public:
     // Deklaration der zusätzlichen öffentlichen
     // Datenelemente und Elementfunktionen
};
```

Direkte und indirekte Ableitung

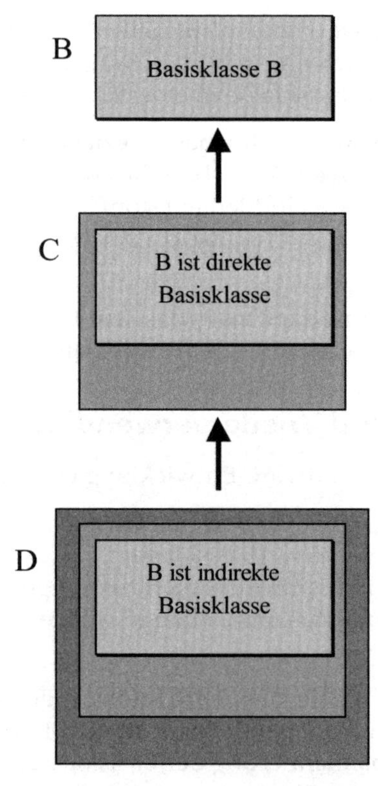

Bei der Definition einer abgeleiteten Klasse werden neben der Basisklasse und zusätzlichen Elementen auch die Zugriffsrechte auf die Basisklasse festgelegt. Nebenstehend ist das Definitionsschema einer abgeleiteten Klasse `C` angegeben, welche die hinter dem Doppelpunkt mit `public` angegebene Klasse `B` erbt.

Zugriff auf public-Elemente der Basisklasse

Die Zugriffsrechte auf die Basisklasse `B` sind durch das Schlüsselwort `public` vor dem Namen `B` festgelegt. Das bedeutet:

- Alle `public`-Elemente der Basisklasse `B` werden damit auch in der abgeleiteten Klasse `C` öffentlich verfügbar gemacht.

Bei dieser so genannten `public`-Vererbung wird die öffentliche Schnittstelle der Basisklasse in die abgeleitete Klasse übernommen und durch zusätzliche Deklarationen erweitert. Für Objekte der abgeleiteten Klasse können also auch die `public`-Methoden der Basisklasse aufgerufen werden. Diese Art der Vererbung implementiert die „Ist-Beziehung" und wird normalerweise eingesetzt.

In seltenen Fällen ist es sinnvoll, den Zugriff auf die Elemente der Basisklasse einzuschränken bzw. zu sperren. Nur die Methoden der Klasse `C` können dann auf die `public`-Elemente von `B` zugreifen, nicht aber der Anwender der Klasse. Dies kann durch die `private`- oder `protected`-Vererbung erreicht werden, die später vorgestellt wird.

Zugriff auf private-Elemente der Basisklasse

Die privaten Elemente der Basisklasse bleiben in jedem Fall geschützt. Das heißt:

- Auch eine Methode der abgeleiteten Klasse kann nicht auf die `private`-Elemente der Basisklasse zugreifen.

Andernfalls könnte durch Ableitung einer Klasse der Zugriff auf ihre privaten Elemente „erschlichen" werden. Die Datenkapselung würde so auf ganz einfache Weise unterlaufen.

Direkte und indirekte Basisklassen, finale Klassen

Eine abgeleitete Klasse `C` kann selbst wieder die Basisklasse einer weiteren Klasse `D` sein. Auf diese Weise können Klassenhierarchien gebildet werden, wie in der nebenstehenden Grafik dargestellt ist. Der Pfeil ↑ bedeutet „direkt abgeleitet von". Die Klasse `D` ist also direkt abgeleitet von der Klasse `C` und indirekt abgeleitet von `B`.

Manchmal ist es sinnvoll, keine weitere Spezialisierung einer Klasse zuzulassen. Eine solche finale Klasse wird mit dem Schlüsselwort `final` markiert.

Beispiel: `class D final : public C {    /* . . . */    };`

Anschließend kann von `D` keine Klasse mehr abgeleitet werden.

Elemente abgeleiteter Klassen

Basisklasse Kfz und abgeleitete Klasse Pkw

```
// kfz.h:    Definition der Basisklasse Kfz und
//           der abgeleiteten Klasse Pkw
// ---------------------------------------------------
#include <iostream>
#include <string>
using namespace std;

class Kfz                               // Basisklasse
{
  private:
    long   nr;
    string hersteller;
  public:                               // Konstruktor:
    Kfz( long n = 0L, const string& herst = "");
                                        // Zugriffsmethoden:
    long  getNr(void) const { return nr; }
    void  setNr( long n ) { nr = n; }

    const string& getHerst() const{ return hersteller; }
    void  setHerst(const string& h){ hersteller = h; }

    void display() const;                // Fahrzeug anzeigen
};

class Pkw : public Kfz                   // Abgeleitete Klasse
{
  private:
    string pkwTyp;
    bool   schiebe;
  public:                                // Konstruktor:
    Pkw( const string& tp, bool sd,
         long n = 0 , const string& h = "");
                                         // Zugriffsmethoden:
    const string& getTyp() const  { return pkwTyp; }
    void  setTyp( const string s) { pkwTyp = s; }

    bool  getSchiebe() const    { return schiebe; }
    void  setSchiebe( bool b ) { schiebe = b; }
    void  display() const;
};
```

Die Details bei der Definition abgeleiteter Klassen wollen wir anhand des nebenstehenden Beispiels darstellen. Dort wird eine Klasse `Kfz` und eine davon abgeleitete Klasse `Pkw` definiert.

Datenelemente und Methoden

Die Basisklasse `Kfz` besitzt zwei Datenelemente, `nr` und `hersteller`, zur Darstellung der Identifikationsnummer und des Herstellernamens. Die abgeleitete Klasse `Pkw` erbt diese Datenelemente. Ein Objekt der Klasse `Pkw` besitzt also auch die Datenelemente `nr` und `hersteller`.

Die Klasse `Pkw` enthält zusätzlich die Datenelemente `pkwTyp` und `schiebe` zur Darstellung eines Pkw-Typs mit oder ohne Schiebedach. Damit hat ein Objekt vom Typ `Pkw` insgesamt vier Datenelemente. Auf weitere Datenelemente, wie die Anzahl Sitzplätze etc., wird der Einfachheit halber verzichtet.

Die Basisklasse `Kfz` besitzt neben dem Konstruktor und den Zugriffsmethoden auch eine Methode `display()` für die Ausgabe auf dem Bildschirm. Die Methoden werden ebenfalls an die abgeleitete Klasse `Pkw` vererbt.

In der Klasse `Pkw` werden neben einem Konstruktor weitere Zugriffsmethoden sowie ebenfalls eine Ausgabefunktion `display()` deklariert. Die abgeleitete Klasse erbt also eine Methode `display()` und deklariert selbst eine Methode gleichen Namens. Man sagt in dem Fall, dass die Methode `display()` redefiniert wird.

Redefinition von Elementen

In einer abgeleiteten Klasse kann jede Elementfunktion und jedes Datenelement redefiniert werden. Das Element bekommt dann für die abgeleitete Klasse eine neue Bedeutung. Das von der Basisklasse geerbte Element steht ebenfalls zur Verfügung und behält seine alte Bedeutung. Wir gehen später noch genauer darauf ein.

Öffentliche Schnittstelle

Da die Klasse `Pkw` durch `public`-Vererbung aus der Klasse `Kfz` entsteht, sind alle `public`-Elemente der Basisklasse in der abgeleiteten Klasse verfügbar. Für ein Objekt `cabrio` der Klasse `Pkw` kann etwa die Methode `getNr()` aufgerufen werden.

Beispiel: `cout << "Fahrzeug-Nr: "<< cabrio.getNr();`

Die öffentliche Schnittstelle der abgeleiteten Klasse besteht also aus

- den `public`-Elementen der Basisklasse und
- den in der abgeleiteten Klasse zusätzlich definierten `public`-Elementen.

Elementzugriff

Zugriff auf Elemente der Basisklasse Kfz

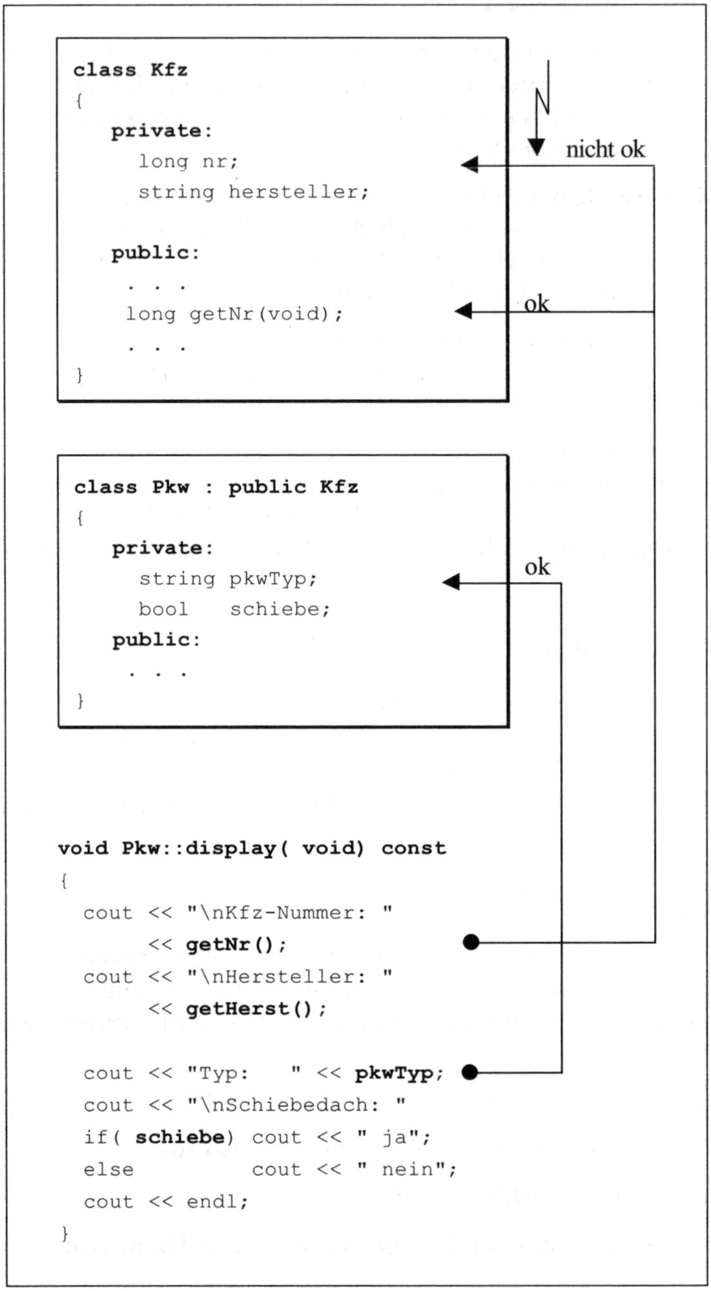

Zugriff auf zusätzlich definierte Elemente

Methoden abgeleiteter Klassen können auf alle Elemente zugreifen, die in der abgeleiteten Klasse zusätzlich definiert sind.

Beispiel:
```
const string& getTyp() const
{  return pkwTyp;  }
```

Die Methode `getTyp()` spricht hier das private Datenelement `pkwTyp` aus der Klasse `Pkw` direkt an.

Zugriff auf private-Element der Basisklasse

Ein privates Element aus der Basisklasse hingegen ist für Methoden der abgeleiteten Klasse nicht direkt zugänglich. Die Ausgabefunktion `display()` der abgeleiteten Klasse `Pkw` z. B. darf folgende Anweisung nicht enthalten:

Beispiel:
```
cout << "Hersteller: " << hersteller;
```

Da `hersteller` ein privates Datenelement in der Basisklasse `Kfz` ist, würde der Compiler hier eine Fehlermeldung ausgeben.

Der Zugriff auf private Datenelemente der Basisklasse ist für eine Methode der abgeleiteten Klasse nur indirekt möglich, und zwar mit Hilfe von Zugriffsmethoden, die in der Basisklasse als `public` deklariert sind. Nebenstehend ist eine Version der Methode `display()` angegeben, die die `get`-Methoden der Basisklasse `Kfz` aufruft.

Beim Aufruf einer Zugriffsmethode ist es nicht erforderlich, die Basisklasse anzugeben. Diese wird wie gewohnt über den `this`-Zeiger identifiziert, der implizit als Argument übergeben wird. Der nebenstehende Aufruf von `getHerst()` ist deshalb äquivalent zu:

Beispiel:
```
this->getHerst();
```

Namenssuche

Für die Suche nach dem Namen einer Methode gilt folgendes:

- Der Compiler sucht den Namen einer aufzurufenden Methode zunächst in der abgeleiteten Klasse.
- Findet er ihn dort nicht, geht er in der Klassenhierarchie eine Stufe höher und sucht dort nach einer passenden *öffentlichen* Methode.

Im obigen Beispiel wird also die Methode `getHerst()` der Basisklasse `Kfz` aufgerufen, da diese Methode in der Klasse `Pkw` nicht definiert ist.

Redefinition von Elementen

Neue Version der Methode display()

```
// In der Datei kfz.cpp
// Diese Version der Methode Pkw::display() ruft die
// Methode display() der Basisklasse auf.
// ---------------------------------------------------

void Pkw::display( void) const
{
   Kfz::display();             // Methode der Basisklasse

   cout <<   "Typ:            " << pkwTyp;
   cout << "\nSchiebedach:  ";

   if(schiebe)
       cout << " ja "<< endl;
   else
       cout << " nein " << endl;
}
```

Redefinition

Für die Namen von Datenelementen oder Methoden in der abgeleiteten Klasse gibt es zwei Möglichkeiten:

1. Der Name kommt in der Basisklasse nicht vor: keine Redefinition.
2. Der Name ist in der Basisklasse schon vorhanden: Redefinition.

Im zweiten Fall ist das Element gleichen Namens in der Basisklasse weiterhin vorhanden, ohne verändert worden zu sein. Durch die Redefinition von Elementen in einer abgeleiteten Klasse bleibt die Basisklasse also unverändert.

Die Namenssuche des Compilers führt allerdings dazu, dass

- ein in der abgeleiteten Klasse redefiniertes Element das entsprechende Element in der Basisklasse „verdeckt".

Diese Situtation entspricht der von lokalen und globalen Variablen: Eine lokale Variable verdeckt eine zuvor definierte globale Variable gleichen Namens.

Redefinition und Überladung

Normalerweise werden *Methoden* in abgeleiteten Klassen redefiniert. Damit werden die Methoden an die neuen Fähigkeiten der Klasse angepasst. Bei einer Redefinition darf die Signatur und der Return-Typ beider Methoden verschieden sein. Eine Überladung von Funktionen findet dabei jedoch nicht statt, da die abgeleitete Klasse einen neuen Geltungsbereich besitzt.

Die Redefinition einer Methode verdeckt immer die gleichnamige Methode in der Basisklasse. In derselben Klasse dürfen natürlich Methoden überladen werden. Deshalb kann eine Methode der Basisklasse in der abgeleiteten Klasse mehrfach redefiniert werden.

Zugriff auf Elemente der Basisklasse

Wenn eine Methode in der abgeleiteten Klasse redefiniert wurde, so ist die entsprechende Methode in der Basisklasse immer noch vorhanden. Falls diese im `public`-Deklarationsteil der Basisklasse steht, kann sie auch bei der Redefinition verwendet werden. Der Zugriff auf die Basisklassen-Methode erfolgt mit Hilfe des Bereichsoperators `::`.

Die nebenstehende neue Version der Methode `display()` demonstriert dies. Zur Ausgabe der Datenelemente der Basisklasse wird die dort bereits definierte Methode `display()` aufgerufen. Hierbei muss der Name der Basisklasse mit dem Bereichsoperator angegeben werden. Andernfalls würde die Methode `display()` der abgeleiteten Klasse sich selbst aufrufen, was zu einer Endlos-Rekursion führt.

Auf- und Abbau abgeleiteter Klassen

Erste Version des Konstruktors von Pkw

```
// Erste Version des Konstruktors von Pkw
// ----------------------------------------
Pkw::Pkw(const string& tp, bool sd, long n,
         const string& hs)
{
    setNr(n);          // Anfangswerte für Datenelemente
    setHerst(hs);      // der Basisklasse

    pkwTyp  = tp;      // Anfangswerte für Datenelemente
    schiebe = sd;      // der abgeleiteten Klasse
}
```

Zweite Version mit Basisinitialisierer

```
// Zweite Version des Konstruktors von Pkw
// ---------------------------------------------------
Pkw::Pkw(const string& tp, bool sd, long n,
         const string& hs) : Kfz( n, hs)
{
    pkwTyp  = tp;       // Anfangswerte für Datenelemente
    schiebe = sd;       // der abgeleiteten Klasse
}
```

Dritte Version mit Basis- und Elementinitialisierer

```
// Dritte Version des Konstruktors von Pkw
// ---------------------------------------------------
Pkw::Pkw(const string& tp, bool sd, long n,
         const string& hs)
    : Kfz( n, hs), pkwTyp( tp ), schiebe( sd )
{
   // Hier ist nichts mehr zu tun
}
```

Konstruktor-Aufrufe

Für das Anlegen eines Objekts vom Typ einer abgeleiteten Klasse ist der Konstruktor der abgeleiteten Klasse zuständig. Da die abgeleitete Klasse alle Datenelemente der Basisklasse enthält, sind auch diese anzulegen und mit Anfangswerten zu versehen. Dazu wird der Konstruktor der Basisklasse aufgerufen. Ohne weitere Angaben ist dies der Default-Konstruktor.

Die Reihenfolge der Konstruktor-Aufrufe ist hierbei wichtig: Zuerst wird der Konstruktor der Basisklasse und anschließend der Konstruktor der abgeleiteten Klasse ausgeführt. Der Aufbau geschieht also von „innen nach außen".

Die nebenstehende erste Version des Konstruktors von `Pkw` setzt die Anfangswerte, indem sie entsprechende Zugriffsmethoden der Basisklasse aufruft. Zuvor wird implizit der Default-Konstruktor der Basisklasse aufgerufen, der jedes Element mit einem Default-Wert versieht. Dieses Vorgehen hat dieselben Nachteile, die bereits bei der Erzeugung von Objekten mit Teilobjekten dargestellt wurden: In der Basisklasse muss ein Default-Konstruktor vorhanden sein, und die zunächst falsche Initialisierung und anschließende Zuweisung verursachen unnötige Einbußen bei der Laufzeit des Programms.

Basisinitialisierer

Besitzt die Basisklasse einen Konstruktor mit Parametern, so ist es sinnvoll, diesen auch aufzurufen. Dann werden die Datenelemente sofort richtig initialisiert. Zu dem Zweck kann bei der Definition des Konstruktors der abgeleiteten Klasse ein sog. *Basisinitialisierer* angegeben werden.

Die zweite Version des Konstruktors von `Pkw` enthält den Basisinitialisierer.

Beispiel: `Kfz( n, hs )`

Die Syntax für Basisinitialisierer entspricht der für Elementinitialisierer. In beiden Fällen handelt es sich um die Initialisierung von Teilobjekten. Deshalb können Basis- und Elementinitialisierer durch Komma getrennt in einer Liste angegeben werden. Dies zeigt auch die dritte Version des `Pkw`-Konstruktors.

Abbau von Objekten

Beim Abbau eines Objekts wird zunächst der Destruktor der abgeleiteten Klasse und dann der Destruktor der Basisklasse aufgerufen. Die Reihenfolge ist also umgekehrt wie bei den Konstruktor-Aufrufen.

Die Definition eines Destruktors für die abgeleitete Klasse ist erforderlich, wenn Aktionen des Konstruktors rückgängig gemacht werden müssen. Der Destruktor der Basisklasse muss dabei nicht explizit aufgerufen werden. Er wird automatisch ausgeführt.

Objekte abgeleiteter Klassen

Beispielprogramm

```
// kfz_t.cpp:  Zum Testen der Basisklasse Kfz und
//             der abgeleiteten Klasse Pkw.
// ---------------------------------------------------
#include "kfz.h"

int main()
{
    const Pkw kaefer("New Beatle", false, 3421L, "VW");
    kaefer.display();
    cout << "\nUnd hier noch einmal die Pkw-Nummer: "
         << kaefer.getNr() << endl;

    Pkw cabrio("Carrera", true);
    cabrio.setNr(1000L);
    cabrio.setHerst("Porsche");
    cabrio.display();

    cout << "\nNur die Daten der Basisklasse: ";
    cabrio.Kfz::display();

    return 0;
}
```

Ausgabe des Programms

```
---------------------------------------------
Kfz-Nummer:   3421
Hersteller:   VW
Typ:          New Beatle
Schiebedach: nein

Und hier noch einmal die Pkw-Nummer: 3421

---------------------------------------------
Kfz-Nummer:   1000
Hersteller:   Porsche
Typ:          Carrera
Schiebedach: ja

Nur die Daten der Basisklasse:
---------------------------------------------
Kfz-Nummer:    1000
Hersteller:    Porsche
```

Vereinbarung von Objekten

Das nebenstehende Programm zeigt, wie Objekte abgeleiteter Klassen verwendet werden können. Es werden zwei Objekte, `kaefer` und `cabrio`, vom Typ der abgeleiteten Klasse `Pkw` vereinbart. Da die Klasse `Pkw` keinen Default-Konstruktor besitzt, müssen beide Objekte initialisiert werden. Allerdings genügen die Angabe des Pkw-Typs mit bzw. ohne Schiebedach. Für die anderen Datenelemente gibt es Standardwerte.

Das Objekt `kaefer` wird als `const` vereinbart, um zu zeigen, dass die get-Methoden und die Methode `display()` auch für ein konstantes Objekt aufrufbar sind. Diese wurden als Read-only-Methoden deklariert.

Dagegen ist folgender Aufruf unzulässig:

Beispiel: `kaefer.setNr( 7564L );                // Fehler`

Deshalb müssen für das Objekt in der Vereinbarung alle Anfangswerte richtig gesetzt werden.

Aufruf redefinierter Methoden

Beim Aufruf einer redefinierten Methode entscheidet der Typ des Objekts, welche Version der Methode ausgeführt wird. In der Klasse `Pkw` wurde die Methode `display()` redefiniert. Mit der Anweisung

Beispiel: `cabrio.display();`

werden also auch die zusätzlichen Datenelemente `pkwTyp` und `schiebe` ausgegeben. Dagegen wird für ein Objekt `kombi` der Klasse `Kfz` beim Aufruf

Beispiel: `kombi.display();`

die Methode der Basisklasse ausgeführt.

Aufruf von Methoden der Basisklasse

Es stellt sich die Frage, ob für ein Objekt der abgeleiteten Klasse eine Methode der Basisklasse aufgerufen werden kann, die in der abgeleiteten Klasse redefiniert wurde. Dies ist möglich, und zwar mit Hilfe des Bereichsoperators `::`.

Sollen beispielsweise nur die Basisdaten des Objekts `cabrio` angezeigt werden, so kann dies mit einem direkten Aufruf der Basisklassen-Methode `display()` erreicht werden.

Beispiel: `cabrio.Kfz::display();`

Hier werden der Name der Basisklasse und der Bereichsoperator dem Namen der Methode vorangestellt.

protected-Deklarationen

Beispielklassen

```
// tresor.h : Die Klassen Tresor und Castle
// -----------------------------------------------------
#include <iostream>
using namespace std;

class Tresor
{
   private:
      int topSecret;
   protected:
      int secret;
      void setTopSecret( int n) { topSecret = n;}
      int  getTopSecret() const { return topSecret;}
      void setSecret( int n){ secret = n;}
      int  getSecret() const { return secret;}
   public:
      int notSecret;
      Tresor()
      { topSecret = 100; secret = 10; notSecret = 0; }
};

class Castle : public Tresor
{
   public:
    Castle()
    {
      // topSecret = 10;          // Fehler, da private
      setTopSecret(10);          // ok, da protected
      secret = 1;                // ok, da protected
      notSecret = 0;             // ok, da public
    }
    void test()
    {
    // topSecret = 200;                // Fehler, da private
       setTopSecret(200);              // ok, da protected
       secret = 20;                    // ok, da protected
       notSecret = 2;                  // ok, da public
    }
};
```

Zugriff auf geschützte Elemente

Der Zugriff auf die privaten Elemente einer Basisklasse ist auch für die Methoden und `friend`-Funktionen einer abgeleiteten Klasse nicht zulässig.

Beim Aufbau einer Klassenhierarchie kann es jedoch wünschenswert sein, dass Methoden und `friend`-Funktionen einer abgeleiteten Klasse direkt mit den privaten Elementen einer Basisklasse arbeiten können. Dies ist der Fall, wenn in der Basisklasse Elemente definiert werden, die als Bausteine für abgeleitete Klassen, aber nicht zum allgemeinen Gebrauch bestimmt sind.

Beispielsweise kann eine Klasse zur Darstellung eines Bildschirmfensters die Abmessungen und weitere Attribute eines allgemeinen Fensters speichern. Die Eigenschaften sollen einerseits geschützt sein, andererseits soll es den Methoden einer abgeleiteten Klasse dennoch möglich sein, direkt damit zu arbeiten.

protected-Elemente

Um den Zugriff auf geschützte Elemente der Basisklasse für Methoden und `friend`-Funktionen einer abgeleiteten Klasse zu erlauben, muss die Zugriffskontrolle um eine Stufe zwischen `private` und `public` erweitert werden. Dies wird durch *protected-Deklarationen* ermöglicht.

Ein als `protected` deklariertes Element ist wie ein `private`-Element vor dem Zugriff von außen geschützt. Das heißt für Objekte der Basisklasse und einer davon abgeleiteten Klasse ist ein `protected`-Element nicht ansprechbar. Im Gegensatz zu einem `private`-Element können Methoden und `friend`-Funktionen abgeleiteter Klassen jedoch darauf zugreifen.

Die nebenstehend definierten Klassen `Tresor` und `Castle` zeigen, dass die `protected`-Elemente der Basisklasse in einer abgeleiteten Klasse direkt angesprochen werden können. Dagegen sind `protected`-Elemente vor dem Zugriff durch den Anwender der Klassen geschützt.

Beispiel:

```
Castle schatz;
schatz.topSecret = 1;      // Fehler: private
schatz.secret = 2;         // Fehler: protected
schatz.setTopSecret(5);    // Fehler: protected
schatz.notSecret = 10;     // ok
```

Der Einsatz von `protected`-Deklarationen sollte mit Vorsicht vorgenommen werden. Wird die Deklaration eines `protected`-Elements geändert, so müssen alle von dieser Klasse abgeleiteten Klassen auf notwendige Änderungen hin überprüft werden.

Weitere Zugriffseinschränkungen

protected- und private-Vererbung

```
class Tresor
{
  private:
    int topSecret;
  protected:
    int  secret;
    void setTopSecret( int n) { topSecret = n; }
    void setSecret( int n) { secret = n;}
  public:
    int notSecret;
    Tresor()
    { topSecret = 100; secret = 10; notSecret = 0; }
    int getTopSecret() const { return topSecret; }
    int getSecret() const { return secret; }
};

class Castle : protected Tresor    // protected-Vererbung
{
   // Alle public-Elemente der Basisklasse Tresor
   // werden als protected übernommen.
   // Die protected -Elemente der Basisklasse
   // bleiben in dieser Klasse protected.
};

class Palace : private Tresor      // private-Vererbung
{
   // Alle public- und protected- Elemente der
   // Basisklasse Tresor werden als private übernommen.
};
```

Zugriffsdeklaration

```
class Palace : private Tresor // private-Vererbung
{
   public:
     Tresor::notSecret;          // Als public übernehmen

   protected:      //
     Tresor::secret;             // Als protected übernehmen
};
```

Bei der public-Vererbung werden die public- und die protected-Schnittstelle der Basisklasse als solche in die abgeleitete Klasse übernommen. Dadurch steht die abgeleitete Klasse zur Basisklasse in einer Ist-Beziehung, das heißt, ein Objekt der abgeleiteten Klasse ist ein spezielles Objekt der Basisklasse.

protected- und private-Vererbung

In seltenen Fällen ist es sinnvoll, die Zugriffsrechte auf die Basisklasse weiter einzuschränken. Hierfür bietet C++ die Möglichkeit der private- oder protected-Vererbung:

- Bei der protected-Vererbung werden die public- und protected-Elemente der Basisklasse zu protected-Elementen in der abgeleiteten Klasse.
- Bei der private-Vererbung werden die public- und protected-Elemente der Basisklasse zu private-Elementen in der abgeleiteten Klasse.

In beiden Fällen kann für Objekte der abgeleiteten Klasse auf die `public`-Elemente der Basisklasse nicht zugegriffen werden.

Bei der Definition einer abgeleiteten Klasse, die durch private- oder protected-Vererbung entsteht, wird vor dem Namen der Basisklasse anstelle von `public` das Schlüsselwort `private` bzw. `protected` angegeben. Ist keines dieser Schlüsselworte angegeben, liegt eine private-Vererbung vor.

Die öffentliche Schnittstelle der abgeleiteten Klasse besteht dann lediglich aus den in der abgeleiteten Klasse zusätzlich deklarierten `public`-Elementen. Ein Objekt der abgeleiteten Klasse ist folglich nicht mehr ein spezielles Objekt der Basisklasse.

Zugriffsdeklarationen

Bei einer protected- oder private-Vererbung kann es wünschenswert sein, ausgewählte Datenelemente, die in der Basisklasse als `public` oder `protected` deklariert sind, in die öffentliche Schnittstelle der abgeleiteten Klasse zu übernehmen. Dies ist durch eine Zugriffsdeklaration im public-Deklarationsteil der abgeleiteten Klasse möglich:

Syntax: `[using] Basisklasse::element;`

Hierbei ist `element` der Name eines Datenelements der Basisklasse.

Eine Zugriffsdeklaration kann auch im protected-Deklarationsteil der abgeleiteten Klasse erfolgen. Dann wird das jeweilige Element der Basisklasse in die protected-Schnittstelle der abgeleiteten Klasse übernommen.

Nebenstehend wird das Datenelement `notSecret` der Basisklasse `Tresor` in die öffentliche Schnittstelle der abgeleiteten Klasse `Palace` übernommen und das Datenelement `secret` wird zu einem protected-Element von `Palace`.

Kapitel 23

Typumwandlung in Klassenhierarchien

Dieses Kapitel beschreibt implizite Typumwandlungen innerhalb von Klassenhierarchien, die bei Zuweisungen und Funktionsaufrufen vorgenommen werden.

Außerdem werden explizite Casts in Klassenhierarchien, insbesondere Up- und Down-Casts vorgestellt.

Konvertierung in Basisklassen

Beispiel mit impliziter Konvertierung

```
#include "kfz.h"

bool compare( Kfz&, Kfz&);

int main()
{
   Pkw kaefer("New Beatle", false, 3421, "VW"),
       ente( "2CV", true, 2512, "Citroen");

   bool erg = compare( kaefer, ente);
   // ...
}
                                  // ok!
                                  // Implizite Konvertierung
                                  // in die Basisklasse.

                                  // Kfz& a = kaefer;
                                  // Kfz& b = ente;

bool compare( Kfz& a, Kfz& b)
{

   // Hier ist a der Basisanteil von kaefer,
   // b der Basisanteil von ente.
   // Falls dies nicht genügt, muß explizit
   // in den Typ Pkw gecastet werden.

}
```

Implizite Konvertierung

Entsteht eine Klasse durch `public`-Vererbung aus einer anderen Klasse, so übernimmt die abgeleitete Klasse die Eigenschaften und Fähigkeiten der Basisklasse. Objekte vom Typ der abgeleiteten Klasse sind dann *spezielle* Objekte der Basisklasse. So ist beispielsweise ein Pkw ein spezielles Kraftfahrzeug.

Diese „Ist"-Beziehung kann beim Arbeiten mit Objekten genutzt werden. So ist es möglich, einem Objekt der Basisklasse ein Objekt der abgeleiteten Klasse zuzuweisen. Dabei erfolgt eine *implizite Typumwandlung* in den Typ der Basisklasse.

Die Basisklasse wird so zum gemeinsamen Oberbegriff für verschiedene Spezialisierungen. Wurden beispielsweise die Klassen `Pkw` und `Lkw` von der Klasse `Kfz` abgeleitet, so können Objekte vom Typ `Pkw` oder `Lkw` stets als Objekte vom Typ `Kfz` behandelt werden.

Zuweisungen

Eine implizite Typumwandlung in Klassenhierarchien wird bei der Zuweisung an

- ein Objekt der Basisklasse
- einen Zeiger oder eine Referenz auf die Basisklasse

vorgenommen.

Funktionsaufrufe

Außerdem werden beim Aufruf von Funktionen entsprechende implizite Typumwandlungen auch für die Argumente durchgeführt.

Besitzt beispielsweise die Funktion `compare()` folgenden Prototyp

Beispiel: `bool compare( Kfz& , Kfz& );`

und sind `kaefer` und `ente` zwei Objekte vom Typ der abgeleiteten Klasse `Pkw`, so ist folgender Aufruf möglich:

Beispiel: `compare( kaefer, ente);`

Der Compiler nimmt dann eine implizite Typumwandlung der Argumente `kaefer` und `ente` in den Typ der Parameter, d.h. in eine Referenz auf die Basisklasse `Kfz`, vor.

Die Typanpassung von Argumenten bei Funktionsaufrufen entspricht der Typumwandlung bei der Zuweisung, die im folgenden dargestellt wird.

Typumwandlung bei Zuweisungen

Wirkung der Zuweisung

```
Kfz   auto;
Pkw bmw("520i", true, 4325,
        "Bayerische Motorenwerke");

auto = bmw;
```

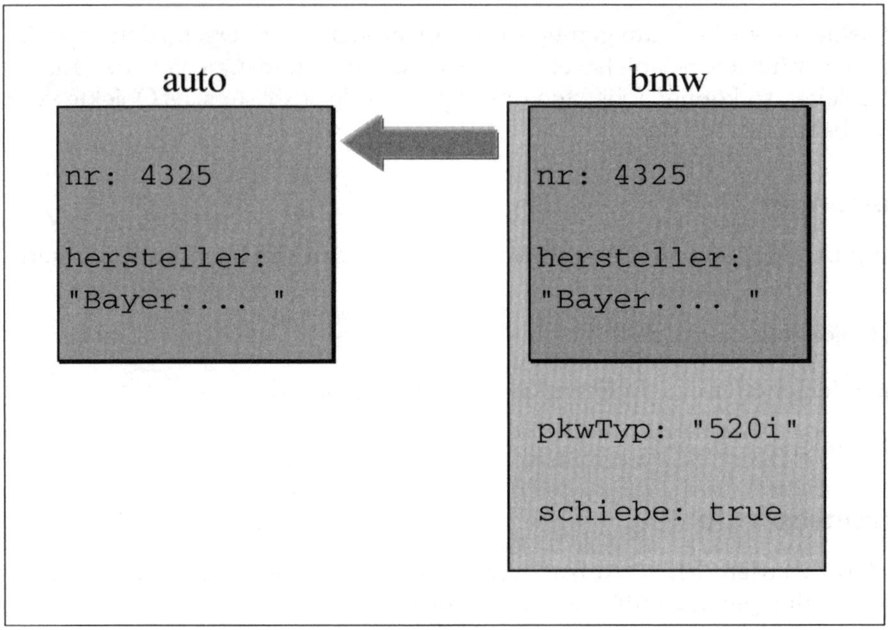

Zuweisung an Basisklassenobjekte

Ein Objekt vom Typ einer abgeleiteten Klasse kann einem Objekt der Basisklasse zugewiesen werden.

Beispiel:
```
Kfz  auto;
Pkw bmw("520i", true, 4325,
        "Bayerische Motorenwerke");
auto = bmw;
```

Das Objekt `bmw` der abgeleiteten Klasse `PKW` enthält alle Datenelemente der Basisklasse `Kfz`, nämlich die Fahrzeugnummer und den Hersteller. Bei der Zuweisung wird das Objekt `bmw` komponentenweise in die Datenelemente des Objekts `auto` kopiert.

Damit ist die obige Zuweisung äquivalent zu:

```
auto.nr         = bmw.nr;
auto.hersteller = bmw.hersteller;
```

Die übrigen Datenelemente, die in der abgeleiteten Klasse zusätzlich definiert sind, bleiben unberücksichtigt!

Mit der folgenden Anweisung werden dann die kopierten Datenelemente ausgegeben:

Beispiel:
```
auto.display();
```

Die Möglichkeit, ein Objekt einer abgeleiteten Klasse einem Basisklassenobjekt zuzuweisen, geht davon aus, dass „mehr weniger ausfüllt". Das Objekt rechts vom Zuweisungsoperator enthält nämlich ein Teilobjekt vom Typ des Objekts auf der linken Seite.

Zuweisung an Objekte abgeleiteter Klassen

Diese Situation ist bei der Zuweisung eines Basisklassenobjekts an ein Objekt der abgeleiteten Klasse nicht gegeben. Die Zuweisung

Beispiel:
```
bmw = auto;      // Fehler!
```

ist deshalb im Allgemeinen nicht möglich. Welche Werte sollten auch den zusätzlichen Datenelementen `pkwTyp` und `schiebe` zugewiesen werden?

Die Zuweisung in umgekehrter Richtung ist nur möglich, wenn eine entsprechende Zuweisung oder ein Kopierkonstruktor mit einem Parameter vom Typ „Referenz auf die Basisklasse" definiert wurde. Beide können z.B. die zusätzlichen Datenelemente der abgeleiteten Klasse auf Standardwerte setzen.

Konvertierung von Referenzen und Zeigern

Wirkung der Zeiger-Zuweisung

```
Pkw cabrio("Spitfire", true, 1001, "Triumph");
Kfz* kfzPtr = &cabrio;

kfzPtr = &cabrio;
```

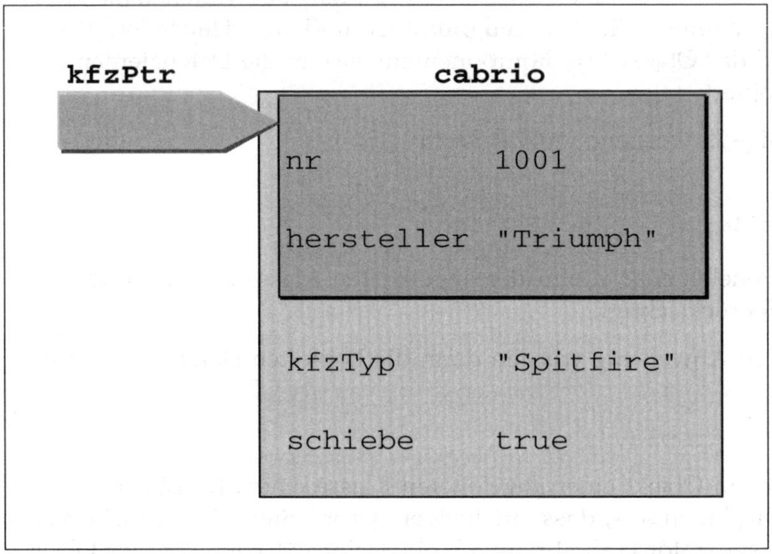

Konvertierung in Basisklassenzeiger

Die Ist-Beziehung zwischen einer abgeleiteten Klasse und einer Basisklasse wird auch bei der Verwendung von Referenzen und Zeigern realisiert. Ein Zeiger vom Typ „Zeiger auf Basisklasse", kurz *Basisklassenzeiger*, kann ein Objekt vom Typ einer abgeleiteten Klasse adressieren.

Beispiel:
```
Kfz* kfzPtr = &cabrio;
```

Hier ist `cabrio` ein Objekt der Klasse `Pkw`.

Was den Zugriff auf das adressierte Objekt betrifft, ist folgendes zu beachten:

- Ein Basisklassenzeiger kann nur die öffentliche Schnittstelle der *Basisklasse* ansprechen.

Die in der abgeleiteten Klasse zusätzlich definierten Elemente sind also nicht ansprechbar. Insbesondere wird mit

Beispiel:
```
kfzPtr -> display();
```

die Methode `display()` der Basisklasse `Kfz` aufgerufen. Obwohl `kfzPtr` hier auf ein Objekt der Klasse `Pkw` zeigt, können keine Methoden aufgerufen werden, die in der abgeleiteten Klasse zusätzlich definiert wurden.

Beispiel:
```
kfzPtr->setSchiebe(false);      // Fehler
```

Das Objekt `*kfzPtr` besitzt den Typ `Kfz` und repräsentiert nur den Basisanteil von `cabrio`. Daher ist auch folgende Zuweisung unzulässig:

Beispiel:
```
Pkw auto;
auto = *kfzPtr;         // Fehler!
```

Obwohl `kfzPtr` in diesem Fall ein Objekt vom Typ `Pkw` adressiert!

Konvertierung in Referenzen auf Basisklassen

Beim Arbeiten mit Referenzen ist eine analoge Situation gegeben. Eine Referenz vom Typ „Referenz auf Basisklasse" kann auf ein Objekt einer abgeleiteten Klasse verweisen. Die Referenz stellt dann nur den Basisanteil des Objekts dar.

Beispiel:
```
Kfz& kfzRef = cabrio;              // ok
kfzRef.display();         // Basiselemente ausgeben
kfzRef.setSchiebe(true);           // Fehler
Pkw auto;
auto = kfzRef;                     // Fehler
```

Obwohl die Referenz `kfzRef` auf ein Objekt vom Typ `Pkw` verweist, ist es nicht möglich, dieses Objekt dem Objekt `auto` vom Typ `Pkw` zuzuweisen.

Explizite Typumwandlungen

Down-Cast

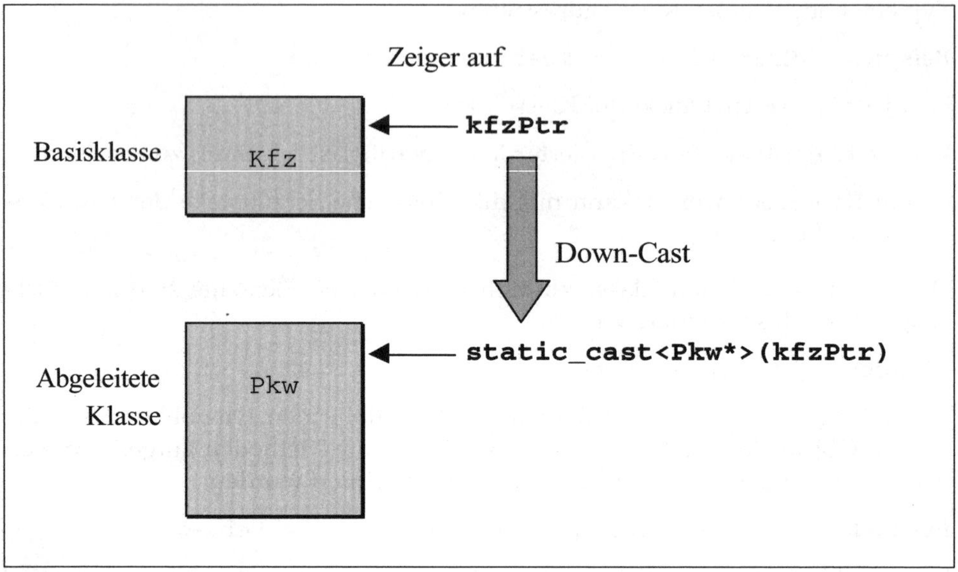

Up-Cast

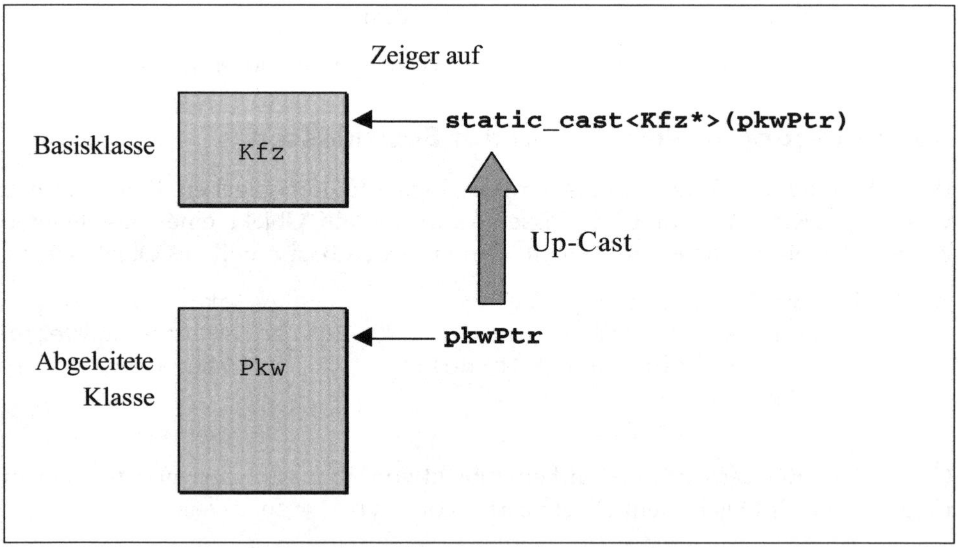

Up- und Down-Casts

Typumwandlungen, die in einer Klassenhierarchie „nach oben" gehen (engl. *Up-Cast*) sind immer möglich und sicher: Up-Casts werden deshalb auch implizit vorgenommen.

Eine Typumwandlung in umgekehrter Richtung (engl. *Down-Cast*) ist nur explizit durch eine Cast-Konstruktion möglich. Hierfür kann der von C her bekannte Cast-Operator `(typ)` oder der Operator `static_cast< >` eingesetzt werden. Beide Möglichkeiten sind hier äquivalent.

Explizite Cast-Konstruktionen

Ist `cabrio` wieder ein Objekt der abgeleiteten Klasse `Pkw`, so wird mit

Beispiel:
```
Kfz* kfzPtr = &cabrio;
( (Pkw*) kfzPtr )->display();
```

der Basisklassenzeiger `kfzPtr` zunächst auf das Objekt `cabrio` gesetzt. Mit Hilfe des Casts wird `kfzPtr` dann in einen Zeiger auf die abgeleitete Klasse konvertiert. Dies ermöglicht es, über den Zeiger die Methode `display()` der abgeleiteten Klasse `Pkw` aufzurufen. Die Klammern sind hier notwendig, da der Verweisoperator `->` eine höhere Priorität als der Cast-Operator `(typ)` hat.

Der Operator `static_cast< >` hat folgende

Syntax:
```
static_cast<typ>(ausdruck)
```

Er konvertiert den Ausdruck in den Zieltyp `typ`. Das obige Beispiel ist somit äquivalent zu:

Beispiel:
```
static_cast<Pkw*>(kfzPtr)->display();
```

Hierbei müssen keine zusätzlichen Klammern gesetzt werden, da die Operatoren `static_cast<>` und `->` die gleiche Prioriät haben. Sie werden von links nach rechts zusammengefasst.

Nach einem Down-Cast eines Zeigers oder einer Referenz steht die gesamte öffentliche Schnittstelle der abgeleiteten Klasse zur Verfügung.

Sicherheit von Down-Casts

Typumwandlungen „von oben nach unten" müssen jedoch mit großer Sorgfalt erfolgen. Ein Down-Cast ist nämlich nur dann sicher, wenn das durch den Basisklassenzeiger adressierte Objekt tatsächlich den Typ der abgeleiteten Klasse hat. Dies gilt auch für Referenzen auf Basisklassen.

Um auch Down-Casts stets sicher durchführen zu können, gibt es in C++ den sog. *dynamischen Cast*. Dieser ist für polymorphe Klassen einsetzbar und wird im nächsten Kapitel vorgestellt.

Kapitel 24

Polymorphe Klassen

Dieses Kapitel beschreibt, wie polymorphe Klassen entwickelt und gehandhabt werden. Neben der Definition virtueller Funktionen werden auch dynamische Down-Casts in polymorphen Klassenhierarchien vorgestellt.

Polymorphie

Beispiel

Die Klassen mit virtuellen Methoden:

`Base:`

Basisklasse mit virtueller Methode `display()`.

`Derived1 und Derived2:`

Von `Base` abgeleitete Klassen mit jeweils einer eigenen Redefinition der Methode `display()`.

Basisklassenzeiger und Objekte:

```
Base*    basePtr;        // Basisklassenzeiger
Derived1 eckig;          // Objekte
Derived2 rund;
```

Aufrufe der virtuellen Methoden:

Beim Aufruf einer virtuellen Methode wird stets die passende Version der Methode für das momentan adressierte Objekt ausgeführt.

```
basePtr = &eckig;
basePtr->display();      // Aufruf von
                         // Derived1::display()
basePtr = &rund;
basePtr->display();      // Aufruf von
                         // Derived2::display()
```

Problemstellung

Wenn es nicht auf die speziellen Fähigkeiten von Objekten abgeleiteter Klassen ankommt, genügt es, ihren Basisklassenanteil zu berücksichtigen. Das ist z.B. dann der Fall, wenn dynamisch reservierte Objekte in einer Datenstruktur eingefügt oder gelöscht werden.

In solchen Fällen ist es von Vorteil, wenn Zeiger oder Referenzen auf Basisklassen verwendet werden können, und zwar unabhängig vom konkreten Typ der Objekte. Allerdings sind dann nur die allen Objekten gemeinsamen Basiselemente verwendbar.

Die speziellen Fähigkeiten eines Objekts vom Typ einer abgeleiteten Klasse sollten jedoch auch dann aktivierbar sein, wenn

- das Objekt über einen Zeiger oder eine Referenz auf die Basisklasse angesprochen wird und
- der konkrete Typ des Objekts erst zur Laufzeit feststeht.

Ist `kfzPtr` ein Basisklassenzeiger, so sollten mit der Anweisung

Beispiel: `kfzPtr->display();`

alle Datenelemente des momentan adressierten Objekts ausgegeben werden.

Traditionelle Lösung

In der traditionellen Programmierung wurde das Problem gelöst, indem man jeden Typ, also den der Basisklasse und der abgeleiteten Klassen, um ein Typfeld erweiterte. Das Typfeld hat sich den Typ der aktuellen Klasse „gemerkt". Eine Funktion, die Objekte über Basisklassenzeiger verwaltet, konnte so den konkreten Typ eines Objekts in einer switch-Anweisung abfragen und die passende Methode aufrufen.

Diese Lösung hat allerdings den Nachteil, dass bei späteren Ableitungen der Quellcode um eine `case`-Marke erweitert und neu kompiliert werden muss.

Objektorientierte Lösung

In der objektorientierten Programmierung ist die Lösung des Problems die *Polymorphie* (griech. Vielgestaltigkeit). In C++ werden polymorphe Klassen mit Hilfe von *virtuellen Methoden* implementiert. Der Aufruf einer virtuellen Methode veranlasst den Compiler, auch dann die zu einem Objekt *passende* Version der Methode zur Ausführung zu bringen, wenn das Objekt über einen Zeiger oder eine Referenz auf die Basisklasse angesprochen wird!

Virtuelle Methoden

Aufruf der virtuellen Methode display()

```
// virtual.cpp : Testen der virtuellen Methode display()
//               der Klassen Kfz und Pkw.
// ----------------------------------------------------
#include "kfz.h"
// In Kfz ist die Methode display() wie folgt deklariert:
// virtual void display() const;

int main()
{
  Kfz* pKfz[3];            // Drei Basisklassenzeiger.
  int i = 0;               // Index
  pKfz[0] = new Kfz( 5634L, "Mercedes");
  pKfz[1] = new Pkw("Ente",true,3421L,"Citroen");
  pKfz[2] = new Lkw( 5, 7.5, 1234L, "MAN");

  while( true)
  {
    cout << "\nEin Objekt vom Typ "
              "Kfz, Pkw oder Lkw anzeigen!"
             "\n 1 = Kfz,  2 = Pkw,  3 = Lkw"
             "\nIhre Eingabe (Abbruch 0): ";
    cin >> i;
    --i;
    if( i < 0  || i > 2)
      break;
    pKfz[i]->display();
  }
  return 0;
}
```

Die Redefinition einer virtuellen Methode kann mit dem Spezifizierer **override** markiert werden wie beispielsweise die Methode `display()` in der abgeleiteten Klasse `Pkw`:

```
void display() const override;
```

Der Compiler gibt dann eine Fehlermeldung aus, wenn es in der Basisklasse keine entsprechende virtuelle Methode gibt – etwa weil die Signaturen nicht übereinstimmen.

Außerdem können weitere Redefinitionen einer virtuellen Methode verhindert werden. Dazu wird die Methode mit dem Spezifizierer **final** markiert.

Deklaration virtueller Methoden

Eine virtuelle Methode wird in der Basisklasse mit dem Schlüsselwort `virtual` deklariert.

Beispiel: `virtual void display() const;`

Die Definition einer virtuellen Methode unterscheidet sich nicht von der anderer Elementfunktionen.

In der abgeleiteten Klasse muss eine virtuelle Methode nicht redefiniert werden. Die abgeleitete Klasse erbt dann die virtuelle Methode der Basisklasse.

Redefinition

Typischerweise wird in der abgeleiteten Klasse jedoch eine „eigene Version" der virtuellen Methode definiert. Diese ist dann den speziellen Fähigkeiten der abgeleiteten Klasse angepasst.

In einer eigenen Version wird eine virtuelle Methode redefiniert. Die Redefinition in einer abgeleiteten Klasse muss hierbei

1. dieselbe Signatur und
2. denselben Ergebnistyp

wie die virtuelle Methode der Basisklasse haben.

Die neue Version einer virtuellen Methode ist automatisch wieder virtuell. In der Deklaration muss das Schlüsselwort `virtual` deshalb nicht mehr angegeben werden.

Bei der Redefinition virtueller Funktionen ist folgendes zu beachten:

- Ist der Ergebnistyp ein Zeiger oder eine Referenz auf die Basisklasse, so darf eine neue Version der virtuellen Methode einen Zeiger bzw. eine Referenz auf eine abgeleitete Klasse liefern. (Hinweis: Nicht alle Compiler unterstützen schon diese Möglichkeit.)
- Konstruktoren können nicht als virtuell deklariert werden.
- Eine Methode der Basisklasse wird nicht nachträglich virtuell, wenn sie in der abgeleiteten Klasse als virtuell deklariert wird.

Wird eine virtuelle Methode in der abgeleiteten Klasse mit einer anderen Signatur oder einem anderen Ergebnistyp redefiniert, so wird lediglich eine neue Methode mit gleichem Namen eingeführt. Diese ist nicht virtuell!

In diesem Fall ist die virtuelle Methode der Basisklasse in der abgeleiteten Klasse verdeckt. Das heißt, für ein Objekt der abgeleiteten Klasse ist nur die nicht virtuelle Version der Methode aufrufbar.

Abbau dynamischer Objekte

Beispielprogramm

```
// v_destr.cpp
// Basisklasse mit virtuellem Destruktor
// -----------------------------------------------------
#include <iostream>
#include <cstring>              // Für strcpy()
using namespace std;

class Base
{
  public:
   Base()
   {  cout << "Konstruktor der Klasse Basis\n"; }
   virtual ~Base()
   {  cout << "Destruktor der Klasse Basis\n"; }
};

class Data
{
  private:
    char *name;

  public:
    Data( const char *n)
    { cout << "Konstruktor der Klasse Data\n";
      name = new char[strlen(n)+1];
      strcpy(name, n);
    }
    ~Data()
    { cout << "Destruktor der Klasse Data für "
           << "Objekt: " << name << endl;
      delete [] name;
    }
};

class Derived : public Base
{
  private:
    Data data;

  public:
    Derived( const char *n) : data(n)
    {  cout << "Konstruktor der Klasse Derived\n";  }
    ~Derived()                    // implizit virtuell
    {  cout << "Destruktor der Klasse Derived\n"; }
};

int main()
{
  Base *bPtr = new Derived("DEMO");
  cout << "\nAufruf des virtuellen Destruktors!\n";
  delete bPtr;

  return 0;
}
```

Dynamisch erzeugte Objekte aus einer Klassenhierarchie werden normalerweise mit Basisklassenzeigern verwaltet. Endet die Lebensdauer eines solchen Objekts, so muss der Speicherplatz mit einer `delete`-Anweisung freigegeben werden.

Beispiel:

```
Kfz *kfzPtr;
kfzPtr = new Pkw("500",false,21,"Fiat");
. . .
delete kfzPtr;
```

Aufrufe von Destruktoren

Bei der Freigabe des Speicherplatzes wird automatisch der Destruktor für ein Objekt ausgeführt. Waren bei der Erzeugung des Objekts mehrere Konstruktoren beteiligt, so werden die entsprechenden Destruktoren in umgekehrter Reihenfolge aufgerufen. Für ein Objekt einer abgeleiteten Klasse heißt das: Zuerst wird der Destruktor der abgeleiteten Klasse und dann der Destruktor der Basisklasse ausgeführt.

Wird ein Objekt über einen Basisklassenzeiger verwaltet, so werden zwar die passenden virtuellen Methoden der abgeleiteten Klasse aufgerufen. Von einer nicht virtuellen Methode wird jedoch stets die Version der Basisklasse ausgeführt.

Im obigen Beispiel wird also nur der Destruktor der Basisklasse `Kfz` aufgerufen. Da der Destruktor von `Pkw` nicht aufgerufen wird, wird auch der Destruktor des Datenelements `pkwTyp`, das zusätzlich in der abgeleiteten Klasse definiert ist, nicht aufgerufen. Das Datenelement `pkwTyp` ist aber vom Typ `string`, das selbst dynamisch Speicher reserviert. Dieser Speicherplatz wird nicht freigegeben.

Wenn zahlreiche Objekte der abgeleiteten Klasse dynamisch angelegt werden, hat das fatale Folgen: Immer mehr Speicherblöcke liegen unreferenziert im Speicher und können nicht neu vergeben werden. Auf Dauer kann diese Situation die Programmausführung erheblich verlangsamen, da dynamischer Speicher durch „Swapping" vom externen Speicher geholt werden muss.

Virtuelle Destruktoren

Das Problem wird dadurch gelöst, dass Destruktoren auch als virtuell deklariert werden. Für die Klasse `Kfz` ist nebenstehend ein virtueller Destruktor definiert. Wie bei jeder anderen virtuellen Methode wird dann die passende Version des Destruktors aufgerufen. Danach werden die Destruktoren der direkten und indirekten Basisklassen ausgeführt.

Eine Klasse, die als Basisklasse für andere Klassen dient, sollte stets einen virtuellen Destruktor besitzen. Auch wenn die Basisklasse keinen eigenen Destruktor benötigt, sollte zumindest ein Dummy-Destruktor, d.h. ein Destruktor mit leerem Funktionsrumpf, definiert werden.

Virtuelle Methodentabelle

VMTs der Klassen Kfz und Pkw

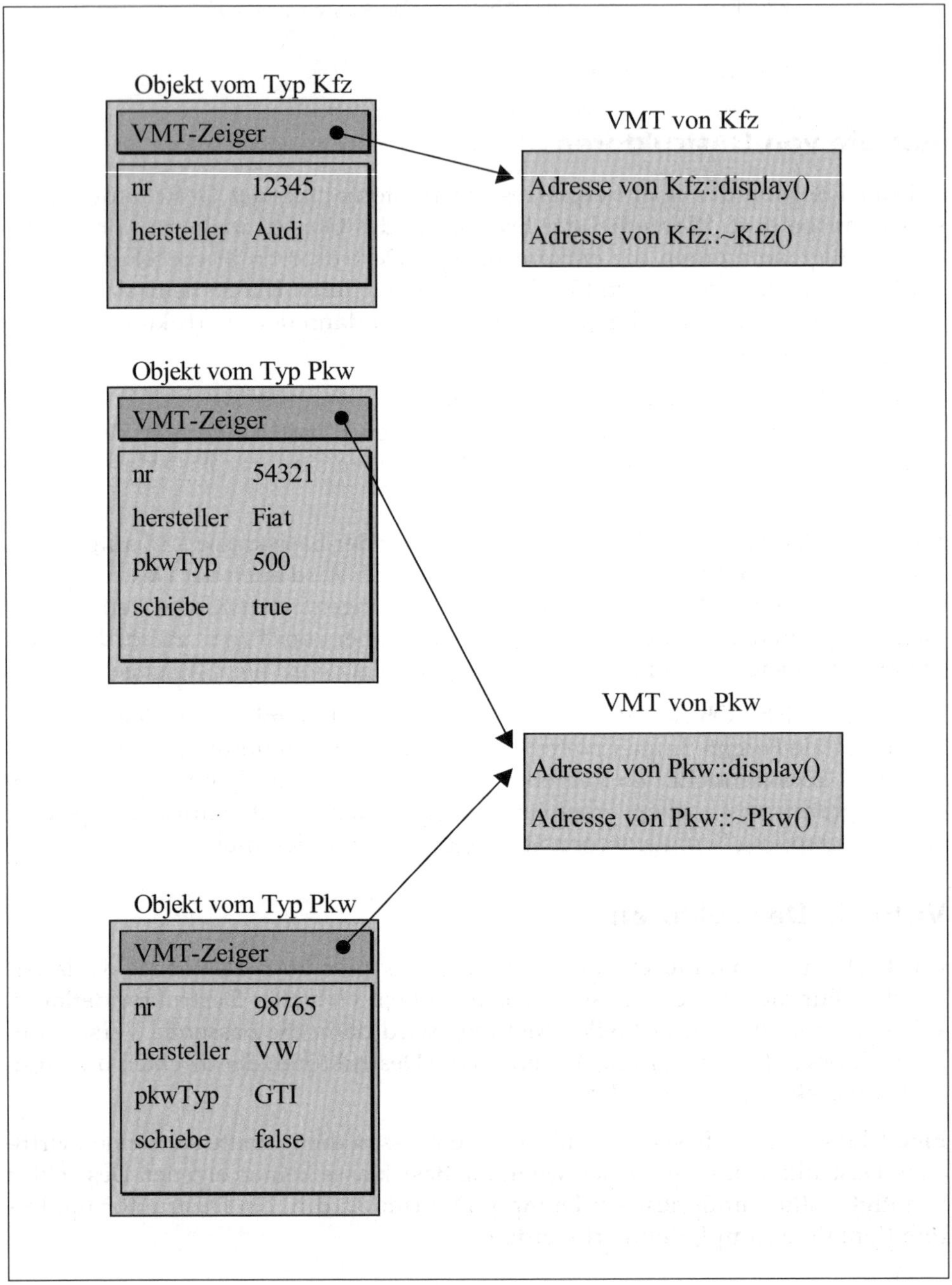

Statische Bindung

Beim Aufruf einer nicht virtuellen Methode ist zum Zeitpunkt der Kompilierung die Adresse der Funktion bekannt. Die Adresse wird direkt in den Maschinencode eingefügt. Man spricht dann auch von *statischer* oder *früher Bindung*.

Wird eine virtuelle Methode über einen Objektnamen aufgerufen, so ist ebenfalls zur Übersetzungszeit bekannt, welche Version der Methode gemeint ist. Hier handelt es sich also auch um frühe Bindung.

Dynamische Bindung

Beim Aufruf einer virtuellen Methode über einen Zeiger oder eine Referenz steht dagegen zur Zeit der Kompilierung noch nicht fest, welche Funktion zur Laufzeit ausgeführt wird. Bei der Anweisung

Beispiel: `kfzPtr->display();`

können verschiedene Versionen der Methode `display()` zur Ausführung kommen, je nachdem welches Objekt der Zeiger momentan adressiert.

Der Compiler muss also Maschinencode erzeugen, bei dem erst zur Laufzeit die Zuordnung zu einer bestimmten Funktion stattfindet. Man spricht in diesem Fall von *später* oder *dynamischer Bindung*.

VMT

Die dynamische Bindung wird intern mit Hilfe von *virtuellen Methodentabellen* (engl. *Virtual Method Table*, kurz: VMT) realisiert. Für jede Klasse mit mindestens einer virtuellen Methode wird eine VMT angelegt, also ein Vektor mit den Adressen der virtuellen Methoden der entsprechenden Klasse.

Jedes Objekt einer polymorphen Klasse besitzt einen VMT-Zeiger, das ist ein versteckter Zeiger auf die VMT der entsprechenden Klasse. Bei der dynamischen Bindung erfolgt der Aufruf einer virtuellen Funktion in zwei Schritten:

1. Im referenzierten Objekt wird der Zeiger auf die VMT gelesen.
2. Der VMT wird die Adresse der virtuellen Methode entnommen.

Im Vergleich zur statischen Bindung hat die dynamische Bindung den Nachteil, dass die VMTs Speicherplatz belegen. Außerdem ist wegen der indirekten Adressierung virtueller Methoden ein etwas schlechteres Laufzeitverhalten des Programms in Kauf zu nehmen.

Dieser Preis ist jedoch gering im Vergleich zum Nutzen: Die dynamische Bindung ermöglicht es, bereits übersetzten Quellcode nachträglich zu erweitern, ohne dass der Quellcode vorliegen muss. Dies ist z.B. wichtig für den Einsatz kommerzieller Klassenbibliotheken, aus denen der Anwender eigene Klassen und eigene Versionen virtueller Funktionen ableiten kann.

Dynamische Casts

Einsatz dynamischer Casts

```
// cast_t.cpp
// Dynamische Casts in Klassenhierarchien
// -----------------------------------------------------
#include "kfz.h"
bool inspect( Pkw* ),          // Inspektion verschiedener
     inspect(Lkw* );           // Fahrzeugtypen
bool distribute(Kfz* );        // Fahrzeuge zur Inspektion
                               // verteilen
int main()
{
    Kfz* kfzPtr = new Pkw("520i", true, 3265, "BMW");
    Lkw* lkwPtr = new Lkw(8, 7.5, 5437, "Volvo");
    // ... einige Casts ausprobieren und ...
    distribute(kfzPtr);
    distribute(lkwPtr);
    return 0;
}

bool distribute( Kfz* kfzPtr)
{
   Pkw* pkwPtr = dynamic_cast<Pkw*>(kfzPtr);
   if( pkwPtr != NULL)
      return inspect( pkwPtr);
   Lkw* lkwPtr = dynamic_cast<Lkw*>(kfzPtr);
   if( lkwPtr != NULL)
      return inspect( lkwPtr);
   return false;
}

bool inspect(Pkw* pkwPtr)
{
    cout << "\nIch teste einen Pkw!" << endl;
    cout << "\nHier ist er:";
    pkwPtr->display();
    return true;
}

bool inspect(Lkw* lkwPtr)
{
    cout << "\nIch teste einen Lkw!" << endl;
    cout << "\nHier ist er:";
    lkwPtr->display();
    return true;
}
```

Hier ist die Compiler-Option „Run-Time-Type-Information (RTTI)" zu aktivieren, z.B. unter Projekt/Einstellungen. Beim GNU Compiler sind diese Optionen automatisch aktiviert.

Unsichere Down-Casts

Down-Casts in Klassenhierarchien sind mit einem C-Cast oder dem statischen Cast-Operator nicht sicher: Wenn das referenzierte Objekt nicht tatsächlich den Typ der abgeleiteten Klasse hat, kommt es zur Laufzeit zu fatalen Fehlern.

Ist `kfzPtr` ein Zeiger auf die Basisklasse `Kfz`, der momentan ein Objekt vom Typ `Lkw` adressiert, so bewirkt die Anweisung

Beispiel: `Pkw* pkwPtr = static_cast<Pkw*>(kfzPtr);`

keine Fehlermeldung des Compilers. Aber z.B. die nachfolgende Anweisung `pkwPtr->setTyp("2CV");` könnte zum Absturz des Programms führen.

Der Operator dynamic_cast< >

Für polymorphe Klassen können sichere Down-Casts mit dem Cast-Operator `dynamic_cast<>` durchgeführt werden. Dieser prüft zur Laufzeit, ob die gewünschte Konvertierung zulässig ist oder nicht.

Syntax: `dynamic_cast<typ>(ausdruck)`

Der Ausdruck `ausdruck` wird dann in den Zieltyp `typ` umgewandelt. Der Zieltyp muss ein Zeiger oder eine Referenz auf eine polymorphe Klasse sein bzw. ein Zeiger auf `void`. Ist der Zieltyp ein Zeigertyp, so muss auch `ausdruck` einen Zeigertyp besitzen. Falls der Zieltyp ein Referenztyp ist, so muss `ausdruck` ein Objekt im Hauptspeicher bezeichnen.

Beispiele

Für den Zeiger `kfzPtr` auf die Basisklasse `Kfz` wird mit

Beispiel: `Pkw* pkwPtr = dynamic_cast<Pkw*>(kfzPtr);`

ein Down-Cast in die abgeleitete Klasse `Pkw` vorgenommen, sofern der Zeiger `kfzPtr` tatsächlich ein Objekt vom Typ `Pkw` adressiert. Ist dies nicht der Fall, so liefert der Operator `dynamic_cast<Pkw>` den NULL-Zeiger zurück.

Ist `cabrio` ein Objekt vom Typ `Pkw`, so wird im folgenden

Beispiel:
```
Kfz& r_kfz = cabrio;
Pkw& r_pkw = dynamic_cast<Pkw&>(r_kfz);
```

ein dynamischer Cast in den Typ „Referenz auf `Pkw`“ durchgeführt. Im Fehlerfall, d.h. wenn die Referenz `r_kfz` auf kein Objekt vom Typ `Pkw` verweist, wird eine Exception vom Typ `bad_cast` ausgelöst.

Der dynamische Cast-Operator kann auch für Up-Casts eingesetzt werden. Hierbei brauchen die beteiligten Klassen nicht polymorph zu sein. Eine Typüberprüfung zur Laufzeit findet allerdings nicht statt: Ein fehlerhafter Up-Cast wird bereits vom Compiler erkannt und gemeldet.

Kapitel 25

Abstrakte Klassen

Dieses Kapitel beschreibt, wie durch die Definition rein virtueller Methoden abstrakte Klassen gebildet werden können und wie abstrakte Klassen als polymorphes Interface für abgeleitete Klassen eingesetzt werden. Als Anwendung wird eine inhomogene Liste implementiert, also eine verkettete Liste, deren Elemente unterschiedliche Datentypen haben können.

Rein virtuelle Methoden

Die Basisklasse Mitarbeiter

```
// mitarb.h:  Definition der abstrakten Klasse
//            Mitarbeiter.
// -----------------------------------------------------
#ifndef MITARB_H
#define MITARB_H

#include <string>
#include <iostream>
using namespace std;

class Mitarbeiter
{
   private:
     string name;
     // weitere Infos
   public:
     Mitarbeiter( const string& s = ""):name(s) {}
     virtual ~Mitarbeiter() {}      // Destruktor

     const string&  getName() const{ return name; }
     void  setName( const string& n){ name = n; }

     virtual void display() const;

     virtual double einkommen() const = 0;

     virtual Mitarbeiter& operator=(const Mitarbeiter&);
};
#endif
```

☞ Die virtuelle Operatorfunktion für die Zuweisung wird im Abschnitt *Virtuelle Zuweisungen* besprochen.

Motivierung

Virtuelle Methoden werden in der Basisklasse deklariert, damit sie über das Basisklassen-Interface in allen abgeleiteten Klassen zur Verfügung stehen. Häufig gibt es für sie in der Basisklasse jedoch noch keine sinnvolle Aufgabe. Beispielsweise braucht ein Destruktor in der Basisklasse noch keine expliziten Aufräumarbeiten auszuführen.

In diesem Fall kann natürlich eine virtuelle Dummy-Methode definiert werden, deren Adresse in die VMT der Basisklasse eingetragen wird. Damit wird jedoch Maschinencode für eine Funktion erzeugt, die nie aufgerufen werden sollte. Besser wäre es, wenn eine solche Funktion erst gar nicht definiert werden müsste. C++ bietet hier die Möglichkeit, *rein virtuelle Methoden* zu deklarieren.

Deklaration

Bei der Deklaration wird eine rein virtuelle Methode durch Anhängen des Ausdrucks `= 0` gekennzeichnet.

Beispiel: `virtual void demo()=0;    // rein virtuell`

Damit erhält der Compiler die Information, dass in der Klasse keine Definition der Methode `demo()` vorhanden ist. In der virtuellen Methodentabelle wird für eine rein virtuelle Methode der NULL-Zeiger eingetragen.

Die Basisklasse Mitarbeiter

Nebenstehend ist eine Klasse `Mitarbeiter` definiert, die Informationen über Mitarbeiter in einer Firma darstellt. Die Klasse dient als Basisklasse für verschiedene Mitarbeiter, wie z. B. Arbeiter, Angestellte oder freie Mitarbeiter.

Der Einfachheit halber enthält die Klasse `Mitarbeiter` nur einen Namen als Datenelement. Daneben könnte auch die Adresse eines Mitarbeiters oder die Abteilung, zu der ein Mitarbeiter gehört, dargestellt werden.

Die Klasse `Mitarbeiter` besitzt keine Datenelemente zur Darstellung des Einkommens eines Mitarbeiters. Diese werden sinnvollerweise erst in den entsprechenden abgeleiteten Klassen definiert, wo z. B. Stundenlohn und Anzahl der Stunden für einen Arbeiter bzw. das Monatsgehalt für einen Angestellten festgelegt werden. Die Methode `einkommen()` ist deshalb in der Basisklasse noch nicht definiert und wird als rein virtuelle Methode deklariert.

Abstrakte und konkrete Klassen

Die abgeleitete Klasse Arbeiter

```
// mitarb.h:   Erweiterung der Header-Datei.
// ---------------------------------------------------
class Arbeiter : public Mitarbeiter
{
   private:
     double lohn;
     int    std;

   public:
    Arbeiter(const string& s="", double l=0.0, int h=0)
             : Mitarbeiter(s), lohn(l), std(h){ }

    double getLohn() const { return lohn; }
    void   setLohn( double l ){ lohn = l; }

    int    getStd() const { return std; }
    void   setStd(int h ) { std = h; }

    void   display() const;
    double einkommen() const;

    Arbeiter& operator=(const Mitarbeiter&);
    Arbeiter& operator=(const Arbeiter&);
};
```

☞ Die Operatorfunktionen für die Zuweisung werden im Abschnitt *Virtuelle Zuweisungen* besprochen.

Konkret oder abstrakt?

Besitzt eine Klasse rein virtuelle Methoden, so können keine Objekte vom Typ einer solchen Klasse angelegt werden.

Beispiel: `Mitarbeiter polier("Metz, Udo");`

Hier erzeugt der Compiler eine Fehlermeldung, da die Klasse `Mitarbeiter` eine rein virtuelle Methode `einkommen()` besitzt. Andernfalls könnte für das Objekt `polier` eine Methode aufgerufen werden, die gar nicht definiert ist.

Eine Klasse, von der keine Objekte erzeugt werden können, heißt *abstrakte Klasse*. Deshalb gilt speziell:

- Eine Klasse mit rein virtuellen Methoden ist eine abstrakte Klasse.

Im Gegensatz dazu wird eine Klasse, von der Objekte angelegt werden können, *konkrete Klasse* genannt.

Ableitung abstrakter Klassen

Wird eine Klasse von einer abstrakten Klasse abgeleitet, so erbt sie alle Methoden der Basisklasse, insbesondere auch die rein virtuellen Methoden. Wenn alle rein virtuellen Methoden in der abgeleiteten Klasse implementiert werden, kann natürlich ein Objekt der abgeleiteten Klasse angelegt werden. Das bedeutet:

- Die Ableitung einer Klasse mit rein virtuellen Methoden ist eine konkrete Klasse, wenn für jede rein virtuelle Funktion eine Definition angegeben wird.

In der nebenstehend angegebenen Klasse `Arbeiter` muss also die Methode `einkommen()` implementiert werden. Da für einen Arbeiter der Stundenlohn und die Anzahl der Arbeitsstunden definiert sind, ist dies auch machbar.

Beispiel:

```
double Arbeiter::einkommen()
{
   return ( lohn * std );
}
```

Eine Klasse, die von einer konkreten Klasse abgeleitet ist, kann wieder rein virtuelle Methoden enthalten. Diese werden in der Ableitung zusätzlich deklariert. Damit kann die Ableitung einer konkreten Klasse eine abstrakte Klasse sein.

Eine Basisklasse, die keine rein virtuellen Methoden besitzt, ist stets eine konkrete Klasse. Selbst wenn der Konstruktor der Basisklasse als `private` deklariert wurde, kann eine Methode ein Objekt statisch oder dynamisch anlegen und eine Referenz bzw. einen Zeiger darauf zurückgeben. Von dieser Möglichkeit wird z.B. bei der Implementierung von *Singletons* Gebrauch gemacht, die garantieren, dass höchstens ein Objekt vom Typ der Klasse angelegt wird.

Zeiger und Referenzen auf abstrakte Klassen

Die abgeleitete Klasse Angestellter

```
// mitarb.h:   Erweiterung der Header-Datei
// ---------------------------------------------------
class Angestellter : public Mitarbeiter
{
  private:
    double gehalt;         // Monatsgehalt

  public:
    Angestellter( const string& s="", double g = 0.0)
                 : Mitarbeiter(s), gehalt(g){ }
    double getGehalt() const { return gehalt; }
    void   setGehalt( double g){ gehalt = g; }
    void   display() const;
    double einkommen()const { return gehalt; }
    Angestellter& operator=( const Mitarbeiter& );
    Angestellter& operator=( const Angestellter& );
};
```

Beispielprogramm

```
// mitarb_t.cpp : Die Mitarbeiter-Klassen verwenden.
// --------------------------------------------------
#include "mitarb.h"

int main()
{
   Mitarbeiter* mitPtr[2];
   mitPtr[0] = new Arbeiter("Nell, Rudi",  25.0, 140);
   mitPtr[1] = new Angestellter("Sommer, Eva", 3850.0);

   for( int i = 0; i < 2; ++i)
   {
     mitPtr[i]->display();
     cout << "\nEinkommen von " << mitPtr[i]->getName()
      << " :  " << mitPtr[i]->einkommen() << endl;
   }
   delete mitPtr[0];
   delete mitPtr[1];
   return 0;
}
```

Obwohl es keine Objekte vom Typ einer abstrakten Klasse gibt, können trotzdem Zeiger und Referenzen auf abstrakte Klassen deklariert werden.

Beispiel: `Mitarbeiter *mitPtr;`

Der Zeiger `mitPtr` ist dann ein Basisklassenzeiger, der Objekte abgeleiteter, konkreter Klassen adressieren kann. Ebenso kann eine Basisklassenreferenz auf Objekte solcher Klassen verweisen. Diese ist wie bei Referenzen üblich in der Definition sofort zu initialisieren.

Referenzen auf abstrakte Basisklassen

Referenzen auf Basisklassen werden oft als Parameter von Funktionen eingesetzt. Der Kopierkonstruktor in der Klasse `Mitarbeiter` ist hierfür ein

Beispiel: `Mitarbeiter( const Mitarbeiter& );`

Dem Kopierkonstruktor wird stets ein Objekt einer abgeleiteten Klasse übergeben, da die Basisklasse abstrakt ist.

Die Zuweisung in der Klasse `Mitarbeiter` besitzt neben einer Referenz als Parameter auch eine Referenz auf die abstrakte Klasse als Return-Wert.

Zeiger auf abstrakte Basisklassen

Zeiger auf Basisklassen werden hauptsächlich zur Adressierung dynamisch reservierter Objekte eingesetzt. Ist die Basisklasse abstrakt, so kann nur Speicherplatz für ein Objekt einer abgeleiteten, konkreten Klasse reserviert werden.

Beispiel:

```
Mitarbeiter* mitPtr;
mitPtr = new Arbeiter("Nell, Rudi",  25.0, 140);
cout << mitPtr->einkommen();
```

Da die Methode `einkommen()` virtuell ist, wird hier die passende Version aus der abgeleiteten Klasse `Arbeiter` ausgeführt.

Polymorphes Interface

Mit der Definition rein virtueller Methoden werden die Schnittstellen für allgemeine Operationen festgelegt, die erst in abgeleiteten Klassen implementiert werden. Besitzt eine abgeleitete Klasse eine eigene Definition für die virtuelle Methode, so wird diese Version auch dann ausgeführt, wenn ein Objekt über einen Basisklassenzeiger bzw. eine Referenz angesprochen wird. Man sagt deshalb, dass abstrakte Klassen ein *polymorphes Interface* für abgeleitete Klassen sind.

Nebenstehend ist die Klasse `Angestellter` definiert, die ebenfalls von der abstrakten Klasse `Mitarbeiter` abgeleitet ist. Die Operatorfunktionen für die Zuweisung werden im folgenden besprochen und implementiert.

Virtuelle Zuweisungen

Zuweisung für die Klasse Mitarbeiter

```
// Virtuelle Zuweisung der Basisklasse
Mitarbeiter& operator=(const Mitarbeiter & m)
{
  if( this != &m )           // Keine Selbstzuweisung
    name = m.name;

  return *this;
}
```

Zuweisungen für die Klasse Angestellter

```
// Redefinition, virtuell
Angestellter& operator=(const Mitarbeiter& m)
{
  if( this != &m )           // Keine Selbstzuweisung
  {
    Mitarbeiter::operator=( m );
    gehalt = 0.0;
  }

  return *this;
}

// Standardzuweisung, nicht virtuell
Angestellter& operator=(const Angestellter& a)
{
   if( this != &a )
   {
      Mitarbeiter::operator=( a );
      gehalt = a.gehalt;
   }
   return *this;
}
```

Die Redefinition der virtuellen Operatorfunktion `operator=()`, die als Ergebnistyp eine Referenz auf die abgeleitete Klasse liefert, wird noch nicht von allen Compilern unterstützt. Sollte dies der Fall sein, muss als Ergebnistyp eine Referenz auf die Basisklasse `Mitarbeiter` angegeben werden.

Virtuelle Operatorfunktionen

Operatorfunktionen, die als Methoden implementiert werden, können auch virtuell sein. In diesem Fall ist sichergestellt, dass stets die richtige Version der Operatorfunktion ausgeführt wird, wenn ein Objekt einer abgeleiteten Klasse über einen Zeiger oder eine Referenz auf die Basisklasse angesprochen wird.

Ein Beispiel dafür ist die Operatorfunktion für die Zuweisung. Wird diese nicht als virtuell deklariert und wird sie über einen Basisklassenzeiger aufgerufen, so wird nur der Basisanteil des Objekts überschrieben. Die zusätzlichen Datenelemente bleiben dann unverändert.

Einsatz der virtuellen Zuweisung

Die Zuweisung wurde in der Basisklasse `Mitarbeiter` als virtuell deklariert. Die beiden abgeleiteten Klassen `Arbeiter` und `Angestellter` definieren ihre eigenen Versionen. Deshalb wird im folgenden

Beispiel:
```
void cpy(Mitarbeiter& a,const Mitarbeiter& b)
{ a = b; }
```

die Zuweisung der Klasse `Angestellter` ausgeführt, wenn als erstes Argument ein Objekt dieser Klasse übergeben wird. Hat das Objekt den Typ `Arbeiter`, so wird die Zuweisung der Klasse `Arbeiter` ausgeführt.

In der Funktion `cpy()` können also zwei Objekte beliebiger, auch nachträglich abgeleiteter Klassen zugewiesen werden, ohne dass die Funktion selbst geändert werden muss! Wichtig ist nur, dass in jeder abgeleiteten Klasse eine eigene Version der Zuweisung definiert ist.

Redefinition der Standardzuweisung

„Eigene Version" bedeutet immer, dass die virtuelle Methode mit derselben Signatur redefiniert wird. Da die Standardzuweisung einer abgeleiteten Klasse eine eigene Signatur hat, ist sie *nicht* virtuell. In der Klasse Arbeiter hat die Standardzuweisung den Prototyp:

Beispiel:
```
Arbeiter& operator=(const Arbeiter&);
```

Der Typ `const Arbeiter&` ist verschieden vom Typ `const Mitarbeiter&` des Parameters der virtuellen Operatorfunktion in der Basisklasse. Die Standardzuweisung überdeckt also die virtuelle Zuweisung in der Basisklasse. Somit ist zweierlei erforderlich:

- Die virtuelle Operatorfunktion für die Zuweisung muss in jeder abgeleiteten Klasse selbst definiert werden.
- Damit dann noch die Standardzuweisung zur Verfügung steht, muss auch sie in der abgeleiteten Klasse redefiniert werden.

Anwendung: Inhomogene Listen

Die abstrakte Basisklasse Cell und Ableitungen

```
// cell.h: Definition der Klassen Cell, BaseEl und DerivedEl
// -----------------------------------------------------------
#ifndef CELL_H
#define CELL_H
#include <string>
#include <iostream>
using namespace std;

class Cell
{
  private:
    Cell* next;
  protected:
    Cell(Cell* suc = NULL ){ next = suc; }
  public:
    virtual ~Cell(){ }
    // Hier Zugriffsmethoden
    virtual void display() const = 0;
};

class BaseEl : public Cell
{
  private:
    string name;
  public:
    BaseEl( Cell* suc = NULL, const string& s = "")
    :  Cell(suc), name(s){}
    // Hier Zugriffsmethoden
    void display() const;
};

class DerivedEl : public BaseEl
{
  private:
    string bem;
  public:
    DerivedEl(Cell* suc = NULL,const string& s="",
              const string& b="")
    : BaseEl(suc, s), bem(b) { }
    // Hier Zugriffsmethoden
    void display() const;
};
#endif
```

Begriffsdefinition

Als Anwendung wollen wir eine inhomogene Liste implementieren. Eine inhomogene Liste ist eine lineare Liste, deren Elemente verschiedene Datentypen besitzen. Sind die zu speichernden Informationen Objekte aus einer Klassenhierarchie, so kann ein Listenelement ein Objekt einer Basisklasse enthalten, ein anderes Listenelement dagegen ein Objekt einer abgeleiteten Klasse.

Aufgrund der impliziten Typumwandlungen in Klassenhierarchien können dann die Listenelemente über Basisklassenzeiger verwaltet, d.h. in einer verketteten Liste unterhalten werden. Diese Situation kann so veranschaulicht werden:

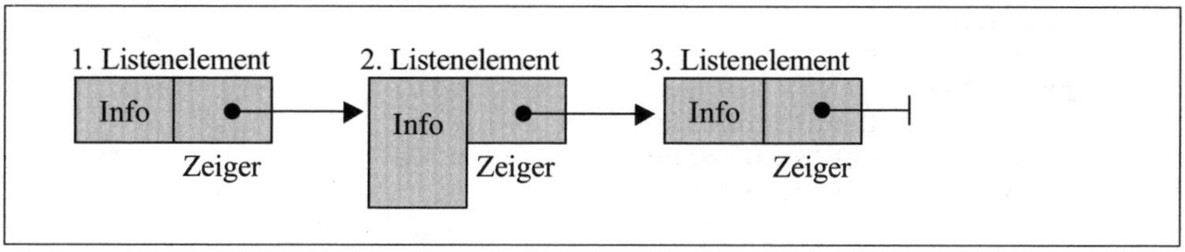

Darstellung von Listenelementen

Um die Verwaltung der Listenelemente von den eigentlichen Informationen zu trennen, definieren wir eine abstrakte Klasse `Cell` als Basisklasse aller Listenelemente. Als Datenelement besitzt die Klasse einen Zeiger vom Typ `Cell*` für die Verkettung der Listenelemente. Da keine Objekte vom Typ `Cell` angelegt werden sollen, ist der Konstruktor von `Cell` als `protected` deklariert.

In der Klasse `Cell` gibt es noch keine Informationen, die auszugeben sind. Jede von `Cell` abgeleitete Klasse enthält jedoch Daten, die vollständig angezeigt werden sollten. Deshalb ist in `Cell` eine rein virtuelle Methode `display()` deklariert, die für verschiedene Ableitungen angepasst werden kann.

Die von `Cell` abgeleiteten Klassen `BaseEl` und `DerivedEl` stellen Listenelemente dar, die Informationen speichern. Der Einfachheit halber werden in `BaseEl` nur ein Name und in `DerivedEl` zusätzlich eine Bemerkung gespeichert. Im `public`-Deklarationsteil sind ein Konstruktor und Zugriffsmethoden deklariert. Außerdem wird jetzt eine passende Version der Methode `display()` definiert. Beide Klassen werden damit zu konkreten Klassen.

Implementierung einer inhomogenen Liste

Definition der Klasse InhomList

```
// List.h:  Definition der Klasse InhomList
// -------------------------------------------
#ifndef LIST_H
#define LIST_H
#include "cell.h"

class InhomList
{ private:
     Cell* first;
  protected:
     Cell* getPrev(const string& s);
     void  insertAfter(const string& s,Cell* prev);
     void  insertAfter(const string& s,
                       const string& b,Cell* prev);
  public: // Konstruktor, Destruktor usw....
    void  insert(const string& n);
    void  insert(const string& n, const string& b);
    void displayAll() const;
};
#endif
```

Listenelement in der Mitte einfügen

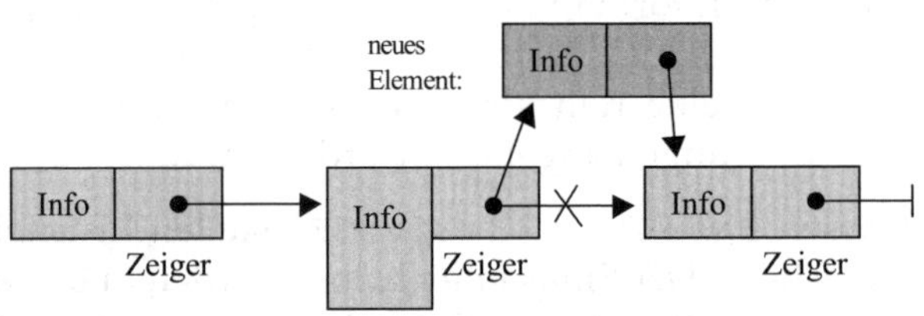

Definition einer Version von insertAfter()

```
void InhomList::insertAfter(const string& s, Cell* prev)
{
  if( prev == NULL )    // Vor allen anderen einfügen:
     first = new BaseEl( first, s);
  else                  // In der Mitte oder am Ende:
  {
     Cell* p = new BaseEl(prev->getNext(), s);
     prev->setNext(p);
  }
}
```

Die Klasse InhomList

Die inhomogene Liste soll so dargestellt werden, dass Listenelemente sortiert eingefügt werden können. Das Einfügen ist jetzt nicht mehr nur an einem Ende der Liste vorzunehmen, sondern muss an beliebigen vorgegebenen Positionen möglich sein. Als Datenelement genügt ein Zeiger auf das erste Listenelement. Über die Zeiger auf nachfolgende Listenelemente kann dann jedes Element in der Liste erreicht werden.

Nebenstehend ist die Definition der Klasse `InhomList` angegeben. Als Datenelement ist ein Zeiger auf `Cell` deklariert. Der Konstruktor hat dann wenig zu tun: Er setzt den Basisklassenzeiger auf NULL und legt so eine leere Liste an.

Wir werden die Liste nach Namen sortiert unterhalten. Wenn ein neues Element in die Liste eingefügt werden soll, so muss zunächst dessen Einfügeposition bestimmt werden. Das ist die Position des Listenelements, hinter dem eingefügt wird („Vorgänger"). In unserem Beispiel enthält der Vorgänger den lexikografisch kleineren Namen. Das Suchen der Einfügeposition erledigt die nebenstehende Methode `getPrev()`. Sie liefert die Position des Vorgängers bzw. NULL, falls es keinen Vorgänger gibt. Im letzten Fall ist das neue Listenelement vor allen anderen Elementen in der Liste einzufügen.

Einfügen eines neuen Listenelements

Ist die Einfügeposition gefunden, so kann die Methode `insertAfter()` den Speicherplatz für ein neues Listenelement reservieren und dieses in die Liste „einklinken". Hierbei sind zwei Fälle zu unterscheiden:

1. Wenn das neue Element vor allen anderen einzufügen ist, wird das „alte" erste Listenelement zum zweiten Element in der Liste. Das neue Element wird zum ersten Element. Der Zeiger `first` muss also aktualisiert werden.
2. Ist das neue Element an anderer Stelle in der Liste einzufügen, so ist der Zeiger `first` nicht davon betroffen. Statt dessen müssen zwei Zeiger „umgebogen" werden: Im Vorgänger muss der Zeiger auf das neue Element gesetzt werden. Der Zeiger im neuen Element muss den „alten" Nachfolger des Vorgängers adressieren. Dies trifft auch dann zu, wenn der „alte" Nachfolger der NULL-Zeiger ist, also das neue Element am Ende der Liste angehängt wird.

Da in der Liste Objekte vom Typ `BaseEl` und `DerivedEl` unterhalten werden, ist die Methode `insertAfter()` in zwei Versionen überladen. Beide unterscheiden sich nur durch die verschiedenen Aufrufe des Operators `new`.

Aus demselben Grund ist auch die Methode `insert()` überladen. Beide Versionen rufen zunächst die Methode `getPrev()` auf und dann die passende Version der Methode `insertAfter()`.

Kapitel 26

Ausnahmebehandlung

Dieses Kapitel beschreibt, wie ein C++-Programm auf Fehlersituationen mit Hilfe der Ausnahmebehandlung (engl. *Exception-Handling*) reagieren kann. Neben dem Auslösen und Auffangen von Exceptions wird auch gezeigt, wie eigene Fehlerklassen definiert und Standardfehlerklassen verwendet werden können.

Traditionelle Fehlerbehandlung

Fehlerabfragen nach Funktionsaufrufen

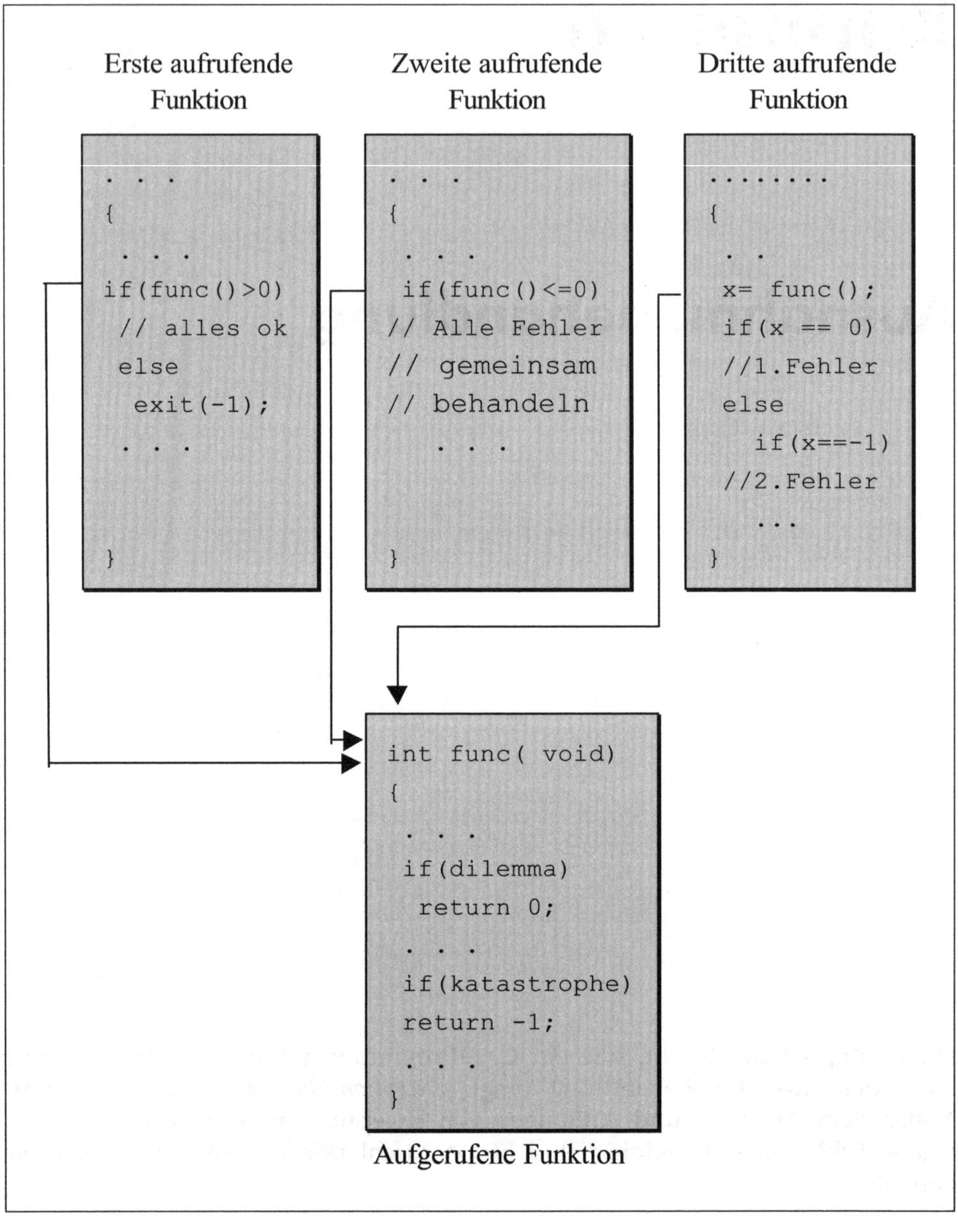

Fehlersituationen

Zur Laufzeit eines Programms können Fehlersituationen entstehen, wodurch der normale Programmablauf gestört wird. Mögliche Fehlerursachen sind:

- Division durch `0`, zu große oder zu kleine Werte für einen Datentyp
- kein dynamischer Speicher mehr verfügbar
- Fehler beim Dateizugriff, z.B. Datei nicht vorhanden
- ungültige Adressen im Hauptspeicher
- fehlerhafte Eingaben durch den Benutzer

Solche Fehler führen zu falschen Ergebnissen und möglicherweise zum Absturz des Rechners. Beides kann für eine Anwendung üble Folgen haben.

Eine wichtige Aufgabe der Programmierung besteht darin, Fehlersituationen im Voraus zu erkennen und zu behandeln. Für die Qualität eines Programms wesentlich, aber zugleich schwierig ist es, Fehlerbehandlungen so zu implementieren, dass jede mögliche Fehlersituation berücksichtigt wird.

Traditionelle Fehlerbehandlung

In der traditionellen, strukturierten Programmierung werden Fehlerbehandlungen mit normalen Sprachmitteln durchgeführt.

- Fehler in Funktionsaufrufen werden durch spezielle Return-Werte angezeigt.
- In einer Fehlersituation werden globale Fehlervariablen oder Flags gesetzt und später abgefragt.

Zeigt eine Funktion Fehler mit dem Return-Wert an, so muss dieser nach *jedem* Funktionsaufruf abgefragt werden, auch wenn gar kein Fehler aufgetreten ist.

Beispiel:

```
if( func()> 0 )
   // Return-Wert positiv => alles o.k.
else
   // Fehler behandeln
```

Auch Fehlervariablen und Flags müssen nach *jeder* entsprechenden Aktion kontrolliert werden.

Fehlersituationen sind also während des normalen Programmablaufs ständig mit zu berücksichtigen. Wird einmal eine Fehlerabfrage unterlassen, so kann dies fatale Folgen haben.

Exception-Handling

Verwenden der throw-Anweisung

```
// calc_err.cpp: Definition der Funktion calc(),
//               die Exceptions auslöst.
// ----------------------------------------------------

class Error
{
    // Infos über Fehlerursache. Hier keine.
};


double calc( int a, int b )
{
   if ( b < 0 )
      throw (string) "Nenner ist negativ!";

   if( b == 0 )
   {
      Error errorObj;
      throw errorObj;
   }

   return ((double)a/b);
}
```

Konzept des Exception-Handlings

In C++ wird ein neues Konzept zur Behandlung von Fehlern realisiert. Das *Exception-Handling* (dt. Ausnahmebehandlung) basiert auf einer Trennung des normalen Programmflusses von der Behandlung von Fehlern. Die grundlegende Idee hierbei ist folgende:

- Fehler, die in einem bestimmten Programmteil auftreten, werden einer anderen Stelle im Programm, der sog. *Aufrufumgebung*, gemeldet. Die Aufrufumgebung führt die Fehlerbehandlung zentral durch.

Ob ein Fehler tatsächlich aufgetreten ist, muss das Anwendungsprogramm nicht ständig kontrollieren. Fehler werden automatisch der Aufrufumgebung mitgeteilt. Dabei können auch Informationen über die Fehlerursache gemeldet werden. Diese werden durch Behandlungsroutinen in der Aufrufumgebung ausgewertet.

Die throw-Anweisung

Ein aufgetretener Fehler wird mit der `throw`-Anweisung an die Aufrufumgebung gemeldet. Man sagt auch, dass eine Exception *ausgelöst* wird.

Syntax: `throw fault;`

Der Ausdruck `fault` ist ein *Fehlerobjekt*, das zur Aufrufumgebung *geworfen* wird. Er darf einen beliebigen Datentyp, jedoch nicht den Typ `void` haben.

Beispiel: `throw (string)"Feuer!";`

Hier ist das Fehlerobjekt ein String, der zur Aufrufumgebung geworfen wird.

Fehlerklassen

Normalerweise werden für verschiedene Fehler eigene *Fehlerklassen* definiert. In der `throw`-Anweisung wird dann ein Objekt einer Fehlerklasse ausgeworfen.

Eine Fehlerklasse braucht weder Datenelemente noch Methoden zu besitzen. Wichtig ist zunächst nur der *Typ*, anhand dessen die Art des Fehlers von der Aufrufumgebung erkannt wird. Im Allgemeinen enthält eine Fehlerklasse jedoch Elemente, die genauere Informationen über die Fehlerursache speichern können.

Im nebenstehenden Beispiel löst die Funktion `calc()` in zwei Fällen eine Exception aus: wenn der übergebene Nenner negativ ist oder den Wert 0 hat. Im ersten Fall wird ein String als Exception ausgeworfen. Im zweiten Fall hat die Exception den Typ der Fehlerklasse `Error`. Anstatt ein lokales Fehlerobjekt `errorObj` anzulegen, könnte auch ein temporäres Objekt erzeugt werden:

Beispiel: `throw Error();    // Das ist kürzer`

Exception-Handler

Syntax von try- und catch-Blöcken

```
try
{

   // Exceptions, die in diesem Block ausgelöst werden,
   // werden von den nachfolgend definierten
   // Exception-Handlern aufgefangen.

}

catch( Typ1 exc1)
{
   // Hier werden Exceptions vom Typ1 behandelt.
}

[ catch( Typ2 exc2)
 {
    // Hier werden Exceptions vom Typ2 behandelt.
 }
   . . .             // usw.
]

[ catch( ... )
 {
    // Hier werden alle übrigen Exceptions behandelt.
 }]
```

Die Klammern `[   ]` bedeuten in einer Syntaxbeschreibung, dass dieser Teil optional ist, also weggelassen werden kann.

Ablauf des Exception-Handlings

Der Programmteil in der Aufrufumgebung, der einen Fehler zentral behandelt, heißt *Exception-Handler*. Ein Exception-Handler fängt das ausgeworfene Fehlerobjekt auf und führt die Fehlerbehandlung durch. Dabei entscheidet der Typ des Fehlerobjekts, welcher Handler es auffängt und anschließend zur Ausführung kommt.

Beim Exception-Handling sind also zwei Dinge festzulegen:

- der Programmteil, in dem Exceptions ausgelöst werden können
- die Exception-Handler, die die verschiedenen Typen von Exceptions behandeln

C++ stellt hierfür eigene Sprachmittel, nämlich die neuen Schlüsselworte `try` und `catch`, zur Verfügung. Jedes Schlüsselwort ist einem Block vorangestellt. Man spricht deshalb auch von `try`- und `catch`-Blöcken. Syntaktisch ist jeder `try`- und jeder `catch`-Block eine Anweisung.

try- und catch-Blöcke

Ein *try-Block* enthält den Programmteil, in dem Fehler auftreten und Exceptions ausgelöst werden können. Normalerweise besteht ein `try`-Block aus einer Gruppe von Funktionen, die gleichartige Fehler verursachen können.

Jeder *catch-Block* definiert einen Exception-Handler, wobei die *Exception-Deklaration* in runden Klammern festlegt, welchen Typ von Exceptions der Handler auffangen kann. Die `catch`-Blöcke stehen unmittelbar hinter dem `try`-Block. Dabei muss mindestens ein `catch`-Block vorhanden sein.

Die in den `catch`-Blöcken definierten Exception-Handler fangen die im vorangehenden `try`-Block ausgelösten Exceptions auf. Fehlt zu einer Exception der entsprechende Handler, so stürzt das Programm nicht in einen undefinierten Zustand, sondern wird mit einem Aufruf der Standardfunktion `terminate()` geordnet abgebrochen.

Normalerweise werden Handler für einige Fehlerarten definiert und *ein* Handler für alle übrigen Fehler. Dies ermöglicht eine spezielle Syntax der `catch`-Anweisung, wobei innerhalb der runden Klammern statt einer Exception-Deklaration nur drei Punkte angegeben werden.

Syntax:

```
catch( ... )
{  // Genereller Handler
   // für alle übrigen Exceptions
}
```

Da das Anwendungsprogramm bestimmt, wie auf Fehlersituationen zu reagieren ist, werden die `try`- und `catch`-Blöcke dort formuliert.

Auslösen und Auffangen von Exceptions

Demoprogramm

```
// calc_err.cpp:  Test der Funktion calc(),
//                die Exceptions auslöst.
// ----------------------------------------------------
#include <iostream>
#include <string>
using namespace std;

double calc( int a, int b );
class Error { };

int main()
{
    int x, y;
    double erg;
    bool flag = false;
    do
    {
      try                                // try-Block
      {
        cout << "Zwei positive ganze Zahlen eingeben: ";
        cin >> x >> y;
        erg = calc( x, y);
        cout << x << "/" << y << " = " << erg << endl;
        flag = true;          // Dann Schleife verlassen.
      }
      catch( string& s)               // 1. catch-Block
      {
        cerr << s << endl;
      }
      catch( Error& )                 // 2. catch-Block
      {
        cerr << "Division durch 0! " << endl;
      }
      catch(...)                      // 3. catch-Block
      {
        cerr << "Unerwartete Exception! \n";
        exit(1);
      }
    }while( !flag);
    // und weiter im Programm ...
    return 0;
}
```

☞ Da die Klasse `Error` keine Datenelemente besitzt, ist im entsprechenden `catch`-Block nur der Typ der Exception und kein Parameter angegeben. So wird eine Warnung des Compilers vermieden, da der Parameter nicht benutzt wird.

Rückzug aus einer Fehlersituation

Mit Ausführung der `throw`-Anweisung wird zunächst ein Fehlerobjekt erzeugt. Das heißt, es wird ein temporäres Objekt mit dem Typ und Inhalt des `throw`-Ausdrucks angelegt.

Beispiel: `throw (string)"Wirbelsturm!";`

Hier wird ein String als Fehlerobjekt erzeugt, in den die Zeichenkette `"Wirbelsturm!"` kopiert wird. Ist der Typ des `throw`-Ausdrucks eine Klasse, so wird der Kopierkonstruktor ausgeführt.

Dann wird das Fehlerobjekt ausgeworfen und der `try`-Block verlassen. Die Veränderungen des Stacks, die seit dem Eintritt in den `try`-Block stattgefunden haben, werden dabei wieder rückgängig gemacht. Insbesondere werden alle lokalen, nicht statischen Objekte zerstört. Dieses sog. *Stack-Unwinding* ermöglicht den geordneten Rückzug aus dem regulären Programmablauf.

Handler-Suche

Nach dem Verlassen des `try`-Blocks wird in den folgenden `catch`-Blöcken ein passender Handler gesucht. Die Suche erfolgt stets sequenziell, beginnend mit der ersten `catch`-Anweisung. Dabei entscheidet die Exception-Deklaration des jeweiligen Handlers, ob er zur Ausführung kommt oder nicht.

Ein Handler wird aufgerufen, wenn der Typ in der Exception-Deklaration

- identisch mit dem Typ der ausgeworfenen Exception ist oder
- eine Basisklasse der Klasse der ausgeworfenen Exception ist oder
- ein Basisklassenzeiger ist und die Exception ein Zeiger auf eine Ableitung ist.

Der generelle Exception-Handler `catch( ... )` muss demnach immer als letzter Handler angegeben werden. Da stets der erste passende Handler aufgerufen wird und jede ausgelöste Exception vom generellen Handler aufgefangen wird, würde ein anschließend definierter Handler nie aufgerufen.

Fortsetzung des Programms

Nach der Ausführung eines Handlers wird das Programm mit der ersten Anweisung fortgesetzt, die den `catch`-Blöcken folgt. Es sei denn, der Handler wirft erneut eine Exception aus oder beendet das Programm. Mit der Beendigung der Fehlerbehandlung wird das ausgeworfene Fehlerobjekt wieder zerstört.

Nebenstehend werden in den ersten zwei `catch`-Blöcken die beiden Exceptions behandelt, die die Funktion `calc()` auslösen kann. In diesen Fällen wird eine Meldung ausgegeben und anschließend die Eingabe mit der Berechnung wiederholt. Bei einer unerwarteten Exception wird ebenfalls eine Meldung ausgegeben und danach das Programm beendet.

Schachteln von Ausnahmebehandlungen

Geschachtelte try- und catch-Blöcke

```
try
{
   // Hier werden Exceptions vom Typ1 ausgelöst
    try
    {
      // Hier werden Exceptions vom Typ2 und
      // vom Typ1 ausgelöst
    }
    catch( Typ2 e2)
    {
       // Hier werden Exceptions vom Typ2 vorbehandelt
       throw;               // und wieder ausgeworfen.
    }
       // Hier können weitere Exceptions vom Typ1
       //ausgelöst werden.
}
catch( Typ1 e1)
{
   // Hier werden Exceptions vom Typ1 behandelt
}
catch(...)
{
   // Hier werden alle übrigen Exceptions behandelt,
   // insbesondere Exceptions vom Typ2 nachbehandelt.
}
```

☞ Die dargestellte Situation geht davon aus, dass die Fehlerklassen `Typ1` und `Typ2` nicht voneinander abgeleitet sind. Ist `Typ2` eine von der Klasse `Typ1` abgeleitete Fehlerklasse, so werden die wieder ausgeworfenen Exceptions vom `Typ2` bereits vom Handler für die Basisklasse `Typ1` aufgefangen.

Schachteln von try- und catch-Blöcken

Normalerweise enthält ein Programm mehrere `try`-Blöcke mit entsprechenden Exception-Handlern. So können in verschiedenen Programmteilen unterschiedliche Fehlerbehandlungen durchgeführt werden.

Innerhalb eines `try`-Blocks können aber auch weitere `try`-Blöcke angegeben sein. So ist es möglich, spezielle Fehler durch die Handler eines inneren `try`-Blocks separat zu behandeln, während die Handler des äußeren `try`-Blocks alle übrigen Fehler auffangen. Handler eines inneren `try`-Blocks können spezielle Fehler auch vorbehandeln und von einem Handler des umgebenden `try`-Blocks nachbehandeln lassen.

Wiederauswerfen von Exceptions

Im letzten Fall muss eine im inneren `try`-Block ausgelöste Exception an den umgebenden `try`-Block weitergereicht werden können. Dies wird mit einer `throw`-Anweisung erreicht, der kein Fehlerobjekt übergeben wird.

Beispiel: `throw;    // innerhalb eines catch-Blocks`

Die aktuell bearbeitete Exception wird dann nochmals ausgeworfen, um vom Handler des umgebenden `try`-Blocks weiter bearbeitet zu werden. Die Anweisung ist deshalb nur innerhalb eines `catch`-Blocks erlaubt.

Die noexcept-Spezifikation

Die Exceptions, die von einer Funktion ausgelöst werden können, gehören zu den Eigenschaften einer Funktion. Sie müssen dem Anwendungsprogrammierer ebenso bekannt sein wie der Prototyp der Funktion, damit nicht nur ein korrekter Funktionsaufruf, sondern auch geeignete Reaktionen im Fehlerfall programmiert werden können.

Löst eine Funktion keine Exception aus, so wird dies durch die `noexcept`-Spezifikation am Ende des Funktionskopfes angezeigt.

Beispiel: `void display() noexcept;`

Die `noexcept`-Spezifikation gehört zum Typ der Funktion. Wenn sie fehlt, ist es möglich, dass die Funktion Exceptions auswirft.

Exception-Spezifikationen der Form `throw( Exception-Liste)`, wobei Exception-Liste die möglichen Exceptions einer Funktion auflistet, werden von C++17 nicht mehr unterstützt.

Definition eigener Fehlerklassen

Exception-Handling für numerische Operationen

```
// calc_neu.cpp: Neue Version der Funktion calc(),
//               die Exceptions vom Typ MathError
//               auslöst.
// ----------------------------------------------------
#include <string>
#include <iostream>
using namespace std;
class MathError
{
   private:
     string message;
   public:
     MathError( const string& s) : message(s) {}
     const string& getMessage() const {return message;}
};

double calc( int a, int b ); // Mögliche Exception: MathError
int main()
{
   int x, y;  bool flag = false;
   do
   {
    try                                 // try-Block
    {
      cout << "Zwei positive ganze Zahlen eingeben: ";
      cin >> x >> y;
      cout << x <<"/"<< y <<" = "<< calc( x, y) << '\n';
      flag = true;          // Dann Schleife verlassen.
    }
    catch( MathError& err)              // catch-Block
    {
      cerr << err.getMessage() << endl;
    }
   }while( !flag);
   // und weiter im Programm ...
   return 0;
}
double calc( int a, int b )
{
   if ( b < 0 )
      throw MathError("Nenner ist negativ!");
   if( b == 0 )
      throw MathError("Division durch 0!");
   return ((double)a/b);
}
```

Elemente von Fehlerklassen

Beim Auswerfen einer Exception entscheidet der Typ des Fehlerobjekts, welcher Exception-Handler zur Ausführung kommt. Die entsprechende Fehlerklasse braucht deshalb keine Elemente zu besitzen.

Eine Fehlerklasse kann jedoch – wie jede andere Klasse auch – Datenelemente und Methoden enthalten. Dies ist auch sinnvoll, denn mit dem Stack-Unwinding werden die lokal definierten, nicht statischen Objekte in der fehlerverursachenden Situation zerstört. Ein Exception-Handler kann deshalb auf diese Objekte nicht mehr zugreifen.

Datenelemente von Fehlerklassen können genutzt werden, um Informationen aus der fehlerverursachenden Situation zu „retten". So ist es möglich, Daten, die für die Fehlerbehandlung wichtig sind, in einem Fehlerobjekt zu sichern.

Die Fehlerklasse MathError

Nebenstehend ist eine Fehlerklasse `MathError` definiert. Die Funktion `calc()` löst eine entsprechende Exception aus, wenn eine im Dialog eingegebene Zahl negativ oder 0 ist. Beim Auslösen einer Exception

Beispiel: `throw MathError("Division durch 0!");`

wird die Fehlermeldung im Fehlerobjekt gesichert. Der Exception-Handler kann dann die Meldung mit der Methode `getMessage()` auswerten.

Fehlerklassenhierarchien

Aus Fehlerklassen können durch Vererbung neue Fehlerklassen gebildet werden. Eine Basisklasse stellt dann eine allgemeine Fehlerart dar. Mit einer abgeleiteten Fehlerklasse werden spezielle Fehler dargestellt.

So kann beispielsweise die Fehlerklasse `MathError` zur allgemeinen Darstellung von Fehlern bei mathematischen Berechnungen definiert werden. Für spezielle Fehler, wie z.B. „Division durch 0" oder „numerischer Überlauf", liegt es nahe, abgeleitete Fehlerklassen, z.B. `DivisionByZero` und `OverflowError`, zu bilden.

Für Exception-Handler ist in diesem Zusammenhang zu beachten:

- Ist T eine abgeleitete Fehlerklasse, so werden die speziellen Fehler dieses Typs durch den Exception-Handler behandelt.
- Ist T eine Basisklasse, so fängt der Handler auch die Fehlerobjekte aller abgeleiteten Fehlerklassen auf. Er behandelt deshalb allgemeine und spezielle Fehler gleichermaßen.

Standardfehlerklassen

Von der Fehlerklasse logic_error abgeleitete Fehlerklassen

invalid_argument	Unzulässiges Argument
out_of_range	Unzulässige Position
length_error	Zulässige Länge überschritten
domain_error	Wertebereichsfehler

Von der Fehlerklasse runtime_error abgeleitete Fehlerklassen

range_error	Bereichsfehler bei Berechnungen
underflow_error	Unterlauf
overflow_error	Überlauf
system_error	Fehler bei einem Systemaufruf

Verwenden von Standardfehlerklassen

```
// Der Index-Operator der Klasse FloatVek löst Excep-
// tions vom Typ der Standardklasse out_of_range aus:
// ---------------------------------------------------
#include <stdexcept>
#include <iostream>
using namespace std;

double& FloatVek::operator[](int i)
{
   if( i < 0 || i >= anz )
     throw out_of_range("Index unzulässig!");
   else return vekPtr[i];
}
// -------------  Testprogramm  ------------------
int main()
{
   try
   {
      // Mit Vektoren vom Typ FloatVek arbeiten
   }
   catch(out_of_range& err)
   {
      cerr << err.what()  << endl;
   }
   // Und weiter im Programm.
}
```

Hierarchie der Standardfehlerklassen

Die Standardbibliothek von C++ definiert verschiedene Fehlerklassen, die z.B. in der String-Bibliothek und Container-Bibliothek verwendet werden. Die Standardfehlerklassen können aber auch wie selbst definierte Fehlerklassen eingesetzt werden. Ihre Definitionen sind in der Header-Datei `stdexcept` enthalten.

Die Standardfehlerklassen sind hierarchisch organisiert. Die gemeinsame Basisklasse ist die Klasse `exception`. Neben einem Default- und Kopierkonstruktor sowie einer Zuweisung besitzt sie eine virtuelle `public`-Methode `what()`, die eine Nachricht über die Fehlerursache als C-String zurückgibt.

Darstellung von logischen Fehlern und Laufzeitfehlern

Von der Klasse `exception` abgeleitet sind die beiden Fehlerklassen:

`logic_error`	zur Darstellung von logischen Fehlern, deren Ursache in der Programmlogik liegt. Sie sind prinzipiell vermeidbar.
`runtime_error`	zur Darstellung von Laufzeitfehlern, wie z.B. Unter- oder Überläufen bei internen Berechnungen. Sie sind nicht vorhersehbar.

Nebenstehend sind die Fehlerklassen zusammengestellt, die von den Klassen `logic_error` und `runtime_error` abgeleitet sind. Die Methode `at()` der Klasse `string` beispielsweise löst eine Exception vom Typ `out_of_range` bei einer unzulässigen Positionsangabe in einem String aus. Falls ein String wegen zu großer Länge nicht darstellbar ist, wird eine Exception vom Typ `lenght_error` ausgelöst.

Eine Exception vom Typ `overflow_error` bzw. `underflow_error` wird ausgelöst, wenn ein darzustellender Wert zu groß bzw. zu klein für den entsprechenden Datentyp ist. Mit der Klasse `range_error` werden Bereichsfehler angezeigt, die bei internen Berechnungen auftreten können.

Funktionen, die mit dem Betriebssystem interagieren, wie beispielsweise der Konstruktor eines Threads, können eine Exception vom Typ `system_error` werfen. Objekte dieser Klasse speichern auch den Fehlercode, den das System liefert.

In allen von der Klasse `exception` abgeleiteten Fehlerklassen ist ein Konstruktor definiert, der einen String als Parameter besitzt. Entsprechende Exceptions sind also mit einer Fehlermeldung initialisierbar. Die Methode `what()` liefert diese Fehlermeldung als C-String zurück.

Kapitel 27

Mehr über Zeiger

Dieses Kapitel beschreibt weitergehende Möglichkeiten für die Verwendung von Zeigern. Dazu gehören Zeiger auf Zeiger, Funktionen mit einer variablen Anzahl von Argumenten und Zeiger auf Funktionen.

Zeiger auf Zeiger

Die Funktion kontoSort()

```
// kontosort.cpp: Sortiert einen Vektor von Zeigern
//                auf Konten nach Kontonummern.
// -----------------------------------------------------

#include "konto.h"

void ptrSwap(Konto**, Konto** );

void kontoSort( Konto** kptr, int n)
{
   Konto **temp, **minp, **lastp;
   lastp = kptr + n - 1;     // Zeiger auf letzten Zeiger
                             // im Vektor.

   for(  ; kptr < lastp; ++kptr )
   {
     minp = kptr;

     for( temp = kptr + 1; temp <= lastp; ++temp )
     {
       if( (*temp)->getNr() < (*minp)->getNr() )
           minp = temp;
     }
     ptrSwap( kptr, minp );
   }
}

void ptrSwap( Konto **p1, Konto **p2 )
{
   Konto *help;
   help = *p1; *p1 = *p2; *p2 = help;
}
```

Motivation

Zeigervariablen sind Objekte mit einer Adresse im Hauptspeicher. Sie sind daher über Zeiger referenzierbar. Es ist also möglich, *Zeiger auf Zeiger* zu bilden.

Die Notwendigkeit ergibt sich bereits,

- wenn ein Vektor von Zeigern dynamisch angelegt wird oder
- wenn eine Funktion einen Vektor von Zeigern als Argument erwartet.

Im beiden Fällen muss eine Zeigervariable deklariert werden, die in der Lage ist, das erste Vektorelement zu adressieren. Da jedes Element im Vektor ein Zeiger ist, muss die Zeigervariable also ein Zeiger auf einen Zeiger sein.

Zeigervektoren dynamisch anlegen

Im folgenden wollen wir einen Vektor von Zeigern auf Objekte der Klasse `Konto` dynamisch anlegen.

Beispiel: `Konto** ptr = new Konto*[400];`

Der Zeiger `ptr` adressiert dann den ersten Zeiger im Vektor mit insgesamt 400 Zeigern vom Typ `Konto*`. Die Vektorelemente sind wie folgt ansprechbar:

`*ptr`	und	`ptr[0]`	(Zeiger beim Index 0)
`*(ptr + i)`	und	`ptr[i]`	(Zeiger beim Index i)

Der Zugriff auf die Objekte, die mit dem Vektor verwaltet werden, erfolgt so:

`**ptr`	und	`*ptr[0]`	(Objekt, das der 0-te Zeiger adressiert)
`**(ptr+i)`	und	`*ptr[i]`	(Objekt, das der i-te Zeiger adressiert)

Zeigervektoren als Argumente

Bei der Definition einer Funktion, die einen Vektor von Zeigern als Argument erwartet, muss ein entsprechender Parameter vereinbart werden.

Beispiel: `void kontoSort( Konto **kptr, int len);`

Mit dem Parameter `kptr` kann dann ein Vektor von Zeigern bearbeitet werden, dessen Länge der zweite Parameter `len` speichert. Nach dem Aufruf

Beispiel: `kontoSort( ptr, 100);`

zeigt `kptr` auf den ersten Zeiger `ptr[0]` im Zeigervektor `ptr`. Anstelle von `Konto **kptr` ist auch die äquivalente Form `Konto *kptr[]` möglich.

Nebenstehend ist die Funktion `kontoSort()` implementiert. Sie verwendet den bereits bekannten Selection-Sort-Algorithmus zum Sortieren. Wichtig ist hier, dass nicht die Konten selbst in eine sortierte Reihenfolge gebracht werden, sondern nur die Zeiger. Das erspart zeitaufwendige Kopiervorgänge.

Variable Anzahl von Argumenten

Feste und optionale Argumente auf dem Stack

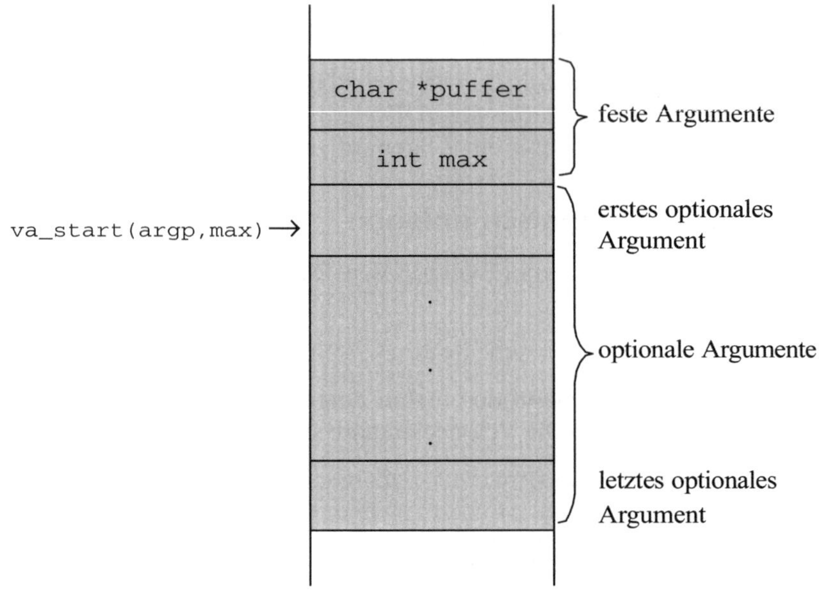

Struktur einer Funktion mit variabler Anzahl von Argumenten

```
#include <stdarg.h>

int func( char *puffer, int max, ... )
{
   va_list argptr;      // Argument-Zeiger vereinbaren.
   long arg3;
    . . .
   va_start( argptr, max);           // Initialisierung.
   arg3 = va_arg( argptr, long );    // Argumente lesen.

   // Mit Argument arg3 arbeiten.
    . . . .

   va_end(argptr);   // Argument-Zeiger auf NULL setzen.
}
```

In C++ besteht die Möglichkeit, Funktionen zu definieren, die eine variable Anzahl von Argumenten zulassen. Ein Beispiel für eine derartige Funktion ist die C-Standardfunktion `printf()`. Sie erhält immer mindestens ein Argument, nämlich den Format-String. Mit Hilfe der Formatelemente im Formatstring ermittelt `printf()` dann die Anzahl und den Typ der weiteren Argumente.

Feste und optionale Argumente

Funktionen mit variabler Anzahl von Argumenten erwarten stets eine feste Anzahl *obligatorischer* Argumente und eine variable Anzahl *optionaler* Argumente. Es muss mindestens ein obligatorisches Argument vorhanden sein.

Wie gewöhnlich wird bei der Definition einer solchen Funktion für jedes obligatorische Argument ein entsprechender Parameter vereinbart. Für die optionalen Argumente werden in der Parameterliste drei Punkte `...` eingesetzt. So erwartet die nebenstehende Funktion `func()` zwei oder mehr Argumente. Entsprechend lautet der

Prototyp: `int func( char *puffer, int max, ...);`

Um die Definition von Funktionen mit variabler Anzahl von Argumenten zu ermöglichen, wird in C++ das letzte Argument zuerst auf den Stack gelegt. Nach dem Aufruf der Funktion `func()` ergibt sich daher ein Stack-Aufbau, wie er nebenstehend skizziert ist.

Der Zugriff auf die optionalen Argumente erfolgt durch einen Zeiger, den so genannten *Argument-Zeiger,* der hier mit `argptr` bezeichnet wird. Für die Behandlung dieses Zeigers sind in der Header-Datei `cstdarg` bzw. `stdarg.h` Makros definiert, die dem ANSI-Standard entsprechen und so die Portabilität des Quellcodes sicherstellen.

Argument-Zugriff

Zum Lesen der optionalen Argumente sind nun folgende Schritte notwendig:

1. Im Funktionsblock wird neben anderen lokalen Variablen auch der Argument-Zeiger `argptr` mit dem Typ `va_list` vereinbart. Der Datentyp `va_list` ist in der Header-Datei `stdarg.h` als typenloser Zeiger oder als `char`-Zeiger definiert.
2. Mit dem Aufruf des Makros `va_start()` wird dann der Argument-Zeiger `argptr` auf das erste optionale Argument gesetzt. `va_start()` erhält zwei Argumente: den Namen des Argument-Zeigers und den Namen des letzten obligatorischen Parameters.

Beispiel: `va_start( argptr, max );`

Variable Anzahl von Argumenten (Fortsetzung)

Die Funktion input()

```
// input.cpp:  Die Funktion input() liest Zeichen von
//             der Tastatur und hängt '\0' an. Mit Back-
//             space kann die Eingabe gelöscht werden.
// Argumente:  1. Zeiger auf den Eingabepuffer.
//             2. Anzahl maximal einzulesender Zeichen.
//             3. Die optionalen Argumente: Zeichen, mit
//                denen die Eingabe abgebrochen wird.
//                Diese Liste muss mit CR = '\r' enden!
// Return-Wert: Zeichen, mit dem das Einlesen abbricht.
// ----------------------------------------------------
#include <stdarg.h>
#include <conio.h>      // Für _getch() und _putch()

int input(char *puffer, int max,... )
{
  int c, breakc;  // Aktuelles Zeichen, Abbruchzeichen
  int nc = 0;     // Anzahl eingelesener Zeichen
  va_list argp;   // Zeiger auf die weiteren Argumente

  while(true)
  {
    *puffer = '\0';
    if( ( c = _getch()) == 0)  // Zeichen einlesen.
        c = _getch() + 256;    // Bei Sondertasten:
                               // Erweiteter Code + 256.
    va_start(argp, max);       // argp initialisieren.
    do     // Mit Zeichen der Abbruchliste vergleichen
      if( c == (breakc = va_arg(argp,int)) )
         return(breakc);
    while( breakc != '\r');
    va_end( argp);

    if( c == '\b' &&  nc > 0)    // Backspace?
    {
        --nc,  --puffer;
        _putch(c);  _putch(' '); _putch(c);
    }
    else if( c >= 32  &&  c <= 255  &&  nc < max )
    {                // Zeichen -> Puffer und ausgeben.
       ++nc,  *puffer++ = c;  _putch(c);
    }
    else if( nc == max)     // Ende des Puffers erreicht?
       _putch('\a');        // Ton ausgeben.
  }
}
```

3. Mit dem Aufruf des Makros `va_arg()` wird das optionale Argument, auf das `argptr` zeigt, im Stapel gelesen. Die Argumente von `va_arg()` sind der Name des Argument-Zeigers und der Typ des optionalen Arguments:

   Beispiel: `arg3 = va_arg( argptr, long);`

   Mit jedem Aufruf des Makros `va_arg()` wird der Argument-Zeiger auf das nächste optionale Argument gesetzt. Das Ergebnis von `va_arg()` hat den im Aufruf angegebenen Typ. Er muss mit dem Typ des entsprechenden optionalen Arguments identisch sein.

   Eine spezielle Endebedingung für das letzte optionale Argument gibt es nicht. Hier kann ein bestimmter Wert (wie z.B. `NULL`, `-1` oder `CR`) vereinbart werden, oder ein festes Argument legt die aktuelle Anzahl der Argumente fest.

4. Nach Auswertung der Argumente sollte der Argument-Zeiger mit dem Makro `va_end()` auf `NULL` gesetzt werden:

   Beispiel: `va_end( argptr);`

Die optionalen Argumente können auch mehrfach gelesen werden. Im obigen Ablauf wird dann wieder mit dem 2. Schritt begonnen, also zunächst das Makro `va_start()` aufgerufen.

Zum nebenstehenden Beispiel

Die nebenstehende Funktion `input()` liest mit Hilfe der Funktion `_getch()` Zeichen von der Tastatur in den vom ersten Argument adressierten Puffer. Das zweite Argument legt die maximale Anzahl einzulesender Zeichen fest. Die weiteren Argumente sind Zeichen, durch die die Eingabe abgebrochen werden kann. Das letzte Argument *muss* ein Return (`'\r'`) sein!

Beispiel:

```
#define ESC   27              // ESC-Taste
#define F1    (256 + 59)      // F1-Taste
input( name, 20, ' ', ESC, F1, '\r');
```

Dieser Aufruf von `input()` liest bis zu 20 Zeichen in den Vektor `name`, wobei die Eingabe durch die Leer-, `ESC`-, `F1`- oder Return-Taste abgebrochen werden kann. Der entsprechende Zeichen-Code ist dann der Return-Wert. Nicht-druckbare Zeichen werden bei der Eingabe ignoriert, es sei denn, sie sind bei den optionalen Argumenten aufgeführt.

Die Funktionen `_getch()` und `_putch()` für die ungepufferte Ein-/Ausgabe werden im Anhang des E-Books beschrieben. Hier ist Folgendes wichtig: Sondertasten, wie z.B. die Funktionstasten, liefern beim ersten Aufruf von `_getch()` den Wert `0` und beim nachfolgenden Aufruf einen *erweiterten Code*. Für die Funktionstasten sind dies die Werte `59 - 68`. Um die erweiterten Codes von den gewöhnlichen ASCII-Codes `(0 - 255)` zu unterscheiden, wird zu den erweiterten Codes `256` hinzuaddiert.

Zeiger auf Funktionen

Eine Sprungtabelle

```
// funcptr.cpp:  Demonstriert die Verwendung eines
//               Vektors mit Zeigern auf Funktionen.
// ---------------------------------------------------
#include  <iostream>
#include  <cctype>      // Makros  toupper(), tolower()
using namespace std;

void  error_message(char *), message(char *),
      message_up(char *), message_low(char *);

void (*functab[])(char *) = { error_message, message,
                              message_up, message_low };

char aufruf[]="Eingabe: 1,2 oder 3";

int main()
{
   int n = 0;
   cout << "Welche von drei Funktionen soll "
        << "aufgerufen werden(1,2 oder 3)?\n";
   cin >> n;

   if( n<1 || n>3)
     (*functab[0])( aufruf );
    else
     (*functab[n])((char*)"Hello, world\n");
    return 0;
}

void error_message( char *s)  {  cerr << s << endl; }

void message( char *s)       {  cout << s << endl; }

void message_up( char *s)
{   int c;
    for( ; *s != '\0';++s) c = toupper(*s),cout.put(c);
}

void message_low( char *s)
{   int c;
    for( ; *s != '\0';++s) c = tolower(*s), cout.put(c);
}
```

Einsatz von Zeigern auf Funktionen

In C++ ist der Name einer Funktion ein konstanter Zeiger auf die Funktion. Er adressiert den Maschinencode der Funktion. Dies entspricht der bekannten Situation bei Vektoren: Auch der Name eines Vektors ist ein konstanter Zeiger auf das erste Vektorelement.

Für Zeiger auf Funktionen gibt es verschiedene Anwendungen: Man kann sie in einem Vektor speichern und so eine *Sprungtabelle* bilden. Die einzelnen Funktionen sind dann über einen Index ansprechbar.

Ein Zeiger auf eine Funktion kann auch einer anderen Funktion als Argument übergeben werden. Dies ist dann sinnvoll, wenn die aufgerufene Funktion von Fall zu Fall mit verschiedenen Funktionen arbeiten soll.

Die Standardfunktion `qsort()` ist hierfür ein Beispiel. Sie sortiert einen Vektor mit dem schnellen *Quick-Sort-Algorithmus*. Abhängig vom Typ der Vektorelemente und vom Vergleichskriterium erhält die Funktion `qsort()` als Argument eine andere Vergleichsfunktion.

Deklaration von Zeigern auf Funktionen

Ein Zeiger auf eine Funktion wird wie folgt vereinbart:

Syntax: `typ (* funcptr)( Parameterliste );`

Hier wird eine Variable `funcptr` definiert, die die Adresse einer Funktion speichern kann. Die Funktion besitzt den Datentyp `typ` und die angegebene Parameterliste. Bei der Deklaration ist auch das erste Klammernpaar wesentlich. Mit `typ *funcptr(Parameterliste);` würde nämlich `funcptr` als Funktion deklariert, die einen Zeiger zurückgibt.

Wir wollen den Zeiger `funcptr` auf die Funktion `compare()` zeigen lassen und `compare()` mit Hilfe dieses Zeigers aufrufen.

Beispiel:

```
bool compare(double, double);   // Prototyp
bool (*funcptr)(double, double);
funcptr = compare;
(*funcptr)(9.1, 7.2);
```

Der Aufruf von `(*funcptr)()` ist dann äquivalent zum Aufruf von `compare()`. Die Deklaration von `compare()` ist notwendig, damit der Compiler weiß, dass `compare` der Name einer Funktion ist.

Im nebenstehenden Programm ist `functab` ein Vektor mit vier Zeigern auf Funktionen vom Typ `void`, die jeweils einen C-String als Argument erhalten. Er wird in der Definition mit den angegebenen Funktionen initialisiert. `functab[0]` zeigt also auf `error_message()`, `functab[1]` auf `message()` usw. Bei Ausführung des Programms wird diejenige Funktion aufgerufen, deren Index beim Aufruf angegeben wurde.

Komplexe Deklarationen

1. Beispiel:

char	**(***	**strptr)**	**[50]**
⇧	⇧	⇧	⇧
3.	1.	0.	2.

0. `strptr` ist ein
1. Zeiger auf
2. einen Vektor mit 50 Elementen vom Typ
3. char.

2. Beispiel:

long	*****	**(***	**func**	**()**	**)**	**[]**
⇧	⇧	⇧	⇧	⇧	⇧	⇧
5.	4.	2.	0.	1.		3.

0. `func` ist eine
1. Funktion mit einem Return-Wert vom Typ
2. Zeiger auf
3. einen Vektor mit Elementen vom Typ
4. Zeiger auf
5. long.

3. Beispiel:

char	*****	**(***	**(***	**funcptr)**	**()**	**)**	**[]**
⇧	⇧	⇧	⇧	⇧	⇧	⇧	⇧
6.	5.	3.	1.	0.	2.		4.

0. `funcptr` ist ein
1. Zeiger auf
2. eine Funktion mit dem Return-Wert vom Typ
3. Zeiger auf
4. einen Vektor mit Elementen vom Typ
5. Zeiger auf
6. `char`.

Operatoren und komplexe Deklarationen

In der Deklaration und Definition einer Funktion bzw. einer Variablen werden neben dem Grundtyp und dem Namen dieselben Operatoren benutzt, wie sie auch in Ausdrücken vorkommen. Es handelt sich hierbei um die Operatoren:

Operator	Bedeutung
`[]`	Vektor mit Elementen vom Typ
`()`	Funktion mit Return-Wert von Typ
`*`	Zeiger auf
`&`	Referenz auf

Eine *komplexe Deklaration* liegt vor, wenn mehr als einer dieser Operatoren verwendet wird.

Beispiel: `char *strptr[50];`

Hier wird `strptr` als Vektor von Zeigern auf `char` vereinbart. In einer Deklaration sind alle Kombinationen der drei Operatoren erlaubt, allerdings mit folgenden Ausnahmen:

- Die Elemente eines Vektors können keine Funktionen sein.
- Eine Funktion kann keine Funktion und keinen Vektor zurückgeben (wohl aber Zeiger darauf).

Operatoren haben in einer Deklaration die gleiche Priorität wie in Ausdrücken. Es können auch Klammern gesetzt werden, um eine andere Priorität zu bestimmen.

Regeln

Bei der Interpretation einer komplexen Deklaration kann man nach folgenden Regeln vorgehen:

1. Man beginnt stets beim Bezeichner, der deklariert wird.

Dann sind folgende Schritte zu wiederholen, bis alle Operatoren aufgelöst sind:

2. Steht *rechts* das Klammernpaar `()` oder `[]`, so wird dieses interpretiert.
3. Steht rechts nichts oder die Klammer `)`, wird *links* der Stern, falls vorhanden, interpretiert.

   Zuletzt wird der Grundtyp angewendet.

Dieses Vorgehen demonstrieren die nebenstehenden Beispiele. Stehen im Prototyp einer Funktion mehrere Bezeichner, so sind die obigen Regeln sowohl für die Funktion selbst als auch für jeden Parameter anwendbar.

Definition von Typnamen

1. Beispiel:

```
typedef DayTime UHRZEIT;

UHRZEIT zeitVek[100];
```

2. Beispiel:

```
typedef struct { double re, im; } COMPLEX;

COMPLEX z1, z2, *zp;
```

3. Beispiel:

```
typedef enum { Mo, Di, Mi, Do, Fr } WERKTAG;

WERKTAG tag;
```

4. Beispiel:

```
typedef enum { Karo, Herz, Pik, Kreuz } FARBE;

typedef enum { sieben, acht, neun, zehn ,
               Bube, Dame, König, As } WERT;
typedef struct
{
    FARBE f;
    WERT w;
} KARTE;

typedef KARTE[10] BLATT;

BLATT spieler1, spieler2, spieler3;
```

Das Schlüsselwort typedef

C++ bietet die Möglichkeit, Typen einen neuen Namen zu geben. Hierfür steht das Schlüsselwort `typedef` zur Verfügung. Im

Beispiel: `typedef unsigned char BYTE;`

wird der Typname `BYTE` definiert, der im folgenden als Abkürzung für den Datentyp `unsigned char` verwendet werden kann. Mit der Vereinbarung

Beispiel: `BYTE array[100];`

wird dann ein Vektor `array` mit 100 Elementen vom Typ `unsigned char` vereinbart. Die Großschreibung für Typnamen ist üblich, aber nicht zwingend.

Beispiele:

```
typedef int* INTPTR;
typedef enum{ ROT, GELB, GRUEN } Ampel;
```

Hier bezeichnen `INTPTR` den Datentyp „Zeiger auf `int`" und `Ampel` einen Aufzählungstyp.

In einer `typedef`-Definition nimmt der neue Name für den Datentyp immer die Position eines Variablennamens ein. Ohne das führende Wort `typedef` würde also eine neue Variable und kein neuer Typname definiert.

Typdefinitionen reservieren keinen Speicherplatz, und es wird auch kein neuer Datentyp konstruiert. Es wird lediglich ein neuer Name für einen bereits existierenden Datentyp eingeführt.

Beispiel: `typedef char* (*PTR_TO_FUNC)();`

Der Typname `PTR_TO_FUNC` ist dann eine Abkürzung für den Typ „Zeiger auf eine Funktion, die einen Zeiger auf `char` liefert". Die Deklaration

Beispiel: `PTR_TO_FUNC search;`

ist dann gleichbedeutend mit:

```
char* (*search)();
```

Vorteile

Für die Verwendung von `typedef` spricht, dass die Lesbarkeit eines Programms verbessert wird, vor allem wenn komplexe Datentypen einen Namen erhalten.

Ein weiterer Vorzug ist, dass maschinenabhängige Typen isoliert werden können: Bei der Portierung eines Programms auf einen anderen Rechner muss der maschinenabhängige Datentyp nur einmal in der `typedef`-Definition geändert werden.

Matrizen als Argumente von Funktionen

Zeiger-Beispiele

```
#include <iostream>
using namespace std;

#define COLS 3
typedef int Row_t[COLS];      // Row_t: Zeilentyp einer Matrix

void init( Row_t pMat[], int nRows)      // oder  Row_t *pMat
{
    for(int i = 0; i < nRows; ++i)        // Jedem Element der
       for(int j = 0; j < COLS; ++j)      // Matrix einen Wert
          pMat[i][j] = i + j;             // zuweisen.
}

void display(const Row_t pMat[], int nRows)
{
  for(int i = 0; i < nRows; ++i)         // Matrix zeilenweise
  {                                      // anzeigen.
      for( int j = 0; j < COLS; ++j)
         cout << pMat[i][j] << " ";
      cout << endl;
  }
}
```

Referenz-Beispiele

```
#include <iostream>
using namespace std;

#define COLS 3
#define ROWS 4
typedef int Matrix_t[ROWS][COLS]; // Matrix_t: Typ der Matrix

void init( Matrix_t& rMat)
{
    for(int i = 0; i < ROWS; ++i)         // Jedem Element der
       for(int j = 0; j < COLS; ++j)      // Matrix einen Wert
          rMat[i][j] = i + j;             // zuweisen.
}
// Matrix anzeigen:
void display(const Matrix_t& rMat)
{
  for(int i = 0; i < ROWS; ++i)          // Matrix zeilenweise
  {                                      // anzeigen.
      for( int j = 0; j < COLS; ++j)
         cout << rMat[i][j] << " ";
      cout << endl;
  }
}
```

Eine Matrix ist ein eindimensionaler Vektor mit Elementen, die selbst eindimensionale Vektoren sind. Jeder dieser eindimensionalen Vektoren stellt eine Zeile der Matrix dar und heißt deshalb auch „Zeilenvektor". Er besitzt so viele Elemente, wie die Matrix Spalten hat.

Zeiger als Parameter

Der Name eines Vektors ist ein Zeiger auf das erste Vektorelement. Im Fall einer Matrix ist das ein Zeiger auf die erste Zeile. Für die Übergabe einer Matrix an eine Funktion ist es daher naheliegend, als Parameter einen entsprechenden Zeiger zu deklarieren, d.h. einen Zeiger auf einen Zeilenvektor. Dafür muss der Compiler die Größe des Zeilenvektors, also die Anzahl Spalten kennen.

Sind die Matrixelemente vom Typ `int` und ist `COLS` die Anzahl der Spalten, so kann der Typ eines Zeilenvektors wie folgt definiert werden:

Beispiel:
```
int (*pMat)[COLS]          // Zeiger auf erste Zeile
```

Zur besseren Lesbarkeit kann dem Typ eines Zeilenvektors ein eigener Name gegeben werden:

Beispiel:
```
typedef int Row_t[COLS]; // Typ des Zeilenvektors
```

Mit dem Typnamen `Row_t` lautet dann die Parameter-Deklaration:

```
Row_t *pMat    // oder äquivalent: Row_t pMat[]
```

Bei den nebenstehenden Zeiger-Beispielen ist der Parameter `pMat` der Funktion `display()` zusätzlich als „Read-only" deklariert. Die Anzahl der Zeilen ist variabel und wird den Funktionen mit dem zweiten Argument übergeben.

Beispiel:
```
Row_t mat[5];         // Matrix mat mit 5 Zeilen.
init( mat, 5);        // Aufruf der Funktionen
display( mat, 5);     // init() und display().
```

Referenzen als Parameter

Ein Parameter kann als Referenz auf eine Matrix deklariert werden, wenn auch die Anzahl der Zeilen feststeht. Ist `ROWS` die Zeilenzahl, so wird ein Name für den Matrixtyp wie folgt definiert:

Beispiel:
```
typedef int Matrix_t[ROWS][COLS];
```

Eine Matrix vom Typ `Matrix_t` belegt `ROWS*COLS*sizeof(int)` Byte. Die nebenstehenden Funktionen deklarieren Referenz-Parameter für eine solche Matrix. Der Parameter der Funktion `display()` ist wieder als „Read-only" deklariert. Das folgende Beispiel zeigt einen Aufruf der Funktionen.

Beispiel:
```
Matrix_t mat;         // Matrix vom Typ Matrix_t.
init( mat);           // Aufruf der Funktionen
display( mat);        // init() und display().
```

Kapitel 28

Templates

Mit Hilfe von Templates können sowohl Funktionen als auch Klassen in Abhängigkeit von einem noch festzulegenden Typ konstruiert werden. Templates sind deshalb ein mächtiges Werkzeug, mit dem die Erstellung von Programmcode automatisiert werden kann.

Dieses Kapitel beschreibt, wie Funktions- und Klassen-Templates definiert und eingesetzt werden. Darüber hinaus werden spezielle Möglichkeiten, wie Default-Argumente und Spezialisierungen, vorgestellt.

Funktions- und Klassen-Templates

Template und Instantiierung

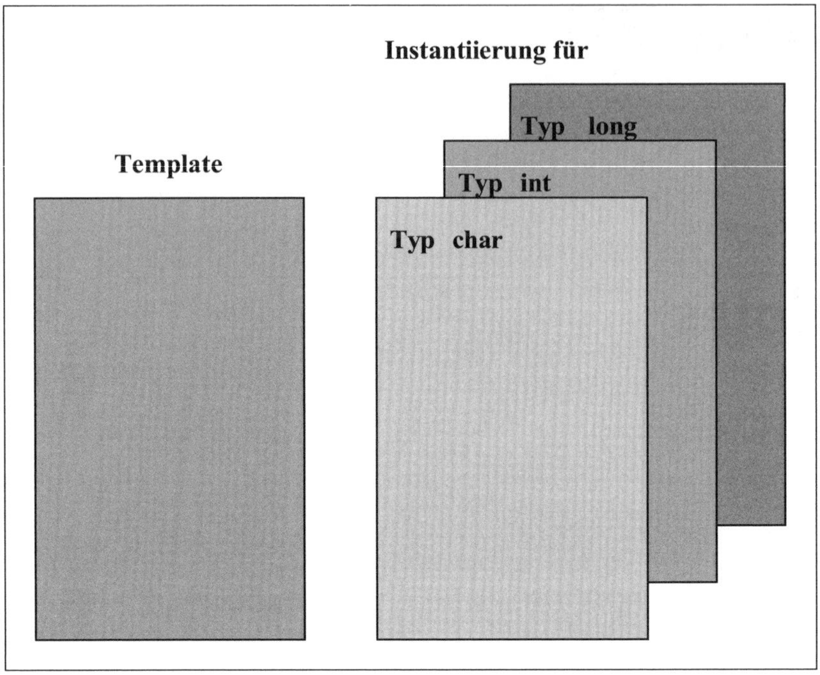

Motivation

Es kommt häufig vor, dass „gleiche" Funktionen oder „ähnliche" Klassen mehrfach implementiert werden müssen, da sie für verschiedene Typen zur Verfügung stehen müssen.

So ist eine Klasse zur Darstellung eines Vektors von `int`-Werten einer Klasse für einen Vektor von `double`-Werten sehr ähnlich. Die Implementierungen unterscheiden sich nur durch den Typ der darzustellenden Elemente. Operationen mit den Elementen, wie z.B. Such- und Sortieralgorithmen, müssen für den jeweiligen Datentyp separat definiert werden.

C++ bietet die Möglichkeit, mit Hilfe von *Templates* (dt. Schablonen, Vorlagen) eine parametrisierte Familie verwandter Funktionen oder Klassen zu definieren:

- Ein *Funktions-Template* legt die Anweisungen einer Funktion fest, wobei statt eines konkreten Typs ein Parameter eingesetzt wird.
- Ein *Klassen-Template* legt die Definition einer Klasse fest, wobei statt eines konkreten Typs ein Parameter eingesetzt wird.

So kann beispielsweise ein Klassen-Template eine allgemeine Definition zur Darstellung von Vektoren verschiedenen Typs bereitstellen. Erst bei der sog. *Instantiierung*, also bei der Festlegung des konkreten Typs, wird eine einzelne Klasse anhand des Templates erzeugt.

Vorteile von Templates

Templates sind ein mächtiges Werkzeug für die Programmierung.

- Ein Template muss nur einmal codiert werden. Einzelne Funktionen bzw. Klassen werden anhand des entsprechenden Templates automatisch erzeugt, sobald sie benötigt werden.
- Ein Template bietet eine einheitliche Lösung für gleichartige Probleme, wobei typunabhängige Bestandteile frühzeitig ausgetestet werden können.
- Fehler durch mehrfache Codierung werden vermieden.

Templates der Standardbibliothek

Die Standardbibliothek von C++ definiert zahlreiche Klassen-Templates, wie die Stream-Klassen für die Ein-/Ausgabe, String- und Container-Klassen. Die bereits bekannten Klassen `string`, `istream`, `ostream`, `iostream` usw. sind Instantiierungen für den Typ `char`.

Die Standardbibliothek enthält auch eine Algorithmen-Bibliothek, die u.a. zahlreiche Such- und Sortieralgorithmen zu Verfügung stellt. Die verschiedenen Verfahren sind als globale Funktions-Templates implementiert und können für beliebige Objektsammlungen eingesetzt werden.

Definition von Templates

Das Klassen-Template Stack

```
// stack.h : Das Klassen-Template Stack mit
//           den Methoden push() und pop()
//-------------------------------------------------------
template<class T>
class Stack
{
  private:
    T* basePtr;         // Zeiger auf Vektor
    int tip;            // Stack-Spitze
    int max;            // maximale Anzahl der Elemente
  public:
    Stack(int n){ basePtr = new T[n]; max = n; tip = 0;}
    Stack( const Stack<T>&);
    ~Stack(){ delete[] basePtr; }

    Stack<T>& operator=( const Stack<T>& );

    bool empty(){ return (tip == 0); }
    bool push( const T& x);
    bool pop(T& x);
};

template<class T>
bool Stack<T>::push( const T& x)
{
   if(tip <= max - 1)             // Falls noch Platz
   {
      basePtr[tip++] = x;  return true;
   }
   else return false;
}

template<class T>
bool Stack<T>::pop( T& x)
{
   if(tip > 0)                  // Falls Stack nicht leer
   {
      x = basePtr[--tip];   return true;
   }
   else return false;
}
```

Definition von Funktions-Templates

Der Definition eines Templates wird stets das Präfix

```
template<class T>
```

vorangestellt. Dabei ist der Parameter `T` ein Typname, der in der folgenden Definition benutzt wird. Obwohl das Schlüsselwort `class` anzugeben ist, steht `T` für einen beliebigen Datentyp, also z.B. auch `int` oder `double`. Statt `class` kann auch das Schlüsselwort `typename` verwendet werden.

Beispiel:

```
template <typename T>
void exchange(T& x, T&y)
{
   T help(x); x = y; y = help;
}
```

Hier wird das Funktions-Template `exchange()` definiert. Der Parameter `T` bezeichnet den noch festzulegenden Typ der Variablen, die zu vertauschen sind. Die Wahl des Namens `T` ist üblich, aber nicht zwingend.

Definition von Klassen-Templates

Beispiel:

```
template <class U>
class Demo
{
   U elem;      . . .   // usw.
};
```

Damit wird ein Klassen-Template `Demo<U>` definiert. Sowohl `U` als auch `Demo<U>` werden in der Klassendefinition wie normale Typen behandelt. Im Geltungsbereich der Klasse genügt es, den Template-Namen `Demo` anzugeben.

Die Methoden eines Klassen-Templates sind ebenfalls über den noch festzulegenden Typ parametrisiert. Jede Methode eines Klassen-Templates ist deshalb ein Funktions-Template. Erfolgt die Definition außerhalb des Klassen-Templates, so wird deshalb die Syntax von Funktions-Templates verwendet. Dem Methodennamen wird wie üblich der Typ des Klassen-Templates mit dem Bereichsoperator vorangestellt.

Dies demonstriert das nebenstehende Beispiel, in dem ein *Stack* (dt. Kellerstapel) als Template definiert wird. Ein Stack wird nach dem Last-In,-First-Out-Prinzip verwaltet, das heißt, das zuletzt auf den Stack gelegte („gepushte“) Element wird als erstes wieder vom Stack geholt („gepoppt“).

Die Definition von Methoden eines Klassen-Templates wird normalerweise in derselben Header-Datei vorgenommen. Damit ist sichergestellt, dass der Compiler die Definition „sieht“, aus der er den Maschinencode für konkrete Template-Argumente erzeugt.

Instantiierung von Templates

Beispielprogramm

```
// stack_t.cpp: Zum Testen eines Stacks
// ----------------------------------------------------
#include <iostream>
#include <iomanip>
using namespace std;

#include "stack.h"

typedef Stack<unsigned> USTACK;   // Stack für Elemente
                                  // vom Typ unsigned.
void fill(  USTACK& stk );
void clear( USTACK& stk );

int main()
{
    USTACK ustk(256);          // Original
    fill( ustk);               // füllen.
    USTACK ostk(ustk);         // Kopieren,
    cout << "Die Kopie:" << endl;
    clear( ostk);              // Kopie ausgeben u. leeren
    cout << "Das Original:" << endl;
    clear( ustk );             // Original zeigen u. leeren

    return 0;
}

void fill( USTACK& stk )
{
    unsigned x;
    cout << "Positive ganze Zahlen eingeben "
         << "(Abbruch mit 0): \n";
    while( cin >> x  && x != 0 )
      if( !stk.push(x) )
      {
          cerr << "Stack voll!"; break;
      }
}
void clear( USTACK& stk )
{
    if(stk.empty())  cerr << "Stack leer!" << endl;
    else
    {
       unsigned x;
       while( stk.pop(x))
         cout << setw(8) << x << "  ";
       cout << endl;
    }
}
```

Mit der Definition eines Templates wird weder eine konkrete Funktion noch eine Klasse erzeugt. Der Maschinencode für Funktionen bzw. Methoden wird erst bei der Instantiierung angelegt.

Instantiierung von Template-Funktionen

Eine *Template-Funktion* wird instantiiert, wenn sie zum erstenmal aufgerufen wird. Dabei ermittelt der Compiler den Parametertyp `T` anhand der Funktionsargumente.

Beispiel:

```
short a = 1, b = 7;
exchange( a, b );
```

Anhand des Templates wird zunächst der Maschinencode der Funktion `exchange()` für den Datentyp `short` erzeugt. Erst dann kann die Template-Funktion aufgerufen werden.

So ist es möglich, eine Template-Funktion `exchange()` für jeden Datentyp zu generieren. Sind `x` und `y` Variablen vom Typ `double`, so wird mit dem Aufruf

Beispiel:

```
exchange( x, y );
```

eine zweite Template-Funktion erzeugt, nämlich für den Datentyp `double`.

Instantiierung von Template-Klassen

Die Instantiierung einer *Template-Klasse* erfolgt implizit, wenn sie zum erstenmal benötigt wird, etwa bei der Deklaration eines Objekts der Template-Klasse.

Beispiel:

```
Stack<int> istack(256);     // implizit
```

Hier wird zunächst die Template-Klasse `Stack<int>` angelegt, wobei der Maschinencode aller Methoden für den Datentyp `int` erzeugt wird. Erst dann kann das Objekt `istack` vom Typ `Stack<int>` aufgebaut werden.

Wird eine weitere Template-Klasse, etwa `Stack<float>` angelegt, so besitzen die Methoden dieser Template-Klasse einen anderen Maschinencode als die Methoden von `Stack<int>`.

Die Entwicklung von Templates ermöglicht also keine Reduzierung des Maschinencodes in einem Programm. Sie erspart es dem Programmierer jedoch, „ähnliche“ Funktionen und Klassen mehrfach codieren zu müssen.

Templates werden vom Compiler zweimal auf *Fehler* hin überprüft: einmal beim Kompilieren der Template-Definition und einmal bei der Instantiierung. Im ersten Fall können Fehler erkannt werden, die unabhängig vom Parameter des Templates sind. Erst bei der Instantiierung können solche Fehler erkannt werden, die von der Parametrisierung abhängen, etwa wenn ein Operator für den Argumenttyp des Templates nicht definiert ist.

Template-Parameter

Das Stack-Template mit zwei Template-Parametern

```
// stackn.h: Klassen-Template Stack<T, n>
// ---------------------------------------

template <class T, int n>
class Stack
{
  private:
    T   vek[n];        // Vektor
    int tip;           // Stack-Spitze
    int max;           // maximale Anzahl Elemente
  public:
     Stack(){ max = n; tip = 0; };

     bool empty(){ return (tip == 0); }
     bool push( const T& x);
     bool pop(T& x);
};

template<class T, int n>
bool Stack<T, n>::push( const T& x)
{
   if(tip <= max - 1)
   {
       vek[tip++] = x; return true;
   }
   else return false;
 }

template<class T, int n>
bool Stack<T, n>::pop(T& x )
{
   if(tip > 0)
   {
       x = vek[--tip];  return  true;
   }
   else return false;
}
```

Mehrere Template-Parameter

Templates können auch mit mehreren Parametern definiert werden. Beispielsweise besitzt folgendes Klassen-Template

Beispiel:
```
template <class U, class V>
class Demo
{   // . . .       };
```

die beiden Parameter `U` und `V`. Für jedes Paar von Typen `U`, `V` wird dann eine Klasse `Demo<U,V>` definiert.

Ein Template-Parameter muss nicht immer ein Typname sein. Es sind auch normale „Funktionsparameter" erlaubt, speziell Zeiger und Referenzen.

Beispiel:
```
template<class T, int n>
class Stack{ . . . };
```

Hier wird das Klassen-Template `Stack<T, n>` definiert, das mit dem Typ `T` und einer ganzen Zahl `n` parametrisiert ist.

Im nebenstehenden Beispiel wird der Parameter `n` dazu benutzt, die Größe des Vektors zur Darstellung eines Stacks festzulegen. Das hat den Vorteil, dass bereits bei der Instantiierung einer Template-Klasse die Anzahl der Vektorelemente bekannt ist. Objekte können dann angelegt werden, ohne dynamischen Speicher in Anspruch zu nehmen.

Das vereinfacht die Definition des Stack-Templates: Der Kopierkonstruktor, die Zuweisung und der Destruktor müssen nicht mehr definiert werden.

Einschränkungen

Für Template-Parameter, die keine Typ-Parameter sind, gelten zwei Einschränkungen:

- Sie dürfen nicht verändert werden.
- Sie dürfen keinen Gleitpunkt-Typ besitzen.

In der nebenstehenden Definition wäre also folgender Ausdruck unzulässig:

Beispiel:
```
++n;  // Fehler: Template-Parameter ändern
```

Auch wenn ein Template-Parameter vom Typ `double` nicht erlaubt ist:

Beispiel:
```
template<class T, double d>   // Fehler!
class Demo { . . . };
```

so sind doch Zeiger und Referenzen auf Gleitpunkt-Typen möglich:

Beispiel:
```
template<class T, double& ref>
class Demo { . . . };
```

Template-Argumente

Beispielprogramm

```
// mini_t.cpp: Zum Testen der Argumentübergabe
//             bei Funktions-Templates
// ---------------------------------------------
#include <iostream>
using namespace std;

template <class T>
T minimum( T x, T y)
{
   return( (x < y) ? x : y);
}

int main()
{
   short x = 10, y = 2;
   cout << "x = " << x << "  y = " << y << endl;
   cout << "Die kleinere Zahl: "
        << minimum(x, y) << endl;      // Aufruf o.k.

   double z1 = 2.2;
   float  z2 = 1.1F;

   cout << "\nDie kleinere Zahl: "
        << minimum(z1, z2) << endl;    // Nicht o.k.

   double z3 = 1.1;
   cout << "\nz1 = " << z1
        << "  z3 = " << z3 << endl;
   cout << "Die kleinere Zahl: "
        << minimum(z1, z3) << endl;    // Aufruf o.k.

   return 0;
}
```

Argumentübergabe

Die Instantiierung eines Templates erfolgt mit der Übergabe der Template-Argumente. Dabei müssen die Typen der Argumente exakt mit den Typen der Template-Parameter übereinstimmen.

Es wird nicht mal eine implizite Typanpassung, wie von `float` nach `double`, vorgenommen. Im Fall der Template-Funktion `minimum()` bedeutet dies, dass beide Argumente denselben Datentyp haben müssen. Der Aufruf

Beispiel:

```
float x = 1.1; double y = 7.7;
minimum ( x , y );
```

würde zu einer Fehlermeldung führen, da die Template-Funktion mit dem

Prototyp:

```
void minimum( float , double );
```

nicht angelegt werden kann.

Einschränkungen

Bei Template-Argumenten, die keine Typnamen sind, gibt es verschiedene Einschränkungen:

- Ist der Template-Parameter eine Referenz, so darf nur ein globales oder statisches Objekt als Template-Argument angegeben werden.
- Ist der Template-Parameter ein Zeiger, so darf nur die Adresse eines Objekts oder die Adresse einer Funktion mit globalem Geltungsbereich angegeben werden.
- Ist der Template-Parameter weder eine Referenz noch ein Zeiger, so darf nur ein konstanter Ausdruck als Template-Argument angegeben werden.

Beispiel:

```
int anz = 256;                  // Fehler:
typedef Stack<short, anz> ShortStack;
```

Da als zweites Template-Argument nur eine `int`-Konstante erlaubt ist, wird hier eine Fehlermeldung ausgegeben.

Auch Zeichenketten wie z.B. `"Oktoberfest"` sind als Template-Argumente nicht zulässig. Ihr Geltungsbereich ist nämlich nicht global, sondern statisch.

Beispiel:

```
template<class T,char* s> class Demo{...};
```

Hier darf nur mit einem global definierten String instantiiert werden, wie etwa:

```
char str[] = "Oktoberfest";   // global
Demo<double, str> income;     // ok
```

Spezialisierungen

Spezialisierung von Funktions-Templates

```
// Das Funktions-Template minimum()
template <class T>
T minimum( T x, T y)
{
   return( (x < y) ? x : y);
}
// Spezialisierung für C-Strings:
#include <cstring>

template<>
const char* minimum( const char* s1, const char* s2 )
{
   return( (std::strcmp(s1, s2) < 0 ) ? s1: s2 );
}
```

Spezialisierung von Klassen-Templates

```
template <class T>
class Stack
{
  private:
    T*  basePtr;      // Zeiger auf Vektor
    int tip, max;     // Stack-Spitze, max. Anzahl Elemente
  public:             // wie zuvor.
};
// Spezialisierung für C-Strings:
template<>
class Stack<char*>
{
  private:
    char** basePtr;      // Zeiger auf Vektor von char-Zeigern
    int tip, max;        // Stack-Spitze, max. Anzahl Elemente
  public:
   // Konstruktor, Destruktor, Kopierkonstruktor,
   // Zuweisungsoperator, push(), pop(), empty()
};
```

Motivation

Eine Template-Funktion kann nur dann instantiiert werden, wenn alle Anweisungen innerhalb der Funktion auch ausführbar sind. Wird etwa die Template-Funktion exchange() mit zwei Objekten einer Klasse aufgerufen, so müssen in der Klasse der Kopierkonstruktor und die Zuweisung definiert sein.

In einer Template-Funktion müssen insbesondere alle Operatoren für den jeweiligen Argument-Typ definiert sein. So kann z.B. ein Funktions-Template minimum(), das das kleinere von zwei Argumenten bestimmt, nur dann instantiiert werden, wenn für den Argument-Typ der Operator < definiert ist.

Neben nicht ausführbaren Anweisungen gibt es noch weitere Gründe, warum ein Funktions-Template für einen bestimmten Datentyp nicht einsetzbar ist:

- Die allgemeine Lösung, die das Template festlegt, liefert für bestimmte Datentypen kein sinnvolles Ergebnis.
- Für bestimmte Datentypen gibt es effizientere Lösungen.

So wird beim Aufruf

Beispiel: `minStr = minimum( "VIVIAN", "vivian" );`

lediglich die kleinere der beiden Adressen, bei denen die C-Strings gespeichert sind, zurückgegeben.

Definition von Spezialisierungen

In solchen Fällen ist es sinnvoll, eine Spezialisierung der Template-Funktion zu definieren. Dabei wird die Template-Funktion durch eine separat definierte Funktion überladen, der das Schlüsselwort template gefolgt von spitzen Klammern <> vorangestellt wird. Nebenstehend ist dies anhand des Funktions-Templates minimum() dargestellt. Eine Spezialisierung wird hier für den Datentyp char* definiert.

Wenn eine Template-Funktion durch eine Spezialisierung ersetzt wird, so muss sichergestellt sein, dass beim Aufruf auch die richtige Version ausgeführt wird. Die Reihenfolge, in der der Compiler nach der passenden Funktion sucht, garantiert dies:

- Sind ein Funktions-Template und eine Spezialisierung für einen bestimmten Typ definiert, so wird stets die Spezialisierung aufgerufen.

Das gilt natürlich auch für Methoden eines Klassen-Templates, die ja Funktions-Templates sind. Insbesondere kann eine Template-Klasse nur dann angelegt werden, wenn alle Methoden aus den entsprechenden Funktions-Templates instantiiert werden können. Dies demonstriert auch die nebenstehend angegebene Spezialisierung für C-Strings des Klassen-Templates Stack<T>.

Default-Argumente von Templates

Ein Template für quadratische Matrizen

```
// quadmat.h:  Definition des Templates QuadMatrix
//             zur Darstellung quadratischer Matrizen
// ----------------------------------------------------
#include <iostream>
#include <stdexcept>
using namespace std;

template <class T=int, int anz = 10>
class QuadMatrix
{
  private:
    T mat[anz][anz];
  public:
   int dim() const{ return anz; }

   T*  operator[](int line) // throw(out_of_range)
   {
     if( line < 0 || line >= anz)
       throw out_of_range("Matrix: Index out of range");
     else
       return mat[line];
   }

   const T*  operator[](int line) const
                                    // throw(out_of_range)
   {
     if( line < 0 || line >= anz)
       throw out_of_range("Matrix: Index out of range");
     else
       return mat[line];
   }
   friend QuadMatrix& operator+(const QuadMatrix&,
                                const QuadMatrix&);
             // usw.
};
```

Default-Werte setzen

Template-Parameter können, wie Funktionsparameter auch, mit Default-Argumenten versehen werden. Fehlt bei der Instantiierung einer Template-Klasse oder -Funktion das entsprechende Argument, so wird der Default-Wert eingesetzt.

Die Festlegung von Default-Werten geschieht in der Definition eines Templates oder bei der ersten Deklaration eines Templates in einem Modul.

Das Klassen-Template QuadMatrix<T, n>

Das nebenstehend definierte Klassen-Template QuadMatrix<T, n> stellt quadratische Matrizen dar. Der Indexoperator ist so überladen, dass für die Matrix `m` einer Instantiierung der Zugriff auf ein Matrixelement wie gewohnt mit `m[i][j]` erfolgt. Ist der Zeilenindex `i` außerhalb des zulässigen Bereichs, so wird eine Standard-Exception vom Typ `out_of_range` ausgelöst.

Die Default-Werte sind so gesetzt, dass nach der Definition

Beispiel:

```
typedef QuadMatrix < > IntMat;
IntMat m;
```

eine Matrix `m` für `int`-Werte mit zehn Zeilen und zehn Spalten angelegt wird. Die spitzen Klammern dürfen hierbei nicht weggelassen werden, da es den Typ `QuadMatrix` nicht gibt. `QuadMatrix` ist nur der Name des Templates.

Mit der folgenden Definition

Beispiel:

```
typedef QuadMatrix<double> DoubleMat;
DoubleMat dm;
```

wid eine Matrix `dm` von `double`-Werten mit zehn Zeilen und zehn Spalten angelegt.

Regeln

Für Default-Argumente von Templates sind dieselben Regeln zu beachten, die auch für Default-Argumente von Funktionen gelten:

- Wenn mindestens ein Parameter mit einem Default-Argument deklariert wird, so müssen alle nachfolgenden Parameter ebenfalls mit Default-Werten versehen werden.
- Fehlt bei der Instantiierung ein Template-Argument, für das ein Default-Wert deklariert wurde, so müssen auch alle nachfolgenden Template-Argumente weggelassen werden.

Explizite Instantiierung

Beispielprogramm für das Klassen-Template QuadMatrix

```
// expIns_t.cpp:  Zum Testen expliziter Instantiierungen
// -------------------------------------------------------
#include <iostream>
using namespace std;

#include "quadmat.h"
                              // Explizite Instantiierung:
template class QuadMatrix<long double, 5>;

int main()
{
    QuadMatrix<long double, 5> m;

    try
    {
        for(int k=0; k < m.dim(); k++)
        {
           for( int l = 0; l < m.dim(); l++)
           {
                 m[k][l] = k*l;
                 cout << m[k][l] << " ";
           }
           cout << endl;
        }
    }
    catch(out_of_range& err )
    {
        cerr << err.what() << endl;
    }

    return 0;
}
```

Außer der impliziten Instantiierung von Templates, etwa beim Aufruf einer Template-Funktion, ist auch eine explizite Instantiierung möglich. Wichtig ist dies beispielsweise bei der Erstellung von Bibliotheken, die Template-Funktionen und -Klassen für Anwendungsprogramme zur Verfügung stellen.

Syntax

Eine explizite Instantiierung geschieht mit folgender

Syntax: template Deklaration;

wobei Deklaration den Namen des Templates und die Template-Argumente enthält.

Für das Klassen-Template Stack kann eine explizite Instantiierung so erfolgen:

Beispiel: template class Stack<long double, 50>;

Mit der Deklaration wird dann die Template-Klasse Stack<long double, 50> mit maximal 50 Elementen vom Typ long double angelegt.

Auch Funktions-Templates können explizit instantiiert werden.

Beispiel: template short min(short x, short y);

Hier wird aus dem Funktions-Template min() eine Template-Funktion für den Typ short angelegt.

Erweiterte Syntax für Funktions-Templates

Der C++-Standard sieht für Funktions-Templates eine weitere Möglichkeit zur expliziten Instantiierung vor. Beim Aufruf werden Template-Argumente in spitzen Klammern hinter dem Funktionsnamen angegeben.

Beispiel: min<long>(x, y);

Dann wird in jedem Fall eine Template-Funktion min() für den Datentyp long generiert.

Die explizite Instantiierung von Funktions-Templates erweitert deren Einsatzmöglichkeiten:

- Funktions-Templates können mit Typen parametrisiert werden, die nicht aus den Funktionsargumenten hergeleitet werden können, speziell können sie ohne Funktionsparameter definiert werden.
- Funktions-Templates können mit Funktionsparametern definiert werden, die keine Template-Parameter sind.

Kapitel 29

Container

Dieses Kapitel beschreibt die Standardklassen zur Darstellung von sequenziellen Containern, wie Vektoren, Listen, Stacks und Queues.

Mit den Standard-Containern können Objektsammlungen in effizienter Weise verwaltet werden.

Als Anwendungsbeispiel wird ein Routing-Verfahren vorgestellt.

Arten von Containern

Sequenzielle und assoziative Container

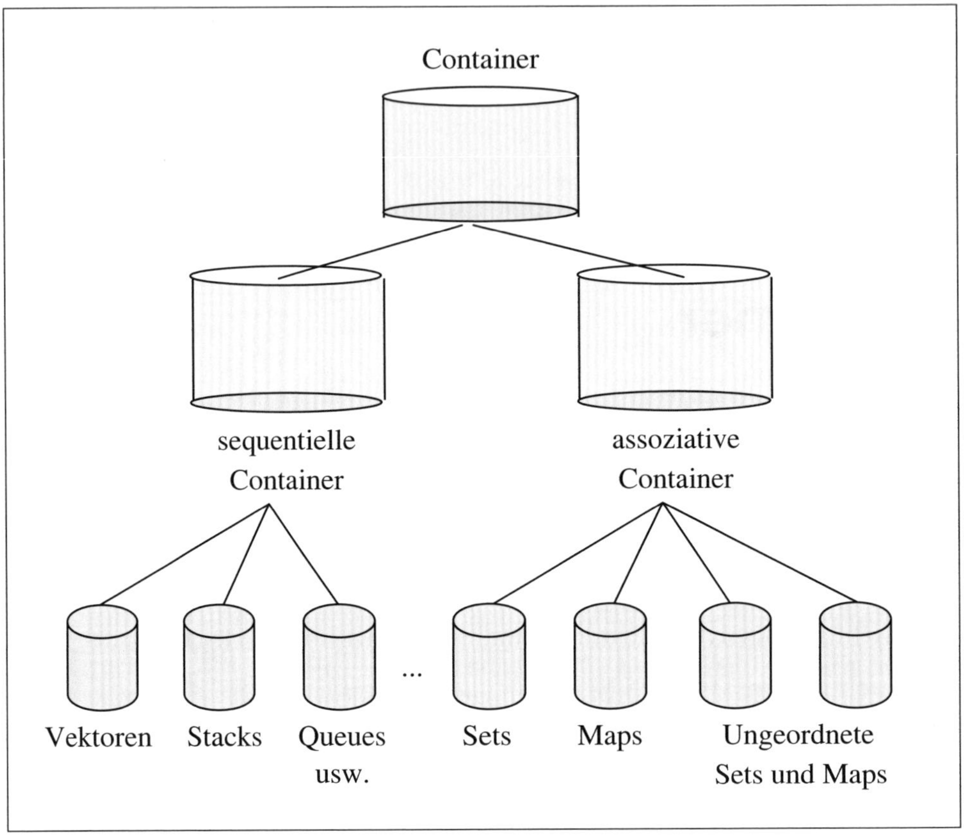

Der Begriff Container

Container speichern Objekte gleichen Typs und stellen Operationen zur Verwaltung dieser Objekte zur Verfügung. Zu den Operationen gehören z. B. das Einfügen, Löschen und Hervorholen von Objekten. Die Speicherverwaltung für Container erfolgt zur Laufzeit dynamisch. Container bieten damit eine bequeme und sichere Handhabung von Objektsammlungen.

Die Standardbibliothek von C++ stellt in der *Containers Library* zahlreiche Klassen-Templates zur Darstellung von Containern bereit. Diese Klassen gliedern sich in zwei Gruppen:

- **sequenzielle Container** (engl. *sequences*), bei denen die Objekte sequenziell angeordnet sind und der Zugriff auf ein Objekt entweder direkt oder sequenziell erfolgt.
- **assoziative Container** (engl. *associative containers*), die Objekte auf effiziente Weise in einer Baumstruktur oder in einer Hash-Tabelle verwalten. Die Objekte werden mit Hilfe von Schlüsseln angesprochen.

Sequenzielle Container

Sequenzielle Container unterscheiden sich durch die Operationen, die in größerer Allgemeinheit oder in eingeschränkter Form zur Verfügung gestellt werden. Operationen in eingeschränkter Form, wie z. B. das Einfügen nur am Ende eines Containers, haben eine konstante Laufzeit. Das heißt, die Laufzeit ist proportional zu einer festen Zeit, und zwar unabhängig von der Anzahl Objekte im Container.

Zu den sequenziellen Containern gehören u. a.:

- **Vektoren**, die die für C-Vektoren üblichen Operationen bieten, im Unterschied zu C-Vektoren aber dynamisch wachsen und schrumpfen.
- **Queues** (dt. Warteschlangen), die nach dem FIFO-Prinzip (engl. *First In, First Out*) verwaltet werden. Das zuerst eingefügte Element wird stets als erstes wieder entnommen.
- **Stacks** (dt. Kellerstapel), die nach dem LIFO-Prinzip (engl. *Last In, First Out*) verwaltet werden. Das zuletzt eingefügte Element wird stets als erstes wieder entfernt.

Assoziative Container und ungeordnete assoziative Container

Zu den assoziativen Containern gehören *Sets* und *Maps*, die Objekte anhand von sortierbaren Schlüsseln in Bäumen unterhalten und so einen schnellen Zugriff ermöglichen.

Die ungeordneten assoziativen Container verwalten Objekte in Hash-Tabellen. Für die Schlüssel muss lediglich eine Gleichheitsrelation definiert sein.

Sequenzielle Container-Klassen

Operationen für sequenzielle Container

Klassen-Template	Laufzeiten für das Einfügen und Löschen eines Objekts
vector<class T, class Allocator = allocator<T> >	Am Ende konstant. Am Anfang und in der Mitte linear.
list<class T, class Allocator = allocator<T> >	In jeder Position konstant.
deque<class T, class Allocator = allocator<T> >	Am Anfang und am Ende konstant. In der Mitte linear.

Adapterklassen

Klassen-Template	Einfügen	Löschen
stack<class T, class Container = dequeue<T> >	am Ende	am Ende
queue<class T, class Container = dequeue<T> >	am Ende	am Anfang
priority_queue<class T, class Container = vector<T>, Compare=less<T> >	gemäß Priorität	am Anfang

Sequenzielle Container und Header-Dateien

Container-Klasse	Header-Datei
vector<T, Allocator>	<vector>
list<T, Allocator>	<list>
deque<T, Allocator>	<deque>
stack<T, Container>	<stack>
queue<T, Container>	<queue>
priority_queue<T, Container, Compare >	<queue>

Darstellung sequenzieller Container

Zur Darstellung von Containern sind in der *Containers Library* sog. *Container-Klassen* definiert. Das sind Klassen-Templates, die über den Typ T der zu verwaltenden Objekte parametrisiert sind.

Für sequenzielle Container sind drei grundlegende Klassen-Templates definiert:

- Die Container-Klasse vector<T, Allocator> unterstützt die für Vektoren üblichen Operationen, wie den direkten Zugriff auf einzelne Objekte mit dem Indexoperator [] sowie schnelles Einfügen und Löschen am Ende des Containers. Die Laufzeit zum Einfügen und Löschen am Anfang oder in der Mitte eines Containers ist jedoch linear, d.h. proportional zur Anzahl der im Container enthaltenen Objekte.
- Die Container-Klasse list<T, Allocator> bietet die für doppelt verkettete Listen typischen Funktionalitäten. Dazu gehören schnelles Einfügen und Löschen in beliebigen, vorgegebenen Positionen. Daneben sind auch allgemeine Listenoperationen, wie z.B. Sortieren und Mischen, definiert.
- Die Container-Klasse deque<T, Allocator> (engl. *double ended Queue*, sprich: deck) verfügt wie ein Vektor über direkten Zugriff mit dem Indexoperator und ist für Einfüge- und Löschoperationen am Anfang und am Ende des Containers optimiert. In der Mitte eines Containers haben dieselben Operationen eine lineare Laufzeit.

Der zweite Template-Parameter legt das zu verwendende Speichermodell fest. Das Speichermodell wird durch eine sog. *Allokator-Klasse* dargestellt, die über den Typ T der Objekte parametrisiert ist. Sie ermöglicht die dynamische Speicherverwaltung für Objekte vom Typ T. Der Default-Wert des Template-Parameters ist die *Standard-Allokator-Klasse* allocator<T>, die mit den Operatoren new und delete Speicher reserviert und freigibt.

Adapterklassen

Aus den obengenannten grundlegenden Klassen zur Darstellung sequenzieller Container werden die sog. *Adapterklassen* konstruiert. Eine Adapterklasse erhält einen sequenziellen Container als Template-Argument und speichert ihn in einem protected-Datenelement.

Nebenstehend sind die verschiedenen Adapterklassen zusammengestellt. Das Template priority_queue stellt Warteschlangen mit Prioritäten dar. Zur Verwaltung der Prioritäten werden Schlüssel verwendet, für die in der *Comparator-Klasse* Compare eine Vergleichsrelation definiert ist. Der Default-Wert des Template-Parameters ist die vordefinierte Comparator-Klasse less<T>, die den Kleiner-Operator < für den Typ T verwendet.

Iteratoren

Iterieren in Listen

```
// Eine Liste mit int-Werten ausgeben.
// -----------------------------------------------------
#include <list>
#include <iostream>
using namespace std;
typedef list<int> INTLIST;                      // int-Liste

int display(const INTLIST& c)
{
   int z = 0;                                   // Zähler
   INLIST::const_iterator pos;                  // Iterator

   for( pos = c.begin(); pos != c.end(); pos++, z++)
     cout << *pos << endl;
   cout << endl;

   return z;
}
```

Iterieren in Vektoren

```
// iterat_t.cpp: Einen Vektor mit Konten ausgeben.
// -----------------------------------------------------
#include <vector>
#include <iostream>
using namespace std;

#include "konto.h"
typedef vector<Konto> KontoVec;                 // Kontenvektor

void display(const KontoVec& v)
{
   KontoVec::const_iterator pos = v.begin(); // Iterator
// oder:
// auto pos = v.begin();
   for( ; pos < v.end(); pos++)
       pos->display();
   cout << endl;
}
```

Positionieren und Iterieren in Containern

Jedes Objekt in einem Container besitzt eine bestimmte Position, in der es abgelegt ist. Um mit den Objekten eines Containers arbeiten zu können, müssen die Positionen der Objekte im Container erreichbar sein. Es muss also einen Mechanismus geben, der es mindestens erlaubt,

- an jeder Position auf das entsprechende Objekt lesend und/oder schreibend zuzugreifen und
- von der Position eines Objekts zur Position des nächsten Objekts im Container zu wechseln.

Diese Situation ist von Zeigern her vertraut: Ist `p` ein Zeiger auf ein Vektorelement, so ist `*p` das Vektorelement und mit `++p` wird der Zeiger auf das nachfolgende Element gesetzt. *Iteratoren* sind eine Abstraktion von Zeigern. Sie wurden in C++ eingeführt, um für unterschiedliche Container eine einheitliche Basis zum Positionieren und Iterieren zu schaffen.

Arten von Iteratoren

In dem Zusammenhang sind zwei Arten von Iteratoren wichtig:

- **Bidirektionale Iteratoren**, die mit dem Inkrement-Operator ++ vorwärts, mit dem Dekrement-Operator `--` rückwärts laufen und mit den Operatoren `*` und `->` schreibend oder lesend auf Objekte zugreifen können.
- **Random-Access-Iteratoren** sind bidirektionale Iteratoren, die zusätzlich wahlfrei positioniert werden können. Hierfür sind der Index-Operator `[]`, die Addition/Subtraktion ganzer Zahlen und der Vergleich von Iteratoren definiert.

Die Container `vector<T>` und `deque<T>` besitzen Random-Access-Iteratoren. Alle anderen Container, ausgenommen die Adapter-Klassen, besitzen bidirektionale Iteratoren.

Iterator-Klassen

Container-Klassen, die Iteratoren bereitstellen, definieren zur Darstellung ihrer Iteratoren die Datentypen `iterator` und `const_iterator`. Ein Iterator vom Typ `const_iterator` ist ein „Read-only“ Iterator und kann auch konstante Objekte referenzieren.

Einen Iterator auf das erste Objekt im Container erhält man mit der Methode `begin()`. Dagegen gibt die Methode `end()` einen Iterator zurück, der die Position *hinter* dem letzten Objekt im Container repräsentiert. Diese Methoden liefern für einen konstanten Container einen Read-only Iterator.

Die automatische Typableitung erlaubt die komfortable Definition von Iteratoren. Der Typ des Iterators muss nicht mehr selbst angegeben werden, sondern kann wie im nebenstehenden Beispiel vom Return-Typ der Methoden `begin()` oder `end()` abgeleitet werden.

Vereinbarung sequenzieller Container

Die abgeleitete Container-Klasse sortVec<T, Compare>

```
// sortvec.h: Das Klassen-Template SortVec zur
//            Darstellung eines sortierten Vektors
//--------------------------------------------------
#include <vector>        // Für Klassen-Template vector<T>
#include <functional>    // Für Comparator-Klasse less<T>
using namespace std;

template <class T, class Compare = less<T> >
class SortVec : public vector<T>
{
  public:
   SortVec()  { }
   SortVec(int n, const T& x = T()):vector<T>(n,x){}

   void insert(const T& obj);        // Sortiert Einfügen
   int  search(const T& obj);        // Objekt suchen
   void merge(const SortVec& v);     // Mischen
};
//...
```

Verwenden der Container-Klasse sortVec

```
// sortv_t.cpp :   Zum Testen des Templates SortVec
//--------------------------------------------------
#include "sortvec.h"

typedef SortVec<int> IntSortVec;

int main()
{
   IntSortVec v, w;               // Default-Konstruktor

   v.insert(2);                   // Einfügen
   v.insert(7); v.insert(1);

   int n = v.search(7);           // Suchen
   //...
   w.insert(3); w.insert(9);      // Einfügen

   v.merge(w);                    // Mischen
   // Danach enthält der Vektor v die Elemente: 1 2 3 7 9
   return 0;
}
```

Konstruktoren von vector, list und deque

Zum Anlegen von sequenziellen Containern sind in den Container-Klassen vector, list und deque verschiedene Konstruktoren definiert, insbesondere ein Kopier- und Move-Konstruktor. Ihre Fähigkeiten sind für die verschiedenen Klassen ähnlich und werden im Folgenden am Beispiel der Klasse vector vorgestellt.

Mit der Vereinbarung

Beispiel:
```
vector<Konto> v;
```

wird ein leerer Container v für Objekte vom Typ Konto angelegt. Anschließend können Objekte in den Container eingefügt werden.

In der Definition kann ein Container auch mit einer vorgegebenen Anzahl von Kopien eines Objekts aufgefüllt werden.

Beispiel:
```
Bruch x(1, 1);
vector<Bruch> cont(100, x);
```

Hier wird der Container cont mit 100 Objekten vom Typ Bruch angelegt und mit dem Objekt x aufgefüllt. Ohne Angabe des zweiten Arguments werden die Vektorelemente mit dem Default-Konstruktor initialisiert.

Schließlich besteht die Möglichkeit, einen Container mit dem Teil eines anderen Containers zu initialisieren. Hierbei ist ein Bereich von Iteratoren vorzugeben.

Beispiel:
```
vector<double> v(first,last);
```

Die Argumente first und last sind Iteratoren im bereits existierenden Container. Der neue Container v wird dann mit den Objekten aus dem Bereich [first, last) initialisiert: Das sind alle Objekte zwischen den Positionen first (einschließlich) und last (ausschließlich).

Konstruktoren für Adapterklassen

Für die Adapterklassen sind ein Default-, Kopier- und Move-Konstruktor definiert. Ist wait eine bereits definierte Warteschlange vom Typ der Container-Klasse queue<double>, so wird mit

Beispiel:
```
queue<double> warte(wait);
```

eine neue Warteschlange warte angelegt und mit wait initialisiert.

Nebenstehend ist eine abgeleitete Container-Klasse sortVec zur Darstellung sortierter, dynamischer Vektoren definiert. Die Klasse ist über den Typ T der Vektorelemente parametrisiert. Der zweite Template-Parameter ist eine Comparator-Klasse, die ein Vergleichskriterium zum Sortieren darstellt. Wird das Default-Argument less<T> verwendet, muss für T der Operator < definiert sein.

Initialisierungslisten und Range-for-Schleifen

Beispielprogramm

```
// initList.cpp:  Initialisierungslisten und Range-for-loop
// -----------------------------------------------------------
#include <vector>
#include <list>
#include <string>
#include <iostream>
#include "konto.h"
using namespace std;

int main()
{
   int arr[] { 1, 2, 3, 4, 5 };  // int-Array initialisieren.
   for( int& el : arr)           // el ist eine Referenz
   {                             // auf ein Vektorelement.
       el += 10;                 // Jedes Element verändern
       cout << el << "  ";       // und anzeigen.
   }
   cout << endl;

   // Ein vector-Objekt mit Konto-Elementen initialisieren:
   vector<Konto> kontoVec { Konto("Heidi", 12345UL, 1950.99),
                            Konto("Hansi", 54321UL, 1150.99),
                            Konto("Irmi",  98765UL, 950.99) };
   // Vektor anzeigen:
   for( const auto& k : kontoVec)        // k ist eine
       k.display();                      // Read-only-Referenz.

   // Eine Liste initialisieren.
   list<string> strList = { "Vivi", "Jeany", "Anna" };

   cout << "Die Liste enthaelt "
        << strList.size() << " Elemente:" << endl;
   for( const auto& str : strList)
       cout << str << "   ";
   cout << endl;
   return 0;
}
```

Weitere Initialisierungsmöglichkeiten

Zusätzlich zu den vorhandenen Möglichkeiten sieht der C++-Standard eine einheitliche Syntax für Initialisierungen vor: In jeder Initialisierung können die Initialisierungswerte in geschweiften Klammern angegeben werden.

Beispiele:
```
int limit1{1000};
int limit2 = {2000};      // Auch möglich.
X obj{"Hans", 12345};     // Konstruktoraufruf
```

Die Verwendung des Gleichheitszeichens ist optional. In der letzten Zeile wird vorausgesetzt, dass die Klasse `X` einen passenden Konstruktor besitzt.

Auch das Arbeiten mit Containern wurde mit den Neuerungen im C++-Standard komfortabler. So können Container wie gewöhnliche Vektoren mit einer Liste initialisiert und ohne Iteratoren durchlaufen werden, wie die folgenden Abschnitte zeigen.

Initialisierungslisten

Alle Standard-Container, ausgenommen die Adapterklassen, besitzen mindestens einen Konstruktor mit einem Parameter vom Typ der neuen Template-Klasse `initializer_list<T>`. Dies ermöglicht es, einen Container bei der Definition mit einer Liste von Werten in geschweiften Klammern zu initialisieren. Im nebenstehenden Beispielprogramm werden so der Vektor `arr` und die zwei Container `kontoVec` und `strList` initialisiert.

Das Klassen-Template `initializer_list` ist in der Header-Datei `<initializer_list>` definiert und kann auch für selbstdefinierte Klassen eingesetzt werden, um die Initialisierung mit einer Liste zu ermöglichen.

Range-for-Schleifen

Mit einer *Range-for-Schleife* kann ein Container ohne Angabe von Iteratoren durchlaufen werden. Sie ist sehr übersichtlich und kann für gewöhnliche Vektoren, Initialisierungslisten sowie Standard-Container und eigene Klassen , welche die Methoden `begin()` und `end()` besitzen, eingesetzt werden.

Syntax:
```
for( var_deklaration : objekt_sammlung )
    schleifen_anweisung
```

Mit `var_deklaration` wird eine Variable oder eine Referenz deklariert, die nacheinander alle Objekte in `objekt_sammlung` repräsentiert. Im folgenden Beispiel nimmt die Variable `i` alle Werte der Liste an, so dass jeder Wert angezeigt wird.

Beispiel:
```
for( int i : { 1, 2, 3, 4, 5} )
    cout << i << ' ';
```

Um unnötiges Kopieren zu vermeiden, sollte die „Laufvariable" wie im nebenstehenden Programm als Referenz oder Read-only-Referenz deklariert werden. Mit der Typangabe `auto&` wird der Typ automatisch vom Typ der Objekte in der Objektsammlung abgeleitet.

Einfügen in sequenziellen Containern

Methoden zum Einfügen

Methode	Wirkung
`void push_back(const T&x);`	Fügt x hinter dem letzten Objekt in den Container ein.
`void push_front(const T& x);`	Fügt x vor dem ersten Objekt in den Container ein.
`iterator insert(iterator pos, const T& x = T() );`	Fügt x vor der Position `pos` ein und liefert die Einfügeposition zurück.
`size_type insert(iterator pos, size_type n, const T& x);`	Fügt n Kopien von `x` vor der Position `pos` ein und gibt die Anzahl der eingefügten Objekte zurück.
`void insert(iterator pos, InputIterator first, InputIterator last);`	Kopiert die Elemente aus dem Bereich `[first,last)` vor die Position `pos` in den Container.

Die Methode insert() der abgeleiteten Klasse SortVec

```
// Die Methode insert() fügt ein neues Objekt am Ende
// des Vektors ein und sortiert es dann ein.
//--------------------------------------------------
template <class T, class Compare >
void SortVec<T, Compare>::insert(const T& obj)
{
   push_back(obj);               // Am Ende einfügen.

   auto pos = end();  pos--;     // Letzte Position

   while( pos > begin())         // Einsortieren:
   {
     --pos;
     if( Compare()(obj,*pos) )   // Tauschen:
     { auto temp = pos; *(++temp) = *pos;  *pos = obj; }
     else   break;
   }
}
```

Methoden zum Einfügen

In den Container-Klassen `vector`, `deque` und `list` sind die Methoden

- `push_back()` zum Einfügen am Ende und
- `insert()` zum Einfügen vor einer vorgegebenen Position

definiert. In den Klassen `list` und `deque` gibt es außerdem die Methode

- `push_front()` zum Einfügen eines Objekts am Anfang.

Diese Methode ist in der Klasse `vector` nicht definiert.

Die Methode `insert()` ist in verschiedenen Versionen überladen. Dabei können ein Objekt, mehrere Kopien eines Objekts oder Kopien von Objekten aus einem anderen Container eingefügt werden. Sind beispielsweise `v` und `w` zwei Container vom Typ `vector<double>`, so werden im

Beispiel: `w.insert(w.begin(), v.begin(), v.end());`

die Objekte aus dem Container `v` vor allen anderen Objekten in `w` eingefügt.

Die Methode `emplace()` erzeugt aus den übergebenen Argumenten mit einem entsprechenden Konstruktor ein neues Objekt und fügt es in den Container ein. Ist `cont` ein Objekt vom Typ `vector<Bruch>` und `p` eine Position im Vektor, so wird im

Beispiel: `cont.emplace(p, 1, 10);`

zunächst der Bruch `1/10` erzeugt und dieser vor `p` in den Vektor eingefügt.

Laufzeitverhalten

Die Methoden `push_back()` und `push_front()` sind wegen ihrer konstanten Laufzeit bevorzugt einzusetzen. Das Einfügen *eines* Objekts mit `insert()` bzw. `emplace()` hat für die Klasse `list` ebenfalls eine konstante Laufzeit. Für die Klassen `vector` und `deque` ist sie jedoch linear.

Das unterschiedliche Laufzeitverhalten der Methoden ist durch die Implementierung der verschiedenen Container-Klassen bedingt. Container vom Typ `list` werden durch doppelt verkettete Listen dargestellt. Das Einfügen in einer vorgegebenen Position ist deshalb sehr schnell. Die Container-Klassen `vector` und `deque` werden vektoriell dargestellt, das heißt, beim Einfügen in der Mitte müssen Objekte im Container verschoben werden. Deshalb ist die Laufzeit linear.

Einfügen in Adapterklassen

Für die Adapterklassen gibt es die Methoden `push()` und `emplace()` zum Einfügen eines Objekts am Ende bzw. gemäß seiner Priorität. Die Laufzeit ist bei Stacks und Queues konstant, für Priority-Queues hingegen logarithmisch.

Elementzugriff

Die Methode search() von sortVec

```
// sortvec.h
// Die Methode search() sucht ein Objekt mit dem
// binären Suchverfahren im Container.
// Hierbei wird das Objekt mit dem mittleren Element
// im Vektor verglichen. Ist das Objekt kleiner, so
// wird in der linken Hälfte, andernfalls in der
// rechten Hälfte weitergesucht.
// Das binäre Suchverfahren hat eine logarithmische
// Laufzeit und ist damit sehr schnell.
// Return-Wert: Index mit dem gefundenen Objekt
//              oder -1, falls nicht vorhanden.
// -----------------------------------------------------
template <class T, class Compare >
int SortVec<T, Compare>::search(const T& obj)
{
  int first = 0, last = end() - begin() - 1, mid;

  while( first < last )
  {
      mid = (first + last + 1)/ 2;
                                  // In unterer Hälfte suchen:
      if( Compare() (obj, (*this) [mid]) )
         last = mid - 1;
      else first = mid;           // bzw. in oberer Hälfte.
  }

  if ( obj == (*this)[first] )    // Gefunden?
        return first;             // Ja.
  else  return -1;                // Nicht gefunden.
}
```

☞ Kommt ein Objekt mehrfach im Vektor vor, so liefert die Methode den größten Index

Die Methoden front() und back()

Für den Zugriff auf einzelne Objekte sind in den Containers-Klassen `vector`, `deque` und `list` die Methoden

- `front()` für den Zugriff auf das erste Element und
- `back()` für den Zugriff auf das letzte Element

definiert. Beide Methoden liefern eine Referenz auf das entsprechende Objekt.

Beispiel:

```
double z = v.front();
v.front() = 1.9;
```

Hier wird das erste Objekt im Container `v` zunächst in der Variablen `z` gesichert und anschließend überschrieben.

Zugriff mit Indizes

Um auf Objekte eines Containers über Indizes zugreifen zu können, wurde in den Klassen `vector` und `deque` der Indexoperator `[]` überladen. Ein Index ist eine nicht negative ganze Zahl vom Typ `size_type`.

Beispiel:

```
v[20] = 11.2;          // das 21. Objekt
```

Ist `pos` ein Iterator, der das erste Objekt im Container `v` referenziert, so ist der Ausdruck `v[20]` äquivalent zu `pos[20]`.

Bei der Verwendung des Indexoperators muss der Programmierer selbst dafür sorgen, dass ein Index den zulässigen Bereich nicht überschreitet. Soll eine Exception ausgelöst werden, sobald ein Index den zulässigen Bereich verlässt, so kann die Zugriffsmethode `at()` verwendet werden.

Beispiel:

```
v.at(20) = 11.2;
```

Die Methode `at()` löst im Fehlerfall eine Exception vom Typ der Standardfehlerklasse `out_of_range` aus.

In der Klasse `list` sind der Indexoperator und die Methode `at()` nicht definiert. Soll beispielsweise das zehnte Objekt im Container bearbeitet werden, so muss man den Container bis zu dieser Position sequenziell durchlaufen.

Elementzugriff für Adapterklassen

In den Adapterklassen `priority_queue` und `stack` ist die Methode `top()` für den Zugriff auf das Element mit der höchsten Priorität bzw. an der Stack-Spitze definiert.

Die Klasse `queue` besitzt die Methoden `front()` und `back()`, um auf das erste bzw. letzte Element zuzugreifen.

Größe von Containern

Die Methode merge() der Klasse sortVec

```
// sortvec.h: Die Methode merge() mischt einen als
//            Argument übergebenen sortierten Vektor
//            in den Vektor *this.
// ----------------------------------------------------

template <class T, class Compare >
void SortVec<T,Compare>::merge(const SortVec<T,Compare>& v2)
{
  SortVec temp;                         // Temporärer Vektor
  SortVec& v1 = *this;                  // 1. Vektor
  unsigned int n1 = 0, n2 = 0;

  // Das jeweils kleinere Objekt in temp kopieren:
  while(n1 < v1.size() &&  n2 < v2.size())
    if( Compare()(v1[n1], v2[n2]) )     // if(v1[n1] < v2[n2])
       temp.push_back(v1[n1++]);
    else
       temp.push_back(v2[n2++]);
                                        // Rest anhängen:
  while( n1 < v1.size())
    temp.push_back(v1[n1++]);

  while( n2 < v2.size())
    temp.push_back(v2[n2++]);

  this->swap(temp);         // Effektiver als *this = temp;
}
```

Zu den Kennzahlen eines Containers gehören:

- die *Größe*, das ist die Anzahl der im Container enthaltenen Objekte, und
- die *maximale Größe*, das ist die maximale Anzahl von Objekten, die im Container gespeichert werden können.

Die Größe eines Containers ändert sich mit jeder Einfüge- und Löschoperation.

Größe eines Containers

Die Größe eines Containers wird mit der Methode `size()` abgefragt. Die Methode gibt eine Ganzzahl vom Typ `size_type` als Return-Wert zurück.

Beispiel:

```
Bruch x(1, 1); vector<Bruch> v(100, x);
vector<Bruch>::size_type sz = v.size();
```

Die Variable `sz` enthält dann den Wert `100`. Die Größe eines leeren Containers ist stets `0`. Die Situation kann auch mit der Methode `empty()` abgefragt werden, welche in dem Fall `true` liefert.

Beispiel: `while( !cont.empty() ) ...`

Die Methoden `size()` und `empty()` sind in allen Container-Klassen definiert. Die Methode `resize()` ändert die Größe eines Containers.

Beispiel: `cont.resize( n, x);`

Die Größe wird auf `n` erhöht, falls `n > size()` gilt, bzw. verringert, falls `n < size()` gilt. Im Fall von `n == size()` passiert nichts.

Bei einer Erhöhung der Größe werden `n - size()` Kopien des Objekts `x` am Ende des Containers angehängt. Das zweite Argument `x` kann auch weggelassen werden. Dann wird entsprechend oft der Default-Konstruktor für ein Objekt vom Typ `T` aufgerufen.

Maximale Größe und Kapazität

Die maximale Größe eines Containers liefert die Methode `max_size()`.

Beispiel: `size_t k = cont.max_size();`

Der zurückgegebene Wert ist vom verfügbaren Speicher und der Größe eines Objekts abhängig. Für die Klasse `vector<T>` ist außerdem die *Kapazität* definiert. Das ist die Anzahl Objekte, die ein Verktor speichern kann, ohne erneut Speicherplatz anfordern zu müssen. Die Kapazität kann mit der Methode `capacity( )` abgefragt und mit `reserve( )` vergrößert werden.

Für Adapter-Klassen sind nur die Methoden `size()` und `empty()` definiert. Es kann also weder die maximale Größe abgefragt noch die Größe mit `resize()` verändert werden.

Löschen in sequenziellen Containern

Eine PriorityQueue

```
// prior_t.cpp : Zum Testen einer Priority-Queue
// ---------------------------------------------------
#include <queue>
#include <string>
#include <iostream>
using namespace std;

class Paket
{
  private:
   unsigned int prio;                  // Priorität
   string info;
  public:
   Paket(unsigned int p, const string& s)
                            :prio(p), info(s) {}
   // Zugriffsmethoden, ... überladene Operatoren:
  friend bool operator<(const Paket& x1,const Paket& x2)
  { return (x1.prio < x2.prio); }
  friend ostream& operator<<(ostream& os,const Paket& x)
  { os << x.prio << "  "<<  x.info; return os; }
};

int main()
{
   priority_queue<Paket>  pq;

   pq.push(Paket(7,"Uwe"));     // Einfügen
   pq.push(Paket(1,"Peter"));
   pq.push(Paket(4,"Susanne"));

   while( !pq.empty() )
   {
     cout << pq.top() << endl; // Anschauen
     pq.pop();                 // Löschen
   }
   return 0;
}

// Ausgabe:   7  Uwe
//            4  Susanne
//            1  Peter
```

Methoden zum Löschen

Zum Löschen von Objekten stehen in den Container-Klassen `vector`, `deque` und `list` folgende Methoden zur Verfügung:

- `pop_back()` löscht das letzte Objekt im Container.
- `erase()` löscht das Objekt in einer vorgegebenen Position bzw. löscht die Objekte in einem vorgegebenen Bereich.
- `clear()` löscht alle Elemente in einem Container.

In den Klassen `deque` und `list` ist außerdem folgende Methode definiert:

- `pop_front()` löscht das erste Objekt im Container.

Die Methode besitzt wie die Methode `pop_back()` keinen Return-Wert.

Die Methoden `pop_back()` und `pop_front()` sind wegen ihrer konstanten Laufzeit bevorzugt einzusetzen. Das Löschen eines Objekts am Anfang oder in der Mitte mit der Methode `erase()` hat für die Container-Klasse `list` ebenfalls eine konstante Laufzeit. Für die Klassen `vector` und `deque` ist die Laufzeit jedoch linear, da zum Füllen der „Lücke" im Container Objekte verschoben werden müssen.

Löschen von Teilbereichen

Beim Löschen von Objekten aus einem vorgegebenen Bereich mit der Methode `erase()` wird die Position des ersten zu löschenden Elements und die Position *hinter* dem letzten zu löschenden Element als Argument angegeben.

Beispiel: `cont.erase(cont.begin() + 10, cont.end());`

Hier werden ab dem elften Element die restlichen Objekte im Container gelöscht. Die Methode `erase()` liefert die neue Position des Objekts hinter den zu löschenden Objekten zurück.

Löschen in Adapterklassen

Für die Adapterklassen gibt es nur eine Methode zum Löschen, nämlich `pop()`. Ist `wait` eine Warteschlange vom Typ `queue`, so wird mit

Beispiel: `wait.pop();`

das Element am Anfang der Warteschlange gelöscht. Für einen Stack löscht `pop()` das Element an der Stack-Spitze, für eine Warteschlange mit Prioritäten das Objekt mit der höchsten Priorität. In jedem Fall ist die Laufzeit konstant.

Listenoperationen

Beispielprogramm

```
// list_t.cpp:  Zum Testen von Listenoperationen
// --------------------------------------------------------
#include <list>
#include <cstdlib>
#include <iostream>
using namespace std;

typedef list<int>  INTLIST;
int display( const INTLIST& c);   // Siehe Seite "Iteratoren"

int main()
{
  INTLIST ls, sls;
  int i;
  for( i=1; i<=3; i++)
    ls.push_back( rand()%10 );  // z.B. 1 7 4

  ls.push_back(ls.front());      // 1 7 4 1

  ls.reverse();                  // 1 4 7 1

  ls.sort();                     // 1 1 4 7

  for( i=1; i<=3; i++)
    sls.push_back( rand()%10 ); // z.B. 0 9 4

  // Erstes Objekt von sls vor letztes von ls:
  auto pos = ls.end();

  ls.splice(--pos, sls, sls.begin());    // 1 1 4 0 7

  display(sls);                 // 9 4

  ls.sort();                    // 0 1 1 4 7
  sls.sort();                   // 4 9
  ls.merge(sls);                // 0 1 1 4  4 7 9
  ls.unique();                  // 0 1 4 7 9

  return 0;
}
```

Die Container-Klasse `list` enthält Methoden für Listenoperationen, die in den anderen Container-Klassen nicht definiert sind. Dazu gehören:

- das Sortieren und Invertieren von Listen
- das Mischen von zwei sortierten Listen
- das Verschweißen von Listen (engl. *splice operations*)

Sortieren, invertieren und mischen

Ein Container vom Typ `list`, kurz Listen-Container genannt, wird mit der Methode `sort()` sortiert. Dies setzt voraus, dass in der Klasse `T` der Operator < definiert ist. Nach dem Aufruf von `sort()` ist der Container in aufsteigender Reihenfolge sortiert.

Mit der Methode `reverse()` wird ein Listen-Container invertiert, das heißt, die Reihenfolge der Objekte im Container wird umgedreht. Das ursprünglich erste Element im Container wird zum letzten, das zweite wird zum vorletzten usw.

Das Mischen von zwei sortierten Listen-Containern geschieht mit der Methode `merge()`. Sind `ls1` und `ls2` zwei sortierte Listen-Container, so ist nach dem Aufruf

Beispiel: `ls1.merge(ls2);`

`ls1` eine sortierte Liste, deren Objekte aus den ursprünglichenObjekten von `ls1` und den Objekten von `ls2` bestehen. Der Container `ls2` ist anschließend leer.

Splice-Operationen

Mit den *Splice-Operationen* (dt. verschweißen) werden Objekte aus einem Listen-Container an eine bestimmte Position eines *anderen* Listen-Containers übernommen und im ursprünglichen Container entfernt. Hierbei kann ein ganzer Container oder ein Teil davon transferiert werden.

Beispiel: `ls1.splice(pos, ls2);`

Hier wird der ganze Container `ls2` *vor* die Position `pos` in `ls1` eingefügt. Danach ist `ls2` leer. Mit der Anweisung

Beispiel: `ls1.splice(pos1, ls2, pos2);`

wird das Element an Position `pos2` von `ls2` *vor* das Element an Position `pos1` von `ls1` eingefügt und dabei in `ls2` gelöscht. Soll der Teil eines Containers übertragen werden, so wird mit dem dritten und vierten Argument die Anfangs- und Endposition übergeben.

Die Container-Klasse array

Beispielprogramm

```
// arrayDemo.cpp: Demo für den Container array<T,N>
// -----------------------------------------------------
#include <array>
#include <string>
#include <iostream>
using namespace std;

template<class Arr>
void showArray(Arr& a)       // Call by Reference
{
    for( auto& el : a)       // Ausgabe mit range-for-Schleife.
        cout << el << "  ";
    cout << endl;
}

int main()
{
   array<int,5> arr1,                         // Ohne und mit
                arr2 = { 1, 2, 3, 4, 5 }; // Initialisierung.
   array arr3{ 1, 5, 4, 3, 2 };          // Auch möglich (C++17).

   arr1 = arr2;                          // Zuweisung gleich
                                         // grosser Arrays.
   cout << "1. Array nach der Zuweisung:\n";
   showArray(arr1);

   arr3[0] = 10;                         // Index-Operator.
   array<int,5> arr4(arr3);              // Kopie von arr3.
   cout << "Die Kopie des 3. Arrays:\n";
   showArray(arr4);

   arr1.fill(1);                     // Mit dem Wert 1 füllen.
   if( arr1 < arr2)                  // true, da arr1[0] == arr2[0]
   {                                 // und arr1[1] < arr2[1].
       cout << "Der Array        ";  showArray(arr1);
       cout << "ist kleiner als ";  showArray(arr2);
   }

   // Ein "zweidimensionaler" Vektor:
   array<string, 3> wNamen = { "Emely", "Edith", "Romy"  },
                    mNamen = { "Anton", "Daniel", "Max" };
   array<array<string, 3>, 2> namen = { wNamen, mNamen };
   showArray(namen[0]);
   showArray(namen[1]);

   return 0;
}
```

Eigenschaften des Containers array

Die Container der Standardbibliothek sind dynamische Objektsammlungen, das heißt, sie passen sich in ihrer Größe automatisch den Anforderungen an. Beispielsweise wächst ein Container der Klasse `vector` beim Einfügen von Objekten, falls dies notwendig ist. Eine Ausnahme ist der Container `array`, der einen einfachen C++-Vektor fester Länge kapselt (s. Kapitel 15, *Vektoren*).

Das `array`-Template ist im Header `<array>` definiert. Es ist über den Typ der Vektorelemente und die Anzahl Vektorelemente parametrisiert.

Beispiel:
```
array<int,5> iArr = { 1, 2, 3, 4 ,5};
```

Das so definierte Objekt `iArr` hat den Typ `array<int,5>` und wird mit den Werten `1` bis `5` initialisiert. Für die Initialisierung von `array`-Objekten gelten dieselben Regeln wie für einfache C++-Vektoren.

Methoden des Containers array

Der Container `array` verbindet die Effizienz von C++-Vektoren mit den Vorteilen eines Standard-Containers. Beispielsweise können `array`-Objekte kopiert und zugewiesen werden. Außerdem liefert die `size`-Methode die Anzahl Vektorelemente. Für den Zugriff darauf ist der Operator `[]` überladen.

Beispiel:
```
for( size_t i=0; i < iArr.size(); ++i) // iArr
    cout << arr1[i] << "  ";             // anzeigen.
```

Alternativ kann ein Vektor auch mit der Range-for-Schleife durchlaufen werden, wie die nebenstehende Funktion `showArray()` zeigt.

Die Methoden `front()` und `back()` liefern eine Referenz auf das erste bzw. letzte Vektorelement. Im Gegensatz zum Operator `[]` führt die Methode `at()` eine Bereichsüberprüfung durch: Beim Zugriff mit einem unzulässigen Index löst die Methode `at()` eine Exception vom Typ `out_of_range` aus.

Die Methode `data()` liefert einen Zeiger auf den gekapselten C++-Vektor, sodass Funktionen aufrufbar sind, die einen solchen Zeiger erwarten. Wie jeder Container besitzt auch `array` die Methoden `begin()` und `end()`. Somit sind die Algorithmen der Standardbibliothek auf `array`-Objekte anwendbar. Die folgende Anweisung sortiert ein Array `arr` mit sortierbaren Elementen.

Beispiel:
```
sort( arr.begin(), arr.end());  // arr sortieren.
```

Wie das nebenstehende Programm auch zeigt, sind zwei `array`-Objekte gleichen Typs vergleichbar. Der Vergleich der Werte erfolgt lexikografisch.

C++20 stellt die globale Funktion `to_array()` zur Verfügung, um aus einem eindimensionalen C++-Vektor einen Container vom Typ `array` zu erzeugen.

Beispiel:
```
string strVec[] = { "Beispiel", "mit", "Strings!"};
auto strArr = to_array(strVec);   // array-Objekt
```

`strArr` ist ein Objekt vom Typ `array<string,3>` mit dem Inhalt von `strVec`.

Stichwortverzeichnis

Die grauen kursiven Seitenzahlen beziehen sich auf das E-Book

Symbols

__has_include *1032*
_getch() *1037*
_kbhit() *1038*
_putch() *1038*

A

Abbau
  dynamischer Objekte 413
  von Objekten 231
Ableitung
  mehrfache *509*
abs() *655*, *665*
Absolutwert 121, *1027*
abstrakt
  Klasse 423
Abstraktion
  durch Klassen 205
acos() *665*
Adapterklasse 487
Addition
  von Zeigern 283
Adresse 198
  des aktuellen Objekts 243
  Übergabe 191
  Vektor 287
  von Objekten 197, 215
  von Zeigern 197
Adressoperator 316
Adressraum
  von Hash-Dateien *960*
Änderungsfreundlichkeit 129
Aktualisieren
  von Dateien 307
algorithm 64
Algorithmus *623*
  binäre Suche 496, *959*
  Bresenham- *583*
  Bubble-Sort- *781*
  Heap-Sort- *647*
  Hot-Potatoe *943*
  Misch- *849*
  Mischen 498
  modifizierender *639*
  mutierender *643*
  Quick-Sort- 457, *925*
  Selection-Sort- 451, *795*, *925*
  Sieb des Eratosthenes *781*
  Splice- *849*
Aliasname 189
allocate_shared() *599*
allocator 487
Allokator-Klasse 487
Alternative *551*
  auswählen 123
Ampersand 189
Analyse 205
Anfangswert 51, 67, 225
  eines Objekts 227
  von Objekten 211
Ansi.sys *1046*
ANSI-Komitee 25
Anweisung 31
  abhängige 109
  break 123, 125
  continue 125
  goto- 125
  if else 117
  return() 159
  switch 123
  throw 437
Anwenderprogramm
  Quellcode 209
any 64, *553*
any_cast *553*
app 306
Applikation *605*
apply() *665*
arg() *655*
argc 297
argptr 453
Argument 59, 157, 159
  Kommandozeilen- 297
  komplexes *651*
  Objekt als 245
  obligatorisches 453
  optionales 453
  Typumwandlung 105
  -Übergabe 161
  variable Anzahl 453
  Vektor als 287
  -Zeiger 453
  Zeigervektor 451
argv 297
Arithmetik
  mit Zeigern 283, 285
Array 265
  assoziativer 331
  -Klasse 330
  Klassen- 273
array 505
ASCII-Code 37
  Tabelle *1044*
asin() *665*
assert.h 64
assoziativ
  Array 331
  Container 485
Asynchronous Transfer Mode *579*
at() 151, 497
atan() 56, *665*
atan2() 56, *665*
ate 306
ATM-Zelle *579*
Auflösung *581*
Aufruf
  Exception-Handler 441
  Funktions- 159
  impliziter 231
  redefinierter Methoden 391
  von Destruktoren 231, 389
  von Funktionen 59
  von Konstruktoren 389

Die grauen kursiven Seitenzahlen beziehen sich auf das E-Book

Aufzählung 261
Ausdruck 91
  boolescher 43
  komplexer 91
  logischer 99
  mit Referenztyp 195
  Typ 91
  Vergleichs- 97
  Wert 91
Ausgabe 31, 70
  dezimale 75
  hexadezimale 75
  linksbündig 79
  oktale 75
  rechtsbündig 79
  -Strom 73
  umlenken 137
  unformatierte 87
  von booleschen Werten 81
  von Strings 81
  von Zeichen 81
Ausgabefeld 79
Ausnahmebehandlung 437
  schachteln 443
Ausrichtung 79
  byteweise *1035*
Auswahl 117, 123
Auswahloperator 121
auto 50, 171, 219
auto_ptr *588*
automatisch 175
AVL-Baum *557*

B

back() 497
Backslash 47
Backspace 83
bad_any_cast *552*
bad_cast 417
bad_optional_access *553*
bad_variant_access *551*
bad() *527*
Basis 83, *1028*
Basisinitialisierer 389, *515*
  bei Mehrfachvererbung *517*
Basisklasse 379
  direkte 381
  indirekte 381
  mehrfache *513*
  mehrfache indirekte *511*
  virtuelle *513*
Basisklassenzeiger 403
Basistyp 197
Baum *537*
  AVL- *557*
  Rot-Schwarz- *557*
Baumstruktur 485
bedingt
  Bewertung 121
  Kompilierung 133
Bedingung
  zusammengesetzte 99
Bedingungsvariable *617*
begin() 489, *567*
Begrenzungszeichen 87
Belegungsfaktor *563*
BELL 115
Benutzeroberfläche 29
Bereich
  capture *629*
  Iteratoren- *623*
  private 207
  public 207
Bereichsoperator 183, 209, 257
Bereichsprüfung 151, 225, 235
Bewertung
  bedingte 121
  -Reihenfolge 99
Bezeichner 57, 183
  Read-only 189
Beziehung
  Hat- 379
  Ist- 379
Bias *1028*
Bibliothek 155
  filesystem *538*
  iostream- 71
  numerische *649*
bidirektional
  Iterator 489
Bildschirm
  -Steuerzeichen *704*
  Steuerzeichen *1046*
  -Treiber *1046*
binär *1026*
Binärmodus 311, *521*
binär
  Suche *647*
binary 306
Bindings
  structured 218
Bindung
  dynamische 415
  späte 415
  statische 415
Bit
  -Codierung *571*
  eof- 307
  fail- 307
  -Feld *579*
  invertieren *575*, *583*
  löschen *575*, *583*
  Maske *575*
  -Muster 75, *575*, *1026*, *1028*
  -Operation *571*
  -Operator *571*, *583*
  Paritäts- *577*
  Schreiben *583*
  -Set *581*
  setzen *575*, *583*
  Vorzeichen- *1026*
Bitoperator 307
bitset 64
Block 109, 179
  catch 439
  einer Funktion 157
  extern *1039*
  try- 439
blockorientiert 301
blockweise
  Schreiben/Lesen 311
bool 37
boolalpha 81
break
  Anweisung 123, 125
Breite
  eines Bitfelds *579*
Bresenham-Algorithmus *583*
Bruch
  kürzen *841*
Brüche
  Rechenoperationen *828*
Bubble-Sort *781*
Buchstabe
  umwandeln 135
Bucket *563*

Byte 39
  Ausrichtung *1035*
  -Offset in Dateien *522*
  -Position 301
  Typ byte *574*

C

C
  -Bibliotheken einbinden *1039*
  -Funktion definieren *1040*
  -Funktion einbinden *1039*
  -Header-Datei 65, *1039*
  -String 65
C++
  -Programm 29
  -Standardbibliothek 67, 155
call by reference 161, 191, 245
call by value 161, 191, 245
case
  Konstante 123
  Marke 123
Cast
  Down- 417
  dynamischer 417
  expliziter 405
  -Operator 105, 405
  statischer 405
  Up- 405
catch 439
cctype 135
cerr 70
cfloat 41, *1028*
char 37, 81
  -Vektoren 269
CHAR_MAX 39
CHAR_MIN 39
char16_t 37
char32_t 37
cin 70, 195
class 207, 217
clear() 501, *527*
Client *1015*
climits 39, *1028*
clog 70
close() 309
cmath 57
Code
  von Funktionen 131
Code::Blocks *1049*
Comparator
  -Klasse 487
Compare 487
Compiler 29
Compilierung
  bedingte *1031*
complex 64, 653
COMSPEC *796*
condition_variable *617*
conio.h *1037*
conj() *657*
const 53, 191
  Methode 237
  -Objekt 237
const_iterator *567*
Container
  array 504
  Arten 485
  -Bibliothek 485
  Kapazität 499
  -Klasse 487
  -Länge 499
  Löschen 501
  sequenziell 485
  ungeordneter *563*
  vereinbaren 491
  Zugriff 497
continue
  -Anweisung 125
Cooked Modus 306
copy() *639*
cos() 56, *657*
cosh() *657*
count() *561*
cout 31, 70, 195
cshift() *665*
cstdlib 61
C-String 269
ctime() *717*
ctype.h 64, 135
Cursor *581*

D

Darstellung
  binäre *1026*, *1027*
  dezimale 75
  exponentielle 77
  Festpunkt- 77
  -Format *1026*
  interne von Daten 205
  von Ganzzahlen *1026*
  von Gleitpunktzahlen *1028*
Datei 301
  aktuelle Position 301
  -Anfang *523*
  ausführbare 29, 155
  -Ende 307, *523*
  Geräte- *525*
  Hash- *960*
  Index- *535*
  kopieren 309
  lesen 301
  -Name 305
  öffnen 305
  Pizza- *807*
  Primär- *535*
  -Puffer 301
  schließen 309
  schreiben 301
  -Status *527*
  umlenken 137
  -Zugriff 301
Dateiende 134
Dateiposition
  ändern *521*
Dateisystem *539*
  Pfad *539*
  Verzeichnis *539*
Daten
  verschlüsseln *993*
Datenabstraktion 25, 379
Datenelement 67
  abgeleiteter Klassen 383
  dynamisches 359
  konstantes 255
  Speicherplatz 209
  statisches 257
  variabler Länge 359
  von Klassen 205
Datenkapselung 25, 205, 217, 259, 329
Datenkommunikation *943*
Datensatz 217, 301
Datensegment 179
Datenstruktur
  dynamische 353
  rekursive 355

Die grauen kursiven Seitenzahlen beziehen sich auf das E-Book

Datentyp 37
- bool 37
- char 37
- double 41
- elementarer 37
- float 41
- ganzzahliger 39
- -Hierarchie 101
- int 39
- iostate *527*
- Klasse 205
- long 39
- long double 41
- short 39
- time_t *751*
- void 41, 61, 159
- von Variablen 51
- wchar_t 37

Datenübertragung
- Fehlererkennung *577*

Datum *751*, *759*
Deadlock *615*
dec 74
Default
- Argumente von Funktionen 165
- -Konstruktor 227

default
- -Marke 123

default_delete *589*
defined *1032*
Definition
- abgeleitete Klasse 380
- Funktion 157
- inline 163
- rekursiver Funktionen 169
- typedef 461
- virtueller Methoden 411
- von File-Streams 305
- von Klassen 207
- von Konstruktoren 225
- von Methoden 209
- von Objekten 211
- von Referenzen 189
- von Typnamen 461
- von Variablen 51
- von Vektoren 265

Deklaration
- Exception 439
- extern- 177, *1039*
- friend- 329
- komplexe 459
- protected 393
- using- 185
- von Funktionen 57
- von Konstruktoren 225
- von Variablen 177

Dekrement
- -Operator 93

delete 347, 349, 413
Deleter *593*, *599*
- selbstdefiniert *599*

deque 487
dequeue 64
Design
- von Klassenhierarchien *513*

Destruktor 231
- abgeleiteter Klassen 389
- Aufruf 231
- Default- 231
- für Vektorklasse 363
- inline 233
- Minimalversion 231
- virtueller 413

detach() *613*
dezimal 43
Dezimalpunkt 76
Diagramm
- Vererbungs- *511*, *515*

Dimension
- von Vektoren 275

Direktive 31, *1029*
- #define 129
- #elif *1031*
- #endif 133, *1031*
- #error *1034*
- #if *1031*
- #ifdef 133, *1033*
- #ifndef 133
- #include 57, *1031*
- #line *1033*
- #pragma *1035*
- #undef 133, *1030*
- using 65, 185

Division 91
- ganzzahlige 91
- mit Zweier-Potenzen *573*

domain_error 446
Doppelpunkt 125
DOS 137
double 41
do-while
- -Schleife 115

Down-Cast 405
Download *1047*
draw() *581*
Dreiecksmatrix *673*
dynamic_cast<> 417
dynamisch
- Bindung 415
- Datenelement 359
- Datenstruktur 353
- Speicherreservierung 345

E

Einbinden
- von C-Funktionen *1039*

Einfügen
- in Containern 495
- in Index-Datei *537*
- in Strings 147
- in Maps *561*

Eingabe 70
- fehlerhafte 85
- -Feld 83
- formatierte 82
- -Puffer 83
- Textzeile 87
- umlenken 137
- unformatierte 87
- von Gleitpunktzahlen 85
- von Zahlen 84

Eingabepuffer
- leeren 82

Einheit
- imaginäre *651*

Einheitswurzel
- komlexe *667*

Einlesen Siehe Eingabe
Einmaleins *699*
Element
- abgeleiteter Klassen 383
- dynamisches 359
- eines Vektors 265
- -Zugriff 207

elementar
Operation 353
Elementfunktion 31, 67, 205
statische 259
Elementinitialisierer 253, 389
else
-Zweig 117
else-if
-Kette 119
emplace() 495, *559*
empty() 499
end() 489, *567*
endl 73
Endlosschleife 113
Entpacken
rekursiv *545*
Entwicklungsumgebung
integrierte 29, 209, *722*
enum 261
Environment *797*
eof() 307, *527*
erase() 147, 501, *559*
Eratosthenes
Sieb des *781*
Eröffnungsmodus
-Flag 307
für Dateien 305
errno.h 64
Ersatztext 129, *1029*
Ersetzen
in Strings 149
Erweiterung 131
Ganzzahl- 101, *573*
ESC *1046*
Escape-Sequenz 47
Euler *657*
Exception 151
auffangen 439
auslösen 437
bad_cast 417
-Deklaration 439
-Handler 439
-Handler genereller 441
-Handling 437
-Handling für Dateien *529*
-Spezifikation 443
exception 64
exceptions() *529*
execution 64
exit() 309
Exit-Code 31
Exklusiv ODER *571*
exp() 56, *657*, *665*
explicit 341
explizit
Cast 405
inline 233
Exponent *724*, *1028*
Exponentialdarstellung
komplexer Zahlen *657*
exponentiell
Darstellung 77
extern 181
Speicherklasse 177

F

fail() 307, *527*
failbit 307
Fakultät *723*
false 37, 97
Fehler
-Behandlung traditionelle 435
-Code 309
-Flag 435
-Meldung 295
-Nummer 295
-Objekt 437
-Situation 435
-Variable 435
Fehlerbehandlung
für Dateien 307
für new 347
Fehlererkennung
bei Datenübertragung *577*
Fehlerflag 85
Fehlerklasse 437
bad_cast 417
definieren 445
domain_error 446
exception 447
invalid_argument 446
length_error 446
logic_error 447
out_of_range 497
overflow_error 446
range_error 446
runtime_error 447
system_error 446
underflow_error 446
Fehlermeldung 29, 59, 237
des Präprozessors *1034*
Feld
Bit- *579*
Feldbreite 75, 79, 83
Festplatte 301
Festpunktdarstellung 77
Festpunktzahl 76
Fibonacci
-Quotient 267
-Zahl 267
FIFO-Prinzip 485
File-Stream
Definition 305
-Klassen 303
filesystem 64, *538*
create_directory() *541*
current_psth() *539*
directory_entry *541*
file_size() *539*
filesystem_error *541*
is_directory() *539*
path *538*
fill() 78
Filterprogramm 135, 137
finale Klasse 381
finale Methoden 410
find() 149, *561*, *635*
fixed 76
Flag 43, 307
Eröffnungsmodus- 306
Fehler- 435
ios *527*
Positionierungs- *523*
Status- 307, *527*
von ios 73
flip() *583*
float 41
float.h 64
floating point types 40
for
-Schleife 111
for_each() *627*, *635*
Form
normalisierte *1028*
Format
IEEE- *1028*
Formatierung 73
Formel
Eulersche *657*
Forward-Iterator *631*

Die grauen kursiven Seitenzahlen beziehen sich auf das E-Book

Fourier-Transformierte *667*
Freispeicher 345
Freund 329
friend
-Deklaration 329
-Funktion 327
-Klasse 329
-Konzept 327
front() 497
fstream 64, 303
Füllzeichen 79
functional 64
Funktion
Aufruf 59, 159
Block 157
definieren 157
Deklaration 159
externe 181
friend- 327
globale 31, 155, 245
Hash- *563*, *960*
inline- 163
inverse trigonometrische *665*
Kopf 157
main() 31
Merge- *849*
Name 157
Operator 319
Prototyp 157
rekursive 169
Return-Wert 159
Signatur 167
Speicherklasse 181
Splice- *849*
static- 181
transzendente *657*
trigonometrische *657*
Typ 157
überladen 167
Version 165
Zeigerversion 289
Funktionsobjekt *625*
vordefiniertes *627*

G

Ganzzahl *1026*
-Erweiterung 101, *573*
positive *1026*
Geltungsbereich
global 177
von Variablen 175
Genauigkeit 41, 77, *1028*
Generator
Programm *1034*
Gerade
zeichnen *583*
Geschwindigkeit 119
vergleichen *925*
get_id() *613*
get() 87
getche() *1037*
getline() 67, 87, 141, 313
Gleichung
quadratische *742*
Gleitpunktdarstellung 41
Gleitpunktdivision 317
Gleitpunktkonstante 45
Gleitpunkttyp 41
Gleitpunktzahl 41, 45, 77
interne Darstellung *1028*
global
Funktion 155
Variable 51
Vektor 267
good() *527*
goto
-Anweisung 125
Grad *659*
Großbuchstabe 135

H

Handler
Exception- 439
Hash
Datei *960*
Funktion *960*
Hashfunktion *563*
Hash-Tabelle 485, *563*
Hat-Beziehung 251, 379
Hauptwert
komplexe Zahl *651*
Logarithmus *657*
Header
von ATM-Zellen *578*
Header-Datei 29, 63, 131, 133, 209, *1028*
any 64
C- *1039*
cctype 135
cfloat 41, *1028*
climits 39, *1028*
complex *653*
conio.h *1037*
cstdlib 61
ctype.h 135
deque 486
execution 64
filesystem 64
fstream 303
iostream 31, 63
list 486
map *556*
memory *588*
memory_resource 64
optional 64
queue 486
scoped_allocator 64
set *556*
shared_mutex 64
stack 486
stdlib.h 61
string 65, 141
string_view 64
Suche nach *1031*
valarray *659*
variant 64
vector 486
Heap 345, *647*
Heap-Sort-Algorithmus *647*
hex 74
hexadezimal 43, 75
Hierarchie
der Fehlerklassen 447
von Datentypen 101
high
value *696*
Horner-Schema *661*
Hot-Potato-Algorithmus *943*
HUGE_VAL *724*
Hyperbelfunktion *657*

I

IDE *1047*
Identifier 57
IEEE 40
IEEE-Format *1028*
if-else-Anweisung 117

Die grauen kursiven Seitenzahlen beziehen sich auf das E-Book

ifstream 303
ignore() 82
imag() *655*
imaginär
  Einheit *651*
Imaginärteil *651*
Implementierung
  von Klassen 235
implizit
  inline 233
  Typanpassung 101
in 306
INCLUDE *1031*
Include-Datei 29
include-Verzeichnis 63
Index 151, *525*
  -Datei *535*
  -Operator 151, 497
  -Operator für Vektor-klasse 365
  -Operator überladen 331
  -Überprüfung 151
  unzulässiger 151
  Vektor- 265
  -Version 289
Indizierung
  indirekte *673*
  maskierte *673*
  selektive *667*
Inhalt
  von Unions 221
inhomogen
  Liste 429
Initialisierung
  explizite 349
  gleichzeitige 219
  if-Ausdruck 119
  -Liste 233
  mit Konstruktoren 225
  statischer Objekte 179
  switch-Ausdruck 122
  Vektor 267
  virtueller Basisklassen *517*
  von const-Objekten 237
  von Datensätzen 217
  von Klassen-Arrays 273
  von Objekten 211, 227
  von Referenzen 189
  von Schleifen 111
  von Strings 141
  von Teilobjekten 253
  von Variablen 51
Initialisierungsliste 493
Inkonsistenz
  Betriebsmittel *611*
Inkrement
  -Operator 93
inline 163
  -Methoden 233
input() 455
insert() 147, 494, *559*
Insert-Iterator *633*
Instanz 67
  von Klassen 211
int 39
INT_MAX 39
INT_MIN 39
integral
  promotion 101
integral types 40
Interface
  polymorphes 425
internal 78
invalid_argument 446
Invertieren
  von Bits *575*
  von Listen 503
iomanip 64, 77
ios 64, 71, 73, 306
ios::badbit *527*
ios::beg *523*
ios::cur *523*
ios::eofbit *527*
ios::failbit *527*
ios::goodbit *527*
ios::seekdir *523*
iosfwd 64
iostate *527*
iostream 31, 63, 64, 71
is_open() 309
isalnum() 134
isalpha() 134
isdigit() 134
islower() 134, 135
iso646.h 64
isprint() 134
isspace() 134
Ist-Beziehung 379
istream 64, 71
isupper() 134
Iterator 489, *631*
  bidirektionaler 489, *631*
  Forward *631*
  Input *631*
  Insert *633*
  Output *631*
  Random-Access 489, *631*
  Stream *631*
iterator 64, *567*

J

join() *607*

K

Kellerstapel 485
Kette
  else-if- 119
Key to Address Transformation *960*
Klasse
  complex 653
  finale 381
  Fraction *828*
  für Brüche *828*
  gslice *669*
  HashEntry *961*
  HashFile *961*
  Index *527*
  IndexEntry *525*
  IndexFile *537*
  KontoFile *533*
  Polynom 659, 661
  slice *667*
  thread *607*
  valarray 659
  VekQueue<T> *943*
Klasse Siehe auch Standard-klasse 319
  abgeleitete 379
  abstrakte 423
  Adapter- 487
  Ampel 261, *771*
  Angestellter 425
  Arbeiter 423
  Array- 330
  Artikel *757*, *769*
  Basis- 379
  Cell 429
  Comparator 487

Die grauen kursiven Seitenzahlen beziehen sich auf das E-Book

  - Container 487
  - Datum *751*, *759*
  - DayTime 319
  - Definition 207
  - Euro 321
  - File-Stream- 303
  - FloatVek 330, 359, *861*
  - friend- 329
  - für Vektoren 331
  - GiroKonto *873*
  - InhomList 431
  - iostream 71
  - istream 71
  - Kfz 379, 383
  - Kombi *513*
  - konkrete 423
  - Konto 207, 313
  - Konzept 205
  - Liste 355
  - Lkw *873*
  - mehrfach abgeleitete *509*
  - MessStation 328
  - Messwert 251, 328
  - Mitarbeiter 421
  - Mitglied *769*
  - ostream 71
  - PackedFood *875*
  - Pkw 383
  - polymorphe 409
  - Product *875*
  - sortVec 491
  - SparKonto *873*
  - StadtAuto *891*
  - Standard- 67
  - TelList 277, *783*, *809*
  - Transporter *951*
  - Typumwandlung 337
  - UnpackedFood *875*
  - Wohnwagen *949*
  - zur Darstellung von Vektoren 277
- Klassen-Array 273
- Klassenhierarchie
  - Design *513*
  - Typumwandlung 399
- Klassenvariable 257
- Kleinbuchstabe 135
- Koeffizient *659*
- Kollision
  - beim Hashing *960*
- Kommando 137
  - -Interpreter 309
  - -Zeile *722*
- Kommandozeile
  - Argumente 297
- Kommaoperator 113, 316
- Kommentar 33
- Kompatibilität
  - zu C 217
- Kompilierung
  - bedingte 133
- Komplement
  - Zweier- *1027*
- komplex
  - Deklaration 459
- konkret 423
- Konstante 43
  - boolesche 43
  - case- 123
  - enum- 261
  - Gleitpunkt- 45
  - klassenspezifische 261
  - numerische 43
  - String- 45
  - symbolische 127, 129, *1029*
  - Zeichen- 45
- Konstruktor 225
  - abgeleiteter Klassen 389
  - Aufruf 227
  - Default- 227
  - Definition 225
  - Delegation 229
  - explicit 341
  - für Vektorklasse 363
  - inline- 233
  - Kopier- 239, 367
  - Minimalversion 227
  - Move- 371
  - überladen 225
- Konto 207
- Kontrollblock *595*
- Konvention
  - Namens- 207
- Konvertierung
  - für Klassen 337
  - -Funktion 337
  - in Basisklasse 399
  - -Konstruktoren 336
  - von Argumenten 105
  - von Referenzen 403
  - von Smart Pointern *597*
  - von Zeigern 403
- Kopie
  - Rückgabe 247
  - von Objekten 245
- Kopier-Konstruktor 239, 367
- Kürzen
  - von Brüchen *841*

L

- Länge
  - von Strings 67, 141
  - von Vektoren 287
- Lambda
  - -Ausdruck *628*
  - -Funktionen *628*
- Länge
  - numerischer Vektor *659*
- Laufbedingung 109
- Laufzeit 163, 233
- Layout 119
- ldexp() 56
- Lebensdauer
  - automatisch 175
  - statisch 175, 179
  - von Variablen 175
- left 78
- length_error 446
- length() 67, 141
- Lesbarkeit 129
- Lesen
  - aus Dateien 301
  - blockweises 311
- less 487
- lexikografisch 145
- LIFO-Prinzip 161, 485
- limits 64
- limits.h 64
- linear
  - Lösung beim Hashing *960*
- Linearisierung *669*
- Linker 29, 155
- linksbündig 79
- list 64, 487
- Liste *861*
  - Container 487
  - doppelt verkettete 487
  - einfach verkettete 353

Die grauen kursiven Seitenzahlen beziehen sich auf das E-Book

einfügen 431
für Vektorelemente 267
inhomogene 429, *597*
Initialisierungs- 217
invertieren 503
mischen 503
Operationen 503
Parameter 157
sortieren 503
verschweißen 503
von Elementinitialisierern 253
Listenelement 353
Literal 43
load factor *563*
locale 64
locale.h 64
localtime() *751*
lock_guard *615*
lock() *611*
Löschen
in Containern 501
in Sets *559*
in Strings 147
von Bits *575*
Lösung
lineare, beim Hashing *960*
log() 56, *657*, *665*
log10() 56, *657*, *665*
lokal 161, 175
Variable 51
Vektor 267
long 39
long double 41
long long 39
L-Wert 199

M

main() 157
Parameter 297
make_heap() *647*
make_shared() *599*
MAKE-Utility 155
Makro 127, 129, *1029*
__cplusplus *1036*
__DATE__ *1036*
__FILE__ *1036*
__LINE__ *1036*
__STDC__ *1036*
__TIME__ *1036*
isalnum() 134
isalpha() 134
isdigit() 134
islower() 134, 135
isprint() 134
isspace() 134
isupper() 134, 135
mit Parametern 131
-Namen 129
tolower() 135
toupper() 135
va_end() 455
va_start() 453
Mandelbrot-Menge *654*
Manipulation
von Bits *583*
Manipulator 73
Mantisse *1028*
Map 485
Einfügen *561*
ungeordnete *565*
vereinbaren *561*
map 64, *556*
Marke 125
case- 123
default- 123
private 207
public 207
maschinenabhängig *1028*
Maschinencode 29, 157
von Methoden 211
Maschinenregister 39
Maske
Bit- *575*
Massenspeicher 301
math.h 64, *724*
Matrix 275, *669*
max_size() 499
max() *665*
Mehrdeutigkeit
bei Mehrfachvererbung *511*
bei Typumwandlungen 167, 341
Mehrfachvererbung *509*
member 207
memory 64, *588*
memory_resource 64
Menüauswahl 123
merge() 503, *645*, *849*
Methode 67, 205
Definition 209
Dummy- 421
finale 410
inline 233
Read-only- 237
Standard- 239
statische 259
virtuelle 409
virtuelle definieren 411
min() *665*
Minor *671*
Mischen
von Listen 503
von Vektoren *849*
Modifizierer 39
Modul 29, 155, 175, 209
modulglobal 175, 179
Funktion 181
Modulo
-Division 91
Modus
Binär- 311
Cooked 306
Raw 306
update- 307
move() *581*
Move-Konstruktor 371
Move-Zuweisung 375
Multimap *556*, *557*, *561*
ungeordnete *565*
Multiplikation
mit Zweier-Potenzen *573*
Multiset *556*, *559*
ungeordnetes *565*
mutable 174, 237
Mutex *611*
rekursiv *615*
myMakros.h *705*

N

Name 49, 183
Deklaration von 57
Funktion 157, 457
Regeln für die Vergabe 207
Suche 385
verdecken 387

Die grauen kursiven Seitenzahlen beziehen sich auf das E-Book

Die grauen kursiven Seitenzahlen beziehen sich auf das E-Book

von Bitfeldern *579*
von Klassen 207
von Konstruktoren 225
von Makros 129
von Vektoren 265, 281
Namensbereich 65, 175, 183
Namenskonflikt 65, 183
namespace 65, 183
new 64, 345
New-Handler 347
Newline 67
NICHT *571*
NICHT-Operator 99
noboolalpha 81
noexcept 443
Norm
komplexer Zahl *657*
norm() *657*
noshowpoint 76
noshowpos 74
Not-any-thread *613*
Notation
exponentielle 77
Postfix 93
Präfix- 93
notify_one() *619*
nouppercase 74
NULL 198
numeric 64
numeric_limits *1028*

O

Objekt 27, 51, 67
Abbau 231, 413
abgeleiteter Klassen 391
Adresse 243
als Argument 245
als Return-Wert 247
const- 237
Definition 211
degeneriertes *669*
Eigenschaften 205
Fähigkeiten 205
global 175
in Datei speichern 313
konstant 53
lokal 161, 175
modulglobal 175, 179
Name 177
persistent *531*
Persistenz 313
Read-only- 53
statisches 179
Typ 177
-Übergabe 245
Zeiger auf 215
zuweisen 213
Objektdatei 29
Objektsammlung 485
obligatorisch
Argument 453
oct 74
ODER *571*
exklusiv *570*, *571*
ODER-Operator 99
öffentlich 67
Schnittstelle 383, 395
Öffnen
von Dateien 305
ofstream 303
oktal 43
OOP Siehe Programmierung, objektorientierte
open() 305
openmode 306
Operand 91
symmetrischer 323
Operation 91
elementare 353
für Container 485
für Listen 503
Invertieren 503
Mischen 503
Splice- 503
Operator 183, 209
653
- 93, *653*
-- 93
^ *571*
, 113
:: 209, 257
! 99
!= 97, *653*
? 121
. 213
() 105
* 199, *653*
*= *661*
/ *653*
/= *661*
& *571*
&& 99
# *1029*
1030
% *653*
+ 93, 143, *653*
++ 93
+= 143, *661*
< 97
<< 71, 195, *571*
<= 97
-= *661*
= 95, 213
== 97, *653*
-> 215
> 97
>= 97
>> 71, 141, 195, *571*, *653*
| 307, *571*
| | 99
~ *571*
arithmetischer 91
Auswahl- 121
Bereichs- 209, 257
binärer 91
Bit- *571*
boolescher 99
Cast 105, 405
defined *1032*
Dekrement- 93
delete 347, 349
Drei-Wege-Vergleich 96, *826*
dynamic_cast<> 417
-Funktion 319
-Funktion als Methode 323
Funktion globale 325
Funktion virtuelle 427
Index- 151, 497
Inkrement- 93
Komma- 113
logischer 99
logischer Bit- *571*
mit Referenztyp 195
new 345, 349
NICHT 99, *571*
nicht überladbarer 317
ODER 99, *571*
Pfeil- 215
Punkt- 213
Shift- *571*, *573*

Shift- überladen 333
sizeof 41
überladbarer 316
-Überladung 316
unärer 91
unärer arithmetischer 92
UND 99, *571*
Vergleichs- 97
Verweis- 199
virtueller 427
Vorzeichen 93
Zuweisungs- 95, 213, 369
operator-() 326
operator*() 326
operator/() 326
operator+() 326
operator+=() 320
operator<<() 332, 333
operator-=() 320
operator>>() 332
Operatoren
Übersicht *1041*
Vorrangtabelle *1043*
optional 64, *553*
Argument 453
ostream 64, 71
out 306
out_of_range 446, 497
Output-Iterator *631*
overflow_error 446
Overhead 233
overloading 167, 317
override 410

P

Paar
Schlüssel-/Objekt- *561*
pair *549*
Palindrom *717*
Parameter 157
aus Kommandozeile 297
-Liste 157
mehrdimensionaler Vektor 289
-Pack *545*
Read-only-Zeiger 291
Typumwandlung 105
variable Anzahl 453, *545*
von main() 297
von Makros 131
Zeiger 201
Parameterpack
Fold-Expression *547*
Operationen mit *547*
Paritätsbit *577*
Passwort 179
past token *1030*
PATH *796*
-Variable 137
payload *579*
Performance
-Test *925*
Persistenz 301
polymorpher Objekte *531*
von Objekten 313
Pfad *539*
absoluter *539*
Pfadangabe *1031*
Pfeiloperator 215
PI 129
picture element *581*
Pixel *581*
Pizza *807*
Platzhalter 131
Pointer 197
Smart- *585*
polar() *655*
Polarkoordinaten *651*, *655*
polymorph
Schnittstelle 425
Polymorphie 25, 409
Polynom *659*
Produkt *663*
Summe *663*
pop_back() 501
pop_front() 501
Position
Byte- 301
Cursor- *581*
in Containern 489
in Strings 147
Positionierung
-Flag *523*
wahlfrei *523*
Postfix
-Notation 93
-Operator überladen *826*
Potenz *657*, *724*
Potenzdarstellung
von Ganzzahlen *1026*
Potenzreihe *656*
pow() 56, 59, *657*, *665*, *724*
Prädikat *627*
Präfix
-Notation 93
Präprozessor 31, *1029*
-Direktiven 33
Fehlermeldung *1034*
Präfix
-Operator überladen *826*
precision 76
Primärdatei *535*
Primzahl *781*
Prinzip
FIFO- 485
LIFO- 161, 485
Priorität
arithmetischer Operatoren 93
Warteschlange 487
priority_queue 487
private 207
Vererbung 381, *509*
Problem
Producer-Consumer *617*
Reader-Writer *1017*
Producer-Consumer
Problem *617*
Programm
Anwendungs- 205
beenden 309
-Code 163
-Generator *1034*
-Struktur 33
-Umgebung *797*
programmglobal 175
Programmierung
modulare 29, 209
objektorientierte 27, 205
prozedurale 27
Projekt 155, 209, *722*
promotion
integral 101
PROMPT *796*
protected 393
-Vererbung 381, *509*

Die grauen kursiven Seitenzahlen beziehen sich auf das E-Book

Prototyp 33, 57
-Funktions- 157
Prozess
aufrufender 309
PSEUDO *783*
public 207
interface 207
Vererbung *509*
Puffer 269
Punkt 67
Punktoperator 213
push_back() 494
push_front() 494
push() 495
put() 87

Q

qsort() 457, *924*
quadratisch
Gleichung *742*
Quadratwurzel *657*
Quellcode 29
Quelldatei 29, 155, 209
Layout 33
Queue 485, 486
double ended 487
queue 64
Quick-Sort 457

R

rand() 61
Random Access *521*
Random-Access
Iterator 489
Random-Access-Iterator *631*
range_error 446
Range-For-Schleife 493
Rastergrafik *581*
Raw Modus 306
rdstate() *527*
read() 311
Reader-Writer
Problem *1017*
Read-only 189
-Methode 237
-Referenz 193
-Zeiger 291
real() *655*
Realteil *651*
Rechenregeln 91
rechtsbündig 79
record 217
recursive_mutex *615*
Redefinition
virtueller Methoden 411
von Datenelementen 387
von Elementen 383
von Methoden 387
Referenz 189
als Parameter 191
als Return-Wert 193, 247
auf abstrakte Klassen 425
auf Konstante 189
auf R-Wert 373
Read-only- 189, 193
-Typ 191
Referenztyp
bei Operatoren 195
Referenzzähler *595*
Reihenfolge
von Destruktor-Aufrufen 413
von Konstruktor-Aufrufen 251, 389, *515*
rein virtuell 421
Reinitialisierung 111
Rekonstruktion
von Objekten 313
rekursiv
Datenstruktur 355
Funktion 169
release() *591*
remove() *641*
replace() 149, *641*
reset() *583*, *591*
resize() 499, *659*
Return
-Taste 67
return() 31, 159
Return-Typ
-Ableitung 171
nachgestellter 171
Return-Wert 57, 159, 247
Objekt als 247
reverse() 287, 503
Reverse-Iterator *633*
rfind() 149
right 78
Ring-Shift *665*
Rot-Schwarz-Baum *557*
Router *943*
Routing
Verfahren *943*
RTTI 416
Rücksprungadresse 163
Run-Time-Type-Information 416
R-Wert 199
bewegen 373
Referenz auf 373

S

Schachteln
von Ausnahmebehandlungen 443
Schalter 43
Schaltjahr *758*
Schleife 109
do-while- 115
Endlos- 113
Kopf 111
Range-For 493
schachteln 115
Zähler 111
Schlüssel
/Objekt-Paar *561*
bei Hash-Dateien *960*
eingebetteter *557*
Schlüsselwort 49
const 53
volatile 53
Schnittstelle
Funktions- 157
öffentliche 207, 383, 395
polymorphe 425
public- 383, 395
von Klassen 235
Schreiben
blockweises 311
in eine Datei 301
Schreibschutz
für Parameter 291
Schreibweise
exponentielle 45
Schrittweite *667*
scientific 76
scoped_allocator 64

Die grauen kursiven Seitenzahlen beziehen sich auf das E-Book

search() *637*
seekg() *523*
seekp() *523*
Seiteneffekt 95, 131
Selbstaufruf
  von Funktionen 169
Selection-Sort-Algorithmus 451, *795*
Semikolon 31
sequences 485
sequenziell
  Container 485
  Dateizugriff 301
Server *1015*
Set 485
  Einfügen *559*
  Löschen *559*
  ungeordnetes *565*
  vereinbaren *559*
set 64, *556*, *565*
set() *583*
setf() 72
setfill() 78
setjmp.h 64
setprecision() 76
setw() 78, 269
Setzen
  von Bits *575*
shared_mutex 64
shared_ptr *588*, *595*
Shell 309
Shift
  arithmetischer *573*
  Links- *573*
  logischer *573*
  -Operator *573*
  -Operator überladen 333
  Rechts- *573*
shift() *665*
short 39
showpoint 76
showpos 74
Sieb
  Eratosthenes- *781*
signal.h 64
Signatur
  virtueller Methoden 411
  von Funktionen 167
  von Konstruktoren 225
sin() 56, *657*
sinh() *657*
size_t 41
size() 141, 499, *659*, *671*
sizeof 41
sizeof() 221
Skalar *655*, *661*
sleep() *609*, *770*
slot *523*, *960*
Smart Pointer *585*
  vergleichen *593*
Software
  -Komponenten 155
Sondertasten *1037*
Sonderzeichen 47
sort_heap() *647*
sort() 503, *645*
Sortieren
  Algorithmen-Bibliothek *645*
  von Listen 503
Sortierverfahren
  Bubble-Sort *781*
  Quick-Sort 457, *925*
  Selection-Sort- 451, *795*
Spaceship-Operator 96
Speicher
  dynamisch reservieren 345
  freigeben 347
Speicherklasse
  extern 177
  mutable 174
  static 179
  thread_local 174
  von Funktionen 181
  von Variablen 175
Speicherleck *586*
Speichermodell 487
Speicherplatz 51
  für Datenlemente 209
Speicherreservierung
  dynamische 345
Speicherzugriff
  konkurrierend *605*
Spezifizierer 177, 237, 410
splice() *849*
Sprung 125
Sprungtabelle 457
sqrt() 56, *657*, *665*, *685*
srand() 61
sstream 64
Stack 161, 169, 485, *605*
  -Unwinding 441
stack 64, 486
Standard
  Allokator-Klasse 487
  -Ausgabe 71
  -Ein-/Ausgabe 137
  -Eingabe 71
  -Fehlerklassen siehe Fehlerklasse
  -Funktion, Prototyp 57
  -Header-Datei 57, 65
  -Klassen 67
  -Konvertierung 339
  -Kopierkonstruktor 367
  -Makros 135, *1036*
  -Methoden 369
  -Namensbereich 182
  -Streams 71
  -Zuweisung 369, 427
Standard-
  Streams 71
Standardbibliothek 29, 155
Standardfunktion
  bsearch() *1040*
  mathematische 56
  qsort() 457, *924*, *1040*
  terminate() 439
Standardklasse
  Siehe auch Klasse
  Container 483
  File-Stream 303
  string 141
  string_view 270
  stringstream *758*
Standardmethoden 239
Standardwert 227
Stapel 161
start() *671*
static 179, 181, 259
static_cast<_> 405
statisch 175
  Bindung 415
  Elementfunktion 259
Status
  Datei- *527*
  -Flag 307
  Flag von Dateien *527*
  -Wort *527*
std 31, 65, 182
stdarg.h 64, 453

Die grauen kursiven Seitenzahlen beziehen sich auf das E-Book

stddef.h 64
stdexcept 64
stdio.h 64
stdlib.h 64
Steuerzeichen 47, *993*
ausblenden *706*
Bildschirm *1046*
Strategie
Überlauf- *960*
strcat() 293
strcmp() 269
strcpy() 269, 288, 293
Stream 31, 69
-Klassen 71
Standard- 71
streambuf 64
Stream-Iterator *631*
stride() *671*
String 43, 67
anhängen 143
Ausgabe 81
einfügen 147
Elementzugriff 151
-Ende-Zeichen 269
ersetzen 149
Konstante 45
-Länge 141
leerer 45, 141
löschen 147
manipulieren 147
suchen 149
Teil- 149
vergleichen 145
Verkettung 143
zuweisen 141
string 64
Header-Datei 141
Standardklasse 141
string_view 64, 270
string.h 64
Stringende-Zeichen 45
stringizing token *1029*
stringstream *758*
strlen() 269, 287
Stroustrup
Bjarne 25
strstr() 293
struct 217
Structured Bindings 218
Struktogramm 116, 118
Struktur
entpacken 219
rekursiv 169
tm *751*
von C++-Programmen 33
Subtraktion
von Zeigern 283, 285
Suche
binäre 496, *647*, *959*
in Bereichen *635*
in Maps *561*
in Strings 149
sum() *665*
swap() 201, 245
swapping 345
switch
-Anweisung 123
Symbol 133
symbolisch
Konstante 129
Symmetrie
von Argumenten 245
Syntaxfehler 29
Systemzeit *751*

T

Tabelle
ASCII-Code *1044*
Hash- 485, *563*
virtuelle Methoden- 415
Vorrang- *1043*
Tabulatorbreite 47
Tabulatorzeichen 47
tan() 56, *657*
tanh() *657*
Teil
-String 149
Teilmatrix *669*
Teilobjekt 211, 251
initialisieren 253
konstantes 255
Teilvektor *667*
tellg() *523*
tellp() *523*
TEMP *796*
Template 468
Container- 487
terminate() 439
Test
Performance- *925*
Text
Ersatz- 129
Textdatei 306
Textmodus 306
Textzeile
einlesen 87
this 243
this_thread *609*
Thread *605*
-ID *613*
initialisieren *607*
thread_local 174, *610*
throw 437
tie() *549*
Tilde 231
time_t *751*
time.h 64
time() *698*, *717*, *751*
tm *750*
to_array 505
Token 33
Past- *1030*
stringizing *1029*
tolower() 135
top() 497
Top-Down-Prinzip 155
transform() *639*
Transponierte *673*
Treiber
Bildschirm *1046*
Treppe
zeichnen *583*
true 37, 97
trunc 306
try 439
tuple *549*
Typ
byte *574*
Typ Siehe Datentyp 41
arithmetischer 40
einer Funktion 57
eines Ausdrucks 91
enum 261
-Feld 409
Funktion 157
ganzzahliger 41
-Information zur Laufzeit 416
maschinenabhängiger 461
Parameter 157
void 61, 159

Die grauen kursiven Seitenzahlen beziehen sich auf das E-Book

von Zeigern 197
Typableitung
automatische 219
Typanpassung
implizite 101
übliche arithmetische *571*
type_traits 64
typedef 461
typeinfo 64
typenlos 281
Typname
Definition 461
Typumwandlung
arithmetische 101
ausschließen 341
bei Funktionsaufrufen 399
bei Zuweisungen 103, 401
explizite 105
für Klassen 337
implizite in Basisklassen 399
in Klassenhierarchien 399
Standard- 339
von Referenzen 403
von Zeigern 403

U

Überladung
von Funktionen 167
Überlauf
-Strategie *960*
Übersetzungeinheit 175
Umgebung
eines Programms *797*
Umgebungsvariable *1031*
Umlenken
von Ein-/Ausgabe 137
Umwandlung
von Datentypen 101
underflow_error 446
UND-Operator 99, *571*
Unicode 37
union 221
unique_ptr *588*
unique(*595*
UNIX 137
unlock() *611*
unsetf() 72
Unterprogrammsprung 163
Unwinding
Stack- 441
Up-Cast 405
uppercase 74
use_count() *595*
User Network Interface *579*
using 65
Deklaration 185
-Direktive 31, 185
utility 64

V

va_end() 455
va_list 453
va_start() 453
valarray 64, *659*
value
high- *696*
Variable 51
extern 177
global 51
lokal 51
lokale 161
PATH- 137
Zeiger- 197
variant 64, *551*
vector 64, 486, 487
Vektor 265
Adresse 281
als Argument 287
als Datenelement 277
assoziativer 331
char- 269
Container 487
-Element 265
globaler 267
Länge 265
lokaler 267
mehrdimensionaler 275
-Name 265
numerischer *659*
statischer 267
von Zeigern 295, 451
Zuweisung 267
Vereinbarung
von Variablen 51
Vererbung 25
Art 381
-Diagramm *511*, *515*
Konzept 379
Mehrfach- *509*
Verfahren
Routing- *943*
Sortier- 451, *781*
Vergleich 37, 97
-Funktion *924*
lexikografischer 145
von Schlüsseln *557*
von Strings 145
von Zeigern 285
Vergleichsoperator 97, 145
Verkettung
von Strings 143
Verschachteln
von Schleifen 115
von Verzweigungen 117
Verschachtelungstiefe
von Schleifen 115
Verschiebung
von Bits *573*
Verschlüsselung
von Daten *993*
Version
einer Klasse 205
Index- 289
von Funktionen 165
von Klassen 235
von Methoden 391, 411
Zeiger- 289
Verweis
Operator 199
virtual 411
Basisklasse *513*
Virtual Method Table 415
virtuell
Methode 409
Visual Studio *1047*
Community *1047*
VMT 415
void 41, 61, 159
void * 281
volatile 53
Vorrang 91, 316
arithmetischer Operatoren 93
Auswahloperator 121

Die grauen kursiven Seitenzahlen beziehen sich auf das E-Book

boolescher Operatoren 99
von Bitoperatoren *571*
Vorrangtabelle 93
für Operatoren *1043*
Vorzeichen 39, *1026*, *1028*
-Bit *1026*
-Operator 93

W

Währung
europäische 321
wahlfrei
Dateizugriff 301, *521*
Wahrheitswert 37
wait() *619*
Warnung 29
Warteschlange
mit Prioritäten 487
Warteschlangen 485
wchar_t 37
wchar.h 64
wctype.h 64
weak_ptr *588*, *600*
Wegefindung *943*
Wert
Absolut- 121, *1027*
boolescher 37
eines Ausdrucks 91
L- 199
R- 199
Wertebereich *1028*
what() 447
while
Schleife 109
width() 78, 269
Wiederholung 125
Wiederverwendbarkeit 27, 379
von Klassen 209
Wiederverwendung 155
WinNT 137
Wort 83
Status- *527*
write() 311
Wurzel
komplexe *651*

Z

Zähler
Schleifen- 111
Zahl
Darstellung *1026*
Fibonacci- 267
komplexe *651*
negative 75, *1028*
PI 129
positive *1026*
Prim- *781*
Zahlensystem 75
Zeichen
Begrenzungs- 87
Behandlung von 135
Steuer- *993*, *1046*
Stringende 45
Zugriff 151
Zwischenraum- 83
Zeichencode
Ausgabe 81
Zeichenkette 43, 141
Zeichenkonstante 45
Zeichensatz 37
Zeiger 197
als Parameter 201
als Return-Wert 247, 293
-Arithmetik 283, 285
auf abstrakte Klassen 425
auf const-Objekt 291
auf Funktionen 457
auf Objekte 215
auf Zeiger 451
get-/put- *521*
konstanter 197, 243
NULL- 347
Null- 198
Read-only- 291
this 243
typenloser 281
und Vektoren 281
-Vektor 295, 451
vergleichen 285
-Version von Funktionen 289
Zeigervariable
Definition 197
Zeilennummer 137, *1034*
Zeit *751*
Zerstören
von Objekten 231
Ziffer
hexadezimale 75
Zufallszahl 61
Zufallszahlengenerator 61, *698*
Zugriff
auf Basisklasse 387
auf Container 497
auf Daten 205
auf private-Elemente 213
Element- 385
fehlerhafter 235
-Methoden 235
wahlfreier Datei- *521*
Zugriffsrechte
bei Vererbung 381
Zusammenfassung 93
Zuweisung 316
einfache 95
implizite Typumwandlung 103
Move- 375
Standard- 369
Typumwandlung 401
überladen 369
virtuelle 427
von Objekten 213, 239
von Strings 141
zusammengesetzte 95, *577*
Zuweisungsoperator 95
Zweier-Komplement *1027*
Zweier-Potenz *573*
Zweig
else- 117
Zwischenraumzeichen 83

Die grauen kursiven Seitenzahlen beziehen sich auf das E-Book

E-Book zum Download

Geben Sie den untenstehenden Code unter

https://mitp.code-load.de/

in das Textfeld ein und klicken Sie auf `EINLÖSEN`, um das E-Book (als PDF) herunterzuladen.

42421fa316

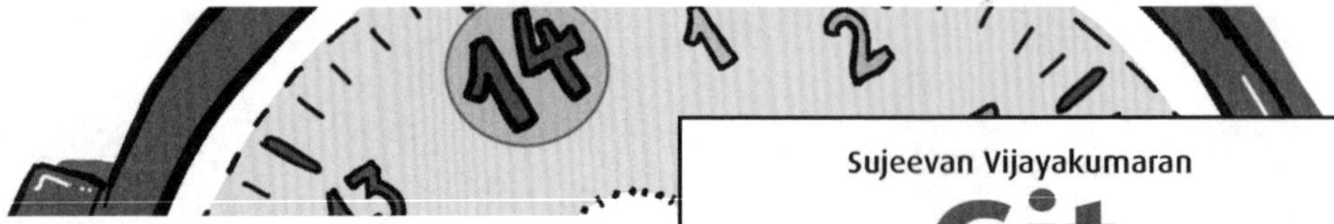

Sujeevan Vijayakumaran

Git
Schnelleinstieg

Versionsverwaltung lernen in 14 Tagen

Einfach und ohne Vorkenntnisse

- **Leichter Einstieg in die praktische Arbeit mit Git**
- **Auswahl sinnvoller Workflows und Einsatz in Teams**
- **Git-Repositories hosten mit GitHub und GitLab**

Mit diesem Buch erhalten Sie einen schnellen und praxisbezogenen Einstieg in Git. Der Autor behandelt die gängigen Befehle, die Sie beim täglichen Arbeiten mit Git brauchen. Sie lernen anhand eines Projekts, welche Befehle es gibt, wie diese arbeiten und wie Sie auftretende Probleme lösen können. Neben alltäglichen Funktionen finden Sie auch seltener gebrauchte Kommandos, die aber ebenfalls wichtig sind.

Im zweiten Teil des Buchs werden fortgeschrittene Themen behandelt. Der Schwerpunkt liegt auf dem Einsatz von Git in Teams, darunter etwa das Hosten verteilter Repositories mit GitHub und GitLab. Ein weiteres Kapitel behandelt die Workflows, die je nach Anzahl der beteiligten Personen, Branches und Repositories eines Projekts variieren.

Darüber hinaus gibt Ihnen der Autor hilfreiche Informationen für den Umstieg von Subversion. Ein Kapitel zu häufig gestellten Fragen rundet diesen Praxiseinstieg ab.

Das Buch richtet sich an Einsteiger, aber auch Leser mit grundlegender Erfahrung können hier noch viel lernen. So gelingt es Ihnen, Git in Kürze in der Praxis einzusetzen.

Probekapitel und Infos erhalten Sie unter:
www.mitp.de/0526

ISBN 978-3-7475-0526-7